W0075357

Bad
Karlshafen

Volkmarsen
Niederelsungen   Calden
Arolsen
Zierenberg
tein   Dörnberg
hausen   Wolfhagen   Nieste   Werra
          Istha
                                             Hilgershausen
          Niedenstein   KASSEL   Kammerbach   Bad Sooden-Allendorf
                                        Bilstein
Bühlen   Metze   Meißner
          Gudensberg   Eschwege
          Fritzlar
Wabern   Melsungen
          Uttershausen
                              Fulda

          Schwalm

nstein
in   Ottrau   Thüringen

          Wallenrod
          Lauterbach   Hofaschenbach
          Frischborn   Hofbieber
Dirlammen   Hilders
          Herbstein   Haimbach   FULDA   Danzwiesen
en   Busenborn   Milseburg

Bilstein

er
ckheim   Schlüchtern
uburg
    Büdingen   Kinzig   Steinau

Gerd Bauer

Geheimnisvolles Hessen

Fakten, Sagen und Magie

Ein Handbuch des Denk- und Merkwürdigen

SOCIETÄTS**VERLAG**

Alle Rechte vorbehalten • Societäts-Verlag
© 2005 Frankfurter Societäts-Druckerei GmbH
Satz: Sandra Diepolder, Societäts-Verlag, Frankfurt
Druck und Verarbeitung: Ebner & Spiegel GmbH, Ulm
Schutzumschlaggestaltung: Katja Holst, Frankfurt
Printed in Germany 2005
ISBN 3-7973-0942-2

Paradise is here. *
Och joo?! **

* Tina Turner, Rocksängerin/Tennessee
** Badesalz, Kabarettduo/Hessen

Inhalt

Ortslexikon
Hessen von A bis Z

Regionale Themen:

Von der Fernsehserie zum Handbuch

»Die Oberlehrer«, sagte der Referent, und seine Miene machte aus seiner Abscheu keinen Hehl, »die Oberlehrer des Bildungsfernsehens, sie haben aus einer großen Chance die trockenste Ecke des Mediums gemacht. Man sollte sie aus den Redaktionen jagen.« Der eherne Satz fiel auf den »Mainzer Tagen der Fernsehkritik« irgendwann in den 80er Jahren. Mittlerweile ist dieser Befund nicht mehr ganz richtig. Die Naturwissenschaften kommen schon mal als »Wissenschaftsshow« daher, völkerkundliche und historische Themen flimmern als »Abenteuer« über die Mattscheibe. Die Schelte stieß also nicht auf taube Ohren.

Die Serie »Geheimnisvolles Hessen« ist der Versuch, auch die Geschichte der hessischen Regionen durch »Expeditionen vor die Haustür« zu erschließen. Eben ohne den belehrenden Zeigefinger und die monotone Gebetsmühle vermeintlich wichtiger Jahreszahlen. Die Filmreihe wurde für das Fernsehprogramm des Hessischen Rundfunks konzipiert und erstmals im Sommerprogramm 1990 in der allabendlichen »Hessenschau« ausgestrahlt. Mittlerweile geht sie in ihr sechzehntes Jahr.

Lokale Sagen werden von Einheimischen erzählt, die Orte, an denen sie »spielen«, gezeigt, und es wird den geschichtlichen Hintergründen nachgegangen. Vom Altkönig, dem dritthöchsten Taunusberg, erzählt beispielsweise eine Sage, dort habe einst ein »Heidenkönig« residiert. Jener alte Herr sei aber dann gefangen gesetzt und von Luther zum Christentum bekehrt worden. Die riesige Wallanlage auf dem Altkönig erwies sich als frühkeltische Befestigung, die sowohl als Bergheiligtum, aber durchaus auch als Fürstensitz gedient haben kann. Den »Heidenkönig« der Sage kann es also gegeben haben, auch wenn er 2000 Jahre vor Luther in Pension ging.

Doch nicht nur alte Geschichten und Sagen öffnen den Weg in Hessens Vergangenheit. Stießen die Archäologen auf überraschende Funde, so wurden auch sie in die Fernsehserie integriert. Etwa die sensationelle Entdeckung der frühkeltischen Fürstengräber auf dem Glauberg und die steinerne Statue des »Keltenfürsten«, die für weltweites Aufsehen sorgte. Aber auch das überlieferte Brauchtum auf den Dörfern gibt Aufschluss über Alltag und Weltanschauung der Menschen im alten Hessen.

Aus dem Konzept der Serie entwickelte sich dieses »Handbuch des Denk- und Merkwürdigen«. Die Idee eines Führers durch historische und mysteriöse Landschaften kommt aus Frankreich, wo sich die »Guides noirs« seit Jahrzehnten großer Beliebtheit erfreuen. Über fünf Jahre hinweg bereicherten sie die Wanderungen des Verfassers durch die Pyrenäen. Auch für Bretagne und Provence liegen solche »Führer« vor. Ähnlich den »Guides noirs« versteht sich dieses Handbuch als Ergänzung zu gängigen Reiseführern und zu den Broschüren der örtlichen Verkehrsämter. Es soll andere, bisweilen auch unerwartete Zugänge erschließen und so dem touristischen Hessen ein »anderes«, eher unbekanntes zur Seite stellen.

Zu Sagen, Geschichte und Brauchtum gesellen sich noch das Skurrile und Kuriose, abseits der ausgetretenen Pfade. Vom denkwürdigen Odenwälder Wirtshausschild bis zum Königsteiner »Sommerkarlche«, einem stadtbekannten »Nichtsesshaften«. Alte Kultplätze und vergessene Opferstätten werden ebenso erwähnt wie Tiere und Pflanzen, die eine Landschaft prägen oder in Sagen und Geschichten eine Rolle spielen.

Die Sagensammlungen und Werke der Wissenschaft, aus denen der Verfasser hemmungslos schöpft, sind jeweils vermerkt. Eine weiterführende Literaturauswahl findet sich im Anschluss an den alphabetischen Teil. Von daher versteht sich dieses »Handbuch des Denk- und Merkwürdigen« auch als »Appetitanreger« für die weitere Beschäftigung mit seinen Themen.

Das »Geheimnisvolle Hessen« verweigert sich vorsätzlich dem Zwang zur Vollständigkeit. Die Auswahl der Orte und Themen unterlag einzig und allein dem Eigensinn des Verfassers.

»Sagenbücher«, sagte mein Gartennachbar Berberich, »müssen nicht neu geschrieben werden. Reiseführer

10

gibt's mehr als genug, und von alten Scherben verstehen die Archäologen mehr. Du solltest dich lieber um deinen Liebstöckel kümmern, der hängt voller schwarzer Läuse.« Ich habe mir seinen Rat zu Herzen genommen.

Am Johannistag des Jahres 2005

Gerd Bauer

Hinweise für den Leser

Das Ortslexikon
ist alphabetisch geordnet. Die einzelnen Ortskapitel beginnen mit kurzen Angaben zu Einwohnerzahl und Bettenkapazität 🛏 um Reisenden die Wahl des Übernachtungsortes zu erleichtern. Anschrift und Telefon des Verkehrsamtes, bei kleineren Orten der Gemeindeverwaltung, ermöglichen Auskünfte und Buchungen. Dort sind auch touristische Broschüren zu erhalten.

Die grafischen Symbole
am Seitenrand sollen die Orientierung in den Ortskapiteln erleichtern. Sie bieten einen raschen Zugriff auf spezielle Themenbereiche:

 Sagen, Anekdoten und Geschichten.

 Geschichtliche Hintergründe einer Sage/Anekdote/Geschichte. Interessante Fundstellen und Monumente, vornehmlich aus vor- und frühgeschichtlicher Zeit.

 Vergessene und lebendige Volksbräuche.

 Geologische Besonderheiten eines Sagenortes oder historischen Platzes.

 Tiere und Pflanzen, die in Sagen und Bräuchen eine Rolle spielen, die charakteristisch sind für einen Ort oder eine Landschaft prägen.

 Dieses Zeichen signalisiert »Denk- und Merkwürdiges«. Hier findet sich all das, was nach Meinung des Verfassers des Denkens und Merkens würdig ist. Vornehmlich Interpretationen und Kommentare zu Themen der jeweiligen Ortskapitel, aber auch das landläufig »Merkwürdige«, das Skurrile und Kuriose.

Quellenangaben und Querverweise

Unter den Sagen, Anekdoten und Geschichten sind auch neu erzählte Varianten. Eine Bearbeitung schien bisweilen nötig, weil die Vorlagen entweder zu umfangreich, zu weitschweifig, zu trocken oder zu altertümlich waren. Gelegentlich wurden auch Elemente aus benachbarten Stoffen eingearbeitet. In diesen Fällen ist der Quellenangabe ein »nach:« vorangestellt.

Werden direkte Zitate verwendet, so sind sie im laufenden Kapitel mit »Anführungszeichen« und Verweis auf die entsprechende Fußnote versehen.

Werden (fremde) Texte als komplette Kapitel übernommen, so sind sie nicht in »Anführung« gesetzt. Der Quellenangabe ist dann ein »aus:« vorangestellt. So verfahren wird meist bei Sagen und historischen Reiseberichten, deren ursprüngliche Fassung erkenntnisträchtig oder einfach nur reizvoll erscheint.

Finden sich in den Kapiteln Ortsnamen in GROSSBUCHSTABEN, so heißt das, dass dieser Ort im alphabetischen Teil behandelt ist und dort weitere Informationen zu finden sind.

Die regionalen Themen

im Ortslexikon sind an ihrem Rahmen zu erkennen. In diesen »Kästen« geht es um Sachverhalte, die für eine bestimmte Gegend von Bedeutung sind, nicht aber für alle Teile Hessens. Diese »Einschübe« finden sich stets im Umfeld einer Ortschaft, die zu der entsprechenden Region gehört.

Die beiden Gebietskarten

verzeichnen alle Dörfer und Städte des Ortslexikons. Da die alphabetische Reihung die regionalen Zusammenhänge zwangsläufig aufhebt, sollen die Karten den Überblick gewährleisten. So können – ausgehend vom Aufenthaltsort – mit dem Handbuch auch Ausflüge geplant werden.

13

Die Geschichte Hessens – ein Parforceritt

Vor etwa 500 000 Jahren

fertigte der »Homo erectus« auch auf hessischem Boden seine einfachen Steinwerkzeuge. Man fand seine Faustkeile, Schaber und Klingen bei Münzenberg in der Wetterau und nicht weit von Hünfeld. Er soll aber auch schon mit Lanzen aus Eibenholz auf Jagd gegangen sein. Skelett-Reste des altsteinzeitlichen Jägers vermissen die hessischen Archäologen bis heute. Der nächstliegende Fund wurde bei Heidelberg gemacht. Das war aber auch nur ein Unterkiefer.

Die Neandertaler

siedelten vor 120 000 bis 30 000 Jahren nicht nur im namensgebenden Neandertal bei Düsseldorf, sondern auch in anderen Regionen. Ihre Faustkeile und Klingen aus Quarzit, Kieselschiefer und Feuerstein fanden die Archäologen in Reutersruh bei Schwalmstadt-Ziegenhain, an der Burg Münzenberg in der Wetterau, rund um Fritzlar und bei Oberaula (Schwalm-Eder-Kreis). Besonders aufschlussreich war eine Abfallgrube dieser Steinzeitjäger bei Edertal-Buhlen (Kreis Waldeck-Frankenberg): Sie gab Auskunft über die Art und Vielzahl ihrer Beutetiere.

Der Cro-Magnon-Mensch

sah uns zumindest im Knochenbau schon weit ähnlicher als der Neandertaler. Wie dieser bekam er seinen Namen von dem ersten Fundort: Seine bleichenden Knochen fand die Wissenschaft erstmals in der Halbhöhle (abri) Cro-Magnon bei Les Eyzies in der Dordogne. Die Cro-Magnon-Menschen folgten den vermutlich ausgestorbenen Neandertalern. Ihre Knochenwerkzeuge waren besser, und sie sollen schon genähte Kleidung getragen haben. Andernorts fand man auch Kunstgegenstände dieser Kultur – allerdings nicht in Hessen.

Die Jahrtausende des Homo erectus, des Neandertalers und der Cro-Magnon-Leute nennt die Wissenschaft Altsteinzeit (Paläolithikum).

Die mittlere Steinzeit (Mesolithikum)
wird im hessischen Raum zwischen 8000 und 5000 vor
der Zeitenwende datiert. Funde aus dieser Periode konzentrieren sich um Arolsen und Hofgeismar sowie im
Vogelsberg und im Mündungsgebiet des Mains.

Die Bandkeramische Kultur
ist die erste Kultur der Jungsteinzeit (Neolithikum) in
Hessen. Sie kam von Südosten ins Land. Die Archäologen
benennen einzelne Kulturen nun nach markanten Kennzeichen der menschlichen Gerätschaften, meist nach
Muster oder Form der gefundenen Tongefäße. Wie die
Benennung nach Fundorten ist dies eine Hilfskonstruk-
tion, da ja andere Zeugnisse fehlen. Nach dieser Systematik würde die Archäologie des nächsten Jahrtausends uns
möglicherweise als »Kronkorken-Kultur« klassifizieren.

Die Bandkeramiker hielten bereits Haustiere und
betrieben Ackerbau. Diese ersten Bauern bevorzugten
Lössböden. Ihre erstmals dorfartigen Siedlungen in Hessen lagen deshalb im Rhein-Main-Gebiet, im unteren
Lahntal, in der Wetterau, im Amöneburger Becken (bei
Marburg) und im Raum Fritzlar. Ihre Langhäuser maßen
bis zu 20 Meter und waren an die 6 Meter breit. Sie
brachten die Keramik nach Hessen. Ihre Gefäße mit den
markanten Bandmustern revolutionierten die Vorrats-
wirtschaft: Die Früchte der Arbeit kamen so besser über
den hessischen Winter. Zudem kannten sie eine neue
Technik, die ihren Steinäxten einen rasanten Schliff verlieh.

Die Rössener Kultur
ist nach einem Fundort bei Merseburg benannt. Sie
knüpft kulturell an die Bandkeramiker an. Diese Steinzeitbauern besiedelten nun auch die hessischen Höhenrücken. In den Resten ihrer Langhäuser fanden die Wissenschaftler Tongefäße, deren markanteste Ornamente
»Doppeleinstiche« waren. Die Rössener fanden dieses
Design offenbar zeitgemäßer als die überkommenen
Bandmuster.

Rekonstruktion eines Langhauses der Rössener Kultur (nach K. Günther).

Die Michelsberger Kultur

gehört in das 3. Jahrtausend v. Chr. Ihr Kennzeichen sind die »Tulpenbecher«. Der namensgebende Fundort Michelsberg liegt im badischen Landkreis Bruchsal. Die neuere Forschung sieht starke westeuropäische Einflüsse auf diese Steinzeitbauern. Ihre Siedlungen finden sich auf Höhenrücken und sind befestigt. Da spätere Völker meist an gleicher Stelle Wehranlagen errichteten, ist der Nachweis von Bauwerken dieser Kultur sehr schwierig. Bislang interessantester Fund ist eine befestigte Anlage bei Edertal-Bergheim (Kreis Waldeck-Frankenberg). Der Zweck solcher »Erdwerke« ist ungeklärt. Da ein militärischer Sinn auf Grund ihrer Lage meist wenig nachvollziehbar ist, wird eine kultische Anlage vermutet.

Die Wartberg-Kultur

kennt ebenfalls solche Erdwerke; ein teilweise freigelegtes findet sich am Flugplatz Kassel-Calden. Die nach dem Wartberg bei Kirchberg (Kreis Kassel) benannte Kulturgruppe bestattete die Toten eines Dorfes gemeinschaftlich in einer Steinkammer, die vermutlich auch kultischen Zwecken der Lebenden diente. Markantestes Zeugnis ist die Gangkammer von Züschen-Lohne bei Fritzlar, deren Ornamente und figürliche Ritzungen große Ähnlichkeit

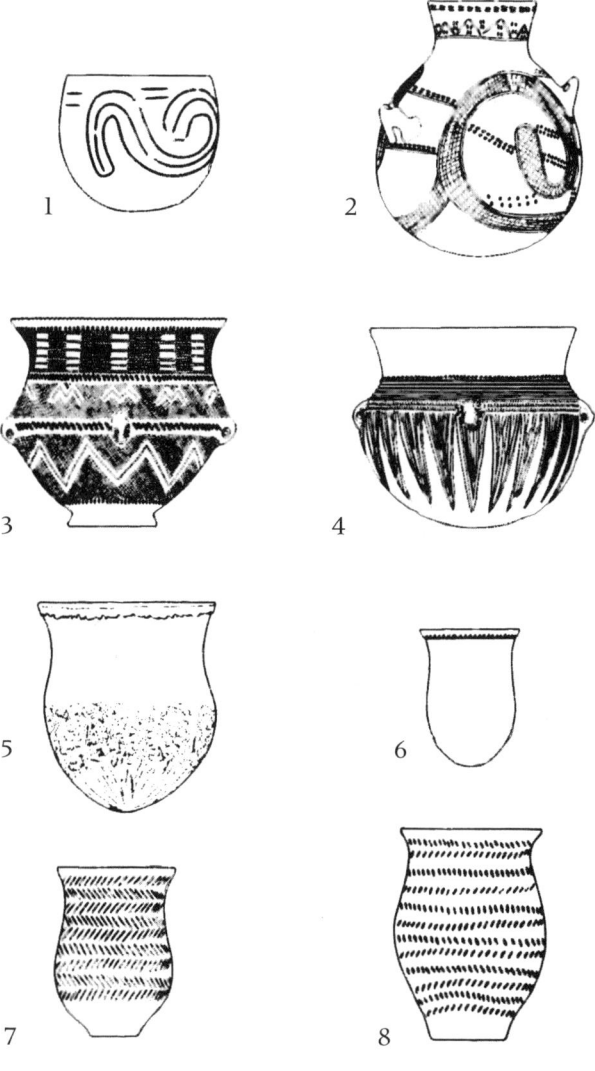

*Charakteristische jungsteinzeitliche Tongefäße: Bandkeramische Kultur (1, 2);
Rössener Kultur (3, 4); Michelsberger Kultur (5, 6); Schnurkeramische Kultur
und Glockenbecherkultur (7, 8).*

17

mit den jungsteinzeitlichen Gangkammern Irlands, den »Cairns«, aufweisen. Auch die mysteriösen »Stehenden Steine«, die Hinkelsteine oder Menhire im hessischen Raum werden zumeist den Wartberg-Leuten zugeschrieben. Die Wissenschaft weiß nicht mehr, als dass die zum Teil behauenen Steine kultischen Zwecken dienten.

Die späten Steinzeitvölker verhütteten bereits Kupfererz. Allerdings nur, um daraus Schmuck zu fertigen. Ihre Waffen und Geräte waren nach wie vor aus geschliffenem Stein. Die »Gangkammern« der Wartberg-Gruppe reichen von Nordhessen (Calden, Züschen-Lohne, Gudensberg) bis in das mittlere Lahntal (Beselich). In der ausgehenden Jungsteinzeit (etwa 2000 v. Chr.) orteten die Archäologen zwei weitere Kulturgruppen: die Schnurkeramiker und die Glockenbecherleute (siehe Abb. S. 17).

Die Hügelgräber-Bronzezeit

wird in Hessen etwa von 1800 bis 1200 vor der Zeitenwende datiert. In den Grabhügeln dieser Epoche findet sich jeweils nur eine einzige Bestattung. Die reichen Grabbeigaben legen nahe, dass so nur männliche und weibliche Würdenträger unter die Erde gebracht wurden. Die Hessen dieser Zeit lebten in wehrhaften Bergsiedlungen und waren vermutlich keine Bauern, sondern Vieh züchtende Hirten. Ihre Steinwerkzeuge wurden nun mit Bronzeteilen verarbeitet. Klingen und Pfeilspitzen waren aber weiterhin aus Stein. Ganz selten findet man Pfeilspitzen aus Bronze. Die Legierung aus Kupfer und Zinn war den Hirten-Kriegern vermutlich zu weich. Diese Menschen lebten in fast allen Landesteilen. Siedlungsschwerpunkte lagen in den Mittelgebirgen, vor allem im Knüllgebirge, im Vogelsberg und in der Rhön. Gegen Ende der Hügelgräberzeit verschwand die Sitte der Körperbestattung. Eine neue Kultvorstellung griff Platz. In den Hügeln aus dieser Zeit liegen nun Urnen mit den Brandresten der Toten.

Die Urnenfelder-Bronzezeit

Von 1200 bis 800 vor der Zeitenwende werden dann Urnenbestattungen vorherrschende Grabsitte. Die Urnen werden

Frühbronzezeitliche Frauentracht nach einem Modell des Römisch-Germanischen Zentralmuseums Mainz (links) und bronzezeitlicher Schmuck aus Darmstadt (Bessunger Wald).

nun nicht einzeln in Hügeln bestattet, sondern in »neuzeitlich« anmutenden Friedhöfen. Diese »Urnenfelder« geben der Kultur den Namen. Hier haben wir es offenbar wieder mit Bauernvölkern zu tun, die ihre Dörfer in den fruchtbaren Talauen anlegten. Eine besonders dichte Besiedlung fand man in der Wetterau und im Untermaingebiet. Als eher konservativ erwies sich eine Untergruppe östlich von Marburg: Sie hielt an Hügelgräbern fest, in denen sie ihre Urnen mit dem Leichenbrand bestattete.

Die Hallstatt-Zeit

markiert den Beginn der Eisenverarbeitung zu Geräten und Waffen. Benannt wurde diese Periode nach den Funden in Hallstatt im Salzkammergut. Der Zeitraum von 800 bis 500 vor der Zeitenwende zeigt im hessischen Raum eine große Zahl von kulturellen Mischformen und regionalen Unterschieden – so etwas wie eine »multikulturelle« Periode. Ein Umstand, der die in der Wissenschaft beliebten klaren Konturen unscharf werden lässt:

Ausgesprochen extravagant geben sich die Wetterau und das Untermaingebiet, wo die Hügelgräber eine Renaissance erleben. Diese eisenzeitlichen Hügelbauer gelten als eine Spezialgruppe der Hallstatt-Zeit und werden nach einem Waldgebiet bei Dreieich-Götzenhain (Kreis Offenbach) »Koberstädter Kultur« genannt. Typische Fundstücke können im DREIEICH-Museum besichtigt werden.

Die Wissenschaft tut sich schwer, die Hallstatt-Periode ins rechte Verhältnis zur Kelten-Zeit zu setzen. Gelegentlich werden die Hallstatt-Gruppen bereits als »frühe Kelten« bezeichnet – eine problematische Benennung angesichts der Kulturvielfalt und regionale Unterschiede. Die »keltisch« anmutenden Stilformen bei Waffen und Schmuck dieser Zeit machen die Menschen nicht notwendigerweise zu »Kelten«. Sie könnten ebensogut belegen, daß die einheimischen »Hallstätter« mit einwandernden Indoeuropäern zur keltischen Völkergruppe zusammenwuchsen – ihren Stil also als Erbe einbrachten.

Dabei war halt leider niemand. Zur besseren Übersicht schlagen wir uns hier auf die Seite derer, die die Bezeichnung »Kelten« erst für spätere Gruppen gelten lassen.

Die Früh-La-Tène-Zeit

Die keltische Frühzeit beginnt demnach erst 500 vor unserer Zeitrechnung. Auch für sie wurde der erste wichtige Fundort zum Namensgeber: La Tène. Ein kleines Dorf am Neuenburger See in der Schweiz. Die Menschen der frühen La-Tène-Zeit waren die Baumeister der großen Ringwallanlagen auf dem Christenberg bei Marburg und auf dem Altkönig bei Kronberg/Taunus. Sie waren Bauern, die in den Ebenen Ackerbau betrieben und die Ringfestungen auf den Bergen offenbar als Fluchtburgen benutzten. Die sensationellen Entdeckungen am Glauberg (Wetterau-Kreis) von 1995/96 belegen, dass in dieser Periode auch große Erdwerke mit Gräben und riesigen Grabhügeln errichtet wurden. Sie waren offenbar religiöse Zentren für einen größeren keltischen Herrschaftsbereich (siehe GLAUBURG).

Die Spät-La-Tène-Zeit

ist die Blütezeit der keltischen Kultur in Mitteleuropa. Sie beginnt in Hessen etwa 100 Jahre vor unserer Zeitrechnung

Zeittafel zu ur-und frühgeschichtlichen Befestigungsanlagen im Taunus

Saalburg

Oppidum über dem Heidetränktal

Ringwall Altkönig

Heuneburg an der Donau

Ringwall Bleibeskopf

Rekonstruktionsvorschläge von Befestigungsanlagen und ungefähr zeitgleichen Trachten aus Mitteleuropa

Rekonstruktionsvorschläge von Befestigungsanlagen und ungefähr zeitgleichen Trachten aus Mitteleuropa nach K. F. Rittershofer.

21

und verliert sich im römischen Einfluss der ersten Jahrhunderte. Die Kelten dieser Epoche bauten größere Stadtanlagen nach dem Vorbild der antiken Mittelmeerstädte.

Im größten dieser »Oppida« auf hessischem Boden – im Heidetränktal bei Oberursel – werden bis zu 30 000 Einwohner vermutet: die erste »Großstadt« im Rhein-Main-Gebiet. Weitere Oppida finden sich beispielsweise an der Milseburg in der Rhön, auf dem Dünsberg bei Gießen, auf der Amöneburg bei Marburg und auf dem osthessischen Stallberg. Als Stadtanlagen aus dieser Zeit gelten im nordhessischen Raum auch die Altenburg bei Römersberg und die gleichnamige Wallanlage bei Niedenstein. Hier ist aber völlig unklar, wer da genau wohnte: Kelten, bereits eingewanderte Germanen oder eine keltisch-germanische Mischbevölkerung.

In allen Regionen belegen Ortsbezeichnungen und Flurnamen wie Altenburg, Alteburg oder Altburg zumeist eine Anlage aus dieser Zeit. Aber auch römische Ruinen werden gelegentlich so bezeichnet.

Chatten und Mattiaker

gelten den Fachleuten zumeist als erste germanische Stämme in Hessen. Etwa um die Zeitenwende trafen römische Spähtrupps im Raum Fritzlar auf blonde und rothaarige Menschen, die sie »Chatten« nannten. Seit wann die dort saßen und woher sie kamen, ist ungeklärt. Von ähnlichem Äußeren waren auch die Mattiaker, die in der Rhein-Main-Ebene siedelten. Viel deutet darauf hin, daß die Mattiaker ein aus keltischen und germanischen Wurzeln neu entstandener Stamm waren. Auch für die Chatten könnte das zutreffen.

Die römische Zeit

auf hessischem Boden charakterisiert der stete Versuch Roms, seinen Einfluss nach Osten hin auszuweiten. Kriegsberichterstatter künden in fließendem Latein aus den Jahren um die Zeitenwende von den vergeblichen Feldzügen gegen Chatten und ähnliche Stämme. Auch ein groß angelegter Vorstoß in den Jahren 14 bis 16 unter

Germanicus führte zu nichts. Der Rhein blieb die Ost-
grenze des Imperiums. Die Wälder Hessens gehörten den
blonden und rothaarigen »Barbaren«. Erst die so genannten »Chattenkriege« 83 und 84 brachten leichte Landge-
winne der Legionen. Der südhessische Raum wurde
römisch. Eine Palisaden-Linie durch Odenwald und Taunus sollte die neue Grenze sichtbar und sicher machen:
Der *Limes* wurde gebaut.

In diesen ersten Jahrhunderten lebten Germanen, Kel-
ten und mutmaßlich aus beiden entstandene neue
Stämme zu beiden Seiten des Limes. Im römischen
Machtbereich kämpften viele an der Seite Roms gegen die
»Brüder« im anderen Teil Hessens.

Der chattische Siedlungsschwerpunkt lag in Niederhessen. Reste ihrer Dörfer fand man bei Kirchberg, Gudensberg
und Felsberg-Gensungen. Eine große Siedlung lag südlich
von Fritzlar-Geismar an der Mündung des Elbebachs in
die Eder. In dieser Gegend wuchs wohl auch jene heilige
Eiche, die dem Donnergott Donar geweiht war. Ihre spätere Schändung durch einen britischen Wanderprediger
sollte Geschichte machen. Der Mann hieß Bonifatius.

Die Alamannen

siedelten nur im südlichen Landesteil, wo sie sich im
Laufe des 3. Jahrhunderts breitgemacht hatten. Ihre fort-
geschrittene Waffentechnik machte den Römern schwer
zu schaffen. Diese germanischen Stämme sollen es gewesen sein, die um 260 die Rücknahme der römischen
Grenze an den Rhein erzwangen. Eine andere These
vemutet, dass die Römer das Gebiet kampflos aufgaben,
weil die Besatzung zu kostenträchtig geworden war. Die
Alamannen wären dann einfach friedlich nachgerückt.
Dafür spricht, dass es zahlreiche Grenzverträge zwischen
Alamannen und Römern gab, die die Zuständigkeiten
einvernehmlich regelten. Wie auch immer. Das Gebiet des
heutigen Hessen lag damit wieder außerhalb des Imperium
Romanum. Das angrenzende Vorland gehörte jedoch weiterhin zum römischen »Einflussbereich«. Der Limes aber
hatte seine Funktion verloren.

Kopf einer Haarnadel. Grabbeigabe
für ein kleines Mädchen aus einem
alamannischen Gräberfeld in Esch-
born am Taunus (siehe S. 159).

Siedlungsfunde alamannischen Ursprungs sind in Hessen eher rar: Allenfalls auf dem Glauberg bei Büdingen und dem Dünsberg bei Gießen wird der Sitz eines Kleinkönigs vermutet. Spektakuläre Grabfunde wurden in der Innenstadt von Wiesbaden und in ESCHBORN am Taunus gemacht. Das alamannische Kernland lag im heutigen Baden und im Elsass – also dort, wo auch heute noch Alemannisch gesprochen wird.

Die Franken

Im Laufe des 5. Jahrhunderts bildet sich in Mitteleuropa aus keltischen und germanischen Stämmen und den Relikten der zerfallenen römischen Besatzungsmacht eine neue Volksgruppe, die Franken. Diese christlich geprägten Lanzenreiter erreichen bald die rechte Rheinseite und bereiten schließlich 496 den Alamannen eine entscheidende militärische Niederlage, woraufhin Letztere es vorziehen, sich fürderhin auf ihre Kerngebiete zu beschränken. Das mittlere und südliche Hessen wird Teil des Frankenreiches. Fränkische Reihengräber aus dieser

Epoche finden sich von den Pyrenäen bis zum Vogelsberg. Die Toten sind nun in christlicher Ost-Richtung bestattet. Unchristliche Germanen hatten ihre Toten meist nach Norden blicken lassen. Die »Frankisierung« Hessens zeigt sich auch an den spärlicher werdenden Grabbeigaben, die im 7. Jahrhundert dann völlig verschwinden: Sie galten den Christen damals schon als altmodisch-heidnisch.

Unter dem von Norden her einsetzenden Druck der wotansgläubigen Sachsen machen sich die Franken an den Ausbau der alten hessischen Befestigungsanlagen. Hessische Ortsnamen, die aus dem Grundwort -heim gebildet werden, sind allesamt fränkischen Ursprungs.

Nach dem Fall der Donar-Eiche bei Fritzlar (723) entwickelt sich dort ein Missionszentrum. Klostergründungen in Hersfeld, Fulda und Lorsch folgen. In der Büraburg bei Fritzlar vermutet man den ersten Bischofssitz im fränkischen Hessen. Um 770 beginnt die jahrzehntelange Auseinandersetzung mit den Sachsen. 774 belagern sie die Büraburg.

Eintritt in die historische Zeit

Mittlerweile schlägt sich Hessens Geschichte zunehmend in schriftlichen Zeugnissen nieder. Die Historiker erzielen daher bei den Zeitangaben hohe Trefferquoten. Die Strukturierung dieses geschichtlichen Überblicks nach Jahreszahlen bietet sich nunmehr an:

794

lädt Karl der Große die wichtigsten Würdenträger seines Frankenreiches zur Reichssynode nach Frankfurt. Im Vorfeld dieses Ereignisses wird dort eine Urkunde für eine Regensburger Abtei ausgefertigt. Das wäre kaum erwähnenswert, verzeichnete das Schriftstück neben dem Siegel Karls nicht auch den Ausstellungsort »franconofurd«. Die erste Urkunde weltweit, die Frankfurt beim Namen nennt. Für Historiker die »Geburtsurkunde« der Stadt. Obgleich die Siedlung am Main natürlich älter ist.

919

wird in Fritzlar der Sachsenherzog Heinrich zum deutschen König gewählt. Seine Krönung besiegelt die Einigung zwischen Franken und Sachsen. Das Deutsche Reich des Mittelalters steht in den Startlöchern.

1122

beherrscht das fränkische Adelsgeschlecht der Ludowinger die damalige Grafschaft Hessen und das Gebiet um Marburg. 1130 werden sie auch Landgrafen von Thüringen.

1170

gründet Kaiser Friedrich I. Barbarossa die Stadt Gelnhausen. Auf dem dortigen Reichstag ächtet er 1180 Heinrich den Löwen, Herzog von Sachsen. Heinrich wird gestürzt.

1227

stirbt Landgraf Ludwig IV. von Thüringen (und Hessen). Seine Witwe Elisabeth zieht sich nach Marburg zurück und gründet dort ein Hospital. Sie stirbt 1231. Vier Jahre später wird sie bereits heilig gesprochen. Die Marburger beginnen mit dem Bau der Elisabethkirche.

1240

gewährt Friedrich II. der Frankfurter Herbstmesse kaiserliche Privilegien.

1247

verlischt mit dem Tod von König Heinrich Raspe die Erblinie der Ludowinger. Damit trennt sich die Grafschaft Hessen von Thüringen. Beide Länder halten aber am gemeinsamen Wappentier fest: ein roter Löwe mit fünf silbernen Querstreifen auf blauem Grund. Anfang 1991 entschließt sich der thüringische Landtag zur Rückkehr zu diesem alten Wappenlöwen. Die Landeswappen von Thüringen und Hessen gleichen sich nun wie zweieiige Zwillinge.

1255

zerfällt die Grafschaft Nassau in Nassau-Dillenburg und Nassau-Weilburg. Die Lahn wird Grenzlinie.

1292

wird die Landgrafschaft Hessen Reichsfürstentum. In den Jahren zuvor hatte man die Befestigung in Marburg zur Residenz des Landgrafen ausgebaut.

1356

In der »Goldenen Bulle« Kaiser Karls IV. wird Frankfurt als Ort der deutschen Königswahl festgelegt. Das Dokument definiert auch die Rechte der Kurfürsten.

1406

fällt die Stadt Limburg an das Land Kurtrier.

1450

Die Grafschaft Ziegenhain fällt an die Landgrafen von Hessen. 1479 kommt auch die Grafschaft Katzenelnbogen dazu.

1527

verordnet der hessische Landgraf Philipp I. seinen Untertanen die Reformation und gründet in Marburg die erste protestantische Universität.

1529

streiten sich zu Marburg die Theologen Luther und Zwingli über das Wesen des Abendmahls. Das Treffen endet 0 : 0.

1531

schließen sich im damals hessischen Schmalkalden die protestantischen Fürsten gegen den katholischen Kaiser zusammen. Der Krieg dieses »Schmalkaldischen Bundes« endet 1547 mit dem Sieg des Kaisers. Kaiser Karl V. setzt Landgraf Philipp I. von Hessen bis 1552 in Gefangenschaft. Philipp stirbt 1567. Man begräbt ihn in der Martinskirche in Kassel. Seine Söhne teilen die Landgrafschaft.

1603

Landgraf Moritz von Hessen-Kassel verordnet seinen Untertanen den Calvinismus.

1612–1614

tobt in Frankfurt der »Fettmilch-Aufstand«. Angeführt vom Lebkuchenbäcker Vincenz Fettmilch, dem Schneider Schopp und dem Schreiner Gerngroß rebellieren die Handwerkszünfte gegen den Magistrat. Gefordert wird die Offenlegung der kaiserlichen Stadtprivilegien, da dort geheime Zusatzabkommen vermutet werden. Die Steuern sollen gesenkt und den (meist jüdischen) Geldverleihern zu hohe Zinsen verboten werden. Es kommt zu Handgreiflichkeiten gegen Ratsherrn und zum Sturm auf das Judenviertel. Die Bewohner werden vertrieben, ihre Geschäfte verwüstet. Schließlich werden die Anführer des Aufstands mit der Reichsacht belegt. Fettmilch wird im Februar 1616 hingerichtet.

1618

beginnt der Dreißigjährige Krieg. Hessen-Kassel verbündet sich mit den Schweden.

1622

wird in Gelnhausen Literaturgeschichte geschrieben: Johann Jakob von Grimmelshausen, der Autor des barocken Romans »Simplicissimus« erblickt dort das Licht der Welt.

1631

kapituliert Hessen-Darmstadt vor den Schweden. Sein Landgraf Georg II. unterzeichnet mit Gustav II. Adolf von Schweden einen Neutralitätsvertrag. Schwedisches Militär besetzt Frankfurt.

1636

Hessen-Kassel verbündet sich mit dem katholischen Frankreich.

1648

beendet der Westfälische Friede den Dreißigjährigen Krieg. Im gleichen Jahr legen Hessen-Kassel und Hessen-Darmstadt ihre jahrelangen Grenzstreitigkeiten bei. Im »Einigkeitsvertrag« müssen die Südhessen zurückstecken.

1689

flüchten protestantische Waldenser nach Hessen. Der Landgraf von Hessen-Darmstadt siedelt sie in Darmstadt, bei Mörfelden und in Kelsterbach an.

1714

vermählt sich Friedrich, ältester Sohn des Landgrafen Karl von Hessen-Kassel, mit der schwedischen Thronerbin. 1720 wird er König von Schweden. Als Friedrich I. wird er 1730 dann auch Landgraf von Hessen-Kassel.

1722

erblickt in Haina im Kellerwald ein gewisser Tischbein das Licht der Welt. Johann Heinrich Tischbein der Ältere avanciert später zum Hofmaler des Landgrafen von Hessen-Kassel.

1740 – 1748

tobt der Österreichische Erbfolgekrieg. Truppen aus Hessen-Kassel werden von ihrem Landgrafen gegen Entgelt verliehen. Der geschäftstüchtige Landesvater verleiht sie an beide Seiten.

1742

wird Georg Christoph Lichtenberg geboren. Die Wiege des scharfzüngigen Literaten steht in Ober-Ramstadt bei Darmstadt.

1749
wird Goethe Frankfurter, und zwar durch Geburt.

1751
wird zur Verwirrung der hessischen Öffentlichkeit Johann Heinrich Tischbein abermals geboren. Das passiert wiederum in Haina bei Frankenberg. Dieser Maler ist aber der Neffe des anderen Tischbein. Der Onkel wird fürderhin als »der Ältere« geführt. Trotzdem geht die Verwirrung noch Jahrhunderte weiter.

1756–1763
Als Folge des Siebenjährigen Krieges besetzen französische Truppen Hessen-Kassel.

1757
Im Schloss zu Nassau wird der Knabe Heinrich Friedrich Karl geboren. Als Reichsfreiherr vom und zum Stein stiftet er später zu den Freiheitskriegen gegen Napoleon an. Zuvor reformiert er Preußens ineffektive Bürokratie.

1776–1783
verleiht Hessen-Kassel wieder mal Landeskinder für fremde Kriege. Sie kämpfen unter englischer Flagge im amerikanischen Unabhängigkeitskrieg. Mit den Leihgebühren bessert ihr Landesvater seine Kasse auf. »Ab nach Kassel« wird zum Schreckensruf, denn man verband damit die Einschiffung zu den Kriegsschauplätzen Nordamerikas.

1777
ist bei der »Hessen-Darmstädtisch Privilegierten Landeszeitung« der Mond aufgegangen; dort wird ein gewisser Matthias Claudius als Redakteur beschäftigt.

1779
kriegen die Kasseler ihr Museum Fridericianum fertig. Es ist das erste Museumsgebäude auf dem europäischen Festland.

1785

wird in Hanau der spätere Sprachwissenschaftler Jacob Grimm geboren. Die Brüder Grimm sind fast komplett, als ein Jahr später auch sein Bruder Wilhelm dazukommt. Wilhelm beschäftigt sich mehr mit Sagen und Märchen, Jacob mit der Abfassung des »Deutschen Wörterbuchs«. Der dritte Bruder, Ludwig Emil, macht sich als Zeichner einen Namen.

1786

erblickt ein prominenter Frankfurter das Licht der Welt: Ludwig Börne. Der »Berne« gilt als Wegbereiter der politischen Publizistik. Im Vorfeld der Beinahe-Revolution von 1848 war er engagierter Streiter für das freie Wort. Er starb allerdings schon 1837. Zuvor hatte er sich mit Heinrich Heine noch hoffnungslos zerstritten.

1791

wird in Oberkleen bei Butzbach Friedrich Ludwig Weidig geboren. Zusammen mit Georg Büchner gibt er 1834 die revolutionäre Flugschrift »Der hessische Landbote« heraus. Beide sind heftigster Verfolgung durch die Obrigkeit ausgesetzt. Als Folge seiner Haftbedingungen stirbt Weidig 1837.

1803

beschert der »Reichsdeputationshauptschluß« Hessen-Kassel die Kurwürde und einen kleinen Gebietszuwachs auf Kosten Hessen-Darmstadts. In Darmstadt wird Justus Liebig geboren. Später erfindet er den Kunstdünger.

1806

errichtet Napoleon Bonaparte den »Rheinbund«: Hessen-Darmstadt macht er zum Großherzogtum, Nassau-Usingen zum Herzogtum. Karl von Dalberg, Kurfürst von Mainz, avanciert zum Fürstprimas des Rheinbundes und erhält als Morgengabe Napoleons einen eigenen Staat um Frankfurt und Aschaffenburg. Wenig später wird daraus das Großherzogtum Frankfurt.

Ebenfalls 1806 besetzen die Franzosen Hessen-Kassel (Kurhessen). Der Kasseler Kurfürst Wilhelm I. verlässt vorsichtshalber das Land. Zwischenzeitlich schließt Bonaparte Kurhessen an das Königreich Westfalen an (1807–1813).

1813
verliert Napoleon die »Völkerschlacht« bei Leipzig gegen Österreich, Preußen und Russland. Der Rheinbund bricht auseinander. Hessen-Kassel wird wieder selbstständig. Sein Kurfürst kehrt zurück.

In Goddelau bei Darmstadt wird Georg Büchner geboren.

1815
versucht sich der »Wiener Kongress« an einer Neuordnung der deutschen Kleinstaaten. Das linksrheinische Gebiet um Mainz wird als Provinz Rheinhessen Hessen-Darmstadt zugeschlagen.

Österreich installiert den »Deutschen Bund«. Seine Bundesakte wird von allen deutschen Regierungen angenommen. Sein »Bundestag« tagt fortan in Frankfurt. Im gleichen Jahr erblickt in Darmstadt Elias Niebergall das Licht der hessischen Welt. 1841 verfasst er die viel beachtete Lokalposse »Der Datterich«.

1816
entsteht aus dem Herzogtum Nassau-Usingen und dem Fürstentum Nassau-Weilburg das Herzogtum Nassau. In Frankfurt wird der kritische Publizist und Mundartdichter Friedrich Stoltze geboren.

1818
Bauernunruhen im Odenwald.

1820
erzwingen die Landstände in Hessen-Darmstadt eine Verfassung mit liberalen Zügen.

1830

brechen unter dem Einfluss der französischen Julirevolution in Oberhessen Bauernrevolten aus. Unruhen auch in Hessen-Kassel. Das Zollhaus an der Mainkur bei Hanau wird gestürmt. Unter dem Druck der Ereignisse wird in Kassel ein verfassunggebender Landtag einberufen. Seine »kurhessische Verfassung« mit bürgerlich-liberalen Akzenten wird 1831 verabschiedet.

1833

wird in Biebrich am Rhein Wilhelm Dilthey geboren. Er gehört zu den Begründern der modernen Geisteswissenschaften.

1834

macht der »Hessische Landbote« Furore. Die sozialrevolutionäre Flugschrift von Georg Büchner und Friedrich Ludwig Weidig fordert »Friede den Hütten, Krieg den Palästen«. Die hessischen Landesherrn mobilisieren ihren Polizeiapparat.

1840

schnauft die Taunusbahn erstmals von Frankfurt nach Wiesbaden und wieder zurück.

Sechs Jahre später führt ein weiterer Schienenstrang von Frankfurt über Darmstadt nach Heidelberg: die Main-Neckar-Bahn.

1848

führt die deutsche »Märzrevolution« auch zu Erhebungen in Darmstadt, Hanau und Kassel. Die adligen Landesherrn sehen sich genötigt, liberale »März-Regierungen« einzusetzen. Heinrich von Gagern wird Regierungschef in Hessen-Darmstadt, wenig später dann Präsident der Nationalversammlung in der Frankfurter Paulskirche.

Im Odenwald und in Oberhessen kommt es zu Bauernunruhen. Der »September-Aufstand« in Frankfurt wird blutig niedergeschlagen.

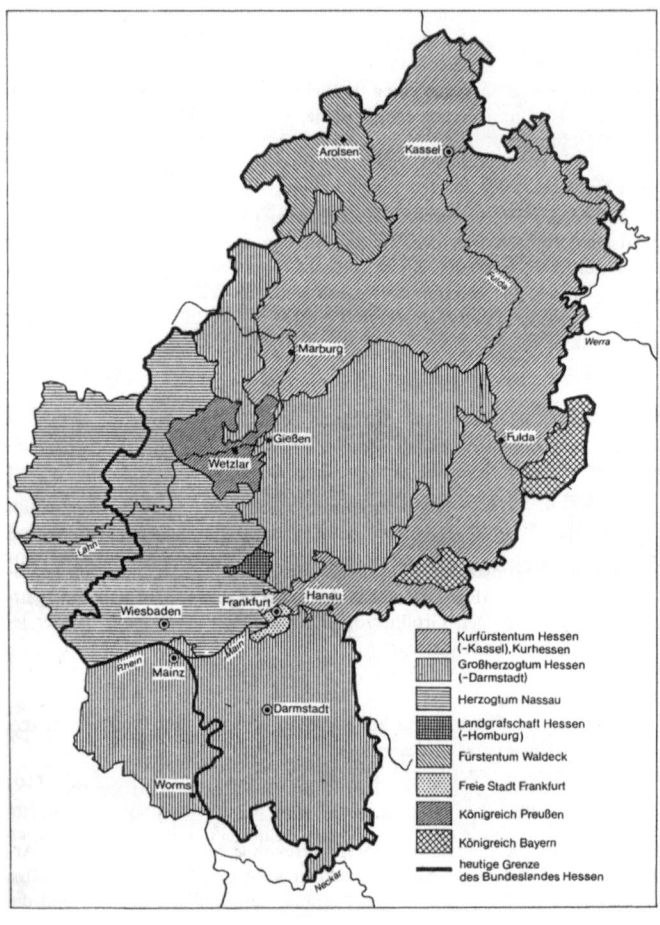

Hessen als Flickenteppich. Die politischen Grenzen 1848/49.

1849

wird die erste deutsche Nationalversammlung bereits
wieder aufgelöst. Ihr Entwurf einer Reichsverfassung war
den deutschen Landesherrn zu weit gegangen. In Baden
und in der Pfalz kommt es zu Aufständen, die von den
Hanauer Turnern unterstützt werden. Die Revolte wird
von Reichstruppen blutig niedergeschlagen. Beteiligt sind

neben preußischen Regimentern auch Einheiten aus Hessen-Darmstadt.

In den Jahren danach nehmen die hessischen Regenten wieder alle liberalen Zugeständnisse zurück.

1862

gewinnt der bürgerliche Liberalismus wieder an Boden. Die »Hessische Fortschrittspartei« wird bei den Wahlen in Hessen-Darmstadt stärkste Fraktion. In Hessen-Kassel wird die Verfassung von 1831 wieder in Kraft gesetzt.

Im gleichen Jahr begannen die Herren Lucius, Meister und Brüning zu Höchst am Main mit der Herstellung von Farben. Aus ihren Fabrikationsstätten entstand in der Folgezeit ein Chemie-Imperium, die spätere Hoechst AG. Wenig später stieg in Biebrich am Rhein ein Herr Kalle in die Farbenproduktion ein. Auch seine Firma gehörte später zum Hoechst-Konzern. Der Chemie-Riese wurde inzwischen wieder in Einzelbetriebe aufgelöst.

1866

ziehen Preußen und Österreich gegeneinander zu Felde. Für die Staaten des Deutschen Bundes tritt der Bündnisfall ein, d. h. die Hessen stehen zu Österreich. Das bekommt ihnen schlecht. Der Sieger Preußen annektiert Hessen-Kassel, das Herzogtum Nassau und die Freie Reichsstadt Frankfurt. 1868 werden Hessen-Kassel und Nassau zur preußischen Provinz Hessen-Nassau.

1871

organisiert Fürst Otto von Bismarck den Zusammenschluss deutscher Kleinstaaten zum »Deutschen Reich«. Preußen baut seine Vormachtstellung aus, Österreich bleibt vor der Tür. Hessen-Darmstadt gerät unter preußischen Einfluss.

1901

gestaltet die Darmstädter Künstlerkolonie eine viel beachtete Jugendstilausstellung. Titel: »Ein Dokument deutscher Kunst«. Die Künstler wurden vom kunstsinnigen

Großherzog Ernst Ludwig gesponsert. Seither leben in Darmstadt die Künste.

1914

versucht Frankfurt seinen Ruf als Stadt der Krämer und Bankiers zu verwischen: die Universität wird gegründet.
Ende August beginnt der Erste Weltkrieg.

1918

bricht auch im Hessenland die Novemberrevolution aus. Es bilden sich Arbeiter- und Soldatenräte. Mitte November konstituiert sich eine vorläufige hessische Regierung. Französische Truppen besetzen Rheinhessen und die rechtsrheinischen Stadtteile von Mainz.

1919

gibt sich der »Volksstaat Hessen« eine Verfassung. Seine Grenzen entsprechen im Wesentlichen denen des alten Hessen-Darmstadt. Teile der (immer noch) preußischen Provinz Hessen-Nassau werden von französischem Militär besetzt. Es bleibt bis 1930.

1929

wird Waldeck Teil der preußischen Provinz Hessen-Nassau. 1932 passiert das auch dem Kreis Wetzlar. Hessen-Nassau verliert die Grafschaft Schaumburg an die Provinz Hannover.

1933

wird Hitler Reichskanzler. Bereits im März übernimmt die NSDAP die Macht in Hessen-Darmstadt. Anfang Mai wird ein Reichsstatthalter für Hessen installiert. Der letzte frei gewählte hessische Staatspräsident wird im September »entlassen«.

1935

avanciert der Reichsstatthalter zur »hessischen Landesregierung«. Ende Mai eröffnet Hitler das erste Stück Autobahn. Es verbindet Frankfurt und Darmstadt.

1936

nimmt der Flughafen Frankfurt seinen Betrieb auf.

1938

stürmen SA-Trupps jüdische Gotteshäuser und Geschäfte. Sie legen Brände, prügeln und verwüsten. Die national-sozialistische Propaganda feiert die Pogrome zynisch als »Reichskristallnacht«.

1939

marschiert die Wehrmacht in Polen ein. Damit beginnt der Zweite Weltkrieg.

1941

beginnt auch in Hessen die Deportation jüdischer Bürger.

1943

wird Kassel bombardiert. Im März 1944 wird auch die Frankfurter Altstadt zerstört, im September fallen Bomben auf Darmstadt.

1944

wird die Provinz Hessen-Nassau in zwei neue Provinzen aufgeteilt: Kurhessen und Nassau.

Der Regierungsbezirk Kassel (Kurhessen) verliert dabei die Kreise Hanau, Gelnhausen und Schlüchtern an Nassau. Der bislang hessische Kreis Schmalkalden wird dem Regierungsbezirk Erfurt zugeschlagen und dem Reichsstatthalter von Thüringen unterstellt.

1945

Am 22. März überqueren amerikanische Panzerverbände den Rhein bei Oppenheim. Die deutsche Reichsführung kapituliert am 8. Mai.

Am 8. August berufen die amerikanischen Militärbehörden eine »Deutsche Regierung des Landes Hessen«. Sie ist für das Gebiet des alten Volksstaats Hessen zuständig. Das französisch besetzte Rheinhessen bleibt allerdings ausgeklammert. Am 19. September proklamiert die

Besatzungsmacht den Staat »Großhessen«. Im Oktober wird eine vorläufige Landesregierung ernannt. Sie regiert von Wiesbaden aus.

1946

Am 4. Februar wird eine »Vorbereitende Verfassungskommission« einberufen. Unter ihren zwölf Mitgliedern sind Heinrich von Brentano (CDU) und Georg August Zinn (SPD). Diese Kommission beruft Ende Juni eine »Verfassungsberatende Landesversammlung«. Sie besteht aus 42 Sozialdemokraten, 35 Christdemokraten, 7 Kommunisten und 6 Liberaldemokraten.

Am 1. Dezember befindet ein Volksentscheid über die Annahme der neuen hessischen Verfassung. Am gleichen Tag wählen die Hessen ihren ersten demokratisch legitimierten Nachkriegs-Landtag. Wahlberechtigt waren 2 380 109 Personen. Bei 1 609 388 gültigen Stimmen erhielt die SPD 42,7 %, die CDU 30,9 %, die FDP 15,7 % und die KPD 10,7 %. Der Volksentscheid erzielt eine Wahlbeteiligung von 73,3 %. 13,1 % stimmen ungültig ab. 76,8 % der gültigen Stimmen sprechen sich für die neue Verfassung aus.

Das neue Land erhält seinen endgültigen Namen »Hessen«.

Am 20. Dezember wird Christian Stock (SPD) der erste Ministerpräsident des neuen Bundeslandes.

1947

Am 6. Januar konstituiert sich die erste gewählte Landesregierung. SPD und CDU regieren gemeinsam.

Kirchenhain-Langenstein. Wotan und seine Wölfe neben dem Sonnenzeichen.

Samhain, Imbolc und Beltane –
die Jahresfeste im alten Europa

Hinter dem »langen Stein« von Langenstein, Hessens gewaltigstem Menhir, steht in achtbarer Entfernung die Jakobskirche. War der Steinzeit-Koloss in germanischen Zeiten Wotan geweiht, dem Gott der Wege und der Reisenden, so weihte man später die christliche Dorfkirche dem heiligen Jakobus. Ihn hatten die Missionare zu Wotans Ersatzspieler auserkoren. Der Übergang war nahtlos, denn der Heilige übernahm auch Wotans Funktionen: St. Jakob wurde der Schutzpatron reisender Händler und Handwerksburschen.

Doch Wotan ist noch immer in Langenstein. An der Westseite des Gotteshauses wurde er als Steinrelief verewigt. Die solide Steinmetzarbeit zeigt ihn mit seinen mythischen Wölfen Geri und Freki nebst einem achtspei-

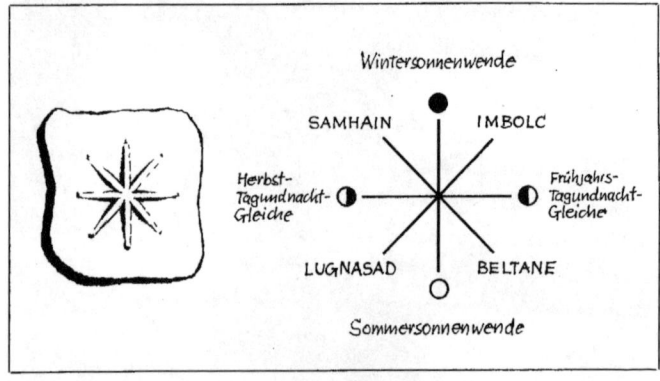

Das Sonnenzeichen von Langenstein und seine Deutung als Kalendersymbol.

chigen Sonnenzeichen, das gut und gern auch als Windrose gesehen werden kann (siehe Abb. S. 39).

Kurioserweise findet sich auf dem Kirchhof unterhalb dieses alten Symbols eine Anordnung mittelalterlicher Grabsteine, die in der Formation der acht Speichen um die Reste eines Steinkreuzes gruppiert sind. Entstanden ist diese korrespondierende »Steinsetzung« aber erst in den sechziger Jahren des letzten Jahrhunderts, als freiwillige Helfer den verwilderten Gottesacker aufräumten. Ihre Motive sind ein Geheimnis, das auch den zuständigen Pfarrer ins Grübeln kommen lässt. Wotan lässt grüßen (Abb. S. 41).

Die Inspiration, von der sich der Räumtrupp auf dem Langensteiner Kirchhof leiten ließ, kommt nicht von ungefähr: Das achtgliedrige Symbol an der Kirche ist ein magisches Zeichen, das in vielen alteuropäischen Kultu-

ren bekannt war. Es repräsentiert nicht nur die Leben
spendende Energie der Sonne, sondern kann auch als
»Kalenderzeichen« gedeutet werden: Seine acht Speichen markieren die »heiligen Zeiten« im Jahreslauf. Diese
Einteilung entspricht auch der alten Gliederung des Tages,
der von Sonnenaufgang bis -untergang in acht Zeiteinheiten aufgeteilt war. Eine alte Sonnenuhr an der Michaelskirche in FULDA zeigt dieses überlieferte Zeitmaß.

Vieles deutet darauf hin, dass keltische Feste auch von
den Germanen gefeiert wurden. Beide Völkergruppen
sind indoeuropäischen Ursprungs, und daher ist es zumindest vorstellbar, dass die einwandernden germanischen Stämme bei ihren keltischen Vettern auf Feste und
Jahresbräuche stießen, die sie schon von alters her kannten. Die eine oder andere Variante könnten sie dann auch
von ansässigen Kelten übernommen haben. Entlang dieser keltisch-germanischen Traditionslinie lässt sich das
Symbol an der Langensteiner Kirche als alteuropäischer
Kalender interpretieren, der auch Aufschluss über die
Wurzeln heutiger Feste gibt. Der besseren Darstellung
halber soll das Kalenderzeichen hilfsweise als Windrose

Neuzeitliche Steinsetzung auf dem Friedhof Kirchhain-Langenstein.

mit ihren acht Himmelsrichtungen beschrieben werden: So gesehen beginnt der alteuropäische Jahreslauf im Nordwesten – mit Samhain, der keltischen Neujahrsnacht.

Samhain und Allerheiligen

Das keltische Jahr begann am 1. November – an jenem Tag, auf den die Christen später ihr »Allerheiligen« legten. An Samhain sind die Eingänge zu den Feenreichen besonders durchlässig. Auch zu seinen Ahnen in der »Anderswelt« kann man an diesem ersten Jahresfest besonders leicht Kontakt aufnehmen. Das christliche »Allerseelen«, im Kirchenjahr an Allerheiligen gekoppelt, hat diesen Aspekt von Samhain aufgenommen. Unsere Vorfahren begingen das Fest zumeist mit Lichterprozessionen, die sich kreisförmig um einen heiligen Hain bewegten. Geblieben ist das Licht auf den Gräbern als Gruß an unsere Verstorbenen. Die Samhain-Prozessionen fanden meist am Abend des 31. Oktober statt, denn der keltische Tag begann mit dem Sonnenuntergang. Die Nacht galt als das Heranreifen des jungen Tages im Dunkel des Mutterleibs. Bei Sonnenaufgang wurde er dann »geboren«. Sein Lauf endete mit dem Sonnenuntergang, an dem der nächste Tag seinen Anfang nahm. Dieser alteuropäische Tag ist in vielen Gegenden noch lebendig, etwa wenn die Glückwünsche zu Namenstag und Geburtstag schon am Vorabend des »eigentlichen Tages« überbracht werden. Auch in der jüdischen Festkultur ist dies so überliefert. Selbst das christliche Weihnachtsfest zollt dieser Tradition Tribut. Als Geburtstag Jesu gilt der 25. Dezember, die Feierlichkeiten beginnen aber schon an »Heiligabend«.

Von Samhain zu Halloween

Auf den britischen Inseln wurde das keltische Samhain-Fest bis in die Neuzeit als Halloween gefeiert. Dieser Name ist die Verkürzung von »all hallow even«, also schlicht »Allerheiligen-Vorabend«. Irische Siedler brachten Halloween mit in die Neue Welt, wo es mittlerweile zu einem Monsterspektakel verkommen ist. Nur noch die böse

Abteilung der »Anderswelt«, die Dämonen und Ungeheuer, feiern fröhliche Urständ. Amerikanische Väter
schlüpfen in der Nacht zum 1. November in die Holly-
wood-Masken von Dracula und Frankenstein, um ihre
Sprösslinge das Gruseln zu lehren. Die US-Version hat
inzwischen auch den alten Kontinent infiziert. Saisonge-
recht im Oktober werden in deutschen Kaufhäusern Hal-
loween-Maskeraden und Geister-Kitsch in großem Ausmaß
feilgeboten. In Kombination mit der „Harry-Potter-Welle"
gelten entsprechende Partys bei Kindern und Jugendli-
chen als „supercool".

Schon seit den achtziger Jahren tummeln sich Hallo-
ween-Monster auch auf Burg Frankenstein im Odenwald.
Anfangs hatten in Darmstadt stationierte US-Soldaten das
Spektakel organisiert. Der Zulauf zu dieser stationären
Geisterbahn war damals so groß, dass die »Night-Show«
an mehreren Wochenenden wiederholt werden musste.
Doch die geisterhafte Umtriebigkeit erzürnte bald die
Behörden, allen voran den wackeren Umweltdezernen-
ten des Kreises. Zu viele Autos und zu viele Menschen, so
hieß es, erschreckten das Wild und gehörten deshalb
nicht in den Naturpark Odenwald. Und so kam es, dass
das Frankenstein-Halloween 1989 verboten wurde. Mittlerweile darf auf der Odenwaldhöhe wieder öffentlich
gespukt werden. Die Autos wurden allerdings auf weit
entfernte Parkplätze verbannt. Die späte Samhain-Variante
erreicht man nur noch mit dem Shuttle-Bus.

Wintersonnenwende, Weihnacht und Raunächte

Die Speiche im »Norden« des Langensteiner Kalendersymbols steht für das erste Sonnenfest im alteuropäischen
Jahr: die Wintersonnenwende am 21. Dezember. Sie gilt
auch heute noch als Winteranfang. Die dunkle Zeit der
immer länger werdenden Nächte geht zu Ende. Die
Sonne gewinnt wieder an Kraft, die Tage nehmen zu:
Hoffnung auf neues Leben am Ende der kalten Jahreszeit.
Für die Germanen ein Feuerfest des Donar. Ihren Wettergott stellten sie sich auf dem Sonnenwagen vor – gezogen

von magischen Ziegenböcken. Diese »Julböcke« bringen noch heute skandinavischen Kindern die Weihnachtsgeschenke. Julfest und Weihnacht verschmolzen. Geblieben sind die heiligen Feuer des Donar, der bei den Nordgermanen Thor hieß. Sonnenwendfeuer sind alte Überlieferung. Aber der Missbrauch dieser Traditionen durch deutschnationale Germanentümelei und das Pseudobrauchtum der Nationalsozialisten brachte das Begehen der Sonnenwende in Misskredit. Doch die Sonnenwendfeuer brannten schon lange vor der NS-Zeit. Ein Brauch, der vermutlich weit älter ist als die ersten germanischen Siedlungen in unserem Land.

Der Julbock bringt die Weihnachtsgeschenke. (Gemälde von John Bauer, Schweden).

Christgeburt mit neuem Datum

Wie bedeutend die Wintersonnenwende im religiösen Leben des spätrömischen Imperiums war, belegt eine christliche Korrektur Ende des 4. Jahrhunderts. Damals verlegten die Kirchenväter kurzerhand Christi Geburt vom 6. Januar auf ihr heutiges Datum. Einen Hinweis auf ihre Motive gibt der Zusatzbeschluss, das Kind in der Krippe offiziell zum wahren „sol invictus", zum siegreichen Sonnengott zu erklären. Hintergrund war der religiöse Boom diverser Sonnenkulte im niedergehenden Römischen Reich. Die Legionäre brachten aus den fernen Provinzen ganze Heerscharen neuer Götter heim ins römische Pantheon. Eine Vielzahl nichtrömischer Hilfstruppen hatte zudem ihre eigenen Gottheiten im Marschgepäck. Der Renner war der aus Persien stammende Mithraskult:

Mithras, eine dem Sonnengott verbundene Lichtgestalt, bringt allen Gläubigen Erlösung und ewiges Leben. Er setzte sein Leben aufs Spiel, um den Weltenstier zu töten. Ein Kultrelief aus einem Mithras-Tempel der Römerstadt Nida (Frankfurt-Heddernheim) zeigt ihn bei der Tötung

Drehbares Kultrelief des Mithras aus der Römerstadt Nida (Frankfurt-Heddernheim).

des mythischen Weltenstiers, dessen Sterben die Erde fruchtbar macht (Original im Museum Wiesbaden, Repliken im Museum für Vor- und Frühgeschichte Frankfurt). Das höchste Fest dieses Mysterien-Kultes wurde nahe der Sonnenwende gefeiert: Der 25. Dezember galt als Geburtstag des Mithras. Fast zur gleichen Zeit begingen die germanischen Söldner ihr Julfest, das ihrem „Sonnengott" Donar/Thor geweiht war. Massive Konkurrenz also

45

für das gerade erstarkende Christentum, das aber zur Wintersonnenwende nichts zu bieten hatte. Sein Christfest lag ja erst im Januar. Viel zu spät, um den Sonnenfeiern Paroli bieten zu können. Die Idee der Kirchenväter war einfach und kühn zugleich: Christi Geburt wurde vordatiert – in die zeitliche Nähe der Konkurrenzfeste – auf den 25. Dezember (siehe auch S. 174).

Der Komet von Bethlehem

Die moderne Astronomie stellt mittlerweile alle historischen Jesus-Geburtstage in Frage. In der honorigen Zeitschrift der „Königlichen Astronomischen Gesellschaft Großbritanniens" erläuterte im Dezember 1991 der Cambridge-Professor Colin Humphreys der verblüfften Fachwelt das Ergebnis seiner Forschungen. Fazit: Jesus von Nazareth kam fünf Jahre vor Christi Geburt auf die Welt, und zwar zwischen dem 9. März und dem 4. Mai. Humphreys verwirft die Theorie, wonach der Stern von Bethlehem durch eine Konjunktion von Saturn und Jupiter zu erklären sei. Seinen Berechnungen zufolge hat es diese Konstellation nie gegeben. Humphreys bezieht sich auf chinesische Astronomen der damaligen Zeit, aus deren Berichten hervorgeht, dass für das biblische Himmelsphänomen nur ein Komet in Frage kommt, der im Frühjahr des Jahres 5 v. Chr. von der Erde aus zu sehen war. Wenn es also stimmte, dass der Stern von Bethlehem die Geburt Christi angekündigt habe, so könne das Ereignis nur in diesem Zeitraum stattgefunden haben.

Durch das bewegliche Osterfest könnte es also durchaus passieren, dass Weihnachten und Ostern auf einen Tag fallen.

Die »stille Zeit« der Raunächte

Die zwölf magischen Nächte beginnen vielerorts am Abend des 24. Dezember und enden mit dem Sonnenaufgang des 5. Januar. Ähnlich wie zu Samhain sind auch in diesen Nächten die Wände zur »Anderswelt« besonders durchlässig. Doch nun sind es vor allem die dämonischen Aspekte der Geisterwelt, die des Nachts durch die Lüfte brausen: Der Vogelsberg beispielsweise hallt wider vom Lärm des wilden Jägers, der nach seinen lautstarken Hunden pfeift. Andernorts sind es weibliche Naturgeister, die unterwegs sind: Wildweibchen, Hulleweiber und Wetterhexen. In den Raunächten lässt man dann auch besser keine Wäsche auf der Leine, sie käme garantiert zu Schaden. Vielerorts wird aus gleichem Grund das Waschen ganz eingestellt. Auch mit dem Brotbacken und dem Brennen von Töpferware ist es in dieser Zeit eine eher kitzlige Angelegenheit. Am besten Stall und Stube gut verschlossen halten und auf der warmen Ofenbank den Geschichten aus den Raunächten zuhören: Sie erzählen zumeist von jenen, die alle Warnungen in den Wind schlugen und entsprechend auf die Nase fielen. Nach der Überlieferung standen die zwölf Nächte zudem für die zwölf verflossenen Monate. Zeit, sich zu sammeln, und des Abends den jeweiligen Monat des Vorjahrs still Revue passieren zu lassen: Wie ist es gelaufen, was war richtig, wo wurde falsch gehandelt? In einigen Gegenden wurden dann auch Vorsätze für den entsprechenden Monat des kommenden Jahres gefasst. Die Tage zwischen den rauen Nächten galten denn auch als Zeit »innerer Einkehr«. Die Warnung vor allzu viel Geschäftigkeit erhält so einen praktischen Hintersinn. In jenen Nächten wurden vielerorts auch Orakel nach der Zukunft befragt. Geblieben ist davon das Bleigießen in der lautesten aller Raunächte, der Sylvesternacht.

Ein Nachdenken über das alte Jahr und ein Hinwenden zum neuen konnte natürlich erst Inhalt der Raunächte werden, als der alteuropäische Kalender verschwunden war und das neue Jahr mit dem 1. Januar begann. Als Samhain noch das Neujahrsfest war, galten die zwölf Nächte aber sicherlich schon als Zeit höchster Aktivität schädlicher Winterdämonen, denen durch besondere Vorsicht und Abwehrzauber begegnet werden musste. Die zahlreichen Arbeitsverbote (Tabus) und die Segnung von Menschen, Tieren, Haus und Hof durch die »Sternsinger« belegen als lebendiger Brauch das Wesen der alten Raunächte. Mancherorts gilt die Nacht zu Dreikönig (6. 1.) als letzte Raunacht. Die Geisterzeit beginnt dann eben erst in der Nacht zum zweiten Weihnachtstag. Im Sprachgebrauch existiert vielerorts auch noch die Zeit »zwischen den Jahren«. Meist bezeichnet man damit die Tage zwischen Weihnachtsfest und Neujahr. Kaum jemand vermag diese Periode aber wirklich genau einzugrenzen. Offenbar wurde von einer »Pause« zwischen altem und neuem Jahr ausgegangen. Dies war die Zeit, in der früher beispielsweise das Gesinde den Brotherrn wechselte. Es darf vermutet werden, dass diese »Zwischenzeit« ein später Abkömmling der Raunächte ist.

Von Imbolc zu Lichtmess

Der »Nordosten« des Langensteiner Kalenderzeichens repräsentiert das Jahresfest Imbolc (»das Sprießen«). Die keltische Welt feierte es vom Abend des 31. Januar bis zum Sonnenuntergang des 1. Februar. Die britische Überlieferung sieht es als das »Fest der Braut«, das der Muttergöttin Brigantia geweiht war. Mitten im tiefsten europäischen Winter erinnerten die Druiden an die Potenziale der Natur, die sich trotz scheinbarem Stillstand bereits wieder regen: in den Samen der Pflanzen, in den Hoffnungen und Wünschen der Menschen für den kommenden Frühling. In Irland hieß diese Göttin Brigid. Sie war die jungfräuliche Gestalt der dreieinigen Erdgöttin, die auch als Gattin und Mutter und als »weise Alte« erscheinen konnte. In der Gestalt der Greisin leitete Brigid die Verstorbenen hinüber in die »Anderswelt«. Zu Imbolc aber ging es um die junge Göttin, die hoffnungsfrohe Braut, der zu Ehren Lichterprozessionen durch die kalte Nacht zogen. Mancherorts blieb man lieber in der warmen Stube und stellte der Göttin nur eine Kerze ins Fenster. Dass die dreieinige Göttin überall im Keltischen präsent war, belegen zahlreiche »Matronensteine«. Sie zeigen drei Frauen in keltischer Tracht. Diese »Dreierskulpturen« wurden selbst im römischen Machtbereich verehrt. Zahlreiche Bildsteine aus den ersten nachchristlichen Jahrhunderten fand man in Frankreich und im Rheinland. Doch auch im römischen »Obergermanien«

war die dreifache Göttin noch lebendig: Bei den Ausgrabungen des Limes-Kastells in ALTENSTADT in der Wetterau bargen die Archäologen auch einen Votivstein mit drei weiblichen Gottheiten, dessen Ähnlichkeit mit den »Matronensteinen« des Rheinlandes ins Auge fällt (Hessisches Landesmuseum Darmstadt). Das tolerante Rom hatte offenbar seinen keltischen Hilfstruppen die öffentliche Verehrung ihrer Gottheiten zugestanden. Zudem ist belegt, dass die römischen Soldaten zahlreiche keltische Götter verehrten. Die dreifache Brigid gehörte mit Sicherheit dazu – nicht nur zu Imbolc im kalten Februar. Die Christianisierung dieses Festes geht einher mit der Umgestaltung der Göttin zur »heiligen Brigid«, die in Irland analog zur Muttergöttin zur »Mutter des Landes« avancierte. Auch bei uns verehrt der Kirchenkalender die heilige Brigitte konsequenterweise zu Imbolc – am 1. Februar.

Die Kirchenliteratur behauptet die Existenz einer historischen Brigid. Sie habe um 450 in der Nähe des irischen Kildare eine Eremitage unter einer Eiche bewohnt und

Die Kirche St. Brigida auf dem Büraberg bei Fritzlar-Ungedanken. Das Patrozinium legt eine Gründung durch irische Mönche nahe (S. 179/181).

49

später dort zwei Klöster gegründet: eins für Nonnen und gleich daneben noch eins für Mönche. Die irische Schutzpatronin wird zudem auch die »Maria der Kelten« (Mary of the Gael) genannt, bewirkte zahlreiche Wunder und soll passenderweise am 1. Februar 523 gestorben sein. Das soll die Datierung ihres Namensfestes auf diesen Tag erklären. Bei der heiligen Brigitte kann es sich also durchaus um die umgestylte Göttin Brigid/Brigantia handeln, zumindest aber um deren christliche »Ersatzfrau«. Ebenso naheliegend ist der Gedanke, man habe die alteuropäischen Lichterfeste zu Imbolc dadurch christianisiert, dass man am Tag danach mit »Maria Lichtmess« ein Fest installierte, das ebendiese Lichtriten übernahm. Offiziell feiert die Kirche am 2. Februar die »Darstellung Christi im Tempel«: Nach christlicher Überlieferung ging Maria mit ihrem Neugeborenen ins Jerusalemer Gotteshaus zum »vorgeschriebenen Reinigungsopfer«. Dort sei das Kind von einem frommen Beter als »Licht zur Erleuchtung der Heiden« begrüßt worden. Dies soll die heutige Kerzenweihe an Lichtmess erklären. Die geweihten Talglichter passen jedoch auffällig gut zur Imbolc-Tradition.

Frühlingsanfang

Der »Osten« des Langensteiner Kalendersymbols repräsentiert vermutlich zwei Jahresdaten, die jedoch den gleichen jahreszeitlichen Umbruch markieren: den Frühlingsanfang.

So steht diese »Speiche« für die Tag-und-Nacht-Gleiche am 20. März, dem so genannten Frühjahrsäquinoktium. Allerdings sind aus dem keltisch-germanischen Kulturkreis keine Bräuche überliefert, die sich auf dieses Datum beziehen. Dieser Frühlingsanfang orientiert sich am Sonnenjahr, das im alteuropäischen Jahreslauf offenbar nur an den Sonnenwenden gewürdigt wurde. Es gilt als sicher, dass zumindest die germanischen Stämme das Jahr nur in zwei Halbzeiten teilten: in Sommer und Winter. Die jeweiligen »Anlaufzeiten« Frühling und Herbst wurden erst später eigenständige Jahreszeiten.

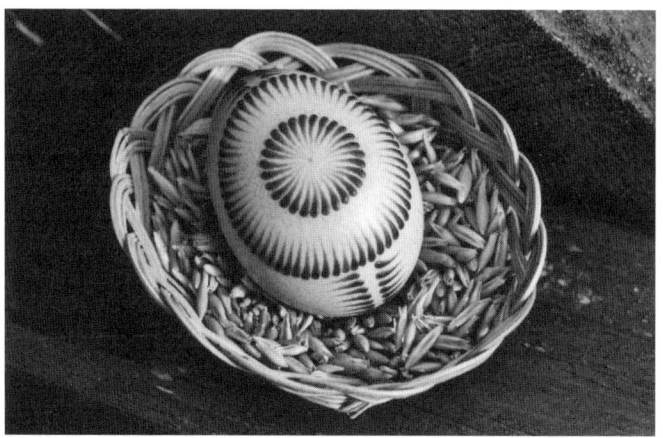

Traditionelles Osterei aus dem Mardorf bei Marburg. Das Sonnenrad wurde mit Bienenwachs aufgetragen.

Ostern – mit und ohne Göttin

Im germanischen Siedlungsraum wurde mutmaßlich das Fest der Fruchtbarkeitsgöttin Ostara gefeiert. Doch handfeste Belege gibt es dafür nicht. Ihr heiliges Tier soll der Hase gewesen sein, der den Altvorderen als besonders fruchtbar galt. Das Fest der Ostara orientierte sich an Sonne und Mond: Es soll auf dem Frühlingsmond, dem ersten Vollmond nach dem Äquinoktium gelegen haben. Auch das Fest dieser alteuropäischen Göttin wurde christlich »besetzt«, behielt aber seinen alten Namen: Ostern. Noch heute wird es nach dem Mond datiert: Es liegt stets auf dem Sonntag nach eben jenem ersten Frühlingsvollmond der Ostara. Auch der fruchtbare Hase wurde integriert und legt mittlerweile sogar Eier – ebenfalls alte Symbole für Fruchtbarkeit. Die Wissenschaft sieht die Existenz jener Ostara allerdings nicht als gesichert an. Der berühmte Jacob Grimm hat sie dereinst in die Brauchtumsforschung eingeführt. Er berief sich dabei auf einen britischen Mönch namens Beda, der das Osterfest auf eine

Göttin Eostra bezieht. Die Mehrzahl von Grimms Fach-
kollegen hält jedoch den Ort des Sonnenaufgangs im
Ostermonat, den exakten Ostpunkt am Horizont, für die
eigentliche Quelle des Festnamens. In den altgermani-
schen Überlieferungen, etwa in der »Edda«, gibt es in der
Tat keinerlei Hinweise auf eine Ostergöttin. Gesichert ist
auf jeden Fall die althochdeutsche Bezeichnung »ostar-
manoth« (Ostermonat) für den April. Zumindest war die
Verwurzelung dieses Begriffs so stark, dass die Kirche für
Christi Auferstehung nicht den Namen des fast zeitgleichen jüdischen Passah-Festes übernahm, sondern sich auf
das bodenständige »Ostern« (englisch »Easter«) verlegen
musste. Außerhalb des germanischen Sprachraums
wurde dagegen der jüdische Festname abgewandelt: französisch »les pâques«, italienisch »pasqua«.

Die Osterfeuer sind in vielen hessischen Regionen über-
kommenes vorchristliches Brauchtum. Sie in der Oster-

Der schräge Maibaum auf dem Bilstein bei Busenborn/Vogelsberg (siehe auch S. 398).

nacht anzufachen und zu hüten ist zumeist Vorrecht der unverheirateten Männer eines Dorfes. In einigen Gemeinden im Waldeckischen brennt das große Feuer traditionell erst am Abend des Ostersonntags. Vom Hohen Meißner kennt man österliche Wassermagie: Wenn unverheiratete Frauen in der Osternacht kurz vor Sonnenaufgang vom Wasser eines bestimmten Teiches trinken, so werden noch im selben Jahr ihre Liebeswünsche in Erfüllung gehen.

Belenos trifft Walpurga

Die Südost-Speiche in unserem Jahresrad steht für das Weihefest des keltischen Gottes Belenos. Im altirischen Kalender heißt es Beltane. Gefeiert wurde es um den heutigen 1. Mai. Ähnlich wie bei den eher germanischen Osterbräuchen geht es um den Sieg der Frühlingsgeister über die Dämonen des Winters, um den Triumph der Sonne und damit um allgemeine Fruchtbarkeit. Überliefert sind große heilige Feuer aus Eibenzweigen und Eichenholz. Durch den beißenden Rauch trieben die Kelten ihre Weidetiere. Diese rituelle Reinigung sollte vor bösen Einflüssen schützen und galt als Fruchtbarkeitszauber. Mit Beltane begann der Auftrieb der Tiere auf ihre Sommerweiden. Der Segen des Belenos, eines der höchsten keltischen Götter, galt der Fruchtbarkeit des Viehs, der Felder und der Menschen. Beltane war daher auch ein Fest der Sexualmagie: gut für Liebesorakel und glückliche Verbindungen. Ungesicherte Quellen berichten von sexualmagischen Bräuchen, die in keltisch geprägten Teilen der britischen Inseln noch bis ins 19. Jahrhundert hinein gepflegt wurden: In der Beltanenacht war die ansonsten geltende Sexualmoral außer Kraft. Knechte und Mägde, Landlords und Ladies sollen in dieser Nacht gemeinsam an den heiligen Feuern gelegen und ihren heimlichen Wünschen freien Lauf gelassen haben.

Dass auch die Kelten des Kontinents Beltane begingen, belegen die zahlreichen Mainacht-Bräuche, die sich auch hierzulande erhalten haben. Von Belenos selbst blieben bestenfalls noch die relativ häufigen »Bel(enos)steine« in den Mittelgebirgen. Meist sind es markante Felsen, die möglicherweise Bel geweiht waren. So etwa der Bilstein im Kaufunger Wald oder der im Vogelsberg, dessen weithin sichtbarer Maibaum erst am Pfingstsamstag und dann auch noch schräg in den Berg gesetzt wird. Die meisten überkommenen Beltanebräuche konzentrieren sich allerdings auf die Nachfolgerin des Weihefestes, die Walpurgisnacht. Die Weihefeuer des Belenos brennen auch in unseren Breiten in der Nacht zum 1. Mai, mancherorts auch erst am Pfingstabend. Sie sollen – ganz wie in keltischer Zeit – Menschen, Vieh und Ackerfrüchte gesund und fruchtbar erhalten. Das geschieht, indem laut und lärmend die bösen Geister vertrieben werden. Peitschenknallen scheint hierzu besonders geeignet. So zogen noch in den dreißiger Jahren des letzten Jahrhunderts die jungen Männer aus den Dörfern am Bechtelsberg (bei Alsfeld) zu Walpurgis peitschenbewehrt auf diesen hessischen Blocksberg und störten den alljährlich dort tagenden Hexensabbat (siehe OTTRAU).

Der Maibaum als rituelles Grün für Haus und Hof findet sich in Mitteleuropa nicht nur zu Walpurgis, sondern auch zu anderen Jahresfesten. So wie im hohen Vogelsberg zu Pfingsten, setzt man solche »Heilsbäume« andernorts erst am Johannistag (24. Juni – dritter und letzter Tag des »Sonnenstillstands« an Mittsommer) oder gar schon zu Lichtmess. Auch der Weihnachtsbaum steht in ursprünglich gleichem Zusammenhang: Menschen und Tiere sollen durch das Ritual mit der Lebenskraft der Natur in Berührung kommen und so gestärkt werden; alles Böse und Lebensfeindliche wird verscheucht. Die Nacht der Maifeuer und Hexentreffen wurde, anders als Mittwinter und Ostern, nie ins christliche Kirchenjahr eingebaut: Die Zuordnung zur heiligen Walpurga blieb ein schwacher Versuch, der den vorchristlichen Charakter der Mainacht nicht überdecken konnte.

Der 1. Mai ist interessanterweise noch nicht einmal der Walpurgistag des Kirchenjahres. Die Äbtissin Walpurga gehörte zum angelsächsischen Missionsteam ihres Onkels Bonifatius, auf dessen Geheiß sie das Benediktinerinnenkloster Heidenheim (Mittelfranken) gegründet haben soll.

Walpurga starb angeblich 779, und zwar am 25. Februar, dem Tag, an dem noch heute ihr Namensfest begangen wird. Heilig gesprochen wurde sie am 1. Mai, und so kam es wohl, dass Beltane mit ihrem Etikett behängt wurde. Der christliche Kalender widmet den 1. Mai dem heiligen Sigismund, einem burgundischen König des 5. Jahrhunderts, dessen Gebeine gleichzeitig in St. Moritz, Prag und Freising aufbewahrt werden. So gesehen hätte Beltane christlicherseits eigentlich zur »Sigismundnacht« werden müssen.

Mittsommernacht und Johannisfeuer

Die Südspeiche im Kalenderrad markiert die Sommersonnenwende in der Nacht zum 21. Juni. Nach alter Vorstellung steht dann der Sonnengott drei Tage still – erst am 24. Juni, dem Johannistag, kommt die Sonne wieder in Bewegung. Mittsommerbräuche gehören als Sonnenrituale vor allem zur germanischen Tradition. Die Wende des Tagesgestirns gilt als heiliger Tag. Noch heute brennen analog zum Mittwinter die Sonnenfeuer, in einigen Regionen aber erst in der Nacht zum Johannistag. In dieser Nacht rollen auch die Feuerräder zu Tal. Ein Brauch, der durchaus auch keltische Wurzeln haben kann, gehört doch das Rad nebst den Blitzen zu den Attributen des Wettergottes Taranis, den auch die Römer in den keltischen Provinzen des Imperiums als »gallischen Jupiter« verehrten. Bereits aus dem römisch besetzten Gallien des 4. Jahrhunderts wird berichtet, die Bewohner von Agen ließen alljährlich an festgesetztem Tag zu Ehren des Taranis ein flammendes Rad aus dessen Heiligtum rollen. Viele gallo-römische Statuen zeigen diesen keltischen Gott des Wetters, der Sonne und des Jahreslaufs mit einem Speichenrad in der Hand.

Das Getreidefest des Lug

Der Sonnenwende folgt ein Jahresfest, das nur in der keltischen Welt bekannt ist und auch nicht christianisiert wurde: Lugnasad, das Fest des Gottes Lug, bisweilen auch Lammas-Fest genannt. Entsprechend unserer Interpretation steht für Lugnasad die Südwestspeiche des Langensteiner Kalendersymbols. Gefeiert wurde Lammas zum Schnitt des Getreides als eine Art spezielles Erntedankfest. Festzeit soll um den 1. August gewesen sein. Die irische Überlieferung berichtet, dass Lugnasad 15 Tage vor dem 1. August begann und erst 15 Tage danach endete. Der erste Augusttag soll nur der rituelle Höhepunkt gewesen sein. Es kann nicht mit Sicherheit gesagt werden, ob dieses Getreidefest auch von den Kontinental-Kelten begangen wurde. Nahe liegend aber ist, dass es zwischen Mittsommer und Herbstäquinoktium ein Erntefest gab. Lug gilt als eine Variante des Belenos. Auch wird die These vertreten, Lugnasad sei, wie Beltane, dem Belenos geweiht gewesen, nur habe man hier den Gott mit seinem »Sommernamen« Lug verehrt. Aus dem Alemannischen sind Bräuche zur Weizenernte überliefert, bei denen noch im 19. Jahrhundert um einen (nachgebildeten) Hahn auf einer Stange getanzt wurde. In den großen Getreideanbaugebieten östlich der Elbe war es Brauch, dass zum Abschluss der Erntearbeit dem Hofbesitzer feierlich eine Erntekrone überreicht wurde. Die traditionelle Kräuterweihe der katholischen Kirche gehört zumindest in die zeitliche Nähe von Lammas/Lugnasad. Gefeiert wird sie noch heute an Maria Himmelfahrt, dem 15. August. Auf den Keltengott Lug sollen etliche Städtenamen zurückzuführen sein. So etwa Lyon (keltisch: lugudunum) und Laon in Frankreich, sowie Leiden in den Niederlanden.

Die Herbst-Tag-und-Nacht-Gleiche

Entsprechend unserer Interpretation des Kalendersymbols markiert seine Westspeiche die Tag-und-Nacht-Gleiche am 22. September, den offiziellen Herbstanfang. Hier sind keine Festlichkeiten überliefert. Dieser Tag diente möglicherweise nur der astronomischen Bestimmung der Jahreszeiten. Mit gutem Willen können natürlich die verbreiteten Erntedankfeste dem Äquinoktium »zugeordnet« werden. Und guter Wille ist allemal vonnöten.

Die Kelten und ihre Götter

Über die Herkunft der keltischen Stämme gibt es kaum gesichertes Wissen. In ihrer Kunst finden sich verschiedenste Stilelemente. Sie belegen den Einfluss der Hallstatt-Kultur, aber auch der Skythen und Perser. Indoeuropäische Stämme an der unteren Wolga, nach ihren Hügelgräbern »Kurganvölker« genannt (kurgan, russ.: Hügel), werden von manchen Forschern für »Vor-Kelten« gehalten. Stellt man sich nun die Herausbildung des »Keltischen« nach dem Modell einer »Völkerwanderung« vor, so könnte es folgendermaßen gewesen sein: Die Kurgan-Stämme nahmen auf ihrem Weg zu Donau und Rhein Kulturelemente all jener Völker auf, durch deren Gebiet sie zogen. Unterwegs dürften dabei ihre »Marschpausen« mitunter mehrere Menschenalter gedauert haben. Zeit genug, um sich mit Einheimischen zu vermischen. Solcherart ethnisch und kulturell bereichert, kamen sie dann nach Mitteleuropa, wo sie mit ansässigen Hallstatt-Stämmen zu jenem neuen Volk verschmolzen, das die Griechen »Keltoi« und die Römer »Galli« nannten. Dieser »Eintritt der Kelten in die Geschichte« vollzog sich im 5. Jahrhundert v. Chr., und bereits 387 v. Chr. verzeichnen römische Geschichtsschreiber einen ersten Höhepunkt: Keltische Krieger, die nackten Körper mit Furcht erregenden Zeichen bemalt, bestürmen die Mauern Roms. Schließlich fällt die Stadt und geht in Flammen auf. »Wehe den Besiegten«, soll der Keltenführer Brennus damals gesagt haben. Ein Satz, der im Zitatenkästlein der Geschichtslehrer überdauert hat. 200 Jahre später siedeln die »Galli« vom nordspanischen Galizien bis nach Galatien in der heutigen Türkei. Dorthin schickte der heilige Paulus seinen Brief an die keltischen »Galatai«: »Oh ihr unverständigen Galater, wer hat euch bezaubert, dass ihr der Wahrheit nicht gehorchet?« Heutige Orts- und Provinznamen mit der Anfangssilbe »Gal-« belegen zumeist alten keltischen Siedlungsraum. Die Galapagos-Inseln im Pazifik werden da als Ausnahme gelten müssen.

Das keltische Gebiet stand allerdings nie unter der Vormacht irgendeines Königs, war nie ein Imperium. Dies wird vielfach als Grund für den späteren Untergang der keltischen Welt, ihr kulturelles Aufgehen im römischen Reich, angesehen. Die Einheit der keltischen Stämme war die der gemeinsamen Sprache und Kultur. Vieles deutet darauf hin, dass die Druiden als Priester, Gelehrte, Ärzte und Poeten diesen geistigen Zusammenhalt auch praktisch herstellten. Sie reisten durch die gesamte keltische Welt und hielten offenbar auch über ihre Ogham-Schrift miteinander Verbindung. Jene Schriftkerben scheinen der Druidenkaste vorbehalten gewesen zu sein. Das Ogham war offensichtlich kein Alphabet in unserem Sinne, sondern – ähnlich den germanischen Runen – stand ein Ogham-Zeichen für einen ganzen Bedeutungskomplex. Julius Cäsar berichtet, die Druiden hätten der Bevölkerung regelrecht untersagt, das Stammeswissen schriftlich niederzulegen. Jedenfalls fehlen schriftliche Eigenzeugnisse. Die Keltenforschung muss sich deshalb auf mehr oder weniger problematische Quellen stützen. Gerade wenn es darum geht, die geistige Welt der Kelten zu entschlüsseln, stößt auch die Interpretation archäologischer Funde an ihre Grenzen. Abhandlungen über Kultplätze und Ritualgegenstände geben da oft mehr Aufschluss über das Weltbild des Forschers als über das der Kelten. Ähnlich steht es um die zeitgenössischen Schilderungen römischer Chronisten und Feldherrn. Ganz besonders der viel zitierte »Gallische Krieg«, den Julius Cäsar wohl von Ghostwritern fabrizieren ließ, verdient in diesem Zusammenhang mehr als ein Fragezeichen. In diesen Kriegsberichten stehen all jene Urteile und Vorurteile über die Gallier, die in der Keltenliteratur dann immer wieder als Wahrheiten gehandelt werden. Vergessen wird dabei allerdings, dass Feldherr Caesar seine Feinde beschrieb. Die Details geschilderter Kämpfe sind zum Teil so widersprüchlich, dass offenkundig wird, dass zumindest die Angaben über die Stärke des keltischen Gegners zur Mehrung des Schlachtenruhms weit übertrieben sind. Dieser Umgang mit der Wahrheit wirft natürlich auch ein Licht auf die sonstigen Schilderungen im »Gallischen Krieg«. Um andere antike Quellen dürfte es nicht besser bestellt sein. Bleiben noch die irischen Sagenkreise, die allerdings den Nachteil haben, erst nach Jahrhunderten mündlicher Überlieferung zu Papier gebracht worden zu sein. Dieses verdienstvolle Werk lag in der Hand christlicher Mönche, die zumindest der »heidnischen Götterwelt« eher verständnislos gegenüberstanden oder ihr Material gar im christlichen Sinne umgearbeitet haben. Insgesamt eine Quellenlage also, die viel Platz lässt für Spekulationen und Vermutungen. Dieser Sack voller Vorbehalte sollte formuliert sein, ehe wir uns dem keltischen Götterhimmel nähern.

Immer wieder ist in der Literatur von über 400 Göttern die Rede. Eine Zahl, auf die man nur kommt, wenn man die regionalen und lokalen Namen einer Gottheit jeweils mitzählt. Eine Exkursion in den Keltenhimmel über Hessen kann zudem die irisch-walisischen Götter getrost außer Acht lassen. Aufschlussreich sind da nur die Keltengötter des alten Gallien, doch auch hier gilt ein weiterer Vorbehalt. Erst unter römischer Besatzung wurden die Himmlischen über Rhein und Rhone sichtbar, nahmen als Statuen und Reliefs Gestalt an. Der Einfluss des griechisch-römischen Kulturraums hat dabei auch den Götterhimmel verändert. Folgerichtig spricht die Wissenschaft dann auch von »gallo-römischen« Gottheiten. Es ist völlig ungeklärt, ob die Götter der Kelten ursprünglich in Menschengestalt gesehen wurden oder eher als unsichtbare Wesenheiten, die als »Energie« mit Flüssen, Bäumen und anderen Naturphänomenen in Verbindung standen. Von einem keltischen Heerführer, der 279 v. Chr. bis nach Delphi in Griechenland kam, wird jedenfalls berichtet, »er habe sich vor Lachen nicht fassen können, als er hörte, die Griechen verehrten Götter in Menschengestalt«.[1]
Die keltische Welt begegnete den Himmlischen in der Natur, die heiligen Orte waren häufig durch eine rechteckige Wallumfriedung von der profanen Welt abgegrenzt. Allein im süddeutschen Raum wurden an die 500 solcher

»heiligen Haine« entdeckt. Die Wissenschaft missverstand sie zunächst als Militärbauwerke und nannte sie irreführend »Viereckschanzen«. In Hessen waren sie offenbar nicht in Mode. Allerdings existiert bei Vielbrunn im östlichen Odenwald die mysteriöse »Heuneschüssel«. Ein Erdwerk, dessen Abmessungen den keltischen Kultbezirken Süddeutschlands entsprechen. Doch die Fachleute sind sich da nicht einig: Etliche sehen die Entstehung des Bauwerks tatsächlich in der Keltenzeit, andere legen sie in die römische Periode oder gar ins frühe Mittelalter (vgl. S. 323). Mit der Entdeckung des zentralen Heiligtums am Glauberg gibt es mittlerweile zumindest für die keltische Frühzeit einen eindrucksvollen Beleg kultischer Verehrung. Die riesige Anlage hat aber wenig Ähnlichkeit mit jenen viel kleineren »heiligen Hainen« des Spät-La-Tène. Abgegrenzte Kultbezirke werden auch hinter den frühkeltischen Wällen des Altkönigs bei Kronberg und innerhalb der spätkeltischen Städte vermutet (z. B. Heidetränk-Oppidum bei Oberursel, Oppida auf der Milseburg in der Rhön, auf dem Dünsberg bei Gießen und auf der Altenburg bei Niedenstein).

Der Götterhimmel der Festlandskelten, und dazu gehören die »hessischen« Stämme, kannte offenbar keine Rangordnung. Es gab augenscheinlich Gottheiten, deren Kultstätten weit verbreitet waren, und andere, die nur in bestimmten Gebieten als »Stammesgötter« verehrt wurden. Auch die jeweiligen Namen veränderten sich häufig von Gegend zu Gegend.

Der Hirschgott Cernunnos

ist die dominierende Gestalt auf dem berühmtesten dänischen Keltenfund, dem »Kessel von Gundestrup«. Dort sitzt er in einer Art Buddha-Haltung, auf dem Kopf zwei siebensprossige Geweihstangen und einen keltischen Torques-Ring um den Hals. Einen zweiten Torques hält er in der rechten Hand, in der linken eine Schlange mit Widderkopf. Um ihn herum Auerochs, Hirsch, Eber und Wolf. Die großen Beutetiere eines Jägervolkes, das die Kelten nicht waren. Unter anderem deshalb sieht Jean Markale

Der Hirschgott auf dem Kessel von Gundestrup.

in Cernunnos die älteste Gottheit der Kelten, die mutmaßlich nicht indoeuropäischen Ursprungs ist, sondern aus dem Götterhimmel der eiszeitlichen Rentierjäger stammt. 2

Cernunnos gilt als Herr aller lebenden Geschöpfe und als Gott des Überflusses der Natur. Dieser »Herr der Tiere« war natürlich auch für das Jagdglück zuständig. Auf dem Kontinent war sein Kult sehr weit verbreitet. Ein Felsbild bei HIRSCHHORN könnte eine Darstellung dieser Gottheit sein. Auf dem umstrittenen Relief ist aber kaum noch etwas zu erkennen.

Im Zuge der Christianisierung verkam Cernunnos zum gehörnten Herrn der Hölle, doch dürften in die Schreckgestalt des Teufels auch der sinnenfrohe Pan des Mittelmeerraums und die heiligen Ziegenböcke des germanischen Donar/Thor eingegangen sein. Cernunnos war aber mutmaßlich auch der Vorgänger des heiligen Hubertus, dessen göttlicher Hirsch ein Kreuz zwischen den Stangen trägt. Auch in den Artus-Epen agieren mythische Hirsche. Hirsche sind es, die den fliehenden Kämpen Karls des Großen die rettende Furt über den Main zeigen. Daraus ergab sich bekanntlich die sagenhafte Gründung Frankfurts, die ohne das Zutun des hilfreichen Wildes ausgeblieben wäre. Der »Hirschsprung« im Schwarzwälder

Höllental steht ebenso in der Tradition des magischen Tieres, wie die zahllosen Apotheken und Wirtshäuser, die den »Hirschen« in ihrem Schild führen.

Lugus, der Leuchtende

gilt im gesamten keltischen Raum als der Erfinder aller Künste und Fertigkeiten, zu denen auch die Kunst der Kriegsführung und die Heilkunst gehören. Zudem ist er Schutzgott des Handels, der Wege und der Reisenden. Eigenschaften, die Caesar an den römischen Merkur erinnerten. Seine germanische Entsprechung wäre Wotan/Odin. Anders als Wotan gilt Lug jedoch nicht als oberster Gott, er ist kein keltischer »Allvater«. Beiden jedoch ist der Rabe als heiliges Tier zugeordnet. Das kontinentale Zentrum des Lugus-Kultes lag im gallischen Lugudunum, dem heutigen Lyon. Das keltische Getreidefest wurde 40 Tage nach Mittsommer, also Anfang August, gefeiert. Zumindest in Irland war es Lug geweiht, der der Sage nach jenes Lugnasad-Fest zu Ehren seiner Mutter, der

Römische Merkur-Statuette aus Offenbach. Ganze 11 cm hoch.

Erdgöttin Tailtiu, gestiftet hat. Im römisch besetzten Gallien verschmolz Lugus dann zunehmend mit Merkur. In dieser gallo-römischen Form erlebte sein Kultus einen regelrechten Boom. Seine Statuen und Kleinplastiken füllen die Vitrinen und Lager unserer Museen. Die Christianisierung weihte seine Kultplätze dem heiligen Michael, der als Nachfolger des Merkur-Lug dessen Feuer- und Sonnenaspekte übernahm. Als gepanzerter Erzengel schwingt Michael das flammende Schwert und schützt so die diversen Monts St. Michel Frankreichs ebenso wie die unzähligen Michaelskirchen der Deutschen. Die nun erkoren ihn zu ihrem nationalen Schutzheiligen und verpassten ihm eine Zipfelmütze. So endete Lugus der Leuchtende schließlich als »Deutscher Michel«.

Belenus oder Belenos

wird häufig als keltischer Sonnengott verstanden. Manche Forscher bestreiten, dass die Kelten überhaupt eine Sonnengottheit verehrten. Sie sehen Belenus als Gott der Hirten, die ihre Herden zum Frühlingsfest Beltane (»Feuer des Bel«) durch Reinigungsfeuer trieben. Die Verehrung des Bel war auf dem Festland weit verbreitet und auch die walisischen Kelten kannten einen Beli Mawr (»Beli der Große«), der dem Belenos gleichgesetzt wird. Bel gilt vor allem als Gott der Heilkunst, der sogar gefallene Krieger wieder zum Leben erweckt. Diesen Aspekt teilt er mit Lug und auch dessen Beinamen »leuchtender Gott«. Deshalb werden Lug und Belenus gelegentlich auch als eine Gottheit interpretiert. Etliche Belenos-Heiligtümer wurden später ebenfalls dem Erzengel Michael geweiht.[3]

Ungeklärt ist, ob die zahlreichen Bilsteine in Hessen (bei SCHOTTEN im Vogelsberg, bei AROLSEN, bei Edermünde-Besse, im Kaufunger Wald) als Bel-Kultstätten gedeutet werden können. Ähnliches gilt für das Beldaenne-Fest in der Rhön, das den Namen von seinem traditionellen Festplatz, dem Flurstück „Beldaenne" bei NÜSTTAL-Hofaschenbach herleitet. Heimatforscher vermuten dort einen alten Kultplatz.

Die Pferdegöttin Epona

kennen wir von vielen gallo-römischen Darstellungen
her. Eine solche »Frau mit Pferd« bargen die Archäologen
auch aus der Römerstadt Nida (Frankfurt-Heddernheim/
Praunheim). Die Frankfurter Epona stammt aus dem 2.
Jahrhundert und belegt, dass die Keltengöttin auch bei
den Legionen der römischen Provinz »Germania Superior« verehrt wurde. Roms Pantheon war stets offen für
praktische Neuerungen und eine Pferdegottheit fehlte
dort noch. Der Kult der Epona war schon in vorrömischer
Zeit überall auf dem keltischen Festland verbreitet. In
Irland entspricht ihr die Göttin Macha und in Wales ist es
Rhiannon auf ihrem geheimisvollen Zauberpferd.

*Kultrelief der Pferdegöttin Epona
aus der Römerstadt Nida.*

Der oberhessische Heimatforscher Max Söllner führt die
»wilden Frauen« und »Wildweibchen« der hessischen
Sagen ebenfalls auf die Gestalt der Epona zurück. Er vermutet daher, dass alle Höhlen und Felsklüfte, die von »wilden Weibern« bewohnt sind, Kultplätze dieser Göttin
waren. Epona geht seiner Meinung nach auf eine steinzeitliche Erd- und Fruchtbarkeitsgöttin zurück, die erst in
keltischer Zeit auch als Pferdegöttin verehrt wurde. Söllner
folgt ihren Spuren vom Wildfrauenstein (Grünberg-Wei-

kartshain) über das Wildfrauengestühl (Ranstadt-Dauern-
heim) bis zum Wildfrauenhaus (Ulrichstein-Wohnfeld).[4]
Nicht weniger spekulativ und deshalb genauso plausibel ist
die Verbindung der hessischen »Wildweibchen« zum Frau-
Holle-Sagenkreis und damit zur germanischen Fruchtbarkeitsgöttin Freya.[5]

Weit weniger »göttlich« ist die Ableitung der Wildwei-
bersagen aus vorgeschichtlichen Wohn- und Kulthöhlen.
Es ist nachvollziehbar, dass unbegriffene Höhlenfunde,
Werkzeuge, Gefäße oder gar Tier- und Menschenknochen
als Relikte »wilder Menschen« gedeutet und so Elemente
der Sagen wurden. Ungeklärt bleibt aber bei dieser Sagen-
deutung die augenfällige Überzahl des weiblichen Geschlechts. Weitere Wohnstätten wilder Damen ortet die
Sage u. a. bei Grünberg-Lumda und rund um den Hohe-
rodskopf (Schotten-Betzenrod, Schotten-Eschenrod, Schot-
ten-Sichenhausen), im Lahn-Dill-Kreis bei Haiger-Lange-
naubach und bei Fränkisch-Crumbach im Odenwald. Im
Kinzigtal leben die »wilden Frauen« sogar im Familienver-
band.[6]

Die dreifaltige Brigid

oder Brigantia ist offenbar erst in römischer Zeit von den
britischen Inseln auf den Kontinent gekommen – mutmaßlich mit römischen Hilfstruppen aus Cornwall und
Wales. Sie tritt in dreifacher Gestalt in Erscheinung – als
jungfräuliche Braut und Liebesgöttin, als Muttergottheit
für Familie, Haus und Hof sowie als alte, weise Frau, die
hinüberleitet ins keltische Jenseits. Ihr gallo-römischer
Kult zeigt sich in den zahlreichen »Matronensteinen« des
Rheinlandes. Auch in der Wetterau und im Odenwald
fanden sich Votivsteine mit jenen drei Frauenfiguren.[7]

Dreifaltige Götter sind im keltischen Himmel keine Sel-
tenheit. So erscheint die irische Kriegsgöttin Morrigan
auch als Krähengottheit Bodbh (sprich: Bof) auf den
Schlachtfeldern. Ihre dritte Gestalt ist die »rasende«
Nemain, die die Krieger in vorderster Linie gegen den
Feind führt. Dreigestaltig ist auch der Wettergott Taranis

der Festlandkelten. Gallo-römische Statuen zeigen diesen
»Donnerer« (kelt.: taranis) häufig mit einem Rad in der
Hand. Verehrt wird er auch als Teutates und Esus. Die
Römer verglichen ihn mit Jupiter, ihrem höchsten Gott.
Dies mag dazu beigetragen haben, dass Taranis, Teutates
und Esus in der Literatur bisweilen als führende Götter-
trias der Kelten dargestellt sind.

Ein Leben nach dem Tod

gab es auch in der Glaubenswelt der Kelten. Die Forschung ist sich allerdings uneinig, ob dabei an eine fort-
laufende Wiedergeburt (Seelenwanderung) zu denken ist
oder an ein »besseres« Leben in der »Anderswelt« eines
keltischen Jenseits, von dem es kein Zurück mehr gab.
Die Todesverachtung der keltischen Krieger hielt die
Legionen Roms jahrhundertelang in Atem. Sie könnte
belegen, dass es zumindest eine Jenseitsvorstellung gab,
die dem Tod seinen Schrecken nahm.

1 Mythologie der Weltreligionen, hrsg. v. Richard Cavendish, München
1981, S. 171.
2 Jean Markale, Die Druiden, München 1987, S. 121.
3 Vgl. ebenda, S. 86.
4 Max Söllner, Wanderungen zu ur- und frühgeschichtlichen Stätten
Oberhessens, Gießen 1981, S. 9 ff.
5 Siehe auch: »Der Götterhimmel der Germanen«, S. 67.
6 Siehe SCHLÜCHTERN.
7 Siehe auch: »Jahresfeste/Brigid/hl.Brigitte«, S. 48, sowie ALTENSTADT
und HÖCHST/Odenwald.

Der Götterhimmel der Germanen

Die Quellen, aus denen sich unser Wissen über Germanen und germanische Götterwelt speist, sind nicht weniger trübe, als das bei den Kelten der Fall war. Auch hier sind es vornehmlich Römer, die ihre kriegerischen Nachbarn im Norden beschreiben. Es ist also wieder der Blick von außen auf das seltsame Gebaren des Feindes. Das in diesem Zusammenhang am häufigsten zitierte Werk ist zweifellos die »Germania« des Tacitus, geschrieben gegen Ende des 1. Jahrhunderts in Rom. Der römische Konsul Tacitus hat germanisches Gebiet vermutlich nie betreten, sondern stützte sich auf die Berichte der dortigen Legionen. Hinzu kommt sein volkserzieherisches Motiv: Tacitus stilisierte die Germanen zu »edlen Wilden«, von deren tugendhaft-heldischem Leben sich seine degenerierten Mitbürger eine Scheibe abschneiden sollten. Genügend Gründe also, mit den Schilderungen des Tacitus vorsichtig umzugehen.

Neben relativ spärlichen Befunden von germanischen Kultstätten bleiben als wichtigster Quell der Althistoriker die nordischen Dichtungen der »Edda« und verwandter Sagas. Ähnlich wie bei den irischen Sagen-Zyklen ging auch hier der schriftlichen Niederlegung eine lange Phase mündlicher Überlieferung voraus. Niemand vermag nachzuvollziehen, mit welchen (mittelalterlichen) Kriterien im Kopf die Schreiber das Material »sortierten« und »bearbeiteten«. Ein weiteres Problem kommt hinzu: Alle gängigen Darstellungen germanischer Götter verraten sehr schnell die Orientierung an den nordischen Quellen. Doch die Götter Skandinaviens waren eben nicht zwangsläufig auch die Götter jener Germanenstämme, die um die Zeitenwende bis in unsere Mittelgebirge vorstießen. Göttliche Verwandtschaften sind nicht von der Hand zu weisen, aber es ist zumindest fragwürdig, wenn der spärlich belegte Germanenhimmel über Westerwald, Taunus und Rhön ersatzweise mit den Göttern der »Edda« bestückt wird.

Von daher beschränkt sich die Darstellung notwendig auf das, was einigermaßen gesichert scheint. Die Anzahl real existierender heimischer Götter war mutmaßlich größer. Doch Genaues weiß man eben nicht.

Masken aus Menschenhaut

gehören zu den rätselhaftesten Befunden germanischen Brauchtums. Sie wurden aus der Oberschenkelhaut erwachsener Männer gefertigt und dann in einem See oder Moor rituell versenkt. Die Frage bleibt offen, ob das »Rohmaterial« von gefangenen Feinden oder von ausgesuchten Opfern aus den eigenen Reihen stammte. Die meisten dieser Masken fand man in norddeutschen Mooren, aber auch im süddeutschen Raum wurden sie entdeckt. Laut Gisela Graichen wurden diese mysteriösen Rituale noch bis zur Völkerwanderung praktiziert (Anfang 3. Jahrhundert).[1] Ungeklärt bleibt der Sinn und der göttliche Adressat dieser mutmaßlichen Opfergaben. Die im Gebiet des heutigen Hessen ansässigen Chatten und Mattiaker kannten diesen schönen Brauch offenbar nicht – vielleicht haben sie ihre Opfermasken aber auch bloß ausgesprochen gut versteckt.

Haustiere, Wildbret, Früchte und Getreide gehörten zu den weniger pikanten Opfergaben mitteleuropäischer Germanen. Sehr beliebt waren neben Keramik und Schmuck auch Waffen und Frauenhaar.

»Landzungen oder künstlich gebaute Stege und Plattformen aus Strauchwerk und Lehm führten vom festen Moorrand zur Opferstelle, die bei den größeren Stammesheiligtümern von einem Flechtwerk oder senkrecht in das Moor gesteckten Pfählen eingezäunt war. Die rituellen Handlungen fanden am Ufer statt. Gebet und Beschwörung, Musik, Kulttänze und Umzüge gehörten sicher dazu – Gesten, die uns für immer verloren sind. In einem üppigen Festschmaus wurde das Fleisch der Opfertiere verzehrt. Die Götter bekamen nur die Beine und Schädel ab. Ein Opfermahl ist bezeugt, das andauerte, ›solange das Bier reichte‹.«[2]

Eine Schilderung in der »Germania« des Tacitus stimmt mit den archäologischen Befunden überein: »Im übrigen glauben die Germanen, daß es sich nicht mit der Erhabenheit der Himmlischen verträgt, Götter in Wände einzuschließen und irgendwie menschenähnlich darzustellen. Sie weihen ihnen vielmehr Lichtungen und Haine, und mit Namen von Göttern bezeichnen sie jenes geheimnisvolle Wesen, das sie nur in ihrer Verehrung und im Geiste schauen.«[3]

Wotan oder Wodan

gilt gemeinhin als die mitteleuropäische Entsprechung des nordischen Odin, des »Allvaters«, der über den anderen Göttern steht. Wie dieser ist Wotan der Gott der magischen Künste und Herrscher des Totenreichs. Seine magische Waffe ist der Speer. Adler, Rabe und Wolf sind ihm als heilige Tiere zugeordnet. In den Sagen unserer Mittelgebirge wird er zum wilden Jäger, der samt seinem Geisterheer durch die Lüfte braust. So kennt man ihn im Hohen Vogelsberg, wo er vorwiegend in den zwölf Raunächten reitet. Tacitus sieht bei Wotan Wesenszüge des römischen Merkur, weiß aber noch von einem zweiten Hauptgott der Germanen, der ihn an Mars, den römischen Kriegsgott, erinnert. Es ist Tiu, auch Ziu oder Zio genannt. Offenbar galt er vor allem den östlichen Stämmen als höchster Gott und »Himmelsvater«. Die Nordgermanen kannten ihn als Tyr, und im angelsächsischen England wurde er als Tiw verehrt. In Hessen trifft man auffallend oft auf schlichte Höhenrücken, die allesamt den schönen Namen »Ziegenberg« oder »Ziegenrücken« tragen. Ziegenberg heißt auch ein Dorf am Rande der Wetterau. Doch von keinem dieser Orte ist intensive Ziegenhaltung überliefert. Fantasiebegabte Lokalhistoriker kamen da bald auf den Himmelsvater Ziu, dem jene Plätze womöglich geweiht waren.

Glaubt man Tacitus, so wurden jenem Ziu alljährlich in einem heiligen Hain Menschenopfer dargebracht. Ihm wurden die Waffen geweiht, denn er galt als Lenker des Schlachtenglücks. Diese Aspekte gingen im Laufe der Zeit auch auf Wotan über, der schließlich Tiu vollends vom himmlischen Chefsessel verdrängte.[4] In den Mittelgebirgen jedoch blieb Wotan dieser Platz verwehrt. Dort saß ganz offenbar Donar, der Gott des Erntesegens und des Wetters.

Donar, der Donnerer

Zählt man die Zahl seiner Heiligtümer – von der Donareiche an der Eder bis zum Donnersberg in der Pfalz –, so war er ganz augenscheinlich der wichtigste Gott der heimischen Stämme. Sein heiliger Tag, der Donnerstag, überstand sogar die Christianisierung. Die Blitze schleuderte er mit einer magischen Axt, während sein nordisches Gegenstück Thor das mit einem Hammer erledigte. Steinzeitliche Axtklingen, die beim Pflügen zum Vorschein kommen, heißen denn auch seit alters her »Donnerkeile«. Im Volksglauben gilt als sicher, dass ihr Fund eine reiche Ernte verheißt. Donar-Heiligtümer wurden später meist St. Petrus geweiht, der so – in der Nachfolge des Donnergottes – auch zum Wettermacher für Mitteleuropa wurde. Peterskirchen sind daher meist ein Hinweis auf ein altes Donar-Heiligtum.

Die Muttergöttin Freya

war die »holde Göttin«, die für alle weiblichen Tugenden und Fertigkeiten zuständig war. Der Freitag trägt noch ihren Namen. Ihr oblag die Fruchtbarkeit der Erde und aller Lebewesen einschließlich der Menschen. Daraus ergab sich ihre Funktion als Liebesgöttin, an die auch sexualmagische Bräuche gebunden waren. An den Kultplätzen dieser Göttin sprudelte meist eine heilige Quelle. Mädchen und Frauen opferten dort Blumen und baten so Freya um Liebesglück oder Kindersegen. Die Kraft der magischen Orte war an heilige Tage gebunden. In diesen Zeiten nützte dann auch ein Bad in der Quelle oder auch nur das Trinken des Wassers. Am Hohen Meißner hielten sich diese Bräuche noch bis ins letzte Jahrhundert. In den Mittelgebirgen wurde die »holde« Göttin vermutlich zur Göttin Holda, die in ungezählten Frau-Holle-Sagen weiterlebt. In nebligen Nächten segnet sie die Felder, und vielerorts kommen die kleinen Kinder aus einem Frau-Holle-Loch oder einem Frau-Holle-Teich. Der Sage nach sorgt sie durch heftiges Kissenschütteln für Schnee und überwacht in den Spinnstuben die Kunstfertigkeit und den Fleiß der Mädchen. In Nordhessen werden auch kleine Erdgeister »Hollen« genannt. Sie erinnern an die Wichtelmännchen anderer Landstriche und haben – wie Frau Holle selbst – gute und schlechte Charakterzüge. Möglicherweise wurden sie früher als dienstbare Geister der Holle gesehen. Das würde die Namensverwandtschaft erklären.[5]

Kein hessischer Berg ist so sehr mit dem Holle-Mythos verwoben wie der Hohe Meißner. Das legt nahe, dass er den ansässigen Germanen als Berg der Holle alias Holda/Freya heilig war. Doch alle Holle-Sagen des Meißners vermitteln nur das Bild der gütigen Göttin, die schlimmstenfalls einmal grantig wird, wenn die Gören faul oder eitel sind. Die Nachtseite der Göttin, die unholde Holle, lebt dagegen in den Sagen des Hörselbergs bei Eisenach – dem Thüringer Gegenstück zum hessischen Holle-Berg. Allerdings ist es hier schwer auszumachen, inwieweit die Hexenkönigin des Hörselbergs ihr schauriges Gesicht nicht erst der Christianisierung verdankt, der daran gelegen war, die alten Götter möglichst flott zu neuen Teufeln zu erklären.

Für David Luczyn ergibt sich die dunkle Seite der Hörselberg-Holle aus einem weiteren Aspekt der Göttin: Freya war auch die Gemahlin Wotans und damit an seiner Seite Herrscherin über das Totenreich.[6] Doch nach der Verkündung des christlichen Paradieses wird die Totenwelt der Germanen zum Reich dämonischer Geister umgebogen. Wotan wird zum wilden Jäger der Sage, der jetzt ein Dämonenheer durch die Nacht führt. Im Vogelsberg und im Taunus macht er das höchstpersönlich, am Hörselberg aber übernimmt es die Göttergattin. An der Spitze einer geflügelten Schar gehörnter und geschwänzter Geister jagt Frau Holle auf ihrem schwarzen Zauberpferd durch die Luft:

Es wohnen dunkle Mächte tief in des Berges Schoß
Doch während der zwölf Nächte läßt sie die Holle los.
So zieht das Spukgelichter, ein grauenvoller Schwarm
Im Nacken die Gesichter, die Schädel unterm Arm. [7]

Die helle und die dunkle Seite der Freya/Holle findet sich auch in der Gestalt der Berchta, die alljährlich zum Hexensabbat auf den hessischen Blocksberg lädt. Nah verwandt scheint auch Frau Schuckel, ein gütiges Zauberwesen des Kinzigtals.[8]

1 Gisela Graichen, Das Kultplatzbuch, Hamburg 1988, S. 111.

2 Ebenda, S. 112.

3 Tacitus, Germania (De origine et situ Germanorum liber), Kap. 9.

4 Vgl. Mythologie der Weltreligionen, hrsg. v. Richard Cavendish, Eltville/München 1985, S. 188.

5 Siehe auch AROLSEN, BAD SOODEN-ALLENDORF, LAUTERBACH, MEISSNER, WOLFHAGEN.

6 David Luczyn, Magisch Reisen: Deutschland, München 1991, S. 159 f.

7 Herbert Kosak, Die Hörselberg-Sagen, hrsg. v. Festkomitee Sättelstädt (o. J.), zit. nach: Luczyn, S. 160. Zur »wilden Jagd« in Hessen siehe FRÄNKISCH-CRUMBACH, GUDENSBERG, LAUTERTAL/Vogelsberg und SCHMITTEN.

8 Siehe OTTRAU und SCHLÜCHTERN.

Illustration zur „Frau Holle" der Brüder Grimm von Otto Ubbelohde.

Die Sache mit den Sagen

Die Sammelbände hessischer Sagen stammen in ihrer Mehrzahl aus dem 19. Jahrhundert. Auch dieses Buch ist auf sie angewiesen. Ausgehend von den Aktivitäten der Brüder Grimm ergoss sich vor allem um die Jahrhundertmitte ein breiter Strom mehr oder minder sagenhafter Werke in die Salons des Bürgertums. Was da gesammelt wurde, war keineswegs der Rohstoff aus des Volkes Munde, sondern seine im Geiste der Autoren geformte Version – erweitert, bearbeitet, zer- und verdichtet, interpretiert und nachempfunden. Kurz: Es wurde heftig Hand angelegt, lateinisch: manipulare. Solcherart Manipulation galt als unumgänglich, war doch der Schäfer im Vogelsberg so wenig der Bildungssprache mächtig wie das Kräuterweib aus dem Habichtswald. Und die gelehrten Sammler wussten eh am besten, was die Sagenlieferanten aus dem Volke »eigentlich« erzählen wollten. So wurde denn der mündliche Stoff zur Volksdichtung emporformuliert. Das einfache Volk wurde nur vermeintlich umarmt, in Wirklichkeit aber schlicht vereinnahmt. Der Zeitgeist der Gebildeten trieb das Dichterross durch die Ebenen der »kleinen Leute«, und zwar im fliegenden Galopp.

Anknüpfend an die Mythenforschung der Brüder Grimm war man nun allenthalben auf der Spur altdeutscher Götter. Galt es doch zu beweisen, dass das Erbe der »Altvorderen« den Göttersagen und Dichtungen der Antike ebenbürtig war. So sollten die gemeinsamen Werte des deutschen Kulturraums neu erschlossen und zur Grundlage werden für die politische Einheit aller Deutschen, die Mitte des 19. Jahrhunderts in zahlreiche Kleinstaaten zersplittert waren. Dies hehre Ziel vor Augen, wurde jede Schnurre aus der Wetterau, jede Odenwald-Anekdote durch dieses Raster geklatscht. Und siehe da, in den Sagen deutscher Gaue gaben sich Germaniens Götter die Klinke in die Hand. In diesem Geiste fasste man den sprudelnden Quell mündlicher Überlieferung zum neuen deutschen Sagenborn. Die eifrigen Sammler verflochten nicht selten die Sage mit ihrer persönlichen Interpretation. Ein ideologisches Knäuel, das im Nachhinein nur schwer zu entwirren ist. Und jener Sagenborn, er läuft und läuft.

Bei den Dreharbeiten zur Fernsehserie »Geheimnisvolles Hessen« traten immer wieder sagenkundige Heimatforscher und Lokalhistoriker vor die Kamera. Doch ehe sie »die alte Sage« zum Besten gaben, vergewisserten sie sich meist in ihrem mitgeführten Sagenbuch – und das kam stets aus jenem Sagenborn nationalromantischen Deutschlanderwachens. Eine Nebenwirkung wird dabei deutlich: Die Fülle des Gedruckten brachte und bringt die mündliche Weitergabe zum Stillstand. Ursprüngliche Versionen gehen so verloren. Nur noch die nationalromantische Bearbeitung überlebt.[1]

Die »völkische Wiedererweckung« des 20. Jahrhunderts griff nun begierig in jenes Arsenal. Die Sagen erlebten einen erneuten Boom. Die nationalsozialistische »Stiftung Deutsches Ahnenerbe« unter Leitung des Reichsführers SS schuf germanische »Weiheorte« wie den Sachsenhain bei Verden und plante auch an den westfälischen Externsteinen eine nationale »Thingstätte« mit pseudosakralem Inventar. Archäologen und Brauchtumsforscher lieferten die passenden »Erkenntnisse«. Auf diese »Nazifizierung« alter Kulturen, Mythen und Sagen reagierte die Wissenschaft im Nachkriegsdeutschland mit »Entnazifizierung« oder Enthaltsamkeit. Hatte die großdeutsche Forschung krampfhaft versucht, jene Externsteine als Germanenheiligtum zu deuten, so beweisen ihre bundesdeutschen Erbfolger seither ebenso bemüht das Gegenteil. Bei den Sagen ist es nicht anders. Zwar sind noch immer ein paar Heimatkundler ungebrochen auf »Göttersuche«, aber die Haupttendenzen der Volkskunde zielen auf »Entmystifizierung« und »Entmythologisierung« von Brauchtum und Sagenstoff. Bisweilen wird dabei das Kind mit dem Bade ausgeschüttet. So gilt es geradezu als unanständig, etwa über Ähnlichkeiten zwischen der Germanengöttin Freya und den Sagengestalten Holle und Berchta nachzudenken. Um Göttermythen und

Kultplätze schleichen Volkskundler und Archäologen gleichermaßen wie Katzen um den heißen Brei. Die Willfährigkeit ihrer Fächer gegenüber den Wünschen des »Dritten Reiches« zeitigte augenscheinlich eine Art Erbschuld, die nun durch Enthaltsamkeit und Tabuisierung abgetragen wird.[2]

Deutsche Sagen, nordische Sagas und irische Mythen haben offensichtlich ein gemeinsames Problem: Jene, die sie erstmals zu Papier brachten, taten das Jahrhunderte nach der Entstehung. Geprägt vom jeweiligen Zeitgeist veränderten die Verfasser Form und Inhalt des Materials. Doch nur so ist es uns überliefert.[3]

1 Vgl.: Siegfried Becker, Hessische Sagen – Staatsgedanke und Landesbewußtsein im Spiegel der Rezeption der Volkskultur, in: Hessische Heimat, Heft 2/3, 1988, S. 123.

2 Vgl.: Gisela Graichen, Das Kultplatzbuch, Hamburg 1988, S. 11 ff und HERBSTEIN.

3 Siehe auch: »Die Kelten und ihre Götter«, S. 57, »Der Götterhimmel der Germanen«, S. 67, sowie FRÄNKISCH-CRUMBACH.

Die blinden Hessen

Einst wurde die Stadt Mühlhausen in Thüringen von den Hessen schwer bedrängt und belagert. Schon waren die meisten Verteidiger der Stadt gefangen, tot oder verwundet, und beim nächsten Sturm mußte sie sich ergeben. Da kamen die Mühlhäuser auf einen glücklichen Gedanken. Im Dunkel der Nacht steckten sie auf die Mauern der Stadt hölzerne Pfähle und Pflöcke, hingen alte Kleider darum, setzten Mützen und Hüte darauf und banden Waffen daran fest. Da sah es aus, als ob lebendige Soldaten da ständen. Aber zwischen diesen hölzernen Soldaten bewegten sich hin und wieder lebendige Krieger und drohten spottend hinab ins Lager der Feinde.

Am andern Morgen, als es Tag wurde, sahen die Hessen die zahlreichen Gestalten auf der Stadtmauer, und sie meinten, es wären lauter wirkliche Streiter und Verteidiger. Da glaubten sie, sie könnten die Stadt nicht gewinnen, verloren den Mut und zogen von dannen. Davon sollen sie den Namen der dummen oder blinden Hessen erhalten haben.

Andere meinen: Wie die Preußen einen Adler im Wappen haben, so hatten die alten Hessen eine Katze zum Feldzeichen, das im Kriege vor ihnen hergetragen wurde. Junge Katzen aber kommen blind zur Welt. Daher sei die Bezeichnung »blinder Hesse« gekommen. Die Hessen können diese Bezeichnung als einen Ehrennamen ansehen. Denn sie haben im Kriege stets, ohne auf die Gefahr zu achten, tapfer und blind drauflosgeschlagen. Ihre Tapferkeit und Treue kennt die Alte und die Neue Welt. Noch heute sagt man in Westfalen: »He slät drop assen Hesse« – er schlägt drauf wie ein Hesse.[1]

Über die Hessen (I)

»Die Hessen sind im allgemeinen ein kräftiger Menschenschlag. Fleißig und ausdauernd, ringen sie im Schweiße ihres Angesichtes der meist undankbaren Scholle ihre Nahrung ab, und ein Sprichwort sagt: ›Wo Hessen und Holländer verderben / Kann niemand Nahrung erwerben.‹ Wie schon Tacitus den kriegerischen Sinn der alten Chatten hervorhebt, so behaupten ihre Enkel noch heute den Ruf ausgezeichneter Soldaten; der Spitzname ›blinder Hesse‹ zeugt von ihrem festen Drauflosgehen. Noch überall haben die ›blinden Hessen‹ eine gewisse zähe Tapferkeit bewährt, in Deutschland, in Frankreich und in Italien, auf Morea und in der Neuen Welt; nur verspritzen sie leider ihr Blut meist im Solde für eine fremde Sache.«[2]

Über die Hessen (II)

»Ein Sohn Wuodans ist Hadu, altfrankisch Chato, nordisch Hödr. Dieser Gott ist, wie sein Name und Mythus darthut, eine spezielle Personification des Krieges und wird demzufolge als blind gedacht. Indem sich nun die in Hessen zahlreich vorkommenden Hattenberge und Hattenbäche unter Hinzuziehung der an dieselben sich heftenden Sagen als dem Hadu geheiligte Stätten erweisen, und die aus den Hatten (Chatten) hervorgegangenen Hessen wegen ihres kriegerischen Muthes die blinden Hessen genannt werden, so spricht die Wahrscheinlichkeit dafür, daß die Hessen zur Zeit des Götterglaubens als von Hadu abstammend gedacht wurden.«[3]

Über die Hessen (III)

»Der fränkische Stamm ist vorherrschend, es zieht sich aber auch der niedersächsische und thüringische ins Hessenland herein, außerdem sind Franzosen und Niederländer flämischer und wallonischer Zunge eingewandert, deren fremdes Element sich zum Teil noch wohl kenntlich zeigt.

Der fränkische Stamm hat sich über Oberhessen, den größten Teil von Niederhessen, über die fuldische und hanauische Gegend ausgebreitet. Die in den Kreisen Hofgeismar und Schaumburg sowie im größeren Teile des Kreises Wolfhagen sind niedersächsischen Stammes. Im Werratale und im Schmalkaldischen hausen Thüringer.«[4]

1 Aus: Emil Schneider, Hessisches Sagenbüchlein, Marburg 1905. Zit. n.: Diederichs/Hinze, Hessische Sagen, S. 14.

2 Das Kurfürstentum Hessen, 1856. Zit. n.: Hessisches Hausbuch, S. 48.

3 Elard Mühlhause, Die aus der Sagenzeit stammenden Gebräuche der Deutschen, namentlich der Hessen. In: Zeitschrift des Vereins für Hessische Geschichte und Landeskunde, Neue Folge 1, 1867, S. 256 f.

4 Das Kurfürstentum Hessen, S. 48. Der Kreis Schaumburg wurde 1932, der Kreis Schmalkalden 1944 aus Hessen ausgegliedert.

Frühe Keltenzeit: Häuptling (1) mit wohlhabendem Krieger (2) und einfachem Stammesangehörigen bei einem Quellopfer. Darstellung nach archäologischen Funden aus dem 5. Jahrhundert v. Chr.

*Kelten des 1. Jahrhunderts v. Chr.: Krieger mit Schleuder aus dem Westen Groß-
britanniens (1), Bogenschütze aus Südwestgallien (2), kaledonischer Krieger (3),
junger Speerschütze (4). Darstellung nach archäologischen Funden.*

Der frühkeltische »Elfenspiegel« vom Hochheim (siehe S. 235).

Relikt aus römischer Zeit: die Riesensäule im Odenwälder Felsenmeer (S. 292).

Germanen um die Zeitenwende. Reiter mit Rundschild, Speer und zwei kurzen Wurfspießen (1), Krieger mit La-Tène-typischem Schwert (2), Krieger mit zwei Wurfspießen (3). Die Schilde sind Varianten keltischen Stils. Darstellung nach archäologischen Funden.

Franken aus dem 5. Jahrhundert nach zeitgenössischen Beschreibungen des Sidonius Appolinaris. Neben den Haartrachten sind der lange Wurfspieß (»angon«) und die Wurfaxt (»francisca«) für die Franken charakteristisch.

Die künstliche »Wanne« auf dem Hohlestein bei Zierenberg (S. 443).

Die »Mühlsteine« von Münzenberg (S. 340).

Alte Rotbuche im »Bossenhain«. Ein Relikt des »Rheingauer Gebücks« (S. 261).

Die »Steinlinie« bei Nüsttal/Rhön (S. 354).

Der »Lange Stein« von Kirchhain-Langenstein. Hessens höchster Menhir (S. 265).

Der Schädel der »Frau von Rhünda« (S. 163).

Die »Heilige Kümmernis« in Marburg (S. 311).

Neubürger im Rhein: die asiatische Wollhandkrabbe (S. 372).

Alexandersittiche (oben) unterscheiden sich von den Halsbandsittichen (unten) durch ihren roten Schulterfleck. Beide Arten sind in Wiesbaden mittlerweile heimisch (S. 432).

*Nicht geheimnisvoll, aber selten: Nordlicht über dem Großen Feldberg im Tau-
nus. Aufgenommen im April 2000. Das Phänomen entsteht in etwa 100 km
Höhe. Dort werden Atome durch die Korpuskular-Strahlung der Sonne zum
Leuchten angeregt. Diese Strahlung kann z. B. nach starker Sonnenflecken-Tätig-
keit entstehen.*

Ortslexikon
Hessen von A bis Z

Airlenbach siehe Beerfelden.

Alten-Buseck siehe Gießen.

Altenstadt
63674, Wetteraukreis. 9049 Einwohner. 🛏 52.
Gemeindeverwaltung: Frankfurter Str. 11.
Tel.: 0 60 47/3 62.

Der Schmuggler von Höchst und sein Esel
Höchst an der Nidder, heute zu Altenstadt gehörig, lag in alten Zeiten an der Grenze zwischen Kurhessen und Hessen-Darmstadt. Ein Umstand, der dem Wetterau-Dorf zwei Zollbeamte und einen ortsbekannten Schmuggler bescherte. Letzterer hieß mit Hausnamen Rück, sein wegekundiger Esel dagegen wurde Fritz gerufen. Das edle Tier war derart gelehrig, dass es auf den kurzen Ruf »Fritz, kreisch« spornstreichs ein durchdringendes »I-ah« anstimmte. Die Konterbande erwarb der listige Rück im kurhessischen Hanau und brachte sie dann in dunkler Nacht auf Eselsrücken zollfrei nach Höchst. Nicht ein einziges Mal gelang es der Darmstädter Obrigkeit, den Grenzverletzer und sein Lasttier auf frischer Tat zu stellen. Das machte die beiden Zöllner zum Gespött des ganzen Ortes. Dies wiederum trieb sie zur Verdopplung ihrer nächtlichen Anstrengungen. Doch Rück und sein Fritz waren nicht zu fassen. Immer dann, wenn beide aus Hanau zurückkehrten und die Beamten mal wieder umsonst gelauert hatten, überkam Rück ein mattes Mitleid. Ein kurzes »Fritz, kreisch« ließ den schrillen Ruf des Esels durch die Nacht tönen. Da wusste das ganze Dorf, dass die Obrigkeit mal wieder geleimt worden war. Für die Zöllner indes war Fritzens Ruf das Signal zum Feierabend. So wurde der Esel der Menschen Freund.

Die Zollgrenze an der Nidder
hatte nur bis 1831 Bestand. In diesem Jahr schloss sich nach Hessen-Darmstadt auch das von Kassel aus regierte

Kurhessen dem »Preußischen Zollverein« an. Dessen Mitglieder bildeten einen »Binnenmarkt«. Im Warenverkehr untereinander wurden sämtliche Zölle abgeschafft. Für Zöllner und Schmuggler entfiel damit die Lebensgrundlage.

Der Marktflecken Hanau gehörte damals zu Kurhessen. Dessen Gebiet schob sich als schmaler »Zipfel« nach Hessen-Darmstadt hinein und endete erst am Hoheitsgebiet der Freien Reichsstadt Frankfurt.[1]

Der Stammsitz derer von Günderrode

lag in eben jenem Ortsteil Höchst mit seinem Schloss. Aus diesem Wetterauer Geschlecht stammt die Dichterin Karoline von Günderrode, deren von Melancholie geprägte Lyrik zu den eindrucksvollsten Werken der Romantik zählt. Geboren 1780 in Karlsruhe, wuchs sie in Hanau auf. Sie war befreundet mit Clemens Brentano und dessen Schwester Bettina. Mit 17 wurde sie Stiftsdame in Frankfurt. 1804 veröffentlichte sie den Lyrikband »Gedichte und Phantasien«, ein Jahr später die »Poetischen Fragmente«. Mit 26 Jahren setzte sie ihrem Leben ein Ende – 1806 in Winkel im Rheingau.

Schloss in Altenstadt-Höchst.

KAROLINE VON GÜNDERRODE

Vorzeit und neue Zeit

Ein schmaler rauher Pfad schien sonst die Erde,
Und auf den Bergen glänzt der Himmel über ihr,
Ein Abgrund ihr zur Seite war die Hölle,
Und Pfade führten in den Himmel und zur Hölle.

Doch alles ist ganz anders nun geworden,
Der Himmel ist gestürzt, der Abgrund ausgefüllt,
Und mit Vernunft bedeckt, und sehr bequem zu gehen.

Des Glaubens Höhen sind nun demolieret,
Und auf der flachen Erde schreitet der Verstand,
Und misset alles aus, nach Klafter und nach Schuhen.

Das Römerkastell Altenstadt

hatte als Grenzbefestigung am Wetterau-Limes den alten Handelsweg in den Vogelsberg zu überwachen. Auch der nahe Glauberg, auf dem sich im dritten Jahrhundert die Alamannen festsetzten, musste im Auge behalten werden.

Zahlreiche Grabungen förderten unter anderem den Altenstädter »Matronenstein« zutage: ein Kultrelief mit drei sitzenden Muttergottheiten, »matres« oder »Matronen« genannt. Dieser Stein ist einer der markantesten Belege der Verschmelzung von keltischer und römischer Kultur in der damaligen Provinz »Germania Superior«, zu der das römische Hessen gehörte. Die Archäologen datieren die Skulptur in die Jahre 200 bis 250 n. Chr.

Die drei Göttinnen verehrte man zur römischen Kaiserzeit im gesamten westlichen Imperium. Sie sind keltischen Ursprungs und wurden von den römischen Besatzungtruppen in deren Götterhimmel aufgenommen. Viele keltische Gottheiten erlebten so ihre »Romanisierung«: die Pferdegöttin Epona beispielsweise oder auch der Wettergott Taranis, der immer mehr mit dem antiken Jupiter verschmolz.[2] Gefördert wurde diese Entwicklung auch

Der »Matronenstein« von Altenstadt.

dadurch, dass sich die Legionen zunehmend aus der ansässigen Bevölkerung rekrutierten.

Der in Altenstadt belegte kelto-romanische Matronenkult war besonders im Rheinland verbreitet. Dort wurden derartige Kultreliefs in großer Zahl gefunden. Aus dem römischen Hessen kennt man bislang nur zwei solcher Votivsteine. Die drei weiblichen Figuren repräsentieren vermutlich eine einzige dreifaltige Gottheit. Die altirische Überlieferung weiß von der Mutter- und Erdgöttin Brigid oder Brigantia, die als junge Frau, als Mutter und als weise Alte in Erscheinung treten konnte. Als alte Frau leitete sie hinüber in die »Anderswelt«, den keltischen Himmel. Brigid war die oberste Göttin der irischen Kelten. Die Christianisierung machte sie zur heiligen Brigida.[3]

WEGWEISER: Das römische Altenstadt ist weitgehend überbaut. Zu sehen ist kaum noch etwas davon. Der »Matronenstein« befindet sich jetzt im LANDESMUSEUM DARMSTADT, Friedensplatz 1. Öffnungszeiten: 10–17, MI auch 19–21; MO geschlossen.

Eine Kopie des Kultreliefs zeigt das REGIONALMUSEUM im nahen Büdingen (siehe BÜDINGEN). Ein weiterer, besser erhaltener Matronenstein befindet sich in der

Kirche von Mümling-Grumbach, einem Ortsteil von HÖCHST/ Odenwald.

1 Siehe historische Karte, S. 34.

2 Siehe auch »Die Kelten und ihre Götter«, S. 57, und HÖCHST/Odenwald.

3 Siehe auch »Jahresfeste«, S. 48, »Die Kelten und ihre Götter«, S. 58, und FRITZLAR.

Bad Arolsen

34454, Landkreis Waldeck-Frankenberg.
16 124 Einwohner. 🛏 1336.
Kurverwaltung: Professor-Klapp-Str. 14.
Tel.: 0 56 91/20 30.

Von den Waldecker Hollen

In der Klus, einer Bergschlucht zwischen Volkharding-hausen und Landau, haben früher Hollen gewohnt; in dem Gestein dort ist noch deutlich die Spur der Wohnung zu sehen. Sie lebten von Wurzeln und Kräutern; Geld besaßen sie nicht. Eine aus Baunsen herbeigeholte Heb-amme wurde mit (Edel-)Steinen belohnt, welche sie spä-ter zu hohem Preis verkaufte. Alte Hollen kommen oft zu Einwohnern benachbarter Ortschaften, doch nur in ein-zelne bestimmte Häuser; wahrscheinlich, wenn dieselben familienlos waren. In Twiste wurden sie durch eine List aus einem Haus vertrieben, da man sich gehütet hatte, sie zu beleidigen. Man machte nämlich bei dem Feuerherd eine Zeremonie, welche auf Zauberei deutete, worüber die Holle entrüstet das Haus verließ.

Wo eine Holle eingekehrt war, da passierte so leicht kein Unglück. Insbesondere nehmen sich die Hollen der Pflege und Aufsicht der Kinder an. Als einst eine Holle aus einem Haus zu Twiste wieder in ihre Heimat zurückzukehren wünschte, wusste sie die Gegend nicht zu bezeichnen, wo sie denn zu Hause war. Der Hausherr wusste besser Bescheid. Er nahm die Holle auf den Arm, um sie in die Klus zu tragen. Als sie jedoch in die Nähe des Bilsteins gekommen waren, verbat sich die Holle das Weitertragen mit der Äußerung, sie wolle sich nun schon zurechtfinden, weil sie diesen Berg bereits vor hundert Jahren gekannt habe.[1]

Anders als im Kasseler Land, wo die Hollen auch als Männlein in Erscheinung treten, ist ihre Waldecker Verwandtschaft nur in weiblicher Gestalt unterwegs. Gemeinsam ist ihnen der zwergenhafte Wuchs, ihr Ursprung als schatzkundige Berggeister und ihre freiwillige Funktion als nützliche Helfer in Haus und Hof. Leicht zu beleidigen und nachtragend sind sie offenbar überall (siehe WOLFHAGEN).

1 Aus: Louis Friedrich Christian Curtze, Volksüberlieferungen aus dem Fürstenthum Waldeck, Arolsen 1860.

Bad Homburg vor der Höhe

61348, Hochtaunuskreis. 50 647 Einwohner. 🛏 1840.
Verkehrsamt im Kurhaus, Louisenstr. 3.
Tel.: 0 61 72/12 13 10.

Die Wahrheit über
»Prinz Friedrich von Homburg«,

den Helden Kleists, beleuchtet der Bonner Germanistikprofessor Karl Simrock 1839 in seinem Werk »Deutsche Volksbücher«:

»Der geschichtliche Friedrich von Homburg, geboren 1633, war in der Schlacht von Fehrbellin 1675 kein Jüngling mehr, wahrscheinlich auch in die Nichte des Kurfürsten nicht schwärmerisch verliebt, da sie schon seit fünf Jahren seine zweite Gemahlin war; ein Nachtwandler soll er gleichfalls nicht gewesen sein; überhaupt mochte ihm das Wandeln schwer werden, da er bei der Berennung von Kopenhagen das linke Bein bis an den Schenkel eingebüßt und den rechten Schenkel schon als Jüngling von fünfzehn Jahren im Schloßgarten gebrochen hatte. Freilich hinderten ihn diese Umstände nicht, jene beiden Ehen und noch eine dritte einzugehen und in den letzten beiden fünfzehn Sprößlinge zu zeugen. Das verlorene linke Bein ersetzte er durch ein hölzernes, das er übersilbern ließ, weshalb er auch unter den Landgrafen von Homburg ›Friedrich mit dem silbernen Bein‹ genannt wird.«

Das Römerkastell »Saalburg«

ortet Karl Simrock »eine Stunde von Homburg an der Landstraße nach Usingen. Hier will man das von Drusus im Land der Chatten erbaute, von Arminius zerstörte Römerkastell Arctaunum wiederfinden, wo Drusus, nachdem er in der Wetterau mit dem Pferd gestürzt war und den Schenkel gebrochen hatte, am dreißigsten Tag gestorben sein soll.«

Es gibt zu denken, dass die von Simrock gewürdigten Personen der Geschichte häufig unter Schenkelbrüchen litten. Darüber hinaus ist anzumerken, dass jener Arminius, besser bekannt als »Hermann der Cherusker«, am Taunusrand nichts zu schaffen hatte. Zudem lebten er und der Römer Drusus um die Zeitenwende. Das Limeskastell, das heute »Saalburg« genannt wird, stammt aber erst aus dem frühen 2. Jahrhundert. Unter lebhafter Anteilnahme Wilhelms des Zweiten wurde es Anfang des 20. Jahrhunderts wieder aufgebaut und beherbergt heute das Saalburg-Museum mit seiner umfassenden Dokumentation des römischen Hessen.

Das Original-Kastell wurde von der »2. Raetischen Kohorte« errichtet. Sie bestand aus etwa 1000 Soldaten. Der Name erklärt sich aus der Tatsache, dass diese Einheit ursprünglich in der römischen Provinz Raetien aufgestellt wurde. Später wurde das Personal immer dort rekrutiert, wo die Einheit länger stationiert war. Die Saalburg-Truppe dürfte daher überwiegend aus angestammten Taunusbewohnern bestanden haben. Im Laufe des 2. Jahrhunderts entwickelte sich rund um die Festung ein Kastelldorf. Aufgabe des Kastells war die Sicherung der römischen Limesgrenze. Mitte des 3. Jahrhunderts wurde das Grenzkastell aufgegeben. Die Römer zogen sich an ihre alte Rheingrenze zurück (siehe auch »Der Limes«, S.105).

WEGWEISER: Man findet das Römerkastell mit dem Saalburg-Museum an der B 456 zwischen Bad Homburg und Usingen. Die Zufahrt ist ausgeschildert.
Tel.: 0 61 75/9 37 40. Öffnungszeiten: tägl. 8–17.

Der Limes – Roms Grenze quer durch Hessen

Im Nordwesten der Wetterau, zwischen Pohl-Göns und Pohlheim, trennt Felder und Wald eine schnurgerade Linie: die alte Grenze der Grafschaft Solms-Laubach, die »Solmser Landwehr«. Der Grenzwall liegt im Waldrand versteckt. Er wurde im Mittelalter auf einem Grenzverlauf errichtet, der 1000 Jahre älter ist. Die gräflichen Bauherrn benutzten die Reste des römischen »Limes«, die sie einfach aufschütten ließen. Nur in bewaldetem Gebiet ist der Wall noch sichtbar, im fruchtbaren Ackerland der Wetterau wurde er meist früh unter den Pflug genommen und verschliffen. Sein römischer Ursprung trat erst spät ins Bewusstsein. Noch Mitte des 16. Jahrhunderts hielt man das Ganze für das Werk irgendwelcher Heiden. Doch der fortschreitende Verfall jener Grenzwehr, auch »Pfahlheck« oder »Pfahlgrab« genannt, wurde damals schon öffentlich beklagt:

»... Derselbig grab vergeht nun sehr

Derweil man seyner acht nicht mehr ...«

So reimte der Wetterauer Chronist und Lokalpoet Erasmus Alberus um 1550. Auch in seiner »Kurze(n) Beschreibung der Wetterau« wird der Limes erwähnt: »Und so bald man über den Berg kümpt, siehet man noch daselbst ein Wahrzeichen eines Graben, der vor Zeiten das Land voneinander geschieden hat. Der wird Pfahl-Grab genannt.« Ortsnamen wie Pohlheim und Pohl-Göns erinnern noch heute an jene mit Pfahlmauern geschützte Grenze.

Seit Ende des 1. Jahrhunderts sicherte der Limes die Grenze zwischen dem römerfreien Germanien und der römischen Provinz »Germania Superior« (Obergermanien) mit ihrer Hauptstadt Moguntiacum, dem heutigen Mainz. Der Grenzwall zog sich von Rheinbrohl bei Koblenz über die Taunushöhen, umschloss die Wetterau, die Kornkammer der Provinz, passierte

Herkömmliche Rekonstruktionszeichnung des Limes mit Steinturm, Wall, Graben und Palisade. Möglicherweise gab es im 2. Jahrhundert keine Palisaden mehr.

Altenstadt und Marköbel, um dann bei Großkrotzenburg den Main zu erreichen. Von da an reichte der Fluss als Sicherungslinie. Erst im fränkischen Wörth begann wieder ein Pfahlgraben, der den gesamten Odenwald durchzog, um später im Donaugebiet an den »Raetischen Limes« anzuschließen.

Folgt man römischen Quellen, so waren es vor allem die Chatten, deren ständige Bedrohung den Limes nötig machte. Ihr Siedlungsgebiet begann mutmaßlich erst nördlich der Wetterau. Welche Stämme die Römer als »Chatten.« bezeichneten, bedarf noch wissenschaftlicher Klärung (siehe auch »Von Hatten, Chatten und Kelten«, S. 344). Der obergermanische Limes war 375 km lang. Allein durch das Gebiet des heutigen Hessen liefen 180 km befestigte Grenze. Anfangs schlugen die Legionen nur Schneisen in den Wald, so genannte »limites« (dtsch: Begrenzungen, Grenzen). Der daraus abgeleitete Name »Limes« galt fortan für alle markierten Grenzverläufe. Zunächst wurde nur eine Palisade gesetzt. Im Laufe des 2. Jahrhunderts markierte man dann den Grenzverlauf durch Gräben und Wälle. Die Pfostenwände waren

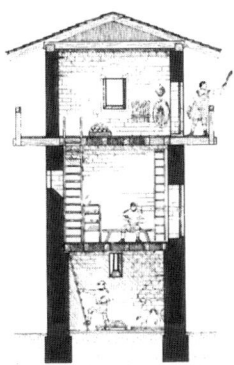

Limesturm mit Vorrats-, Aufenthalts- und Wachraum (Schnitt).

zu diesem Zeitpunkt offenbar zerfallen und wurden nicht mehr erneuert. Herkömmliche Darstellungen, die Palisade und Wall-Graben-System als zeitgleiche »Kombination« zeigen, wären also nicht (mehr) zutreffend. So jedenfalls der neueste Forschungsstand.

Anders als vielfach angenommen war der Limes keine wehrhafte Verteidigungslinie, von der aus römische Legionen dem Angiff heranbrausender Germanenheere trotzten. Ernsthaft aufhalten konnte der Grenzwall niemanden, und das sollte er auch nicht: Er war lediglich ein »Annäherungshindernis«, das den Wachen ermöglichte, die Grenze des Imperiums zu kontrollieren. So konnten eindringende Germanentrupps oder auch grenznah agierende Räuberbanden frühzeitig entdeckt werden. Die Wachtürme standen etwa alle 800 Meter. Sie waren nur mit fünf Soldaten besetzt. Bei »Feindberührung« verschanzte sich die Besatzung in ihrem Turm. Die Türme waren für diesen Zweck gebaut: Die »Diensträume« begannen erst im ersten Stock, zu dessen Tür eine einziehbare Leiter führte. Der Alarm erreichte per Rauchzeichen und Hornsignal von Turm zu Turm das nächste Grenzkastell. Dort entschied man dann, wie reagiert werden sollte. Reichte die kleine Garnison nicht aus, wurde die nächstgrößere Einheit hinzugezogen. Bei kriegerischen Einfällen ganzer Stämme musste die Legion heran.

In der Provinz Germania Superior waren zwei Legionen stationiert. Eine in Straßburg, die andere in Mainz. Jede Legion bestand aus zehn Kohorten. Insgesamt etwa 6000 Legionäre, allesamt römische Vollbürger, befehligt von einem Legaten aus dem Senatorenstand. Hinzu kamen noch zahlreiche Hilfstruppen, so genannte Auxiliarverbände, die sich aus Einheimischen rekrutierten. Sie wurden lediglich von römischen Offizieren kommandiert. Die Wacheinheiten entlang des Limes bestanden in der Regel aus diesen Hilfstruppen: Germanen schützten das Imperium vor den Germanen. Das funktionierte bis etwa 260 n. Chr. Dann wurde das rechtsrheinische Gebiet aufgegeben. Die Grenze des Imperiums war nun wieder der Rhein. Seine Bewachung übernahmen schnelle Patroullien-Schiffe, die mit Katapulten bewaffnet waren. Im Mainzer »Museum für Antike Schifffahrt« sind sie ausgestellt.

WEGWEISER: Alles über den Limes erfährt man im Saalburg-Museum BAD HOMBURG. Öffnungszeiten siehe dort. Das Museum für Antike Schifffahrt liegt in der Nähe des Mainzer Südbahnhofs: Neutorstr. 2 b, 55116 Mainz. Tel.: 0 6131/28 66 30. Montags geschlossen, Eintritt frei.

Literatur: Margot Klee, Der Limes zwischen Rhein und Main, Stuttgart 1989 (mit herausnehmbarer Limes-Wanderkarte).

Bad Karlshafen
34385, Landkreis Kassel. 4247 Einwohner. 🛏 998.
Kurverwaltung: Hafenplatz 8.
Tel.: 0 56 72-10 22/10 91.

Wie Alten Köllen zugrunde ging

Auf einem Berg hoch über der Diemelmündung lag in
alten Zeiten ein kleines Dorf, das hieß Alten Köllen.
Unten am Ufer aber wohnte ein gastfreundlicher Fischer,
und der hieß Elmeri. Und weil so viele Bergbewohner bei
ihm vorbeischauten, machte er das Beste daraus und
eröffnete ein Fischrestaurant. Und weil es sich am Die-
melufer so gut lebte, kamen nacheinander sieben weitere
Fischer und ließen sich in der Nachbarschaft nieder. Auch
sie brachten es bald zu bescheidenem Wohlstand. Da
brach ein verheerender Krieg aus, und alle wehrhaften
Köllener mussten zu den Waffen. Das Bergdorf aber lag
ohne Schutz, und so kam der Feind und brannte es nieder. Die Frauen, Greise und Kinder von Alten Köllen aber
flohen zur Fischersiedlung ins Tal. Als dann die Männer
aus der Schlacht kamen und die rauchenden Trümmer
ihres Dorfes sahen, beschlossen sie allesamt, sich fortan
auch unten am Fluss anzusiedeln. Aus dem zerstörten
Köllen schafften sie Steine und Gebälk herab und nannten den neuen Ort nach dem gastfreundlichen Elmeri. So
entstand Helmarshausen.

Die Wallanlagen der Sieburg

liegen tatsächlich auf einem 277 Meter hohen Berg. Es ist
unklar, ob hier das sagenhafte Alten Köllen zu suchen ist.
Ungeklärt ist auch das Alter der zerfallenen Wälle, denn
datierbare Funde wurden bislang nicht gemacht. Der
innere Wall ist noch 550 Meter lang. Streckenweise ist
auch sein Graben auszumachen. Der äußere Wall ist kürzer, aber noch sehr viel deutlicher zu sehen. Diese
Abschnittswälle sperren den zugänglichen Südhang des
Bergplateaus. Nach allen anderen Seiten fällt das Gelände
zu Diemel und Weser steil ab. Die vermutete Anlage auf
der Hochfläche dürfte etwa 100 Hektar groß gewesen

sein. Angesichts dieser Ausdehnung wird eine vorgeschichtliche Befestigung vermutet. Eine mittelalterliche
Anlage ist aber nicht auszuschließen.

Das Geheimnis der Sieburg muss erst noch gelüftet werden.[1]

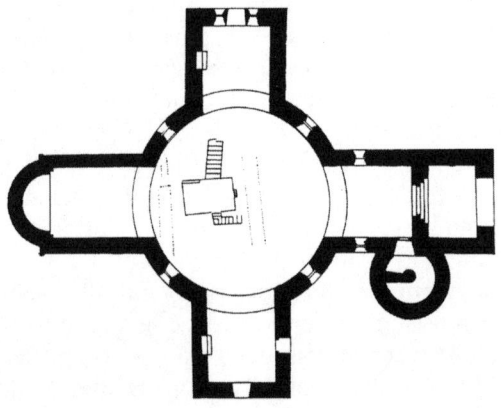

Der Grundriss der Kreuzkuppel-Kirche in der Krukenburg.

Die Heilig-Grab-Kirche

innerhalb der Krukenburg stammt aus dem frühen 12.
Jahrhundert. Der Abt des Klosters Helmarshausen, ein
gewisser Wino, wurde 1033 von seinem Bischof eigens
nach Jerusalem geschickt, um die Baupläne der dortigen
Grabeskirche Christi zu besorgen. Er fand aber nur noch
Trümmerreste vor, da die islamischen Stadtherrn das
Kirchlein kurz zuvor geschleift hatten. In seiner Not
brachte der Gottesmann ersatzweise die Konstruktions-
zeichnungen der im Orient häufigen Kreuzkuppelkirchen
mit nach Hause. Nach diesen Plänen wurde sowohl am
Bischofssitz Paderborn die »Busdorfkirche« errichtet als
auch – mit leichten Variationen – die »Heilig-Grab-Kir-
che« auf dem Krukenberg. Erst Anfang des 13. Jahrhunderts wurden um sie herum die Wehrmauern der Krukenburg gebaut.

110

Das barocke Karlshafen

wurde 1699 auf dem Reißbrett entworfen. Landgraf Carl von Hessen ließ es errichten, um dort französische Asylanten – Hugenotten und Waldenser – anzusiedeln. »Sieburg« hieß zunächst die neue Stadt an Diemel und Weser. Erst 1715 wurde sie zu Ehren ihres Begründers in »Carlshafen« umbenannt. Landgraf Carl wollte aus der Hugenottenstadt einen Umschlagplatz für Schiffsgüter machen. Dazu sollte der Hafen durch einen neuen Wasserweg direkt mit Kassel verbunden werden. Dies hätte die teuren Stapelgelder im niedersächsischen Hannoversch-Münden erspart. Aber das Projekt blieb stecken. Ganze 300 Meter Kanal kamen zustande. Das reichte nicht bis Kassel.

Im Zuge großdeutscher Sprachbereinigung wurde das historische »C« im Dezember 1934 zum völkischen »K«. Seither schreibt sich Carlshafen Karlshafen.

Die Geschichte der Stadt und der französischen Protestanten in Deutschland dokumentiert das DEUTSCHE HUGENOTTEN-MUSEUM, Hafenplatz 9 a. DI–SA 14–18, So 11–13/14–18. MO und 31.12.–16.2. geschlossen.

1 Nach: Führer zu archäologischen Denkmälern in Deutschland, Nr. 7 (Stadt und Landkreis Kassel), Stuttgart 1985.

Bad Schwalbach

65307, Rheingau-Taunus-Kreis
11 375 Einwohner. 1753.
Stadtverwaltung: Adolfstr. 38. Tel.: 0 61 24/50 00.

Der englische Lord und das Königsgrab

Im Jahre 1901 war Lord Carnavon, britischer Weltenbummler und betuchter Antiqitätenfreund, mit seinem Wagen auf dem Weg nach Langenschwalbach. So hieß der Taunusbadeort damals noch und Lord Carnavon wollte dorthin, um seine Gattin aus der Kur abzuholen. Seine Lordschaft saß höchstselbst am Steuer, sein Chauffeur neben ihm. Schließlich besaß Carnavon einen von damals drei in Großbritannien zugelassenen Personenkraftwagen. Da wollte er die brummende Kraft der Pferdestärken auch mal selber spüren. Das hätte er besser bleiben lassen. Denn kurz hinter dem Örtchen Kemel verschwand die Fahrbahn der Bäderstraße damals in einer schlecht einsehbaren Senke, der »Heimbacher Delle«. [1] Der Lord erkannte viel zu spät die zwei mächtigen Ochsenkarren, die sich dort gerade begegneten. »In der Hoffnung vorbeizukommen, lenkte er den Wagen scharf an den Straßenrand. Aber er geriet dabei in einen Steinhaufen; zwei Reifen platzten, der Wagen überschlug sich vollständig und stürzte auf Carnarvon«, so die Schilderung seiner Schwester, die weiter berichtet, der rasch herbeigeholte Arzt habe bei dem Verunglückten »schwere Verbrennungen an den Beinen, Bruch eines Handgelenks, zeitweilige Erblindung und Verletzung des Gaumens und Kiefers« festgestellt.

Ein dramatischer Einschnitt im Leben des englischen Lebemanns, der in der Folge so sehr an quälender Atemnot litt, dass er nach Ägypten übersiedelte. Die britischen Nebel-Winter konnte er nicht mehr ertragen.

So sieht es zumindest der Historiker und Journalist Manfred-Guido Schmitz, der die Karambolage auf der heutigen B 260 für einen »archäologisch bedeutsamen Unfall« hält. Denn an seinem neuen Wohnort am Nil machte Carnavon alsbald die Bekanntschaft des Archäologen Howard Carter, der auf der Suche nach unentdeckten Königsgräbern war. Der reiche Lord finanzierte daraufhin Carters Projekte und die beiden entdeckten im November 1922 die Grabkammer des Tut-ench-Amun.

Für Manfred-Guido Schmitz ist der Zusammenhang klar: ohne Unfall kein Königsgrab. Die Totenruhe des Pharao wäre bis heute nicht gestört. Was Nassauer Ochsen so alles bewirken können. [2]

Bubbles from the Brunnens
Reiche Kurgäste aus Großbritannien und den USA waren damals im Aartal keine Seltenheit. Die Schwalbacher Kur-Statistik belegt bereits im 19. Jahrhundert jährlich

*Die Totenmaske des Tut-
ench-Amun.*

an die 1000 englische und amerikanische Gäste. Sie alle
kamen, nachdem in ihren Heimatländern wahre Wun-
derdinge über die Heilkraft des Schwalbacher Wassers
berichtet worden waren. Besonders werbewirksam war
wohl die 1832 in London erschienene Schrift »Bubbles
from the Brunnens of Nassau by an Old Man«, in der
Autor F. Head auch auf Langenschwalbach einging. In
der Folge wurde im Ort sogar eine »Englische Kirche«
errichtet. Ab 1875 ergänzte sie die Heilwirkung der Bade-
kuren durch die Heilsbotschaft anglikanischer Gottes-
dienste.

1 Gerd Elgo Lampel, Die Heimbacher Delle und das Grab des Tut-ench-
   Amun. In: Heimatjahrbuch des Untertaunuskreises 1962, Bad Schwalbach 1962, S.141 ff.
2 Manfred-Guido Schmitz, Bad Schwalbach, Lord Carnarvon und das
   Grab des Tut-ench-Amun, Kelkheim 1999.

Bad Sooden-Allendorf

37242, Werra-Meißner-Kreis. 9834 Einwohner. 🛏 2459.
Kur GmbH: Landgraf-Philipp-Platz. Tel.: 0 56 52/5 01 66.

Der Hohlstein

Bei dem Dorfe Hilgershausen in den Vortälern des Meißners, etwa eine Stunde von Allendorf und zwei Stunden
von Witzenhausen, erhebt sich eine an die 80 Fuß hohe
Felsenwand von älterem Flözkalkstein. An dem Fuße derselben öffnet sich eine geräumige Höhle. Über unge-
heuere Felsstücke steigt man 50 Fuß hinab; rechts hebt
sich die Höhle zu dem Gipfel des Berges, links liegt ein
kleiner Teich des klarsten Wassers, das, in einen Naturka-
nal abfließend, in der beinahe zehn Minuten entfernten
Dorfmühle herausstürzt. Die Höhle heißt der Hohlstein,
in einer Urkunde von 1267 Holenstein genannt.

Alljährlich am zweiten Ostertage gehen die Burschen
und Mädchen der Dörfer Hilgershausen und Kammerbach zur Höhle und steigen, nachdem sie sich sämtlich
mit einigen Blumen versehen, zur Höhle hinab. Hier
legen sie die Blumen gleichsam als Opfer nieder, trinken
von dem klaren Wasser und füllen die mitgebrachten
Krüge für die Ihrigen zu Haus.

Schon hat dieser Gebrauch sehr nachgelassen, denn
früher wurde das Blumenopfer für so notwendig gehalten, daß sich auch zu andern Zeiten niemand ohne dieses
hinabgewagt hätte; man habe geglaubt, so sagte man mir,
durch den Besuch der Grotte ohne ein solches Gott zu
erzürnen.[1]

Die Wohnung der Frau Holle

Bei Hilgershausen in der Nähe des Bades Sooden erhebt
sich in einem Busch verborgen ein steiler Felsen, der Hol-
lestein. Wie der Felsen versteckt liegt, so noch mehr die
darin befindliche Höhle, die größte des Hessenlandes, die
nur dem Kundigen bekannt ist. Altbemooste Steine führen wie eine wuchtige Treppe zu ihr empor, und vor dem
Höhleneingang ruht ein mächtiger Opferstein, über den
die Wipfel der Buchen ihre Zweige zusammenschlagen.

Die mächtigen, bestaubten Felsblöcke im Innern türmen sich zu einer Tempeltreppe empor, die bis an die riesige Wölbung heranreicht. Unsichtbare Tropfen fallen klatschend auf das Gestein. Das ist die Wohnung der Frau Holle; das ist auch die Stelle, wo das Märchen von der Gold- und Pechmarie spielt.[2]

Von der Zauberkraft des Höhlenwassers

Die Mädchen am Meißner hatten es früher nicht schwer, ihr jugendschönes Aussehen zu behalten. Sie gingen einfach in der Osternacht zwischen elf und zwölf in die Hohlstein-Höhle und wuschen sich mit dem Höhlenwasser. Dabei durfte allerdings kein Wort über ihre Lippen kommen, sonst war der Zauber dahin. Die jungen Burschen machten sich deshalb einen Spaß daraus, den Mädchen an der Höhle aufzulauern, um sie durch allerlei Blödsinn und Grimassenschneiden doch noch zum Sprechen oder wenigstens zum Lachen zu bringen. Zumindest beim Waschen soll das sehr gestört haben.

Jungen Ehefrauen wurde gar zu einem Bad im Höhlenteich geraten. Taten sie dies in der Mainacht oder am Weihnachtsabend, so gebaren sie binnen Jahresfrist ein Kind. Die Unverheirateten legten auch gerne Blumen in die Höhle oder auf die Felsen vor ihrem Eingang. Dann, so wurde gesagt, werde die Holle alle Herzenswünsche erfüllen.

Der Kultplatz der Liebesgöttin

Der Hohe Meißner gilt als der heilige Berg der Frau Holle. Viele Plätze im Meißner-Gebiet sind mit ihrem Sagenkreis verknüpft. Auch in der Hohlstein-Höhle ist sie offenkundig der »Geist des Ortes«. Ihr Ursprung könnte bei der germanischen Göttin Hludana zu suchen sein, die möglicherweise nur eine Variante der Liebesgöttin Freya ist. Viele Aspekte der Sagengstalt Holle, Holda oder Hulda finden sich eben auch bei der göttlichen Freya, die dem Freitag seinen Namen gab. Zuständig ist die Gefährtin Wotans für die Fruchtbarkeit von Pflanzen, Tieren und Menschen – und eben auch für das »Freien«. Auf Liebesglück und Fruchtbarkeit beziehen sich denn auch die

Blumenopfer und Wasserbräuche in der Hohlstein-Höhle. Die überlieferten Rituale appellieren an Freya/ Holle und bitten sie um Unterstützung. Die Höhle am Meißner ist also möglicherweise ein Erdheiligtum der Göttin, die sich als Frau Holle ja auch mit den »weiblichen Künsten«, dem Spinnen und der Hauswirtschaft, befasst. So besorgt die Königin Holle dem schlafenden Barbarossa den Haushalt im Kyffhäuser. Segnend und mahnend geistert sie als Holle oder Berchta durch hessische Spinnstuben. In zweierlei Hinsicht sehr passend, denn die Dorfjugend konnte jenen ländlichen Einrichtungen durchaus auch erotische Seiten abgewinnen. Und natürlich ist es Frau Holle, die den winterlichen Autoverkehr zum Kollaps treibt. Dann schüttelt sie ihre Federbetten so heftig, dass der Schneeräumdienst nicht nachkommt.[3]

Die geheimnisumwitterte Höhle

liegt gut versteckt im Wald zwischen den Ortsteilen Hilgershausen und Kammerbach. Beide Dörfer reklamieren das Felsenloch für sich. Der alte Name Hohlstein, Holen- oder Hollenstein ist nicht mehr in Gebrauch. Und das, obwohl seine Erwähnung im 13. Jahrhundert die Hohlstein-Höhle zu einer der ältesten namentlich nachweisbaren Höhlen Deutschlands macht. Trotz dieses speläologischen Superlativs haben sich die Hilgershäuser durchgesetzt: Zum Ärger der Kammerbacher firmiert das mysteriöse Loch in der Touristenwerbung Bad Sooden-Allendorfs als »Hilgershäuser Höhle«.

Beim anstehenden Gestein handelt es sich um die Kalksteinvariante Dolomit, früher Flözkalkstein genannt. Die Höhle hat eine Länge von 40 Metern, ist 21 Meter breit und etwa 12 Meter hoch. Sie ist mit robustem Schuhwerk begehbar, Sandalen und Stöckelabsätze gelten als Mutprobe. Die Idee einer Innenbeleuchtung wurde glücklicherweise fallen gelassen. Deshalb sei auf die Notwendigkeit einer Taschenlampe eindringlich hingewiesen. Sonst wird es schwierig, im zauberträchtigen Höhlenteich die zerbeulten Bierdosen zu erkennen.

WEGWEISER: Von Bad Sooden-Allendorf aus erreicht man die Höhle am einfachsten über das Restaurant »Forellenhof« an der Landstraße vor Hilgershausen. Von dort führt ein Feldweg zum Waldrand. Dann sind es noch etwa 200 Meter bis zum Höhleneingang.

Die Allendörfische Seidenbau-Anstalt

war ein überaus kühnes Agrarprojekt eines unausgelasteten Schulmeisters. Jener Heinrich W. Landgrebe versuchte sich Mitte des 19. Jahrhunderts als Seidenraupenzüchter. Letztendlich ohne Erfolg. Doch das war nicht der erste Versuch in Hessen.

Bereits im 17. Jahrhundert hatten protestantische Glaubensflüchtlinge aus Frankreich, die so genannten Hugenotten, ihr Wissen um die Seidenherstellung auch nach Hessen gebracht. Maulbeerbäume wurden gepflanzt, um das nötige Raupenfutter zu haben. Man unternahm zaghafte erste Versuche, die offenbar scheiterten. Eine funktionierende Produktion ist damals nicht entstanden. Auch nach der Französischen Revolution, als adelige Emigranten zum zweiten Mal für den entsprechenden Wissenstransfer sorgten, kam keine hessische Seide auf den Markt.

Der weiße Maulbeerbaum. Futterpflanze für Seidenraupen.

117

200 Jahre später wagte dann Lehrer Landgrebe in Allendorf den erneuten Anlauf.

»Man erwäge nur hierbei die großen Vortheile«, schrieb der Raupenfreund, »welche die Beschäftigung vieler Hände durch den Betrieb der Seidenzucht, dann durch Erhaltung der bis jetzt für Seide ins Ausland gegebenen Summe gewähren.« Landgrebe empfahl die Seidenproduktion seiner kurhessischen Regierung vor allem als Arbeitsbeschaffungsmaßnahme für Frauen, deren Sittlichkeit durch Armut in Gefahr geraten könne. Die Pflege und Fütterung der Raupen galt als Frauenarbeit.

Doch die vom Staat erhoffte Subventionierung seiner »Seidenbau-Anstalt« wurde verweigert, ebenso eine Abnahmegarantie für das textile Endprodukt. Den Behörden war das ganze Projekt offenbar zu exotisch. Hochfahrende Pläne zur Gründung einer Aktiengesellschaft sackten in sich zusammen.

Schließlich warf Landgrebe das Seidentuch.[4]

1 Aus: Zeitschrift des Vereins für Hessische Geschichte und Landeskunde, Bd. 1, Kassel 1837.
2 Aus: Karl Wehrhan, Sagen aus Hessen und Nassau (Eichblatts Deutscher Sagenschatz, Bd. 5), Leipzig-Gohlis 1922.
3 Zum Holle-Sagenkreis siehe auch MEISSNER, OTTRAU und »Der Götterhimmel der Germanen«, S. 67.
4 Nach: Ruth Fühner, Kleinmut und Ungeduld. Der Traum vom seidenen Reichtum. In: M. M. Schwarz u. U. Sonnenschein (Hrsg.), Hessen riskant. Orte des Scheiterns in Hessen, Marburg 2000, S. 22 ff.

Battenberg
35088, Landkreis Waldeck-Frankenberg.
5347 Einwohner. 🛏 358.
Verkehrsamt: Hauptstr. 58. Tel.: 0 64 52/30 56.

Wie die Battenberger Ratsherrn einmal umgestimmt wurden
Als der alte Graf von Battenberg von seinem letzten Kreuzzug zurückkehrte, da brachte er nicht nur viel Gold

und Geschmeide aus den geplünderten Städten der Heiden mit, sondern auch eine unheilbare Krankheit: den Aussatz. Das Siechtum zog sich in die Länge und der Pestilenzgestank wehte durch die Burg. Die Verwandtschaft ließ sich deshalb nicht mehr sehen. Das ärgerte den Alten so sehr, dass er seinen riesigen Waldbesitz der Stadt Battenberg vermachte. So gingen die Erben leer aus.

Viele Jahrhunderte später, der Baugrund für Adelspaläste war inzwischen knapp geworden, hätte ein Nachfahre des Alten gar zu gerne sein Schloss in die Wälder gebaut. »Nix da«, meinte jedoch die Bürgerschaft einmütig. »Der Wald ist uns, bau wo du willst – aber nicht im Battenberger Forst!«

Das frustrierte den Edelmann ziemlich. Doch seine Frau hatte einen guten Einfall, der sogleich in die Tat umgesetzt wurde:

Der bauwillige Graf lud die Battenberger Ratsherrn zu einem üppigen Fest auf dem »Herrenacker«. Alle kamen und aßen und tranken, was das Zeug hielt. Und als der gesamte Magistrat dann sturzbesoffen war, brachte der Graf einen Tauschhandel zur Sprache: Die Bürgerschaft bekomme die herrliche Festwiese auf dem Herrenacker übereignet, und dafür wolle der Graf nur ein winziges Stück vom Wald für sein Schlossprojekt. Mit einem einmütigen »Prost« wurde man handelseinig.

Auf dem eingetauschten Grundstück erbaute der Graf von Battenberg dann die Kellerburg.

Battenberg und »Mountbatten«

Die Königin von England hat auch einen Mann: Prinz Philip von Battenberg. Aus dem »Battenberg« wurde im Kriegsjahr 1917 »Mountbatten«. Die britische Presse hatte den deutschen Familiennamen des Prinzgemahls als »unschicklich« gegeißelt. Doch diese »Battenberger« hatten mit der Ederstadt eigentlich nur »leihweise« zu tun. Und das kam so:

1848 wurde ein gewisser Ludwig III. Großherzog von Hessen-Darmstadt. Seine Schwester Marie ehelichte den Zaren von Russland. Die beiden hatten noch einen Bruder, der hieß Alexander und folgte der frisch gebackenen

Zarin nach St. Petersburg. Dort verliebte er sich rettungs-
los in die Hofdame Julie von Hauke, ein Waisenkind aus
mittellosem polnischen Adel. Heiratspläne Alexanders
missfielen aber seinem Schwager, dem Zaren. Denn der
Darmstädter war mittlerweile russischer General geworden. Die Liaison mit einer popeligen Freifrau war nicht
standesgemäß. So jedenfalls sah's der Herrscher von Russland. Aber der hessische Alex heiratete seine Julie doch.
Und zwar heimlich in Breslau. Selbst der Darmstädter
Großherzog Ludwig schalt das eine Torheit. Aber er
fädelte es so ein, dass Mittel und Wege gefunden wurden,
aus der »kleinen Polin« eine richtige Gräfin zu machen.
Da fügte es sich prächtig, dass die Linie der Battenberger
Grafen 1340 erloschen war. Der Großherzog erließ ein
Dekret, das 1857 die Schwägerin Julie zur »Gräfin von
Battenberg« machte. Ihren ersten Sohn nannte sie dank-
bar Ludwig. Und das war der Großvater des Philip Mount-
batten, Duke of Edinburgh.

Als 1960 das englische Königshaus die Welt mit Prinz
Andrew beglückte, schickte Vater Philip die frohe Botschaft per Telegramm auch nach Battenberg. Der amtierende Bürgermeister konterte mit einem Glückwunschte-
legramm. Die britischen Zeitungen sprachen von einem
historischen Vorgang.

Die Battenberger »Bären«

In den Dörfern des Edertals nennt man die Battenberger
nur »die Bären«. Niemand weiß genau, wie dieser Spitzname entstanden ist. Denkbar wäre die Erinnerung an
einen alten Neujahrszauber, der längst vergessen ist:

Am Morgen des neuen Jahres wurde der »Schiddebär«
durchs Städtchen geführt. In ihm steckte ein junger
Mann, den man mit Erbsstroh umwickelt hatte. Dieser
»Erbsbär« oder »Schorenbär« ist auch aus anderen
Gegenden überliefert. Sein »Umgehen« sollte im neuen
Jahr Glück und Fruchtbarkeit für Felder, Tiere und Men-
schen bringen. In Battenberg hielt sich dieser vorchristli-
che Brauch besonders lange.[1]

Der »Rückers« von Laisa

Das alte Dorf Laisa ließ sich von Battenberg nur widerwillig eingemeinden. Alle sieben Jahre feiern seine Einwohner das »Rückersfest«.

Der »Rückers« ist ein aus Holz geschnitztes Pfluggespann, das von fünf Pferden gezogen wird. Auf einem Pferderücken reitet ein Knecht mit Zipfelmütze, der Bauer – erkennbar am runden Hut – lenkt das Gespann. Die Brauchturmsforschung sieht den Ursprung dieses Symbols in vorchristlicher Zeit: »Der Pflug war das Sinnbild der mütterlichen Gottheit«, heißt es im Stadtführer des Heimatvereins, »von deren Segen die Fruchtbarkeit des Feldes abhing. Ihr zur Ehre hielt man feierliche Frühlingsum-

Der »Rückers« auf dem Dach des alten Laiser Rathauses, heute Heimatmuseum.

züge, sobald die siegreiche Sonne die Schatten des Winters zu verscheuchen begann.«

Nach der Überlieferung besteht das Fünfergespann aus zwei Rappen, zwei Füchsen und einem Schimmel an der Spitze. Der Schimmel wird dabei dem Göttervater Wotan zugeordnet, die Füchse gelten als die Tiere des Wettergottes Donar und die Rappen gehören der Fruchtbarkeits- und Liebesgöttin Hulda oder Holle, der das alte Frühlings-

121

fest galt. Der Festname wird denn auch als »Rückkehrs-
fest« der Göttin nach dem langen Winter gedeutet.
Hulda/Holle entspricht der nordgermanischen Göttin
Freya, nach der unser fünfter Wochentag benannt ist.
Der überlieferte Brauch beginnt in der Nacht zum 10.
März. Zur Mitternacht werden dann die unverheirateten
Frauen des Dorfes an die jungen Männer »versteigert«.
Dabei sind die Herren unter sich. Wer wen auf diese Weise
»erworben« hat, bleibt geheim bis zum Festtanz am
Ostersonntag, mit dem das Rückersfest ausklingt. Dieser
sexualmagische Brauch soll in der Tat schon viele Laisaer
Ehen gestiftet haben. Überliefert ist auch, dass bei den fei-
erlichen Umzügen in früherer Zeit die »mannbaren Jung-
fern« einen Pflug durchs Dorf zogen, um so die Liebesgöttin mit ihrem »Kultgerät« zu ehren. Auch die noch heute
praktizierte »Versteigerung« gilt als Tribut an die Göttin:
Auf ihrem Fest duldet sie keine Singles.

Noch in dieser ersten Nacht wird der geschnitzte »Rückers« auf ein Dach gesetzt. In der nun folgenden Zeit der
Aussaat liegt sein Fruchtbarkeitszauber 40 Tage über dem
Land. Dann erst wird gefeiert. Der magische Dachreiter ist
die ganze Zeit über in Gefahr, von der Jugend umliegen-
der Dörfer entführt zu werden. Deshalb wird er häufig
auch bewacht, denn ohne das Pfluggespann fällt das
»Rückersfest« ins Wasser. Ende des letzten Jahrhunderts
mussten die Laisaer sogar die Justiz bemühen, um den
geklauten Rückers zurückzubekommen. Damals thronte
er plötzlich auf einem Dach im benachbarten Eifa. Aber
dort wollte man ihn nicht freiwillig herausgeben. Danach
ist es nur noch einmal gelungen, das Holzgespann zu
»kidnappen«.

Das HEIMATMUSEUM LAISA öffnet nach Absprache
mit Rita Wagner, Auf der Hänge 8, 35088 Battenberg-
Laisa. Das STADTMUSEUM BATTENBERG findet man im
Battenberger Rathaus.

---

1 Zur Figur des »Erbsstrohbären« siehe auch HERBSTEIN und S. 287.

Bechtelsberg siehe Ottrau.

Beerfelden

64743, Odenwaldkreis. 6788 Einwohner. 🛏 468.
Verkehrsbüro: Metzkeil 1. Tel.: 0 60 68/20 71.

Wo Siegfried den Ur erlegte

Am Ortsrand von Airlenbach steht seit undenklichen Zeiten ein riesiger Baum, die »Dicke Eiche« genannt. Und die wäre nie so gewaltig ausgefallen, hätte da nicht dereinst ein kühner Recke die Hand im Spiel gehabt: Siegfried von Xanten, der Held des Nibelungenliedes.

Der nämlich entfloh immer wieder der lähmenden Langeweile am Wormser Burgunderhof, indem er sich zur Jagd in den Odenwald absetzte. Tagelang durchstreifte er mit Speer und Bogen die unzugänglichen Wälder, folgte den Fährten von Wolf und Bär, erlegte so manchen Hirsch an frischem Quell. Eines Tages nun hatte er einen gewaltigen Auerochsen, auch Ur genannt, vor seinem Pferd. Fast einen ganzen Tag jagten die drei nun über Berg und Tal: Reiter, Pferd und Ur. Gegen Abend überfiel alle Beteiligten eine große Müdigkeit, und der Auerochs beschloss, sich zu stellen. Der Kampf war heftig – doch schließlich obsiegte der blonde Held.

Zurück blieb nur eine große Lache Auerochsenblut. Und als der Nachtwind kam, warf er eine Eichel hinab. Die fiel mitten in das warme Blut, und sogleich spross aus ihr ein gewaltiger Baum – die Eiche von Airlenbach.

Die »Dicke Eiche von Airlenbach«

gehört zu den ältesten Bäumen Hessens. Sie steht an der Landstraße, die von der Kernstadt zum Ortsteil Airlenbach führt. Die Forstleute schätzten ihr Alter auf 800 bis 1000 Jahre. Der Stamm hat einen Umfang von 8,40 m. Von der einstmals gewaltigen Krone ist allerdings nicht allzu viel übrig geblieben. Im Winter 2004 wurden Zweifel an ihrer »Verkehrssssicherheit« laut. Man befürchete Personenschäden durch Astbruch und wollte dem Baum an den Kragen.

Doch die Bürger von Airlenbach stellten sich schützend vor ihre Eiche. Die Motorsäge wurde abgewehrt.

Die Gerichtslinde von Beerfelden

bringt es nur auf gut 120 Jahre. In ihrem Schatten liegt der alte Gerichtsplatz der Region. Hier tagten die zwölf Schöffen des Zentgerichts der Grafschaft Erbach. Der »dreischläfrige« Galgen wurde erst 1597 auf diesem Platz errichtet. Seinen halsbrecherischen Zweck erfüllte er bis ins 19. Jahrhundert. Die Konstruktion aus Odenwälder Sandsteinsäulen wird durch eiserne Klammern gehalten, die nach all den Jahren noch keine Rostspuren zeigen. Geheimnisvoller Odenwald: Das dauerhafte Material stammt aus einer Michelstädter Eisenhütte, die damals vor allem den Schiffbau belieferte. Ihr Eisen war deshalb eine Speziallegierung, die selbst Salzwasser gewachsen sein musste.

Die Größe des Galgens

lässt nun keineswegs Schlüsse auf die Odenwälder Verbrechensrate zu. Eine eindrucksvolle Richtstätte hatte damals vor allem Repräsentationsfunktion. Je opulenter das Gerät der Vollstreckung, desto wichtiger der Gerichtsort. Von Massenhinrichtungen ist denn auch nichts überliefert. Selbst einzelne Liquidationen sind nicht belegt. Irgendwann fielen nämlich die Gerichtsakten einer Feuersbrunst zum Opfer. So behilft man sich denn mit mehr oder weniger sagenhaften Geschichten. Etwa von jener Zigeunerin, die man 1804 zu Beerfelden gehenkt habe, nur weil sie ein Huhn und zwei Laib Brot für ihr hungriges Kind gestohlen hatte. Sie soll die letzte Delinquentin gewesen sein. Landesherrn waren damals die Erbacher Grafen, deren Gesetzgebung als eher liberal beschrieben wird. Kaum vorstellbar, dass sie Mundraub mit dem Strick bedrohte.

Die Geschichte vom geprellten Henker

schildert denn auch kein belegtes historisches Geschehen, sondern stammt aus der Feder des Heimatdichters Adam

Karillon: »Als noch die Grafen von Erbach ihre eigenen Zentgerichte hatten, war mein Großvater Scharfrichter. Gar manchem hat er bei gutem und schlechtem Wetter hier an dem Querbalken in die Höhe geholfen, damit er sich die Gegend noch einmal gründlich betrachten und dann Abschied nehmen könne. So schritt er auch eines Tages neben Kaspar Sachs von Kirch-Brombach nach dem Hochgericht; denn Kaspar Sachs hatte im gräflichen Revier einen Hirsch geschossen, sah sein Unrecht ein und ging, die Pfeife im Munde, der Ewigkeit gelassenen Schrittes entgegen.

›Lieber Henker‹, sagte er unterwegs, ›die Pfeife ist unter Brüdern einen Gulden wert und zur Stunde frisch gestopft. Sie soll nach meinem Tode dein eigen sein, wenn du mir einen kleinen Gefallen tun willst. Sieh her, ich habe einen Kropf. Nun bin ich da unter der garstigen Kohlrübe ein wenig kitzelig, sei darum so gut und lege deine hänfne Halsbinde getrost über des Kropfes größte Wölbung. Die Pfeife wird noch brennen, wenn ich ausgeschnauft habe, es ist guter Tabak drin und du kannst sie ruhig weiterrauchen, ohne Feuer zu schlagen.‹

Meinem Großvater gefiel der Handel, und er tat wie verabredet. Einen Augenblick baumelte Kaspar Sachs, dann rutschte die Schlinge ihm übers Gesicht, drückte die Nase ein wenig platt, und nach dieser Unbequemlichkeit stand der Gehängte mit beiden Stiefeln wieder auf dem Rasen unter dem Galgen. ›Wer einen Hirsch schießt‹, sagte der Zentrichter, ›der soll gehängt werden, so verlangt es das Gesetz. Gehängt ist der Kaspar Sachs, also haben wir mit der Sache nichts mehr zu tun.‹

Der Wilddieb bückte sich nach seiner Pfeife, sie brannte noch, und nun lief er mit großen Schritten nach Kirch-Brombach zu. Mein Großvater stand grün vor Ärger auf der Leiter und rief dem Davoneilenden nach: ›Halunke, ein andermal mach ich den Strick dir *unter* die Rübe.‹«

WEGWEISER: Der schaurige Schauplatz der Geschichte liegt oberhalb von Beerfelden an der Landstraße nach Airlenbach. Das historische Henkersgerüst gilt als der »besterhaltene dreischläfrige Galgen Deutschlands«.

Das sagenhafte Reich der Nibelungen

ist mittlerweile befahrbar. König Gunther und seine Leute verdanken diesen Umstand der Erfindungsgabe einiger Fremdenverkehrsstrategen. Jene dachten sich zwei Ferienrouten aus, die zumindest gelegentlich durch Ortschaften führen, die sich mit dem Heldenepos in Verbindung bringen. Die historischen Belege für ein Burgunderreich am Oberrhein sind eher dürftig, dafür sind die Märchenfassungen des ›Nibelungenliedes‹ in aller Munde. »Die Nibelungenstraße« und die »Siegfriedstraße« sind als 310 km langer Rundkurs gedacht. Start und Ziel der Helden-Rallye ist das linksrheinische Worms, von wo aus Siegfried dereinst zur Jagd in den Odenwald zog und sich dabei schlussendlich auch den Tod holte. Die Nordroute führt über Lindenfels und Micheistadt nach Würzburg, die Südroute berührt Heppenheim, Walldürn und Tauberbischofsheim. Unterwegs harrt ein gutes Dutzend schauerlicher Brunnen und Quellen der sentimentalen Wallung des Touristen. Alle-

Einer von vielen: der Siegfriedsbrunnen bei Grasellenbach.

samt behaupten sie, just jenes sprudelnde Wasser zu sein, an dem der literarische Hagen den gleichfalls literarischen Siegfried feige von hinten erschlug. Beispielhaft erwähnt seien der »Siegfriedsbrunnen« am Felsenmeer bei Lautertal, der gleichnamige Bronn bei Grasellenbach, der »Hildigeresbrunnen« in Hiltersklingen sowie der »Lindelbrunnen« bei Mossautal, der praktischerweise direkt an der Siegfriedstraße liegt. Zumindest im Odenwald zweifelt niemand daran, dass der Spessartkopf bei Mossautal-Güttersbach die »Spechtsharte« der Nibelungendichtung ist. Dorthin bestellte einst der grimme Hagen Wein und sonstigen Jagdproviant. An diesem Lagerplatz begann der Wettlauf zwischen Hagen und Siegfried, der ja bekanntlich ein tragisches Ende nahm.

Beselich
65614, Landkreis Limburg-Weilburg. 4750 Einwohner.
Gemeindeverwaltung: Steinbacher Str. 10.
Tel.: 0 64 84/60 25.

Das »Dorfgemeinschaftsgrab« der Steinzeitbauern
Seit 1859 weiß die gelehrte Fachwelt von einer »uralte(n) Felsgruft« in der Gemarkung von Niedertiefenbach. Ein Umstand, der die Niedertiefenbacher Bauern jedoch keineswegs davon abhielt, den hinderlichen Steinhaufen 1874 in die Luft zu sprengen.

Erst 1961 begann dann die Wissenschaft mit der Erkundung der Überbleibsel. Die Kammer ist 10 m lang und gut 3 m breit. Ihre wuchtigen Wandsteine stammen aus dem Kalksteinbruch bei Steeden. Die jungsteinzeitlichen Erbauer müssen sie aus 1 km Entfernung herangeschafft haben. Die archäologische Literatur rechnet das Gemeinschaftsgrab zur »Lahngruppe« der Megalithbauten, die sich von den Gangkammern Nordhessens (siehe FRITZLAR) durch eine »etwas nachlässige Bauweise (rohe Steinblöcke, ihr weiter Zwischenraum untereinander, Füllung der Zwischenräume mit Trockenmauerwerk)«[1] und ihre Süd-Nord-Ausrichtung unterscheidet. Genau wie in Züschen hat die Kammer einen kleineren Vorraum, der durch Steinplatten von der Hauptkammer getrennt ist. Von solchen Anlagen wird angenommen, dass sie nicht einfach nur Friedhöfe, sondern auch dörfliche Kultstätten waren. Der Ahnenkult der Steinzeitbauern kannte vermutlich unsere strikte Trennung zwischen Lebenden und Toten nicht. Die Vorkammer gilt als eigentlicher Kultraum, von dem aus mit den Ahnen in der »Anderswelt« Kontakt aufgenommen wurde. Astronomisch orientierte Theorien verstehen derartige Anlagen auch als steinzeitliche Observatorien, die auf die Sonne und andere Himmelkörper ausgerichtet wurden und so zur Erstellung eines »Kalenders« dienten (siehe NÜSTTAL).

Im Megalithgrab von Niedertiefenbach wurden in zehn Schichten übereinander die Reste von mindestens 171 Toten gefunden. Männer, Frauen und Kinder – die Verstorbenen eines Steinzeitdorfes.

»Die Altersgliederung der Skelettserie zeigt eine hohe Kindersterblichkeit: Etwa ein Drittel aller Individuen verstarben zwischen 0 und 14 Jahren, dabei fast 50 % der Kinder vor dem 4. Lebensjahr. Über 60 Jahre alt wurde nur eine Frau.«[2] Unter den Grabbeigaben waren neben Feuersteinwerkzeugen etliche durchbohrte Tierzähne und Unterkieferhälften von Rindern und Hunden. Als bemerkenswert gilt der gefundene Kupferschmuck: Ein Ohrring und fünf spiralförmig gedrehte Röllchen belegen, dass bereits in der ausgehenden Steinzeit die Kupferverhüttung bekannt war.

1 Die Vorgeschichte Hessens, S. 324.
2 Ebenda. Nach Abzug der Grabungsteams wurde die Fläche eingeebnet. Heute findet man im Ackerland keine Spuren mehr.

Biebertal

35444, Landkreis Gießen. 9877 Einwohner. 🛏 64.
Gemeindeverwaltung: Mühlbergstr. 9. Tel.: 0 64 09/6 90.

Die Schätze im Dünsberg

Auf dem Gipfel des Dünsbergs bei Gießen hat ehemals ein
festes Schloß gestanden. Danach hieß wohl der ganze
Berg die Dünsburg. Reste dieses Schlosses sind noch die
beiden wohlerhaltenen mächtigen Ringwälle und die
Spuren eines dritten Walles, welche den Berggipfel krö-
nen. Unter den Ringwällen liegen noch jetzt große
Schätze verborgen. Zu gewissen Zeiten im Jahr öffnet sich
der Berg, und wer dann das Zauberwort weiß, der kann in
das Innere treten und die dort verborgenen Schätze
holen.[1]

Als östlicher Ausläufer

des Westerwalds – und damit des Rheinischen Schieferge-
birges – überragt der knapp 500 Meter hohe Dünsberg die
umliegenden Kuppen des Gladenbacher Berglands. Er ist
aus Kieselschiefern des Kulm aufgebaut. Man weiß aber
nicht, wer das gemacht hat.

Der Berg, auf dem die Menschen wohnten

Auf dem Dünsberg lassen sich 2000 Jahre hessischer
Geschichte besichtigen. Von der Bronzezeit bis ins frühe
Mittelalter trug er Siedlungen und Wehranlagen. Drei gut
erkennbare Befestigungsringe ziehen sich um den Berg.
Am besten erhalten ist der innere Wall, der als ovaler Ring
um die Kuppe liegt. An seiner Hangseite ist er noch bis zu
acht Meter hoch. Zwei Zugänge mit gegeneinander versetz-
ten Wallenden (»Tangentialtore«) durchschneiden den
Ring. Vermutet wird, dass die Tangentialtore den Verteidi-
gern einen taktischen Vorteil boten: Sie waren so angelegt,
dass die Angreifer sie stets nur von rechts nach links bestürmen konnten. Rechts aber trug man Schwert und Lanze,
der Körper war relativ ungeschützt. Der Schild deckte dann
nur die linke Körperseite. Für die Angreifer eine sehr ris-
kante Unternehmung. Die Archäologen vermuten die Ent-

129

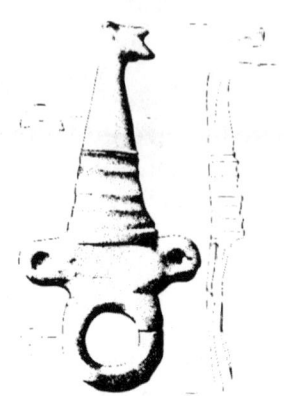

Spätkeltischer Tierkopfgürtelhaken aus Bronze vom Dünsberg. Er ist zugleich das Erkennungszeichen des »Archäologischen Wanderweges.«

stehung des inneren Walls in der späten Bronzezeit, der so genannten Urnenfelderperiode (8. Jahrhundert v. Chr.). Damals mag er wohl eine Fliehburg umschlossen haben, in die sich die Bauern aus der Umgebung in Zeiten der Gefahr zurückzogen. In den folgenden Jahrhunderten wurde der Ringwall immer wieder erneuert und verstärkt. Der mittlere Wall wird frühen Kelten zugeschrieben. Etwa 500 Jahre v. Chr. könnte er entstanden sein.

Der äußere Wall ist am stärksten verschliffen. Er wird in das 2. Jahrhundert v. Chr. datiert. Er umschließt eine Fläche von 90 Hektar und schützte eine spätkeltische Stadt, ein so genanntes Oppidum. Seine Wallausläufer schützen den Schulborn und den Grinchesweiher. Beide Wasserstellen sind noch vorhanden. Die keltischen Bewohner hatten sie mit hölzernen Wänden und einem Bohlenboden eingefasst. Von der Innenbesiedlung zeugen kleine Terrassen, so genannte Wohnpodien, auf denen die Häuser standen.

Römische und germanische Waffen und Gegenstände, die am »Tor 4« des äußeren Walls gefunden wurden, geben bislang noch Rätsel auf. Denkbar ist die Abwehr eines römischen Angriffs durch germanische Dünsberg-Bewohner um die Zeitenwende. Die Legionen des Drusus könnten bei ihren Feldzügen 11/10 v. Chr. den Dünsberg behelligt haben. Dann würde es sich um die Relikte einer

Schlacht handeln. Dagegen sprechen komplette römische Pferdegeschirre, von denen nicht angenommen werden kann, sie seien auf der Walstatt einfach »vergessen« worden. Es könnte aber auch ein Beutedepot vorliegen. Das hieße, ansässige Germanen hätten sich die römische Ausrüstung bei einem Überfall besorgt und dann eben gut versteckt. Beide Überlegungen unterstellen bereits zur Zeitenwende eine frühgermanische Bevölkerung. Auch dies ist keineswegs gesichert.

Im Laufe des 4. Jahrhunderts errichten dann die Alamannen auf dem Dünsberg eine so genannte Gauburg, den Sitz eines Stammesfürsten. Nach deren endgültiger Niederlage gegen die Franken Ende des 5. Jahrhunderts gehörte der Berg zum Machtbereich der Sieger. Einige fränkisch-merowingische Funde aus dem 7. Jahrhundert lassen offen, ob der Dünsberg auch damals befestigt oder gar besiedelt war.[2]

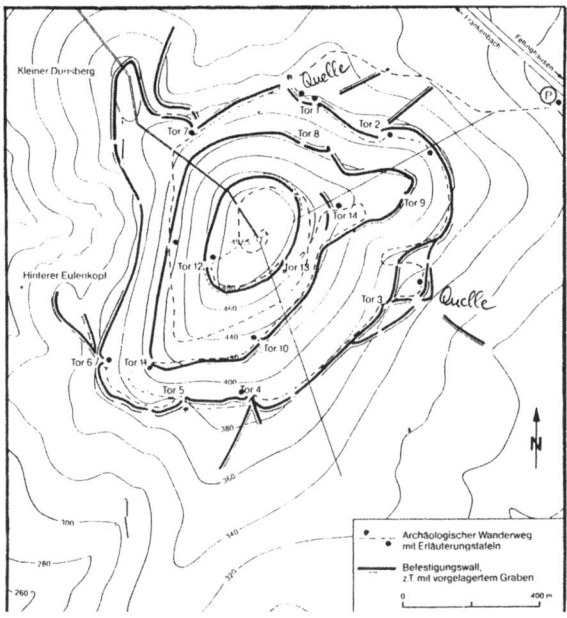

Die Wälle am Dünsberg. Relikte vorgeschichtlicher Ringmauern. Der äußere und mittlere Ring ist keltisch. Der Wall um die Kuppe könnte älter sein.

131

Der Dünsberg – ein Dorado der Raubgräber

Seit einigen Jahren graben die Archäologen in jedem Sommer ein paar Wochen am Dünsberg. Ein internationales Grabungsteam mit vielen Freiwilligen. Doch etliche frühere Funde gehen auf das Konto der »schmutzigen Konkurrenz«: Raubgräber bargen mit ihren Metallsonden zahlreiche Münzen und Metallgegenstände aus keltischer Zeit. Etliche wissenschaftliche Arbeiten über den Dünsberg stützen sich (notgedrungen) auf solche Funde.

Gleichwohl ist der Schaden der professionellen »Schatzsucher« und »Hobbyarchäologen« weit größer als ihr Nutzen. Die wissenschaftlich aufschlussreiche Anordnung und Lage von Fundstücken ist den Sondensuchern zumeist gleichgültig. Gräber und Wälle werden eben dort geöffnet, wo die Sonde Metall anzeigt. Zielgerichtet wird dann ein Loch gebuddelt, bis das begehrte Stück geborgen ist. Einige prähistorische Areale gleichen deshalb eher einem Schweizer Käse. Geht es dem Raubgräber nur um den Fund, dessen Verkauf lohnenswert sein kann, zählt für den Archäologen vor allem der Befund. Und der bleibt beim Raubgraben meist auf der Strecke. Das hessische Denkmalschutzgesetz verbietet das Buddeln auf vorgeschichtlichem Terrain. So genannte »Zufallsfunde«, die etwa beim Spaziergang plötzlich vor den Füßen liegen, sind legal, müssen aber dem Landesamt für Denkmalpflege gemeldet werden. Diese Rechtslage macht es nun den Raubgräbern leicht: Werden sie nicht auf frischer Tat ertappt, können sie die Fundstücke immer als »Zufallsfunde« ausgeben. Sinnvoll wäre es deshalb auf jeden Fall, die geschäftigen Herren mit ihren Sonden nicht unbehelligt durch den Wald laufen zu lassen. Man sollte sie ansprechen und sich freundlich nach ihrer Genehmigung erkundigen. Genehmigungen werden in Hessen nämlich nicht erteilt. An die 40 Sondensucher aus allen Teilen der Republik – so schätzt ein Insider – tummeln sich das ganze Jahr über auf dem Dünsberg. Heimgesucht werden natürlich auch andere historisch wichtige Plätze. Eine einzige keltische Goldmünze kann an die 1500 Euro einbringen. Die Wissenschaft hat das Nachsehen. [3]

WEGWEISER: Man verlässt den Gießener Ring (A 480) an der Abfahrt Wettenberg und fährt über Krofdorf-Gleiberg auf der Landstraße Richtung Biebertal-Frankenbach. Die Zufahrt zum Parkplatz »Dünsberg« liegt genau gegenüber dem Abzweig nach Krumbach. Hat man den (etwas versteckten) Parkplatz endlich gefunden, winkt als Belohnung eine rekonstruierte »keltische Mauer« und ein archäologischer Wanderweg über die Wälle zum Berggipfel und zurück. Gesamtlänge 9 km. Die Beschilderung des Weges zeigt übrigens als Symbol einen spätkeltischen Tierkopfgürtelhaken. Sinnigerweise stammt das schöne Stück von einem Raubgräber.

Einfach egelhaft

finden manche Besucher die tierische Belegschaft von neunzehn Teichen am Biebertaler Talweg. Dort arbeitet nämlich seit 1991 Europas einzige Zuchtfarm für medizinische Blutegel. Getragen wird das Projekt von der Gießener Beschäftigungsfirma ZAUG, die so Stellen für Arbeitslose schuf. Und natürlich auch für 100 000 Egel. Da die Saugwürmer mit einer einzigen Blutmahlzeit an die 18 Monate auskommen, ist der Verpflegungsaufwand relativ gering. Gefüttert wird mit dem Lebenssaft biologisch aufgewach-

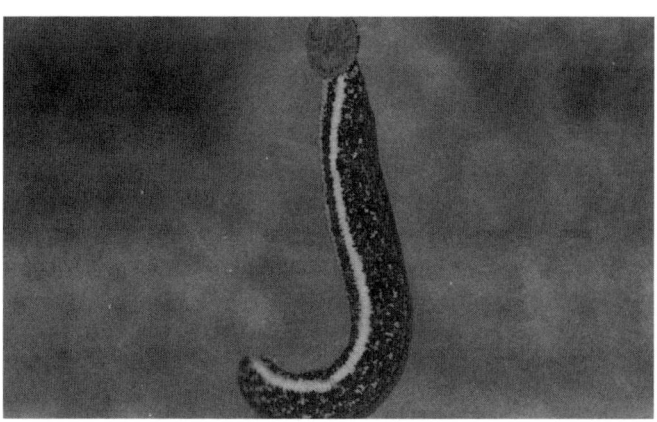

Saugender Wohltäter: der medizinische Blutegel.

133

sener Haustiere, serviert in blutgetränkten Handtüchern. Das Biebertaler Unternehmen beliefert in erster Linie Naturheilpraxen, aber auch Apotheken und Unfallkliniken. Dort werden die hilfreichen Gürtelwürmer bei vielerlei Krankheiten eingesetzt: vom Furunkel über Gelenkarthrose bis hin zu Gürtelrose und Tinnitus, dem landläufigen Ohrensausen. Und die Indikationsliste wird ständig länger.

Inzwischen weiß man, dass es der Speichel der Würmer ist, der medizinisch wirksam wird. 15 verschiedene Substanzen wurden identifiziert. Hat sich so ein Egel festgesaugt und das Blutgefäß geöffnet, gibt er zunächst Histamin ab. Dieser Stoff weitet die Gefäße und steigert die Durchblutung im umliegenden Gewebe. Danach gelangt Hirudin in die Wunde und hemmt die Blutgerinnung. So kann der Egel optimal saugen. Hirudin kann aber auch Blutgerinnsel in Venen zersetzen und hilft so bei Thrombosen.[4]

Heutzutage werden in der Regel zwischen 6 und 12 Saugwürmer auf einen Patienten losgelassen. Ihre schnittigen Bisse entsprechen dem Schmerz eines Mückenstichs. Jedes Tier zapft sich dann etwa 20 ml Blut. Auf der Haut des Patienten bleibt nur eine kleine sternförmige Bisskontur zurück.

Aus hygienischen Gründen wird so ein Egeltier nur ein einziges Mal verwendet und stirbt dann in der Regel einen unschönen Tod in kochendem Wasser.

Die Biebertaler Egel-Farm findet diese kurzlebige Praxis unfair und bietet daher die Rücknahme von Gebraucht-Egeln an. In einem speziellen »Rentner-Teich« erwartet sie dann ein egeliger Lebensabend, der bis zu 25 Jahre dauern kann. Nirgendwo sonst erreichen Zuchtegel ein so biblisches Alter.[5]

1 Aus: Emil Schneider, Hessisches Sagenbüchlein.

2 Nach: Archäologische Denkmäler in Hessen, Heft 60.

3 Weitere Informationen zum Thema »Denkmalschutz/Raubgräber«: Landesamt für Denkmalpflege, Abt. Vor- und Frühgeschichte, Schloss Biebrich, 65203 Wiesbaden. Tel.: 06 11/69 06-1 31.

4 Nach: Jenny Niederstadt, Gnadenblut, in: Magazin Frankfurter Rundschau, 26. 10. 2002 und: Anika Geisler, Therapeut aus dem Tümpel, in: Stern 13/2001, S. 136.

5 Medizinische Informationen: www.blutegel.de und Biebertaler Blutegelzucht, Tel.: 0 64 09/23 76.

Biebrich siehe Wiesbaden.

Bilstein siehe Arolsen.

Bilstein siehe Schotten.

Breitscheid
35767, Lahn-Dill-Kreis. 4418 Einwohner. 🛏 100.
Gemeindeverwaltung: Rathausstr. 14. Tel.: 0 27 77/4 04.

Das Geheimnis des Erdbachs

Am Ostrand von Breitscheid verschwindet der bis dahin
oberirdische Erdbach in mehreren tiefen Erdspalten. Nach
einem unterirdischen Lauf von 1300 Metern Luftlinie tritt
er 105 Meter tiefer im Erdbacher Kalksteinbruch wieder
zutage. Lange Zeit wusste man nichts von dem Zusammenhang zwischen dieser »starken Quelle« und dem verschwundenen Bach. Erst als in den Breitscheider Trichter
Farbe und Heusamen gekippt wurden, gab der Erdbach
sein Geheimnis preis. Durch die Beigaben fand man auch
heraus, dass das Wasser vom Trichter bis zum Bachaustritt
14 Stunden braucht.

Der unterirdische Bachlauf gilt als das größte Karstphänomen Hessens. Ein Sachverhalt, der die hessischen Höhlenforscher nicht ruhen ließ. Sie folgten dem Erdbach in
seine finstere Welt von Klüften, Schluchten und Gängen.
Im Erdinneren stießen sie schließlich auf einen 36 Meter
hohen Wasserfall. Gelegentlich stürzen Hohlräume ein.
Dann entstehen an der Erdoberfläche tiefe Trichter, so
genannte »Dolinen«.

135

Die Zwerge lassen den Bach verschwinden

In alten Zeiten war am Erdbach nichts Absonderliches. Genau wie alle anderen Bäche des Westerwaldes durchfloss er das bergige Land und sein Bett blieb immer am Tageslicht. Und während er das so tat, bewässerte er ganz nebenbei auch die Wiesen der Breitscheider, und besonders in trockenen Zeiten war er für ihre Felder von großem Nutzen. Doch die Breitscheider waren im Umgang mit den ansässigen Zwergen äußerst ungehobelt und zogen sich so deren Zorn zu. Schließlich beschlossen die Unterirdischen, dem groben Pack eine Lektion zu erteilen. Als die Breitscheider eines Morgens mit dem Bachwasser ihre Radieschen gießen wollten, da rieben sie sich erstaunt die Augen: Der Bach war urplötzlich in den Tiefen der Erde verschwunden. Der Umstand nun machte aber auch den Erdbachern zu schaffen, die sich mit den Zwergen immer gut verstanden hatten. Sie traten nun flugs in Verhandlungen ein, und wenig später beschloss der Zwergenrat, den unterirdischen Bach auf Erdbacher Gebiet wieder zutage treten zu lassen. Anderntags hatten die braven Erdbacher wieder ihren rauschenden Bach zurück. Die Breitscheider aber vermissen ihn noch heute.

Die spätere Eingemeindung der Erdbacher nach Breitscheid war denn auch nur der schwache Versuch, wenigstens formell den Erdbach zurückzubekommen. So jedenfalls sehen das die Zwerge.[1]

Kultstätten unter Tage – die »Steinkammern« bei Erdbach

Zwei Höhlen liegen im Rolsbachtal südwestlich des Ortes und sind von der westlichen Hangseite aus zugänglich. Der Wanderweg durch das Naturschutzgebiet »Erdbacher Höhlen« führt an den beiden Eingängen vorbei. In der »Großen Steinkammer« fanden sich neben Keramikfragmenten aus Jungsteinzeit und später Bronzezeit komplette Gefäße aus der späten Hallstatt-Zeit und der folgenden frühkeltischen Periode. Beide Höhlen werden wohl schon seit der Urzeit von Menschen aufgesucht. Bei der »Kleinen Steinkammer« schließen die Archäologen eine

Nutzung als Wohnhöhle aus. Man nimmt an, dass sie kultischen Zwecken vorbehalten war. Bei den frühen, schlecht ausgewerteten Grabungen des Jahres 1884 fand man eine Anzahl menschlicher Knochen, darunter den Unterkiefer eines Kindes. Der Fundbericht erwähnt u. a. zwei Armknochen, an denen noch Bronzeringe steckten. Zum Fund gehörten weiterhin Armreifen und Ohrringe aus Bronze, Perlen aus Glas und Bernstein sowie ein kunstvoll geschmiedeter »Wendelring« aus Bronze. Die Stücke stammen aus später Hallstatt- und früher Keltenzeit.

WEGWEISER: Fundstücke werden sowohl im DORF-GEMEINSCHAFTSHAUS BREITSCHEID-ERDBACH als auch im MUSEUM HERBORN und im MUSEUM WIESBADEN ausgestellt. Die Ausstellung in Breitscheid ist vor allem geologisch orientiert und beschäftigt sich u. a. auch mit der Erdbachversickerung.

1 Nach: H. Runkel, Westerwaldsagen, Langensalza 1928. In: Gerhard E. Schmitt, Naturkundliche Wanderungen in Hessen, Marburg 1990.

Breuberg

64747, Odenwaldkreis. 7082 Einwohner. 🛏 469.
Verkehrsamt: Ernst-Ludwig-Str. 2–4. Tel.: 0 61 63/70 90.

Der keltische Vatikan

Alles begann, als der Pfarrer von Rai-Breitenbach im Religionsunterricht gefragt wurde, an was denn die alten Odenwälder vor der Christianisierung geglaubt hätten. Da musste Thomas Geibel erst mal passen. Aber er krempelte die Ärmel hoch und begann, sich mit der Vorgeschichte der Region zu befassen. In den letzten Jahrhunderten vor der Zeitenwende lebten im Odenwald Kelten. So viel war ihm klar. Pfarrer Geibel las sich durch die Fachliteratur und stieß schließlich auf jede Menge heidnischer Mysterien – vor und hinter seiner Kirchentür. So war ihm an der Außenwand des Kirchenschiffs eine feuchte Stelle aufgefallen, die auch im heißesten Sommer nicht trocken wird. Geibel vermutete eine alte Quelle, über die sein Gotteshaus gebaut worden war. Möglicherweise der Ort eines keltischen Quellheiligtums, das die Missionare mit einem Kirchlein »christianisierten«. Eine durchaus verbreitete Strategie der Kirche zur »Überwindung« vorchristlicher Tradition. In seinen Ausarbeitungen zitiert Geibel eine Anweisung Papst Gregors des Großen aus dem Jahre 601, derzufolge »die Heiligtümer der Götzen(...) keineswegs zerstört werden müssen, dass aber die Götzenbilder, die sich darin befinden, zerstört werden sollen, dass Wasser geweiht und in diesen Heiligtümern versprengt, dass Altäre gebaut, Reliqien niedergelegt werden. Denn wenn diese Heiligtümer gut gebaut sind, müssen sie notwendigerweise vom Dämonenkult in die Verehrung des wahren Gottes verwandelt werden, damit dieses Volk, wenn es sieht, dass diese Heiligtümer nicht zerstört werden, den Irrglauben aus seinem Herzen verbannt und, den wahren Gott erkennend und bewundernd, mit mehr Zutrauen an den Orten zusammenkommt, an die es gewöhnt ist.«[1] Hinzu kommt in Rai-Breitenbach, dass die Pfarrkirche nicht wie gewöhnlich in West-Ost-Richtung gebaut wurde. Bei weniger alten Sakralbauten wurde stets darauf geachtet, dass der Altar exakt im Osten lag – symbolisch auf Jerusalem gerichtet. Die Längsachsen keltischer Heiligtümer wiesen aber häufig nach Nordosten – zum Horizontpunkt des Sonnenaufgangs am Mittsommertag. Ganz so wie das Gotteshaus am Breuberg. Eine Tatsache, die bei Pfarrer Geibel die Vermutung weiter nährte, dass sein Kirchenschiff auf heidnischen Grundmauern steht. Doch der klerikale Forschergeist gab sich damit nicht zufrieden. Geibel zitiert Peter Tompkins, der wiederum auf die Thesen von Alfred Watkins aus den zwanziger Jahren rekurriert, wonach »viele englische Kirchen entlang Visierlinien zwischen deutlich sichtbaren Geländepunkten oder auch besonders errichteten Baken erbaut wurden und dass die Menschen der fernen Vorzeit gern in gerader Linie zwischen solchen Baken reisten, wobei die Kirchen dann als Zwischenstationen dienten. Diese Baken wurden errichtet, wenn im Gelände keine natürlichen Orientierungspunkte vorhanden waren, und hatten oft die Form von Beobachtungstürmen. Sie wurden als geodätische Fixpunkte ursprünglich von der mit Vermessungsaufgaben betrauten Priesterschaft bewacht und blieben geheiligte Stätten auch noch zu einer Zeit, als ihr ursprünglicher Sinn längst vergessen war. Die später eingewanderten Siedler bauten an diesen Stellen Kirchen, wie das auch der altenglische Kirchenlehrer Beda bezeugt, wenn er berichtet, dass Papst Gregor I. dem Bischof Miletus ausdrücklich befahl, Kirchen am Ort ehemals heidnischer Kultstätten zu errichten.«[2] Pfarrer Geibel wandte nun die Watkins-Thesen auf die Rai-Breitenbacher Kirche an und prüfte nach, »ob sich von ihr aus zu den benachbarten alten Kirchen solche schnurgeraden Linien ergeben, auf denen sich eventuell noch Bergkuppen oder aus vorgeschichtlicher Zeit stammende Zeugnisse (wie z. B. Hügelgräber oder Schanzen) befinden«.[3] Thomas Geibel ermittelte sechs solcher »Old Straight Tracks« (Watkins) und ordnete ihnen Buchstaben zu. Allesamt durchschneiden sie sein Breitenbacher Gotteshaus:

Linie A

läuft über die Kirche am Arnheiter Hof (10. Jh.) genau auf die Dorfkirche von Mosbach zu, die als »Stätte uralter Gottesverehrung, und zwar nicht erst in christlicher, sondern auch schon in heidnischer Zeit« gilt.[4] Brunnen in ihrer Nachbarschaft gelten als weiterer Beleg. Auf dieser Linie liegen die Kuppe des Hintersberges, Hügelgräber am Grenzberg und die untere Hainstädter Mümlingbrücke. In umgekehrter Richtung verläuft sie über die Rai-Breitenbacher Kirche zum Großen Obersberg, der Fundstelle jener eisenzeitlichen »Stele von Rai-Breitenbach«, die unter Archäologen für Aufsehen sorgte.[5] Von dort geht es schnurgerade zur Kirche von Lützelbach und zur Höhe 451 zwischen Windlücke und Hainhaus.

Linie B

verbindet den Rai-Breitenbacher Kirchturm mit der Mömlinger St.-Martins-Kirche. Sie führt über die Hügelgräber am Arnheiter Berg zur Mümlingbrücke vor Möm-

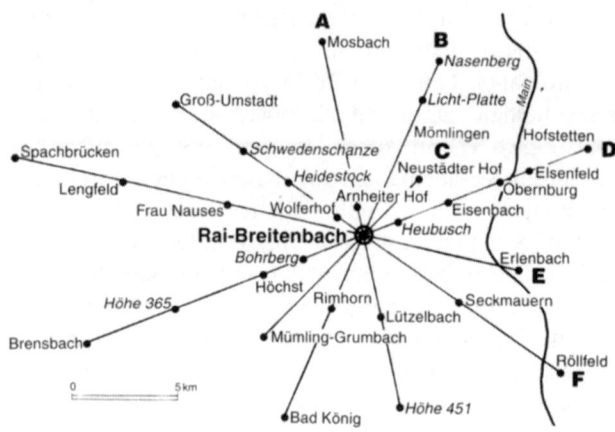

lingen und über den Nasenberg nach Obernau, »dem Ort einer keltischen Siedlung«.[6] In Gegenrichtung führt sie zunächst zur Kirche von Rimhorn. Dieses Gotteshaus ist ebenfalls (»heidnisch«) nach Nordosten gerichtet und hat einen Brunnen in seiner Nachbarschaft. Von dort läuft die Linie über Hügelgräber hinweg zur Kirche von Bad König. Auch dort ist eine Quelle verzeichnet.

Linie C

geht über das Gotteshaus des Neustädter Hofs mit seinen historisch belegten »drei heiligen Quellen«[7] zur »Römerschanze« an der Kirchenhöhe nördlich Obernburg. In umgekehrter Richtung verläuft sie über den Breitenbacher Kopf zur Kirche von Mümling-Grumbach. In der dortigen Friedhofsmauer entdeckte man im letzten Jahrhundert ein gallo-römisches Relief mit drei keltischen Göttinnen, so genannten »Matres« oder »Matronen«, die sich heute im Kircheninneren befinden.[8]

Linie D

führt zum Horizontpunkt des Sonnenaufgangs am 21. Juni (Mittsommer, 55 Grad Nordost). Sie läuft über die Hügelgräber am Heubusch zu den Pfarrkirchen von Eisenbach, Obernburg, Elsenfeld und Hofstetten. Das Gotteshaus in

140

Hofstetten ist dem Erzengel Michael geweiht, dessen Patrozinium häufig auf Kultstätten der Keltengötter Lug oder Belenos verweist. In Gegenrichtung liegen der Tännchesberg mit seinem Brunnen und der Bohrberg mit einer mutmaßlichen Keltensiedlung auf dieser Linie. Sie läuft weiter zur Klosterkirche Höchst, die ebenfalls nach Nordosten zeigt. Von dort geht es über den Neuberg und die Höhe 365 zwischen Hummetroth und Hassenroth zur Brensbacher Kirche. Auch dieser Bau weist nach Nordosten.

Die Linie E

zieht Geibel von Rai-Breitenbach über die Hügelgräber des Querbergs und die Höhe 216 zur St.-Peter-und-Paul-Kirche von Erlenbach. Der Turm ihres spätgotischen Vorgängerbaus ist noch erhalten. Laut Geibel weist er nach 55 Grad Nordost. In umgekehrter Richtung passiert diese Linie die Hügelgräber bei Frau Nauses und läuft dann auf die Kirchen von Lengfeld und Spachbrücken zu.

Linie F

schließlich läuft zum Horizontpunkt des Sonnenaufgangs zur Wintersonnenwende (21.12., 126 Grad Südost). Sie geht über die Höhe 334 zur Kirche von Seckmauern und von dort zur Rollfelder Kirche, die gleichfalls nach Nordosten ausgerichtet ist. Weitere Punkte sind die Schanze von Bürgstadt und das Gotteshaus von Eichenbühl. Es war ursprünglich St. Michael geweiht und weist nach Nordosten. Die Gegenrichtung führt zum Horizontpunkt des Sonnenuntergangs am 21. Juni (Mittsommer, 305 Grad Nordwest). Sie läuft über den Wolferhof und die »Schwedenschanze« zum Heidestock mit einer sagenumwobenen Quelle und etlichen vorgeschichtlichen Grabhügeln. Ermittelter Endpunkt ist die Peterskirche von Groß-Umstadt. Der alte Sakralbau wurde 741 erstmals urkundlich erwähnt.

In der Tatsache, dass das Gotteshaus von Rai-Breitenbach auf dem Kreuzungspunkt all dieser Linien liegt, sieht Thomas Geibel einen deutlichen Beleg dafür, dass der Standort seiner Pfarrkirche »schon in vorgeschichtlicher Zeit eine zentrale religiöse Funktion hatte«.[9] Mit anderen Worten:

Der Pfarrer von Rai-Breitenbach hat seine Kirche als keltischen Vatikan geoutet.

Die Stele von Rai-Breitenbach
Von ihr wurde leider nur die obere Hälfte geborgen. Man fand sie 1919 im Waldgebiet »Obersberg«. Die 45 cm hohe Stele trägt menschliche Züge:

»Auf dem flachen Stein sind plump Arme, breiter Hals, unbedeckter Kopf mit grob angedeuteten Augen, Nase und Mund mit herabgezogenen Winkeln ausgearbeitet. (...) Auf Grund Württembergischer Vergleichsfunde dürfte diese Figur in die Hallstatt- oder La-Tène-Zeit zu datieren sein, obwohl auch jüngere Zeitperioden in Frage kommen könnten.«[10]

Die Stele von Rai-Breitenbach.

Das Römerbad am Fuße des Breubergs
wurde 1543 entdeckt, als ein Bauer beim Pflügen einbrach. Die Fundstelle ist inzwischen verschollen. Man barg damals zwei römische Viergöttersteine, von denen einer im Rittersaal der Burg gezeigt wird. Seine schemenhaften Konturen wurden als Darstellungen von Herkules, Minerva, Juno und Mars identifiziert.

WEGWEISER: Die eisenzeitliche Stele von Rai-Breitenbach zeigt das LANDESMUSEUM DARMSTADT (Öffnungszeiten siehe RIEDSTADT). Das BREUBERGMU-
SEUM mit dem Römerstein befindet sich in der Burg.
Geöffnet MO–SO 9–12 und 13–17.

1 Beda der Ehrwürdige, Kirchengeschichte des englischen Volkes. Über-
setzt von Günter Spitzbart. Band 1. Darmstadt 1982, S. 111 f. Zit. n.:
Thomas Geibel, Die Kirche von Rai-Breitenbach als Spiegelbild mittel-
alterlich-christlichen, antiken und vorgeschichtlichen Denkens. In:
Kirchen im Breuberger Land: Rai-Breitenbach. Hrsg. im Auftrag des
Höchster Klosterfonds v. Thomas Geibel, Höchst/Odw. 1989, S. 120.

2 Peter Tompkins, Cheops. Die Geheimnisse der großen Pyramide – Zentrum allen Wissens der alten Ägypter. München o. J. (1973), S. 139.
Zit. n.: Geibel, a. a. O., S. 120. Das Buch von Alfred Watkins trägt den
Titel »The Old Straight Track« (»Der alte schnurgerade Weg«) und
erschien 1920 in Großbritannien.

3 Geibel, a. a. O., S. 120.

4 Hans Dörr, Mosbach und seine Johanniterkirche, Pfungstadt 1983, S. 9.
Zit. n.: Geibel, a. a. O., S. 121.

5 Siehe dazu auch BREUBERG (S. 142). Dort ist die Stele abgebildet.

6 Geibel, a. a. O., S. 121.

7 Wolfram Becher, Neustadt unterm Breuberg und Neustatt bei Möralin-
gen. In: Der Odenwald, Jahrgang 3, S. 8. Zit. n.: Geibel, a. a. O., S. 122.

8 Siehe dazu auch HÖCHST im Odenwald (S. 239). Das Relief ist dort
abgebildet.

9 Geibel, a. a. O., S. 124.

10 Die Vorgeschichte Hessens, S. 332.

Büdingen

63654, Wetteraukreis. 17 139 Einwohner. ⊨ 423.
Fremdenverkehrsamt: Auf dem Damm 2.
Tel.: 0 60 42/88 41 37.

Büdingen entwickelte sich in fränkischer Zeit als Rast-
und Umschlagplatz an der alten Handelsstraße von Gelnhausen ins Lahngebiet. In staufischer Zeit wurden die
Wälder rund um Büdingen zum Reichsforst erklärt. Dort
lag das bevorzugte Jagdgebiet Kaiser Friedrichs I., den
seine italienischen Untertanen »Barbarossa« (Rotbart)
nannten. Denn rotbärtige Kaiser waren in Italien selten.

Anfang des 12. Jahrhunderts werden Büdingen und
seine Adelsherrn erstmals urkundlich erwähnt. 1245
avanciert Konrad von Büdingen in Marburg zum General
einer Deutschordens-Truppe. Mit Gerlach von Büdingen
erlosch im 13. Jahrhundert die männliche Erblinie. Seine
Tochter Heilwig heiratete Ludwig von Ysenburg, und so
wurden die Ysenburger auch Herrn in Büdingen. Die Fürstenfamilie besitzt noch heute weitläufige Waldungen und
mittelständische Unternehmen die u. a. (Wächtersbacher)
Keramik herstellen oder Bier brauen. Über dessen Süffig-
keit gehen die Meinungen allerdings auseinander: »Für-
stenbier – das rat ich dir« ist ein gern gehörter Trink-
spruch in der Gastronomie des Büdinger Schlosses. Schon
eine Kneipe weiter hört sich's anders an: »Trinke nie das
Bier vom Fürst, wenn du nicht gezwungen würst.«

Wie sich Barbarossa einmal dankbar zeigte

Das Geschlecht der Ysenburger herrschte viele Jahrhunderte über das Büdinger Land. Noch heute bewohnt die
Fürstenfamilie das Büdinger Wasserschloss.

Der sagenhafte Aufstieg der Ysenburger begann an
einem kalten Wintertag im weitläufigen Reichsforst um
Büdingen. Kaiser Friedrich Barbarossa kehrte von einer
ausgedehnten Jagd zurück und verirrte sich mit Mann
und Maus in der Tiefe der Wälder. Er hätte wohl seine
Pfalz in Gelnhausen nie erreicht, wenn nicht ein rußiger
Köhler das Schicksal gewendet hätte: Der ortskundige

Mann zeichnete dem Kaiser den Heimweg mit seinen kohleschwarzen Fingern in den Schnee. Glücklich gerettet, beschloss Barbarossa, den klugen Köhler zum Ritter zu schlagen. Der Kohlenbrenner wurde so zum Herrn von Ysenburg und Büdingen. Die schwarzen Striche im weißen Schnee, die ihm so viel Glück gebracht hatten, nahm er dankbar in sein Wappen.

Wo die »wilden Kerle« wohnen

Etliche wilde Kerle, vornehm auch »Steinerne Männer« genannt, sind seit alters her in Büdingen anzutreffen. Die bekanntesten stehen im Dienst des Fürsten: Sie bewachen den Eingang zum inneren Hof des Wasserschlosses. Pünktlich zur Mitternacht werden sie quicklebendig und tauschen exakt auf den zwölften Schlag ihre Plätze. Und wer sie dabei sieht, wird augenblicklich auch zum »wilden Kerl« und muss einen der beiden ablösen. Deshalb gibt es auch keine Augenzeugen für dieses nächtliche Geschehen.

Einer von zwei »wilden Kerlen«, die das Büdinger Schloss bewachen.

145

Ein solch »steinerner Mann« ist in Büdingen auch als Halbfabrikat zu bestaunen. Er liegt an der Straße hinaus zum Wildpark: Ganz und gar aus Büdinger Sandstein, mannsgroß und nackt stützt er sich auf seine Keule. Das Ganze ist aber nicht so recht vollendet. Der Steinmetz hat dereinst wohl die Lust verloren – oder der Auftraggeber ging Pleite. Dieser halbfertige »wilde Kerl« aber »waanert«, das heißt, er spukt. Gleichfalls Schlag zwölf rotiert er dreimal um die eigene Achse. Anschließend wandert er durch die Nacht und erschreckt so manchen späten Zecher auf seinem Heimweg. Schlag eins dann legt er sich wieder ins Gras und ruht aus. Und das treibt er das ganze Jahr hindurch. Der Ort des Geschehens heißt auf den Landkarten »Am steinernen Mann«. Das bot sich an.

Die Geschichte der Stadt und ihres Umlandes dokumentiert das REGIONALMUSEUM (Heuson-Museum-im-Rathaus), Rathausgasse 1. DI–FR 10–12, SA 15–17, SO 10–12 und 15–17, MO geschlossen.

Hessen an der Wolga

Während des »Siebenjährigen Krieges« (1756–1763) fielen die kämpfenden Heere auch in Hessen wie Heuschreckenschwärme ein. Erzwungene Einquartierungen, die maßlose Beschlagnahmung von Nahrung und Vieh und viele Plünderungen trieben die Landbevölkerung in die Armut. Viele wanderten aus und versuchten einen Neubeginn in Osteuropa.

Mitte 1762 ließ Katharina II. von Russland auch in Hessen ihr Manifest verbreiten. Die vormals deutsche Prinzessin (von Anhalt-Zerbst) versprach darin ihren Landsleuten bei Einwanderung in ihr Reich die Befreiung von aller Leibeigenschaft, Steuerfreiheit auf 30 Jahre und eine kaiserliche Starthilfe: zinslose Darlehen zum Hausbau, Vieh und Saatgut kostenlos, freie Zuweisung von Landbesitz und Freistellung vom Militärdienst. Die Zarin brauchte Kolonisten, um mit deren »westlichem Know-how« die Wirtschaft ihres Landes in Schwung zu bringen. Sie schickte zahlreiche Werbekommissare nach Hessen. Nach den Büdinger Kirchenbüchern gingen allein von dort aus 375 Paare als Neusiedler an die Wolga. Auch in anderen hessischen Landstrichen machte man sich auf den Weg.

Diese »Russland-Hessen« gründeten an der unteren Wolga mehr als 100 neue Dörfer.

Nach dem Überfall Nazi-Deutschlands auf die Sowjetunion ließ Stalin die Wolgadeutschen deportieren. Der Kreml fürchtete, sie würden die vorrückende Wehrmacht unterstützen. Die Deutschsprachigen wurden nach Sibirien und Kasachstan umgesiedelt. Viele von ihnen kamen in den letzten Jahren in die Bundesrepublik.

Bei einer Reportage über rückkehrwillige Deutsche in Kasachstan fragt der Reporter, warum man denn nicht bliebe. Das postkommunistische Russland ver-

147

spräche doch nun Besserung. »Merr waas nett, wie lang merr noch lewe dud«, antwortet eine alte Frau auf fließend Hessisch, »drumm mache merr liewer widder haam – dohie, wo merr herkumme.«

Buhlen siehe Edertal.

Busenborn siehe Schotten.

Calden
34379, Landkreis Kassel. 6755 Einwohner. ⫤ 51.
Gemeindeverwaltung: Holländische Str. 35.
Tel.: 0 56 74/70 20.

Das befestigte Steinzeit-Heiligtum
liegt direkt neben dem Flugplatz Calden und nur deshalb wurde es überhaupt entdeckt. Seltsame sattgrüne Konturen in den gelben Getreideschlägen hatten die Aufmerksamkeit eines Kasseler Piloten erregt. Seine Luftaufnahmen führten schließlich 1976 zur Entdeckung der riesigen, ovalen Anlage. Ihr doppelter Palisadengraben umschließt eine Fläche von 14 Hektar. Die grünen Getreidestreifen markierten den Verlauf des Grabensystems, das dem Korn eine günstigere Wasserversorgung bot als die dünne Humusschicht im umliegenden Ackerland. Der Palisadenring war an sieben Stellen unterbrochen. Dort vermuten die Archäologen Toreingänge oder auch befestigte Wehrtürme, vergleichbar den »Bastionen« des Mittelalters.

In den Palisadengräben fanden sich Keramikfragmente der regionalen Wartbergkultur, menschliche Skelettreste, zahlreiche Tierknochen und eine Anzahl von Hirschgeweihstangen. Die Keramikfunde datieren die Befestigung in das 4. Jahrtausend v. Chr. Derartige jungsteinzeitliche »Erdwerke« gehören zu den archäologischen Raritäten Mitteleuropas. Sie waren entweder Fliehburgen für die

Dörfer der Umgebung oder aber befestigte Kultbezirke. Die Funktion der Caldener Anlage ist ungeklärt. Gegen eine Nutzung als Fliehburg spricht ihre »militärisch« unsinnige Lage in einer gut einsehbaren Senke und der Tatbestand, dass ihre Gräben kurz nach der Fertigstellung bereits wieder verfüllt wurden. Die Vermutung liegt deshalb nahe, dass die in den Gräben geborgenen Fundstücke kultische Bedeutung hatten. Es könnten Opfergaben gewesen sein, die die Wartberg-Leute vor ihrem Heiligtum niederlegten.

Für den Bau der Palisaden und Wehrtürme mussten zwischen 10 000 und 20 000 Bäume gefällt werden. Die Eintiefung der Gräben machte die Bewegung von gut 5000 Kubikmetern anstehenden Kalksteins nötig. Das ging nur, wenn sich die Bewohner mehrerer Dörfer zusammentaten. Möglicherweise war das Palisadenoval bei Calden ein zentraler Ort der Region.[1]

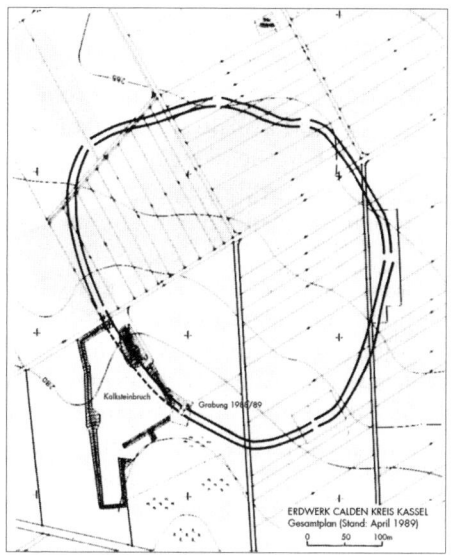

Gesamtplan des Erdwerkes bei Calden.

1 Nach: Dirk Raetzel-Fabian, Ein jungsteinzeitliches Erdwerk bei Calden. In: Jahrbuch des Landkreises Kassel 1990, S. 131 ff. Irene Kappel, Jungneolithisches Erdwerk. In: Denkmalpflege in Hessen, Heft 2,1989, S. 18.

Danzwiesen siehe Hofbieber.

Darmstadt

64283, Kreisfreie Stadt. 134718 Einwohner. 🛏 2048.
Verkehrsamt: Luisenplatz 5. Tel.: 06151/132780.
Tourist-Information: Hauptbahnhof. Tel.: 132783.

Von Fröschen und Ratsherrn

Rund um Darmstadt und Griesheim machten die Frösche vorzeiten einen derart infernalischen Lärm, dass ein Schulmeister, der einen besonders leichten Schlaf hatte, darüber ausrastete und drohte, seinen Job hinzuwerfen. Den lokalen Politikern war aber an der Bildung der Kinder gelegen und sie suchten nach einem Ausweg. So ging denn eine städtische Delegation zu einem der lautesten Froschtümpel, um mit den Lurchen zu reden. Doch die verstummten alsbald. Die Ratsherrn vermuteten hinter dem jähen Schweigen den Ausdruck des Respekts gegenüber ihrer Delegation. Daraufhin redeten sie die mucksmäuschenstillen Frösche an und geboten ihnen, auch fürderhin zu schweigen. Die Tiere blieben tatsächlich ruhig. Überrascht von ihrem schnellen Verhandlungserfolg machte sich die Abordnung auf den Heimweg. Doch alsbald fingen die Frösche wieder mit dem Quaken an. Die Delegation kehrte um, denn die Vermutung lag nahe, dass die Frösche noch etwas auf dem Herzen hätten. Zurück am Sumpf, war es wieder völlig ruhig und der Bürgermeister belobigte die Frösche ausdrücklich für ihre tiefe Einsicht in die Belange der Menschen. Doch offenbar hatte die Politik nicht alle Frösche im Umland erreicht. Etliche quaken dort noch heute.[1]

Der Steinkreis bei Roßdorf

besteht aus 13 markanten »Langsteinen«, die zum Teil eine plattenartige Struktur aufweisen. Belegt ist nichts, aber zumindest vermutet wird eine vorgeschichtliche Kultstätte. Ihre Menhire bestehen aus Granitporphyr, der an Ort und Stelle nicht zu finden ist. Das nächste Vorkommen liegt 1700 m südwestlich. Die Setzung durch Menschenhand ist damit offenkundig. Die Menhiranlage, die an irische »Cromlechs« erinnert, ist in Hessen einmalig. Auch in Nachbarregionen wurde bislang nichts Vergleichbares entdeckt. Die zeitliche Einordnung des Steinkreises ist unklar. Funde in der Nachbarschaft stammen aus Jungsteinzeit, Bronze- und Eisenzeit. Rückschlüsse auf das Alter der Menhire lassen sie nicht zu.[2]

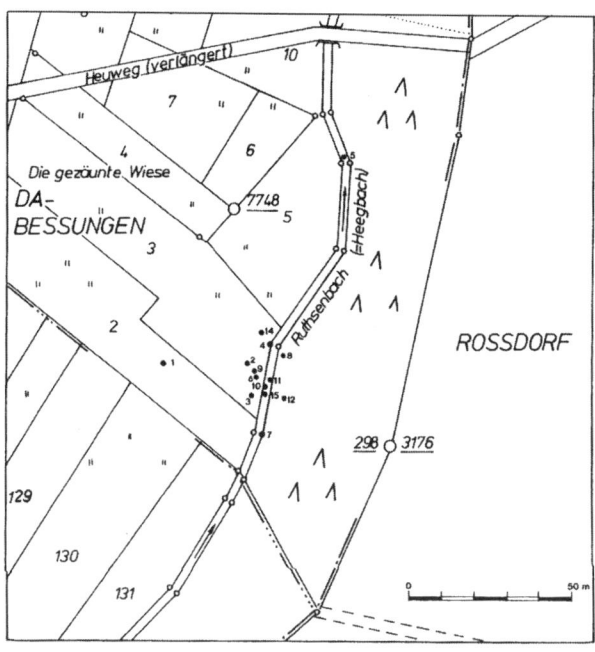

Die nummerierten Punkte markieren 14 Menhire des Cromlechs. Nr. 1 existiert nicht mehr. Ein Bauer sprengte das „Mähhindernis" in die Luft.

WEGWEISER: Die sichtbaren Reste des Steinkreises finden sich auf den »Hirtenwiesen« nördlich von Roßdorf. Orientierung bietet auch der Ruthsenbach, der an den Menhiren vorbeiplätschert.

Die Geschichte der Kosmetik

dokumentiert das von der gleichnamigen Firma gegründete Wella-Museum mit mehr als 2500 musealen Objekten: Kämme und Spiegel, Puderdosen und Parfümflakons, antike Salbgefäße und Make-up-Utensilien, Frisiergarnituren und Manikür-Etuis, Brennscheren und Rasierzubehör. Hinzu kommen Haararbeiten und figürliches Porzellan zur Illustration der Berufsgeschichte des Friseurhandwerks, die ebenfalls breiten Raum einnimmt. Schönheitspflege, aus welcher Perspektive auch immer betrachtet, ist das Grundmotiv zahlreicher Kupferstiche und Radierungen. Auch die Sicht diverser Karikaturisten fand Eingang in dieses Firmenmuseum: Berliner Allee 65. Besichtigung nach Vereinbarung. Tel.: 34 24 59.

1 Nach: J.W. Wolf, Hessische Sagen, Göttingen und Leipzig 1853.
2 Nach: Die Vorgeschichte Hessens, S. 339.

Dautphetal

35232, Landkreis Marburg-Biedenkopf.
12 168 Einwohner.
Gemeindeverwaltung: Hainstr. 1. Tel.: 0 64 66/92 00.

Bellmänner in Buchenau

Zwei Gasthäuser gibt es im Ortsteil Buchenau und die jungen Männer des Dorfes haben sich entsprechend »fraktioniert«. Nach den Familiennamen der Wirte nennt sich der eine Teil »Muth-Burschen« und der andere »Damm-Burschen«. Beide Fraktionen sind aber keineswegs verfeindet. Am Silvestertag werden sie alle traditionsgemäß zu »Bellmännern« und ziehen lautstark durch das Dorf. Ihre Kostümierung besteht in der Regel aus einem gestreiften Schlafanzug, der aus Kältegründen über wärmender Winterkleidung getragen wird. Etliche verbergen ihre Gesichter hinter Masken und Motorradbrillen. Den meisten reicht aber das geschwärzte Gesicht. Zu einer festgesetzten Zeit verlassen die Bellmänner ihre Stammkneipen und ziehen von Haus zu Haus. Dort wird dann so lange Radau gemacht, bis die Bewohner Speck, Wurst, Eier, Brot und geistige Getränke herausrücken. Alles wird auf einen mitgeführten Bollerwagen geladen und am Silvesterabend von den jeweils zuständigen Wirten zu einem Festmahl drapiert. Aus den Eiern werden dann meist Eierkuchen.

Zur Grundausstatung eines Bellmanns gehören seit alters her angekokelte Korken oder Lappen mit schwarzer Schuhcreme. Zeigt sich ein jüngeres weibliches Geschöpf auf der Straße, wird es sofort von Bellmännern eingekreist, festgehalten und entsprechend angeschwärzt. Für die mannbaren Jungfern des Dorfes ist deshalb der Silvestertag eine stete Herausforderung, der sie sich nur allzu gerne und meist gruppenweise stellen. Selbst aus den Nachbardörfern, so heißt es, reisen die potenziellen Opfer an.

Den Namen »Bellmänner« führen Lokalhistoriker auf »Bettelmänner« zurück. Arbeitslose Knechte und Mägde, seien »zwischen den Jahren« durch die Dörfer gezogen und hätten um Essbares gebeten. In jenen Tagen nach

Weihnachten wechselte nämlich in alter Zeit das Gesinde den Brotherrn. Anders gesagt: Es wurde entlassen. Die Suche nach neuer Arbeit bei irgendeinem reichen Bauern konnte man so durch »milde Gaben« überbrücken. Daraus habe sich dann der lautstarke Brauch entwickelt.

Das Silvestertreiben in Buchenau zeigt aber auch deutliche Parallelen zu winterlichen »Heischebräuchen« im Vogelsberg und im Werratal. Dort sind es zumeist Strohgestalten, die in ähnlicher Weise durch die Dörfer ziehen[1].

Ursprung all dieser »Umzüge« könnte ein vorchristliches »Austreiben« des Winters sein, den man durch dunkle Dämonen verkörpert sah. Man verscheuchte »Ähnliches mit Ähnlichem«, indem man sich selbst ein dämonisches Aussehen gab. Das Schwärzen weiblicher Mitbürger verweist auf eine zweite, eindeutig erotische Komponente. Volkskundler würden dahinter einen »Liebes- und Fruchtbarkeitszauber« vermuten, der sich irgendwann mit dem Winteraustreiben verflochten hat. Wer geschwärzt wurde, kann mit Liebesglück oder Kindersegen rechnen.

»Bellmänner« in Buchenau.

Schwarze Gesellen mit rußigen Händen gelten ja ganzjährig als Glücksbringer. Und das nicht nur in Buchenau. Die Schornsteinfeger sind überall gerne gesehen.

1 Siehe auch »Höllenlärm und Heidenspaß«, S. 287.

Dietkirchen siehe Limburg.

Dirlammen siehe Lautertal/Vogelsberg.

Dörnberg siehe Zierenberg.

Dreieich
63303, Landkreis Offenbach. 38 028 Einwohner. 🛏 432. Stadtverwaltung: Pestalozzistr. 1 A, Dreieich-Sprendlingen. Tel.: 0 61 03/60 12 83.

Der Schatz des Götzen

Der Nachtwächter von Götzenhain wollte einst in der Allerheiligennacht die zwölfte Stunde ausrufen. Am Ende des Dorfes angekommen, sah er in einem Garten ein Feuer brennen und bei demselben unkenntliche Gestalten. In der Meinung, es hätte sich eine Diebesbande dort gelagert, schlich er dicht an die Hecken. Da sah er eine Vertiefung in der Erde wie eine Höhle und ein Gefäß, aus dem blaurote Flammen schlugen. Ganz im Innern stand ein goldnes Bild und ein Mann, welcher einen Speer in der Hand trug; neben ihm lag ein Hund so groß wie ein Rind, dem eine lange blutige Zunge aus dem Halse hing. Er blieb einige Augenblicke wie angewurzelt stehen, dann aber fing er an zu laufen was er konnte und wagte sich seitdem nie wieder an die Stelle, wo der Götze mit seinem Schatz begraben liegt.[1]

Die Grabhügel in der »Koberstadt«

Neben zahlreichen Spuren der bronzezeitlichen Urnenfelderkultur finden sich bei Dreieich auch die Grabhügel einer

Schema eines vorgeschichtlichen Grabhügels (Zeichnung: Klaus Ulrich, Dreieich-Museum). Die mit Steinplatten ausgelegte Grabkammer wird mit Stämmchen abgedeckt und darüber mit einer Häufung aus Bruchsteinen geschützt. Dann wird der Grabhügel darüber errichtet.

südhessischen Variante der Hallstattkultur (800–500 v. Chr.). Diese Untergruppe wird als »Koberstädter Kultur« bezeichnet. Sie erhielt ihren Namen von einem Waldgebiet zwischen Offenthal und Langen. Dort liegen 70 eisenzeitliche Hügelgräber. Grabungen erbrachten Körper- und Brandbestattungen mit Waffen, Schmuck, Geräten und Keramik, die sich in ihren Formen und Verzierungen von der Hallstattkultur des süddeutschen Raums unterscheiden.

Die höchsten Hügelgräber Hessens

sind im Dreieich-Forst bei Sprendlingen zu bestaunen. Zwischen Heuschneise und Schreckwurzschneise stößt man mit etwas Glück auf 20 zugewachsene Grabhügel, von denen etliche an die sechs Meter hoch sind. Die Hügelgruppe ist archäologisch nicht erschlossen, ihr Alter daher ungeklärt.

Dreieicher Funde aus fast allen Perioden der Vor- und Frühgeschichte zeigt das sehenswerte DREIEICH-MUSEUM bei der Burgruine in Dreieichenhain.

Tel.: 0 61 03/8 49 14. Geöffnet: DI–FR und So 9 – 13 und 15 – 18, SA 15 – 18. MO geschlossen.

1 Aus: Hessisches Hausbuch, hrsg. von Diethard H. Klein, Freiburg 1982, S. 204.

Dreieichenhain siehe Dreieich.

Dünsberg siehe Biebertal.

Edertal
34549, Landkreis Waldeck-Frankenberg.
6363 Einwohner. 🛏 662.
Verkehrsamt: Bringhäuserstr. 14,
Edertal-Hemfurth. Tel.: 0 56 23/12 86.

Die Steinzeitjäger von Edertal-Buhlen

Anfang des 20. Jahrhunderts musste beim Straßenbau durch das enge Tal der Netze ein Stück des Hundeküppels gesprengt werden. Die Wildunger Lokalzeitung notierte damals, dass die Explosion eine Anzahl fossiler Knochen zutage förderte. Doch erst Mitte der sechziger Jahre ergaben erste Untersuchungen, dass an diesem Platz eine Jagdstation der Neandertaler lag. Der markante Dolomitfelsen bot sich dafür geradezu an. Er sperrte das Tal an seiner engsten Stelle und war ein günstiger »Hochsitz«, von dem aus Beutetiere und bösartige Nachbarn frühzeitig auszumachen waren. Zudem bot der Felsen einladende Terrassen und Nischen, die, vom Nordwind geschützt, den ganzen Tag in der wärmenden Sonne lagen. Ein idealer Wohnplatz für die Jäger der Würm-Kaltzeit.

Im Zuge weiterer Grabungen erwies sich der Hundeküppel als einer der wenigen europäischen Fundplätze, die auch den Alltag in der Altsteinzeit nachvollziehbar machen.

In der Zeit zwischen 150 000 und 30 000 Jahren vor heute nutzten unsere Vorfahren den Felsen über der Netze. Die Archäologen hatten das große Glück, genau jene Bodenoberfläche freilegen zu können, auf der die Steinzeitjäger dereinst ihrem Tagwerk nachgingen. Sie fanden den alten Lagerplatz so, wie ihn die Neandertaler hinterlassen hatten: seine Feuerstellen und Werkplätze, seine Behausungen und seine Müllkippen. In Letzteren lagen die bleichenden Knochen der einstigen Jagdbeute: Nashorn und Mammut, Wildpferd und Rentier, Bär, Antilope und Hirsch. Messer, Schaber und Bohrer fertigten die Jäger aus schwarzem Kieselschiefer. Das Gestein findet sich in 10 km Entfernung. Der gleichfalls verwendete Feuerstein muss von viel weiter hergekommen sein. Rotgebrannte Steinsetzungen mit dicken Lagen von Knochenkohlesplittern zeigten die einstigen Feuerplätze an. Als geradezu spektakulär gilt die Freilegung eines Steinkreises, der mit seinem Durchmesser von vier Metern als Basis einer Behausung anzusehen ist. Deren ursprüngliche Bauweise kann allerdings nur vermutet werden: »Es könnte sich dabei sowohl um eine bienenkorbähnliche Konstruktion als auch um eine zeltartige Anlage gehandelt haben. Zwei größere Blöcke im Innern des Kreises könnten dabei als Arretierung für einen Mittelpfosten gedient haben.«[1]

Die Fundstücke vom Hundeküppel liegen im MUSEUM KORBACH und im MUSEUM KASSEL (Öffnungszeiten siehe dort).

[1] Lutz Fiedler, Ein Projekt der Abteilung Vor- und Frühgeschichte zur Altsteinzeitforschung in Edertal-Buhlen. In: Denkmalpflege in Hessen, Heft 1, 1988, S. 18 f und nach: Archäologische Denkmäler in Hessen, Heft 18.

Rekonstruktion einer Behausung der Neandertaler am Hundeküppel bei Edertal-Buhlen (Zeichnung: Lutz Fiedler).

Erbenheim siehe Wiesbaden.

Erdbach siehe Breitscheid.

Eschborn

65760, Main-Taunus-Kreis. 17571 Einwohner. 🛏 531.
Stadtverwaltung: Rathausplatz. Tel.: 0 61 96/49 01.

Von Asen, Ansen und Eschen

Eschborn ist eins der ältesten Dörfer des Niddagaues und
geschichtlich der interessanteste Ort des Kreises. Seine
früheren Namen waren Aschenbrunne, Aschenburne,
Askobrunne, Asceburne und ähnliche Formen, welche
den großen Forscher auf dem Gebiete der Geschichte des
Herzogtums Nassau, Pfarrer Vogel in Kirberg, veranlaß-
ten, der Entstehung des Ortes eine religiöse Bedeutung
beizulegen. Derselbe bringt nämlich die Namen in ihren
alten Formen mit den ›Asen‹, einem mächtigen Götterge-
schlecht, bestehend aus zwölf Göttern und zwölf Göttin-
en, dessen Kultus bei allen deutschen Völkerschaften
stark verbreitet war, in Verbindung: Brunnen der Asen;
allein nach dem Wissen bedeutender Germanisten müßte
dann der Namen ›Ansenburnen‹ heißen, und es ist deshalb die Abstammung des Namens von dem in der germanischen Mythologie eine Rolle spielenden Baume, der
Esche, die sprachlich gerechtfertigtere.[1]

Die sagenhafte Entstehung

des Fleckens Eschborn steht im Zusammenhang mit
einem denkwürdigen Sieg der Ritter von Kronberg unter
Zuhilfenahme eines einheimischen Esels (siehe KRON-
BERG).

Die Alamannen in Eschborn

Anfang der achtziger Jahre sollte der städtische Gottesacker erweitert werden. Doch die Planierraupen wurden
jäh gestoppt, als die ersten Totenschädel von den Schau-
feln fielen. Das neue Gelände, so stellte sich heraus, war

bereits ein Friedhof. Alamannen des 5. Jahrhunderts hatten dort ihre letzte Ruhe gefunden. Die sofort alarmierten Archäologen orteten 50 Gräber, von denen allerdings nur noch 17 in unberührtem Zustand waren. Wissenschaftliche Verwunderung löste ein Männergrab aus, dessen Leichnam am linken Unterarm einen eisernen Armreif trug. Derlei Zierrat gilt als ungewöhnlich. Nur hoch gestellte Personen, wie etwa der Frankenkönig Childerich, schmückten sich damals mit Armreifen. Die allerdings waren aus purem Gold und wurden stets rechts getragen. Von besonderm Reiz waren die Schmuckbeigaben für ein kleines Mädchen. Für die Reise in die »Anderswelt« hatte man ihm reichhaltigen Silberschmuck, Fibeln und eine kunstvolle Haarnadel mitgegeben. Auch Glasgefäße und ein zierlicher Schlüssel fanden sich in seinem Grab (siehe Abb. S. 24).

Die Alamannen waren ein loser Verband von Stämmen elbgermanischer und ostgermanischer Herkunft. Sie einigte vor allem das Imperium Romanum als gemeinsamer Feind. Ende des 3. Jahrhunderts besiedelten sie die ehemals römischen Gebiete rechts des Rheins und nördlich der Donau. Die Gewandfibeln aus dem Eschborner Gräberfeld zeigen stilistische Verwandtschaft mit alamannischen Funden im böhmischen Raum. Die Archäologen halten es daher für denkbar, »dass die Siedler von Eschborn nicht aus den bereits im Lande ansässigen Alamannen hervorgegangen, sondern neuerlich aus Böhmen oder dem Donaugebiet zugewandert sind. Die Ansiedlung dieser Leute könnte sehr wohl gleichbedeutend sein mit dem Ursprung jener Siedlung, die bis heute als Stadt Eschborn fortbesteht.«[2]

Die attraktiven Funde aus den Gräbern der »ersten Eschborner« zeigt das MUSEUM ESCHBORN, Escheplatz 1, Tel.: 0 61 96/49 02 32. Geöffnet DI, DO, FR und SA 15–18, MI 15–20, SO 11–12.30 u. 14–18. MO geschlossen.

1 Aus: Dr. Grandhomme, Der Kreis Höchst a. M. in gesundheitlicher und gesundheitspolizeilicher Beziehung, Frankfurt 1887. Zit. n.: Hessisches Hausbuch.

2 Hermann Ament, Ein alamannisches Gräberfeld an der Wende vom
Altertum zum Mittelalter, Wiesbaden 1984 (= Archäologische Denkmäler in Hessen, Heft 41).

Eschwege

Kreisstadt des Werra-Meißner-Kreises.
23 125 Einwohner. 🛏 506.
Fremdenverkehrsbüro: Hospitalplatz 16.
Tel.: 0 56 51/30 42 10.

Von den Eschweger Dietemännern

In alten Zeiten hießen die Eschweger Turmwächter ob
ihres Signalhorns, in welches sie bei Gefahr hineinzutu-
ten hatten, die »Tütemänner«, in der Landessprache
»Dietemänner« genannt. Selbige wurden als kleine Turm-
figur verewigt, welche zu jeder vollen Stunde hinter der
Turmuhr hervortrat und sovielmal »tütete«, wie die
Glocke war. Von jenem metallenen Kerlchen haben die
Eschweger ihren Spitznamen »Dietemännerchen« weg.
So jedenfalls wird's in den Nachbardörfern erzählt. Die
Eschweger hören das nicht gerne. Für sie ist der Name
»Dietemänner« ein Ehrenname, der daran erinnert, wie
gut sie dereinst ihre Stadt und den alten Handelsweg
bewacht haben. Die städtische Obrigkeit hat nun ihre
Touristenwerber angewiesen, nur letztere Version unter
die Leute zu bringen. Lange Zeit war das Uhrenmännchen
verschwunden. Nun aber »tütet« es wieder vom Turm.

Die Wichtel als Schuhmacher

In schlechten Zeiten geht es den kleinen Leuten besonders dreckig. Auch die Schuhmacher zu Eschwege konnten ein Lied davon singen. Es war gegen Mitternacht, als
der bettelarme Jobsen noch immer in der Stube saß und
voller Sorgen darüber sann, wie er wohl Frau und Kinder
ehrlich durchbringen sollte. Da schreckt ihn eine feine,
helle Stimme aus den trüben Gedanken: »Meister Jobsen,
warum so grämlich? Will dein Geselle werden.« Ein kleines Männchen steht vor ihm und lacht ihm freundlich zu.
Der arme Schuhflicker ist zunächst ein bisschen irritiert
und kann's nicht recht glauben. »Bin's nicht allein, bin's

nicht allein«, beruhigt ihn der Wichtel, »schneid Leder zu, schneid Leder zu, wir machen dir feine Schuh.« Sprach's und verschwand. Meister Jobsen tut wie ihm geheißen, schneidet Leder zurecht und geht dann müde zu Bett. Da trippelt und trappelt es zu Tür und Fenster herein. Bald sitzt eine Schar kleiner, munterer Gesellen um den Tisch herum, und als Jobsen am andern Morgen erwacht, steht in seiner Werkstatt ein Paar feinster Schuhe. Voller Verwunderung erzählt er den Seinen von der letzten Nacht. Dann bringt er die Schuhe auf den Markt. Dort wird die feine Arbeit allgemein bestaunt, und die reichen Leute überbieten sich gegenseitig, um ja das Schuhwerk zu erwerben. Von dem Geld kauft Jobsen Leder ein, und wohl zugeschnitten legt er's wieder zur Nacht in seine Werkstatt. Die Wichtel bleiben nicht aus, und in jeder Nacht entstehen nun im Schusterhaus die feinsten Schuhe der Stadt. So hat der arme Schuhflicker bald ein gutes Einkommen und sein Leben lang keine Sorgen mehr.[2]

1 Nach: Hessische Volksdichtung in Sagen und Märchen, Schwänken und Schnurren, gesammelt von Philipp Hoffmeister, Marburg 1869.
2 Nach: Ebenda. Die Stadtväter von Eschwege haben den Schuhmacher als »Meister Jobst« in Erinnerung. Am Obermarkt plätschert daher ein gleichnamiger Brunnen.

Falkenstein siehe Königstein.

Feldberg siehe Schmitten.

Fellingshausen siehe Biebertal.

Felsberg

34587, Schwalm-Eder-Kreis. 12 203 Einwohner
Stadtverwaltung: Vernouillet-Allee 1. Tel.: 0 56 62/50 20.

Die »Frau von Rhünda«

ist keineswegs eine nordhessische Adelige, sondern ein
fossiler Schädel, der die kleine Ortschaft Rhünda zu
einem Begriff in der hessischen Vorgeschichtsforschung
werden ließ.

Der Lehrer Eitel Glatzer fand die uralte Schädelkalotte
im Juli 1956. Nach einer Gewitterfront war der Dorfbach
über die Ufer getreten und hatte sich – quer über einen
Acker – ein neues, tiefes Bett gegraben. Dabei wurde das
Knochen-Fragment offenbar hochgespült.

Man brachte den Fund zur Universität Marburg, wo
sich der zuständige Ordinarius, Prof. E. Jacobshagen, seiner

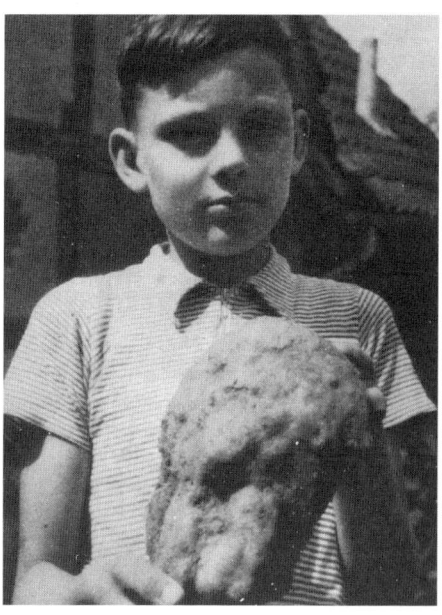

Gleich nach dem Fund: Der Schädel ist noch völlig mit Kalksinter überzogen. Zeitungsfoto von 1956. Farbfoto des gereinigten Präparats auf S. 91.

163

wissenschaftlich annahm. Wenig später präsentierte Jacobs-hagen den hessischen Neufund auf einem internationalen Kongress in Düsseldorf als Relikt einer Neandertaler-Frau, eben als »Frau von Rhünda«. Weiblich deshalb, weil sich das Äußere von den gängigen, grobknochigen Neanderta-ler-Schädeln doch deutlich unterschied.

Bereits auf der Düsseldorfer Tagung wurden Zweifel an der zeitlichen Zuordnung laut. Etliche Wissenschaftler hiel-ten die uralte Dame für einen Cro-Magnon-Menschen, den direkten Vorfahren des heutigen Homo sapiens. Damit wäre der Fund aus Rhünda höchstens 30000 Jahre alt. Also weit jünger als die Neandertaler, die bereits vor 120000 Jahren jagend durch Hessens Steppen streiften. Doch der Marbur-ger Professor gab sich unbeirrt und ging auch weiter davon aus, den Kopf einer Neandertalerin in Händen zu halten.

Damit begann ein langwieriger Gelehrtenstreit um das wirkliche Alter der »Frau von Rhünda«.

Endgültige Klarheit schuf dann 2002 ein Forschungs-projekt der TU Darmstadt. Man entnahm aus der Schädel-kalotte eine 2 Gramm schwere Probe und ließ sie von Spezialisten der Universität Groningen mit einer Isoto-pen-Untersuchung genauer bestimmen. Heraus kam eine Datierung zwischen 10137 und 10073 v. Chr. Damit gehört der Schädel in die jüngere Altsteinzeit (Jungpaläo-lithikum). Die alte Dame aus Nordhessen war also keine Cro-Magnon-Frau. Die Skeptiker hatten Recht. Und es sollte noch dicker kommen. Mit hoher Wahrscheinlich-keit, so stellte sich heraus, war die berühmte »Frau von Rhünda« zu Lebzeiten ein Mann.[1]

Eitel Glatzer, der stolze Finder, trägt das Ganze mit Fas-sung. »Immerhin«, so sagt er, »hat der Schädel das Dörf-chen Rhünda bundesweit bekannt gemacht. Das ist ja auch schon was.« [2]

---

1 Nach: Wilfried Rosendahl, Neues zur Altersstellung des fossilen Men-schenschädels von Rhünda in Hessen. In: Archäologisches Korrespon-denzblatt 32/2002, S.15 ff.

2 Eitel Glatzer in einem Fernsehinterview für die Serie »Geheimnisvol-les Hessen« (HR/Hessenschau), August 2003.

Fränkisch-Crumbach
64407, Odenwaldkreis. 3 345 Einwohner. 🛏 90.
Gemeindeverwaltung: Rodensteiner Str. 8.
Tel.: 0 61 64/9 30 30.

Das Adelsgeschlecht der Rodensteiner
kennt man weit über die Grenzen des Odenwalds hinaus.
Allerdings nicht aufgrund seiner historischen Bedeutung,
sondern wegen der Vielzahl von Sagen und Geschichten
rund um die zerfallene Burg Rodenstein. Die am meisten
verbreitete Rodenstein-Sage handelt vom jenem Ritter,
der vor und nach jedem Krieg samt seinem Tross durch
die Lüfte zieht. Die deutsche Romantik verdichtete diesen
Stoff zu einer schauerlichen Mär:

Der Rodensteiner ermordet sein Weib

Ein Ritter von Rodenstein, der vor vielen hundert Jahren
lebte, war ein wilder Kämpe, der wohl Schlacht und Jagd
liebte, aber die Frauen nicht leiden konnte. Einst war er
auf einem Turnier und streckte dort nach seiner Gewohnheit alle Ritter in den Sand. Dafür erhielt er den Preis aus
der Hand eines Edelfräuleins, und das war so schön, dass
es ihresgleichen nicht gab und dass selbst des Ritters Herz
von ihr gerührt wurde und in Liebe zu ihr entbrannte. Er
war nicht gewohnt, lange Umschweife zu machen, sondern gestand ihr noch am selben Abend seine Liebe, und
da er seiner Tapferkeit wegen hochgerühmt und ein statt-
licher, schöner Mann war, so ließ sich das Edelfräulein
leicht blenden und gab ihm ihre Hand. Da war nun großer
Jubel, und das Tal hallte wider von nie gekanntem Leben.

Einige Zeit ging alles gut, und der Ritter schien ein ganz
anderer geworden zu sein, man sah ihn kaum noch bei
Turnieren und Jagden. Da wollte es das Unglück, dass er
eines Tages mit einem seiner Nachbarn in Fehde geriet.
Seine ganze leidenschaftliche Rauflust erwachte in ihm
und er wurde wieder ganz der alte wilde Kämpe. Als er
wegziehen wollte, hing sich sein Weib an ihn und wollte
sich nicht von ihm trennen, aber rauh wie er war, stieß er
sie fluchend von sich und stürzte hinaus. Sie war jedoch

gesegneten Leibes, und der Stoß, den er ihr gegeben, hatte sie auf die Erde geworfen; sie gebar noch am selben Tag ein totes Kind und starb in den Wehen.

Der Ritter lag unterdessen vor der Burg seines Feindes. Da sah er in der Nacht eine bleiche, weiße Gestalt von ferne heranschweben, sie kam näher, und mit gesträubten Haaren erkannte er seine tote Frau, ihr totes Kind auf dem Arme. Sie sprach: »Du hast Weib und Kind deiner Kampflust geopfert, so fluche ich dir, dass du kämpfend immerdar umziehest und dem Land Krieg und Frieden verkündest.« Dieser Fluch ging in Erfüllung, und so wurde der Ritter der Kriegsbote für das ganze Reich. [1]

Der literarische Rodensteiner

Die Sage vom rauen Kämpen hatte literarische Folgen, darunter »Das Buch Rodenstein« von Werner Bergengruen und zwei Gedichte von Joseph Victor von Scheffel. Scheffel war Mitte des 19. Jahrhunderts zweimal auf dem Rodenstein und hat sich im Gästebuch des dortigen Wirtshauses verewigt. In dem Gedicht »Die drei Dörfer« schildert er den Rodensteiner als trinkfreudigen Herrn, der zu Heidelberg drei seiner Dörfer verhökert, um seine Wirtshausrechnung zu begleichen. Sein zweites »Rodensteinlied« hält sich enger an den Sagenstoff und zierte in den zwanziger Jahren des letzten Jahrhunderts sogar das Notgeld von Fränkisch-Crumbach:

»Es regt sich was im Odenwald.
Und durch die Lüfte hallt's und schallt.
Der Rodenstein zieht um.

Vom Rhein her streicht ein starker Luft,
Der treibt den Alten aus der Gruft.
Der Rodenstein zieht um.«

Junker Hans vom Rodenstein

Hans III. von Rodenstein gilt zumeist als der Rodensteiner der Sage. Seine lebensgroße Figur ist in der Pfarrkirche von Fränkisch-Crumbach zu besichtigen. Doch weder

Notgeld der Gemeinde Fränkisch-Crumbach (1920/22) mit dem Gedicht von Victor von Scheffel.

von ihm noch von seiner Verwandtschaft sind irgendwelche Vorkommnisse überliefert, die nur annähernd auf die Mordgeschichte passen könnten. Hans III. gibt bestenfalls dadurch zu üblen Nachreden Anlass, dass er 1471 als Dreiundfünfzigjähriger die vierzehn Jahre alte Anna von Lißberg ehelichte. Beide hatten mindestens drei Kinder, die allesamt brave Odenwälder Karrieren machten. Im Alter von 82 Jahren wurde Junker Hans noch zum Italien-Touristen. Er pilgerte nach Rom, um im Ablassjubeljahr 1500 aller Sünden ledig zu werden – ein Gattinnenmord war keinesfalls darunter. Die Wallfahrt endete mit seinem Tod. Hans von Rodenstein wurde auf dem »Campo santo teutonico« zu Rom beerdigt.

Das Geisterheer vom Schnellertsberg

Es gilt als gesichert, dass die Rodensteiner-Sage keinerlei historische Fakten aufgreift. Sie ist die neuere Version der viel älteren Sage vom benachbarten Schnellertsberg. Das wilde Heer dieses »Schnellertsherrn« wird in den »Reichenberger Protokollen« mehrfach erwähnt. Die Urkunden aus den Jahren 1741 bis 1796 protokollieren zahlreiche Zeu-

167

genaussagen über den Geisterspuk. Rodenstein-Forscher Karl-Heinz Mittenhuber hat diese Quellen ausgewertet und festgestellt, dass die Ohrenzeugen in wesentlichen Punkten übereinstimmen: »Ein unsichtbarer Geist wohnt im Schnellertsberg. Er zieht zum Rodenstein, wenn Kriegszeiten bevorstehen, wobei von seinem Geisterheer lautes Getöse von Fuhrwerken, Pferdegewieher, Hundegekläff und Peitschenknall zu hören ist. Nach dem Ende des Krieges zieht dieses wilde Heer wieder vom Rodenstein zum Schnellerts zurück. Es hält bei seinen Aus- und Einzügen stets denselben Weg ein: vom Schnellerts über einen Bauernhof, die ›Haal‹, nach Brensbach. Von dort über Fränkisch-Crumbach zur Burgruine Rodenstein.«[2] Zeugenberichte aus späterer Zeit schildern Züge des Geisterheeres zu Anfang und Ende der Kriege von 1848, 1866, 1870/71, 1914–1918 und 1939–1945. »Auffallend ist auch hier«, so Mittenhuber, »dass häufig dieselben Angaben von Leuten an verschiedenen Orten zur gleichen Zeit gemacht werden.«

Der Rodensteiner im Ersten Weltkrieg

Vom Kriegseintritt Deutschlands kündete sein Geisterheer mit einigen Tagen Verzögerung am 10. August 1914 gegen 18 Uhr. Es hörte sich damals so an, »als würde eine Dreschmaschine schnell in des Nachbarn Hofreite eingefahren, oder wie ein unheimlich rollendes Getöse, als ob schwere Wagen in der Luft gingen oder ein Gewitter mit Hagel im Anzug wäre. Andere Leute, die wegen des Lärms herauseilten, sagten, es wären wohl Luftschiffe gewesen.« Das nahe Kriegsende zeigte der Zug des Rodensteiners am 15. Dezember 1917 an. Der Lärm seines Geisterheeres wurde zwischen 11.30 Uhr und 12.30 Uhr an verschiedenen Orten gehört. Das »Getöse« und »Gepolter« kam bei Windstille aus einem sonnigen, klaren Himmel. Beschrieben wurde das Geräusch ähnlich einer Dreschmaschine, »die auf einem gefrorenen Weg das Gerumpel macht.«[3]

»Wilde Jagd« und »Wilder Jäger«

Mittenhuber verwirft alle Deutungen, die hinter dem Geisterzug zwischen Schnellerts und Rodenstein die Germa-

nengötter Wotan oder Donar vermuten und die beiden
Berge als germanische Kultplätze sehen. »Bei der Rodensteinsage handelt es sich um die gleiche Erscheinung, die
auch in anderen Ländern unter dem Namen ›wildes Heer‹
unter der Führung eines ›wilden Jägers‹ bekannt ist. Aber
nicht überall hat das wilde Heer einen Anführer und
manchmal ist der wilde Jäger nur von seinen Hunden
begleitet. Dieser ›Jäger‹ hat in verschiedenen Gegenden
andere Namen. Neben ›Riesenjäger‹, ›Helljäger‹, ›Hohljäger‹
und anderen Bezeichnungen sind in manchen Ländern
geschichtliche Personen (Karl der Große, Dietrich von
Bern, Barbarossa) Anführer des Heeres. In Frankreich und
England tritt Artus auf, im südlichen Odenwald ist es der
›Lindenschmidt‹, im nördlichen Odenwald der ›Schnellerts-
herr‹ oder der ›Rodensteiner‹. (…) Der Glaube an in der Luft
umherziehende Geisterheere (Totenheere) ist über die
ganze Erde verbreitet. Das ›wilde Heer‹ ist ursprünglich einmal ein Heer von wirklichen Menschen gewesen. Es handelte sich um einen heidnischen Totenkult mit dämoni-
schem und ekstatischem Charakter, der vor allem in der
Zeit der zwölf heiligen Nächte zwischen dem 25. Dezember
und 6. Januar durchgeführt wurde. Die Teilnehmer waren
vermummt und teilweise auch als dämonische Totentiere
(Hunde, Pferde) verkleidet. Ein solches Totenheer hielt
stets einen ganz bestimmten Weg ein.«[4]

Die Einwohner des Gersprenztales erzählen auch, dass
der Geisterzug im Getreide einen Strich hinterlässt. Dort ist
der Acker dann besonders fruchtbar, das Korn wächst viel
höher. Der einst von Menschen zelebrierte »Umzug« wäre
damit auch als Fruchtbarkeitszauber zu deuten. Unklar ist
allerdings die zeitliche Einordnung dieses heidnischen
Brauchtums. Mittenhuber vermutet die Ursprünge in keltischer Zeit oder in noch früheren Perioden der Vorgeschichte. Interessant ist dabei, dass gerade aus dem nördlichen Odenwald alte Adventsbräuche überliefert sind, bei
denen junge Burschen als »Dämonen« verkleidet durch
die Nacht zogen. Die kleinen Gruppen bestanden zumeist
aus einer Pferdefigur, dem »Hopserschimmel«, zwei rauen
Naturgeistern namens »Strohnickel« und »Belznickel«,

Strohnickel und Bollebouz.

dem gehörnten Bocksdämon »Bollebouz« und der »Hulle«, einer weißen, verschleierten Frauengestalt. Die Tradition war noch Anfang des 20. Jahrhunderts lebendig. Sie zeigt gewisse Ähnlichkeiten mit jenem vorchristlichen Brauch des Dämonenzuges, den Mittenhuber in den Raunächten ansiedelt und aus dem womöglich die Sage später ein (un-)wirkliches »Geisterheer« machte.

Rutengänger auf Geister-Route

Im Sommer 2004 folgte der Dieburger Radiästhesist Peter Groß der überlieferten Route des Rodensteiner-Phänomens. Mit seiner Wünschelrute ermittelte er eine Kraftlinie (Ley-Line) von der Burg Schnellerts zur Ruine Rodenstein. Sie entspricht ziemlich genau der traditionellen Gespenster-Strecke, wie sie von Ohrenzeugen über Jahrhunderte beschrieben wurde. Streckenweise weißt diese Kraftlinie eine Breite von fünf bis zehn Metern auf. Das bestärkt Karl-Heinz Mittenhuber in seiner Vermutung, dass es sich bei der Rodenstein-Route ursprünglich um eine keltische Prozessionsstraße gehandelt haben könnte. Die geortete Linie »läuft exakt im Granitgrabenbruch (Erdbebenzone), der am Turmstumpf der Ruine Schnellerts beginnt und im Mühlturm der Ruine Rodenstein endet. (...) Bei der Prozessionsstraße handelt es sich um eine Kraft-Leyline mit außerordentlich hoher Energie. Bei ihrem Umzug tankten sich die Kelten körperlich und spirituell buchstäblich mit Kraft auf. (...) Ziel des Druiden, des keltischen Priesters, war es, den ekstatischen Trance-zustand zu erreichen, um Kontakt mit den Ahnen aufzu-nehmen und so Diesseits und Jenseits miteinander zu verbinden. (...) Der ›Quellort‹ der Energie ist der Schnel-lerts, der ›Ausgießungsort‹ ist der Rodenstein.«[5]

Mittenhuber vermutet eine kollektive Erinnerung der Odenwälder an diese keltischen Umzüge und erklärt damit die Entstehung der Rodenstein-Sage.

Offen bleibt allerdings nach wie vor die Frage, wie es zu jenen akustischen Phänomenen kommt, die ja den un-sichtbaren Geisterzug erst wahrnehmbar machen.[6]

Nicht nur im Odenwald

Der Heimatforscher Max Söllner berichtet von Vogelsberg-Sagen über einen geisterhaften Umzug, den auch er als die Sagenüberlieferung eines frühen Brauchtums versteht:

»Es gibt Greifbares und nicht Greifbares, Vergangenes und Gegenwärtiges, Gegenwärtiges und Zukünftiges, und zuweilen vermischt sich eines mit dem anderen. Das mußten auch gewisse, jetzt alte Leute in ihrer Jugend erfahren, wenn sie vor fünfzig Jahren von Dirlammen nach einem sonntäglichen Tanzvergnügen nächtlicher-weile in ihr Heimatdorf Frischborn zurückkehrten. Vor-sichtig vermieden sie, um die Geisterstunde gerade dort zu sein, wo um diese Zeit ›der‹ Leichenzug mit seinen Fackeln langsam die Straße von Dirlammen nach Frisch-born kreuzte. (...) Man wußte es genau, dass an dieser Stelle gelegentlich jene gespenstischen Lichter mit ihren schwarzen Trägern auftauchten. Und nicht nur dies, man kannte sogar den Weg, woher diese Erscheinung kam und wohin sie zog.«[7]

Söllner folgt nun dem überlieferten Weg des Vogelsberger Geisterzuges und interpretiert die Quellen und markanten Felsformationen entlang der Route als Kultplätze einer alten Naturreligion. Der »Leichenzug« der Sage, so vermutet Söllner, wurzelt in einer »feierliche(n) Prozession«, die von Quelle zu Quelle ging und alle heiligen Plätze miteinander verband, »wobei die Priester wohl an den Quellheiligtümern heilige Handlungen vornahmen (...), ganz so, wie es in keltischen Ländern auch anderwärts geschah.« [8]

Auch im Vogelsberg ziehen »wilde Jäger« durch die Luft – etwa über den Bilstein zum Oberwald oder über den Lauberg bei Mücke-Ilsdorf. Ähnlich wie der »Leichenzug« nehmen diese »Geisterjagden« stets den gleichen Weg. Die Vermutung liegt nahe, dass der »Leichenzug« bei LAUTERTAL-Dirlammen eine sichtbare Variante der meist unsichtbaren »wilden Jagd« ist. Die Nähe der »wilden Jäger« zur germanischen Gottheit Wotan, in ihrer »Nebenrolle« als Herr des Totenreiches, scheint ebenfalls plausibel. Das schließt nicht aus, dass der Germanengott nur der Nachfolger einer viel älteren mythologischen Gestalt ist. [9]

WEGWEISER: Das HEIMATMUSEUM RODENSTEIN dokumentiert Geschichte und Sagen der Rodensteiner und ihrer Burg. Es bietet zudem einen Überblick über die Heimat- und Kulturgeschichte des Ortes und des Gersprenztals: Darmstädter Straße 3. Geöffnet SO 14–16. Die Ruine Rodenstein ist von Fränkisch-Crumbach aus zu Fuß zu erreichen und frei zugänglich. Auch die Reste der Burg Schnellerts wurden inzwischen gesichert. Man findet sie nicht weit von Ober-Kainsbach.

1 Aus: Die Rodensteiner – Geschichte und Sagen, hrsg. von der Interessengemeinschaft Heimatmuseum Rodenstein e.V., Fränkisch-Crumbach 1982, S. 50 ff.

2 Karl-Heinz Mittenhuber, Die Hauptsage vom Ein- und Auszug des Rodensteiners und andere Rodensteinsagen. In: Die Rodensteiner, S. 53.

3 Nach: Karl Wehrhan, Sagen aus Hessen und Nassau (Eichblatts Deutscher Sagenschatz, Bd. 5), Leipzig-Gohlis 1922. Zit. n.: Diederichs/Hinze, Hessische Sagen, S. 330 f.

4 Mittenhuber, S. 60 ff.

5 Karl-Heinz Mittenhuber, Liegt der Ursprung der Rodensteinsage in keltischer Zeit? In: Odenwald-Heimat Nr. 10 und Nr. 11/2004, (Monatsbeilage des »Odenwälder Echo«).

6 Ein weiterer Gedanke schließt sich an Mittenhubers Vermutung an, die Sage entspränge dem kollektiven Gedächtnis an prähistorische Umzüge: Jener mutmaßlich genetische »Speicher« könnte auch die rituelle Musik der keltischen »Prozessionen« bewahrt haben. Dann kämen die Rodensteiner-Geräusche »aus dem Inneren« der Ohrenzeugen. Ein Physiker aus dem Gersprenztal, dessen Mutter zu jenen (glaubwürdigen) Ohrenzeugen gehört, steuerte die Überlegung bei, dass es sich um eine »akustische Fata Morgana« handeln könne. Ähnlich dem bekannten optischen Phänomen, könnten womöglich Geräusche, die zeitgleich irgendwo auf der Welt erzeugt würden, durch besondere Bedingungen in den Odenwald »transportiert« werden. Der erwähnte Grabenbruch im Gersprenztal könnte dabei eine Rolle spielen. Allerdings wurden derlei »Übertragungen« bislang nicht wissenschaftlich nachgewiesen.

7 Dr. Max Söllner, Wanderungen zu ur- und frühgeschichtlichen Stätten Oberhessens, Gießen 1981, S. 128.

8 Ders., S. 131.

9 Zur Verbindung der »wilden Jagd« mit Wotan/Freya/Frau Holle siehe: »Der Götterhimmel der Germanen«, S. 67. Weitere »wilde Jäger« siehe GUDENSBERG und SCHMITTEN.

Frankfurt am Main
599 634 Einwohner. 🛏 16 453.
Verkehrsamt: Gutleutstr. 7–9. Tel.: 0 69/21 23 88 00.
60311 Frankfurt a. M. Tourist Information Hauptbahnhof.
Tel.: 0 69/21 23 88 49 (bis -51)

Die Flucht zum Main
Karl der Große, König der Franken, hatte die hessischen Stämme fest im Griff. Seine Garnisonen waren überall im Land verteilt, und auch die Heiden nördlich von Lahn und Eder wurden zunehmend braver, weil frommer. Denn in Nordhessen wirkte der Missionar Bonifatius im Schulterschluss mit Karls Burgkommandeuren – das Erfolgsrezept seiner Hessen-Mission. Einzig die heidnischen Sachsen blieben renitent. Ihr Stammesgebiet reichte weit in das heutige Hessen hinein. Ganz Waldeck gehörte dazu. Die Franken schlugen sich ständig mit ihnen herum. Eines Tages nun, so erzählt die Sage, war

die sächsische Übermacht so groß, dass der Frankenkönig es vorzog, Fersengeld zu geben. Hart bedrängt von sächsischen Verfolgern sprengte Karls Heerbann durch die Wetterau und erreichte schließlich mit letzter Kraft den Main; die Verfolger am Horizont, der Hochwasser führende Fluss unüberwindlich. Da hatte ein Gott ein Einsehen: Er schickte eine Hirschkuh, die an der einzigen Furt weit und breit den Fluss überschritt. Karls Reiter folgten der Hindin, und die Franken waren gerettet. Aus den paar Häusern am Fluss wurde später ein Dorf, das sich Frankenfurt nannte. Das war nicht sonderlich originell.

Zur Besserung nach Sachsenhausen

Nach dem endgültigen Sieg über die Sachsen errichtete Karl der Große auf der linken Mainseite etliche wehrhafte Gebäude. Dorthin wurden sächsische Adlige verbracht. Dieses, so die Legende, habe nicht nur ihrer sicheren Verwahrung, sondern auch ihrer Besserung und Umerziehung gedient. Daraus sei Sachsenhausen entstanden.

Vom Ursprung des Apfelweins

Ein Sachsenhäuser geht mit seinem Sohn über die Mainbrücke, auf welcher das Denkmal Karls des Großen steht. In der rechten Hand hat Karl ein Schwert und in der linken den Reichsapfel. Des Sachsenhäusers Sohn beguckt den steinernen Mann rechts und links und fragt schließlich den Vater: »Warum steht denn der Mann da?« Der Vater antwortet: »Dumm Oos, waaßt de dann des net! Siehst de net, dass er en Abbel in der Hand hot! Des ist der Erfinner vom Äppelwoi!« Karl der Große war übrigens wirklich der Verbreiter des Ciders oder Apfelmostes in deutschen Landen.[1]

Der Mysterienkult im Untergrund

Ein Tipp aus dem Frankfurter Untergrund brachte uns auf die Spur eines geheimnisvollen Kultes. Fündig wurden wir schließlich im Nordwesten – in den Stadtteilen Heddernheim, Praunheim und in der Nordweststadt. Genauer gesagt in deren römischem Untergrund. Der birgt nämlich

Das Mithräum II von Heddernheim. Rekonstruktion des Kultraumes.

die Reste der Römerstadt Nida, im 2. und 3. Jahrhundert Hauptort der »Civitas Taunensium«, einem Verwaltungsbezirk der römischen Provinz »Germania Superior«, zu Deutsch »Obergermanien«. In den Mauern von Nida fand man vier Tempel jenes mysteriösen Kultes, der zu dieser Zeit im Römerreich einen regelrechten Boom erlebte. Es war ein Sonnenkult, der ursprünglich aus Persien kam und sich über die Hauptstadt Rom im ganzen Imperium verbreitete. Fast in allen Orten des römischen Hessens konnten die Heiligtümer nachgewiesen werden. In seinem Mittelpunkt stand Mithras, eine göttliche Heilsge-

175

stalt. Das größte in Frankfurt gefundene Kultrelief hat einen drehbaren Mittelteil. Es zeigt Mithras bei der Tötung des Weltenstiers. Nach dessen Tod wuchsen Getreideähren aus seinem Schweif, aus seinem Blut spross ein Weinstock. So wurde die Schöpfung der Welt durch Mithras symbolisiert (Abb. S. 45).

Über dem Gott findet sich der Kreis der Sternzeichen – altägyptisches Erbe, das über die Mittelmeervölker auch zu uns kam. Während religiöser Zeremonien wurde das Relief gedreht: Es zeigte dann das heilige Kultmahl, das in den unterirdischen, tunnelartigen Kulträumen gefeiert wurde. Bei diesem zentralen Ritual teilten die Mithrasgemeinden Wein und Brot – eine Zeremonie, die weit älter ist, als ähnliche Rituale des Christentums. Doch gerade die Ähnlichkeit beider Erlöserreligionen brachte die Mithrasanhänger in Schwierigkeiten. Nach dem Erstarken des Christentums im Imperium Romanum wandten sich die Kirchenväter gegen die ungeliebte Konkurrenz. Gerne hätten sie die Mithrasanhänger bezichtigt, sich christliche Zeremonien angeeignet zu haben. Dummerweise gab es die aber schon lange vor Christi Geburt. Um nun aber der Konkurrenz doch noch am Zeug flicken zu können, bemühten die Kirchenväter eigens den Teufel. Luzifer höchstpersönlich habe nämlich vor Urzeiten den Mithraspriestern den christlichen Kult eingeflüstert – gewissermaßen eine Kopie, lange bevor es das Original gab. Die Story ist zwar nicht sehr überzeugend, zeigte aber dennoch Wirkung. Die Mithrasgemeinden wurden zunehmend in den Untergrund gedrängt, fanatisierte Christen zerstörten ihre Heiligtümer. Zu guter Letzt übernahmen die Kirchenväter auch noch den höchsten Feiertag des Kultes: den Geburtstag des Mithras am 25. Dezember. Listenreich verlegten sie die Christgeburt auf diesen Mithrastag und erklärten Jesus Christus öffentlich zum »wahren, siegreichen Sonnengott«.[2]

WEGWEISER: Das Original des drehbaren Mithrasreliefs aus Nida befindet sich im MUSEUM WIESBADEN, ist aber nicht zugänglich. Dafür steht eine auch farblich rekonstruierte Replik im MUSEUM FÜR VOR- UND

FRÜHGESCHICHTE Frankfurt am Main, Karmelitergasse 1 (MO geschlossen). Dort ist der Mithraskult im römischen Hessen ausführlich dokumentiert (siehe auch ALTEN-STADT und HÖCHST/Odenwald).

Das SAALBURG-MUSEUM bei Bad Homburg zeigt die vollständige Rekonstruktion eines Mithräums, die in ein wilhelminisches Gartenhaus gemauert wurde.

SAALBURG-MUSEUM: an der B 456 zwischen Bad Homburg und Wehrheim. Tel.: 0 61 75/31 48. Täglich 8 – 17 Uhr geöffnet.

1 Aus: Karl Enslin, Frankfurter Sagenbuch, Frankfurt 1856, S. 224. Die Figur steht heute vor dem Historischen Museum.
2 Nach: Mithras in Nida-Heddernheim. Archäologische Reihe 6. Hrsg.: Museum für Vor- und Frühgeschichte Frankfurt/M., 1986.

Die Wahrheit über den Apfelwein

Sieht man in Hessen genauer hin, dann erweisen sich der Norden und Osten des Landes als apfelweinfreie Zonen, und die Rheingauer und Bergsträßer reagieren auf die Erwähnung des »Stöffche« (Frankurter Lokalidiom) meist mitleidig bis angewidert. Am Rhein und an der »strata montana« wird vornehmlich Wein getrunken. Die unsichtbare Trinkergrenze verläuft kurvenreich von Groß-Umstadt nach Wicker und verliert sich dann im Dunkel der Taunuswälder. Allerdings kann die Zugehörigkeit einer Ortschaft zum Wein- oder Apfelweinbereich leichterdings in jeder Gastwirtschaft ermittelt werden, indem man dort einen »Sauer-Gespritzten« bestellt: Je nachdem, ob nun das Mineralwasser mit Wein oder mit Apfelwein vermischt wird, befindet man sich diesseits oder jenseits der besagten Grenze. Ehrlicherweise kann also der Apfelwein nur als »südhessisches Regionalgetränk« bezeichnet werden. Einzig die kulturelle Dominanz der Apfelwein-Metropole Frankfurt verschaffte dem »Eppler« (Jugendjargon) sein gesamthessisches Image. In den Lokalen der Bankenstadt und ihres Umlandes trinkt man ihn vorzugsweise aus dem Bembel, einem Schankkrug aus graublau lasierter Keramik. Eingeschenkt wird in konische Gläser mit einer rautenförmigen Rippenstruktur, deren Ursprünge im Mittelalter liegen. Die Kelteräpfel stammen überwiegend aus Streuobstbeständen. Es sind alte, hochstämmige Apfelsorten, die nicht über Winter gelagert werden können. Den zerkleinerten Äpfeln werden häufig Früchte des Speierlings zugesetzt. Sie verleihen dem Apfelwein jene markant herbe Note, die als typisch hessisch gilt.

Aus: Bauer u. a., Das Hessenlexikon, Frankfurt 2000, S. 16.

es is
e wahrer
Göttertroppe
so Reweblut von
Aeppelbääm
(Stoltze)

Frauenstein siehe Wiesbaden.

Frischborn siehe Lauterbach.

Fritzlar

34560, Schwalm-Eder-Kreis. 15 317 Einwohner. 🛏 211.
Verkehrsbüro: Zwischen den Krämen 7.
Tel.: 0 56 22/8 03 43.

Der Fluch der Büraburg

Von der alten, längst verfallenen Büraburg jenseits der
Eder wird eine seltsam anmutende Sage berichtet, die
eine fromme Schenkung an Bonifatius in ein ziemlich
schlechtes Licht rückt:

Burrus, der fränkische Kommandant der Büraburg
schenkte dereinst die gesamte Burg mit ihren Wohnhäu-
sern dem Missionar Winfrid Bonifatius, damit dort ein
christliches Gotteshaus entstehe.

Kaum war die milde Gabe ausgehändigt, vernahmen
die Franken die schrille Stimme des Bösen in der Luft:
»Ich habe gesiegt! Ich habe gesiegt wegen Eurer Gier nach
Reichtümern!«

Nach diesem markerschütternden Erlebnis verzichtete
der Heilige auf sein Kirchenprojekt in den Mauern der
Büraburg. Vorsichtshalber baute er seine hölzerne Kapelle
auf der anderen Seite der Eder und weihte sie dem Apostel Petrus. Rund um die Peterskirche entstand die Stadt
Fritzlar.

Wie Bonifatius einmal wütend wurde

In alten Zeiten durchwanderten irische Mönche den
Chattengau und predigten den hessischen Stämmen das
Evangelium. Etliche ließen sich bekehren. Ein Häuptling
erlaubte den Wanderpredigern, auf dem Büraberg eine
Kapelle zu errichten. Die frommen Iren weihten sie ihrer
Landesmutter, der heiligen Brigid. Viele Jahre später kam
ein fränkisches Heer auf den Berg und baute dort eine
starke Burg. Ein britischer Missionar namens Bonifatius

kam mit ihm. Er war vom Papst geschickt und forderte von den Büraberg-Christen Gehorsam gegenüber dem Heiligen Stuhl. »Wir glauben an unseren dreifaltigen Gott«, sagten die Leute, »diesen Bischof von Rom kennen wir nicht. Mit dem haben wir nichts zu schaffen.«

Das erzürnte Bonifatius sehr. Er verlangte, dass sich alle auf der Stelle noch einmal taufen ließen und so zum rechten Glauben zurückfänden. Und da die fränkischen Herrn andernfalls mit Vertreibung drohten, taten die Büraberg-Christen wie ihnen geheißen.

Die Gebeine des Bonifatius modern längst in einer Gruft. Die Brigida-Kirche aber steht heute noch auf dem Büraberg (siehe Abb. S. 49).

Die heilige Eiche wird zu Kleinholz

Im Edertal nahe Fritzlar lag vorzeiten der Weiler Gesmere, das heutige Geismar. Die Leute von Gesmere waren dem Bonifatius ein Dorn im Auge, denn sie ließen nicht ab von ihrem germanischen Glauben. Mitten im Dorf stand eine heilige Eiche. Sie war dem Wettergott Donar geweiht.

Auch der fränkischen Garnison auf der Büraburg galten die alten Geismarer als unberechenbar und aufsässig. Deshalb entschlossen sich der Burgherr Burrus und Bonifatius zu einer Strafaktion, die den Heiden von Gesmere den Schneid abkaufen sollte. Bonifaz und seine Helfer kamen in den Ort und begaben sich geradewegs zum heiligen Baum. Die fränkischen Soldaten schützten die Missionare mit einem doppelten Kreis und senkten drohend ihre Lanzen. Die wütende Menge schreckte zurück. Zwei Holzknechte fällten nun die riesige Eiche. Gesmere war entweiht, seine Heiden mehr als frustriert. Das Holz jedoch wurde sofort beschlagnahmt. Die Franken überließen es Bonifatius, der daraus eine Kirche zimmern ließ. An deren Platz entstand später der Fritzlarer Petersdom.

Wie die Sachsen einmal große Augen machten

Gleich nach dem Bau der Fritzlarer Kirche hatte Bonifatius prophezeit, dieses Gotteshaus werde nie ein Raub der Flammen werden. Als dann einige Jahre später die Stadt

Bonifatius fällt die Donar-Eiche. Idealdarstellung aus christlicher Sicht.

von plündernden Sachsen gebrandschatzt wurde, machten jene die Probe aufs Exempel:

Sie legten Feuer an allen Ecken des Kirchenschiffs. Aber das Gebäude wollte und wollte nicht brennen. Und das, obwohl es ringsherum schon prächtig loderte. Am Gemäuer tauchten schemenhafte, weiße Gestalten auf, die sich schützend um die Kirche stellten. Das verwunderte die Sachsen so sehr, dass sie tags darauf Fritzlar verließen. Nur einer von ihnen blieb tot zurück, die Zündhölzer noch in der Hand. Die Bevölkerung aber, die sich in die nahe Büraburg geflüchtet hatte, kehrte freudig in ihre Stadt zurück und begann mit dem Wiederaufbau. So jedenfalls berichten die fränkischen Reichsannalen aus jener Zeit.

Im Jahre 742

schrieb Bonifatius an Papst Zacharias, er müsse seiner »Väterlichkeit mitteilen, dass wir (...) für die Völker Germaniens (...) drei Bischöfe bestellt und die Provinz in drei Sprengel eingeteilt haben«. Die drei Bischofssitze lagen in Würzburg, Erfurt und auf der Büraburg, die Bonifatius als Stadt beschreibt.

181

Offenbar schien dem Missionar die fränkische Großburg sicherer als der nahe Flecken Fritzlar. Damit wurde die Brigida-Kirche der Büraburg zum ersten Bischofssitz in Hessen. Der Kirchenstandort ist mutmaßlich älter als die fränkische Herrschaft in Nordhessen. Die Patronin Brigida verweist auf eine Gründung durch iro-schottische Missionare im 7. Jahrhundert. Fränkische Kirchen hatten andere Schutzheilige, vorzugsweise Sankt Martin (siehe MICHELSTADT). Die heilige Brigitte aber ist die Schutzpatronin Irlands, die »Maria der Kelten«. Bonifatius fand also hier bereits Christen vor. Doch deren keltisch geprägtes Christentum war offen für germanische Glaubenselemente und paßte deshalb nicht in die straff organisierte Staatskirche des Bonifatius. Solche Christengemeinden wurden alle noch einmal »christianisiert«, das heißt auf Papst und König eingeschworen und so auf Linie gebracht.

Die Stadt Fritzlar

begann im frühen 8. Jahrhundert als fränkisches Straßenkastell im Schutze der Büraburg. Die Büraburg war Garnisonssitz mit stadtähnlicher Besiedelung. Sie sicherte die fränkische Macht im gesamten Edertal. Der heutige Petersdom von Fritzlar wurde erst im 12./13. Jahrhundert gebaut. Er steht auf den Grundmauern der von Bonifatius 724 gegründeten Klosterkirche. Die kurzzeitige Einnahme der Stadt durch die Sachsen wird auf 774 datiert. Die Büraburg jenseits der Eder erwies sich damals als sichere Fluchtburg. Sie konnte nicht erobert werden.[1]

Die steinernen Schlösser der Feen

Steinzeitliche Grabkammern gibt es fast überall in Mittel- und Westeuropa. Diese Bauwerke aus großen Steinplatten waren ursprünglich mit Erde überdeckt, die zu einem Hügel aufgeschichtet wurde. Die steinernen Kammern sind die heute noch sichtbaren Relikte der einstigen Hügelgräber. Sie werden – je nach Landschaft – Cairns, Mounds oder Dolmen genannt. In den Sagen gelten sie als Feenschlösser, die in einer Nacht von den Feen errichtet wurden. Bretonische Feen zum Beispiel, machten das folgendermaßen:

»Jede von ihnen trug zwei (Felsstücke) auf einmal, das eine auf dem Kopfe, das andere in der Schürze. Die Hände hatten sie frei und benützten solche, um an der Spindel zu spinnen, womit sie fortfuhren bis sie ihre Bürde bei den Dolmen oder, wie der Landmann es nennt, auf dem Steinfelde ablegten. Als die Fee, welche den Bau vollführte, zu Ende war, rief sie ihren Schwestern zu, dass sie keiner Materialien mehr bedürfe; und diese, obgleich zwei Meilen entfernt, hörten doch den Ruf und ließen die Steine fallen, die sich nun senkrecht tief in die Erde pflanzten und zu Menhirs (Hinkelsteinen) wurden. Spannen die Feen nicht, so trugen sie vier Steine auf einmal.«[2]

Die »Gangkammer« der Züschener Steinzeit-Bauern

ist der Rest eines Grabhügels, der zwischen dem 5. und 3. Jahrtausend vor der Zeitenwende errichtet wurde. Sie gehört damit in die späte Jungsteinzeit, in der bereits Kupfer zu Schmuck verarbeitet wurde. Die bäuerliche Kultur, die ihre Toten in solchen Hügelgräbern bestattete, wird nach einem Berg nördlich von Züschen Wartberg-Kultur genannt. Die verbliebene Kammer ist 20 Meter lang und 3,50 Meter breit. Die Längswände bestehen aus je zwölf Sandsteinplatten von beachtlicher Größe. Ein Stein mit einem Loch schließt die Kammer. Zumindest im Vorraum werden Kulthandlungen vermutet. Das Loch wäre dann nicht nur die Öffnung für Bestattungen, sondern auch die kultische Verbindung zwischen den Lebenden und ihren Ahnen. Denkbar ist auch, dass der gesamte Grabhügel religiösen Zwecken diente, also auch in der Gangkammer selbst Ahnen-Zeremonien gefeiert wurden. Zahlreiche Tieramulette, Wolfszähne und Unterkiefer von Füchsen deuten in diese Richtung. Gefunden wurden 46 menschliche Schädel. Die Archäologen vermuten etwa 200 bis 300 Bestattungen in diesem steinzeitlichen »Dorffriedhof« aus Felsplatten. Die wissenschaftliche Bedeutung der Züschener Anlage aber liegt vor allem in ihren Steingravuren:

Ein mit Steingeräten »eingeritztes« Zeichen kehrt immer wieder: eine senkrechte Linie mit einem nach oben geöffneten Halbbogen darüber, die, nach ähnlichen Zeichen in anderen Teilen Europas, von der Wissenschaft als Rinderdarstellung gedeutet wird.

Einige »Rinder« sind mit »Deichsel« und »Geschirr« vor einen zweirädrigen Wagen gespannt. Die Ritzungen verweisen auf einen möglichen Rinderkult der Steinzeit-Bauern. Zahlreiche Fischgrätenmuster im Umfeld erinnern an Steinzeitgräber in Irland, die so genannten »Cairns«. Mysteriös ist die kaum erkennbare Darstellung eines menschlichen Gesichts. Die Einheimischen sehen darin die »Dolmengöttin«. Die Völkerkunde kennt in der Tat viele Rinderkulte, die im Zusammenhang mit einer weiblichen Gottheit stehen. Niemand weiß, wie das die Wartberg-Leute sahen.[3]

Das Steinkammergrab von Fritzlar-Züschen

gilt als »archäologisches Kleinod von europäischer Bedeutung«. WEGWEISER: Die Steinzeit-Anlage befindet sich nördlich von Fritzlar. Man fährt die B 450 Richtung

Verzierter Stein in der nördlichen Längswand des Züschener Kammergrabes. Die Darstellung zeigt stilisierte Rindergespanne.

Wolfhagen. In Lohne biegt man in Richtung Züschen ab. Kurz vor dem Ortsrand von Züschen liegt das Gemeinschaftsgrab rechter Hand auf einem leicht ansteigenden Hang. Die Zufahrt ist ausgeschildert. Das bald sichtbare Scheunendach ist die Überdachung des Kammergrabes. Ständige Beschädigungen machten ein Schutzgitter notwendig. Um die Anlage näher sehen zu können, ist daher ein Schlüssel nötig. Man erhält ihn im Regionalmuseum Fritzlar (siehe unten).

Zahlreiche Funde und eine sehenswerte Rekonstruktion des Züschener Hügelgrabes zeigt das LANDESMUSEUM KASSEL, Grimmplatz 5, Tel.: 05 61/ 78 00 36 (Öffnungszeiten siehe KASSEL). Die Geschichte der Stadt Fritzlar und der Büraburg dokumentiert das REGIONALMUSEUM FRITZLAR im »Hochzeitshaus«, Tel.: 0 56 22/8 03 28. SO–FR 10–12 und 15–17, SA geschlossen. Dezember bis einschließlich Februar an Wochenenden geschlossen.

1 Nach: Führer zu archäologischen Denkmälern in Deutschland, Nr. 8 (Der Schwalm-Eder-Kreis), Stuttgart 1986.
2 Aus: Heinrich Schreiber, Die Feen in Europa, Freiburg 1842, S. 11. Nachdruck: Allmendingen (Verlag d. Melusine) 1981.
3 Nach: Archäologische Denkmäler in Hessen, Heft 22.

Fulda
36037, Kreisstadt des Landkreises Fulda.
55 441 Einwohner. 🛏 1146.
Verkehrsbüro: Schloßstr. 1. Tel.: 06 61/10 23 45.

Land und Leute um Fulda
beschreibt Heinrich Joseph König 1861 in seinen »Gesammelten Schriften«. König wurde 1790 in Fulda geboren. Er war liberaler Landtagsabgeordneter und unglücklich verheiratet. Beides prägte sein Schaffen:
»Das Landvolk ist fromm und sinnlich. Es hält sich gläubig an die Lehren und Vorschriften seiner Priester, ohne

sich im Mystischen zu vertiefen oder im Moralischen sehr zu ängstigen. Im Beten genau, im Leisten lau zu sein, hatte sich der Fuldenser unter dem Krummstabe gewöhnt. Solche Frömmigkeit verträgt sich denn auch gar wohl mit der Fröhlichkeit des Genusses. Ja in dieser ging man noch viel eher als in jener über das Maß hinaus. Zur damaligen Zeit war die Rohheit der Lust fast unbändig. An Feiertagen, wenn die Bauern nachmittags nach Hause kehrten, hüteten sich die Städterinnen, ihnen zu begegnen.«

Am Rathausbrunnen in Fulda

halten die Mägde und Schankknechte ihre Tratschereien. Noch weit nach Sonnenuntergang sind ihre bösen Zungen dort zugange. Diejenigen aber, die ihr Schandmaul nicht bereuen, werden nach ihrem Tod vom Teufel zurück nach Fulda geschickt. Dort müssen sie dann nächtens mit der Zunge die Rathaustreppe fegen. Der Böse hält dabei die Laterne und trägt ihnen auch auf, zum besseren Gelingen zuvor ein Maul voll Wasser zu nehmen. Und so kommt es, dass man morgens oft eine ganz feuchte Treppe sieht.

Der weiße Teufel

Als der Böse sah, wie sich der Dom zu Fulda so schön erhob, und all der Seelen gedachte, welche er durch diesen Bau verlieren werde, wich vor Ärger die Farbe, und er wurde kreideweiß. So sieht man ihn noch heute in der Kuppel des Doms, wo ihn Sankt Michael in Schach hält. Beide zusammen sind ein Wahrzeichen der Stadt.

Die Sonnenuhr an der Michaelskirche

ist wohl der geheimnisvollste Zeitmesser Hessens. Angebracht über dem domseitigen Tor des Kirchenschiffs müsste er aus dessen Entstehungszeit, dem Hochmittelalter, stammen. Sein Zifferblatt jedoch misst den Tag nicht nach zwölf Stunden, sondern ist in acht Zeiteinheiten gegliedert. Eine uralte Tageseinteilung, die im Hochmittelalter längst durch die Zwölferzählung ersetzt war. Da die Sonnenscheibe in einen Steinquader gemeißelt ist, kann sie auch viel älter sein und wurde möglicherweise erst

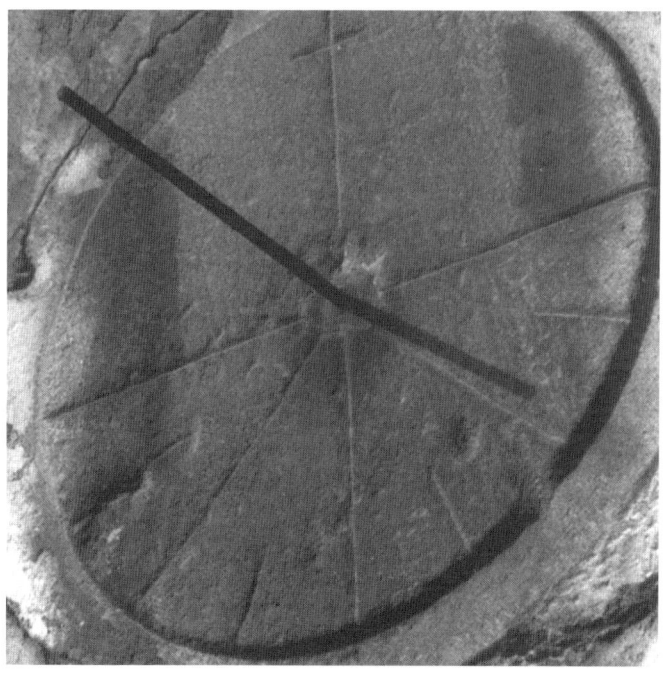

beim Ausbau der Kirche an ihre heutige Stelle gesetzt. Die ältesten Teile der Michaelskirche stammen aus dem frühen 9. Jahrhundert. Der in Fulda wirkende Kirchenlehrer Rabanus Maurus soll an der Konzeption des Baus beteiligt gewesen sein. Der zentrale Kuppelbau entspricht der mittelalterlichen Vorstellung von der Jerusalemer Grabeskirche. Seine schmalen Fenster sind unter astronomischen Gesichtspunkten angeordnet. Zu bestimmten Jahreszeiten lenken sie das Licht der aufgehenden Sonne auf zugeordnete Heiligenbilder oder auch auf das symbolische Christusgrab im Zentrum des Baus. Das astronomische Wissen des Rabanus Maurus könnte hier Eingang gefunden haben. Inwieweit die mysteriöse Sonnenuhr in diesem Zusammenhang steht, ist ungeklärt. Auffällig ist die Analogie dieser »Achteruhr« zur alteuropäischen Achtereinteilung des Jahres und den entsprechenden Darstellungen achtspeichiger Räder und Sonnensymbole.[1]

Der Ringwall bei Haimbach

liegt auf dem 416 Meter hohen Haimberg, einer Basalt-kuppe am Ostrand des Vogelsbergs. Steinbrucharbeiten haben den Berg mittlerweile weitgehend ausgehöhlt. In der späten Urnenfelderzeit trug er eine Ringwallanlage, von der nur noch im Süden und Westen der Kuppe etwas zu sehen ist. Man fand Gewandfibeln, Bronzeschmuck und die Gussform eines charakteristischen »obenständi-gen Lappenbeils« aus dieser Periode.

Die Funde vom Haimberg beherbergt das VONDERAU-MUSEUM in Fulda.

Kaviar aus dem Fuldatal

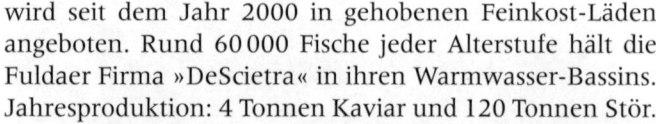

wird seit dem Jahr 2000 in gehobenen Feinkost-Läden angeboten. Rund 60 000 Fische jeder Altersstufe hält die Fuldaer Firma »DeScietra« in ihren Warmwasser-Bassins. Jahresproduktion: 4 Tonnen Kaviar und 120 Tonnen Stör.

Die Fische leben in geschlossenen Kreislaufsystemen. Dort wachsen sie weit schneller als ihre Artgenossen in freier Wildbahn. So braucht etwa die Störart »Acipenser baeri« im heimischen Baikalsee gut 12 Jahre bis zur Laichreife. Im angewärmten Wasser der Hightech-Zucht schafft sie das schon im vierten Jahr. Die Simulation eines ewigen Sommers. Und da das Wasser immer wieder über eine »vollbiologische Reinigungsanlage« läuft, sind Fisch-krankheiten entsprechend selten. Auf vorbeugenden Ein-satz von Antibiotika kann deshalb verzichtet werden. Ein entscheidendes Plus gegenüber den Aquakulturen in Nordeuropa und Asien, wo man Lachse und anderes Meeresgetier in Fjorden und Buchten mästet und auf Medikamente angewiesen ist.

In den ersten Jahren wurden die Fuldaer Farmstöre zur Entnahme der begehrten Eier nicht getötet. Sie wurden nur betäubt. Dann entfernte man den Rogen per Kaiser-schnitt und verschloss die Öffnung mit einer speziellen Klebenaht. Nach einer Stunde schwamm der Fisch wieder munter im Wasser.

Doch dann kam eine Anzeige engagierter Tierschützer. Sie hielten den Eingriff für strafbar, da das Tierschutzgesetz

Wem die Stunde schlägt: ein hessischer Stör auf dem Weg zur Kaviarentnahme.

»die Entnahme von Organen zu gewerblichen Zwecken« verbietet.

Da bislang nicht geklärt ist, ob die unreifen Störeier rechtlich als »Organe« anzusehen sind, griff man in Fulda vorsichtshalber auf die traditionelle Methode zurück:

Bis auf Weiteres werden die laichreifen Weibchen geschlachtet. Erst dann entnimmt man die Fischeier.

Das Kaviaraufkommen ist weltweit seit Jahren rückläufig. Brutale Fangmethoden dezimieren die Störbestände. Deshalb haben sich die Preise bereits verdoppelt. Für ein Kilo Importware zahlt man mittlerweile je nach Störart zwischen 1500 und 6000 Euro.

Hessischer Kaviar hat einen leicht nussigen Nachgeschmack und ähnelt damit der gängigen Importsorte Osietra. Ein Kilo aus dem Fuldatal kostet um die 1000 Euro. Man hat aber auch lange dran zu löffeln.[2]

1 siehe auch »Jahresfeste im alten Europa«, S. 39.
2 Weitere Informationen: DeScietra GmbH, Kruppstr. 5, 36041 Fulda,
   Tel.: 06 61/92 81 30, E-Mail: descietra@web.de

Queste, Quast und Questenberg –
Spuren eines Sonnenwendbrauchs

Nördlich des Kyffhäuser beginnen die Ausläufer des Harzes. Hinter waldigen Bergrücken gut versteckt liegt dort in einem schmalen Wiesental das Dörfchen Questenberg. Der Karstbuckel im Westen ragt knappe 100 Meter über den Ort und heißt »Queste«. Von dort hat man einen wildromantischen Blick in ein Seitental Richtung Sonnenaufgang. Der Talgrund ist gewissermaßen die »Visierlinie« zum Aufgangspunkt am Mittsommertag: Er verläuft ziemlich genau 55 Grad Nordost. Dieser Ausblick dürfte der Grund gewesen sein, warum vorchristliche Stämme jene »Queste« als Kultplatz wählten – zur Feier der Sommersonnenwende.

Die 200 Questenberger machen das noch heute, allerdings vorverlegt auf die Pfingsttage. Dieses Abrücken vom Mittsommertag war vermutlich ein Zugeständnis an die Kirche. Alljährlich schmücken

Alle Jahre wieder: Die Questenberger stellen den Questenbaum auf die Queste.

190

die Einwohner ihren 10 Meter hohen »Questenbaum« auf der Queste mit einem frischen Kranz aus
Birken und Buchenzweigen und grüßen das Tagesge-
stirn zu seinem Aufgang mit feierlichem Gesang. Am
Querbalken des Questenbaums hängen übrigens
jene zwei Laubbüschel, die an Quasten erinnern und
auch so heißen. Sie sollen dem Ganzen den Namen
gegeben haben. Umzüge und Umtrünke der »Questenmannschaft« umrahmen den Brauch und erinnern ein wenig an Schützenfeste.

Nun liegt Questenberg in Sachsen-Anhalt und das
Ganze hätte mit Hessen nichts zu tun, gäbe es da nicht
in Bad Salzschlirf den Heimatforscher Ferdinand
Stein. Der beschäftigte sich lange mit Flurnamen und
stieß dabei mitten in Hessen auf eine »Queest«. So
heißt nämlich der Mittelteil des Langenbergs bei Großenlüder. Stein besah sich die Örtlichkeit und stellte
topographische Ähnlichkeiten zur »Queste« im Südharz fest: An dieser »Queest«, in anderen Karten auch
als »Quästebärk« verzeichnet, läuft der Sattel des Langenbergs in einem sanften Plateau nach Osten aus.
Von dort reicht die Fernsicht bis zur Hohen Rhön. Die
Aufgangspunkte beider Sonnenwenden sind zu einer
sehr frühen Tageszeit sichtbar: zu Mittwinter (126
Grad Südost) ebenso wie zur Sommersonnenwende
(55 Grad Nordost). Ein optimaler Platz für einen Son-
nenbrauch. Stein suchte und fand nun weitere Hinweise auf eine frühe kultische Nutzung des Bergs. So
die Wallfahrtskapelle auf halber Höhe, die über einer
wunderkräftigen Quelle, dem »Einsiedlerborn«, errichtet wurde. Der Kirchenbau stammt aus dem 17.
Jahrhundert und ist den 14 Nothelfern geweiht, also
jener Equipe von heiligen Fürsprechern, deren Anru-
fung Hilfe in fast allen Lebenslagen verspricht. Folgt
man der örtlichen Überlieferung, so waren die heiligen vierzehn einst höchstpersönlich in Großenlüder
und lagerten am Hang des Langenbergs. Da überkam

sie großer Durst. Doch statt im Dorf in eine Schänke zu gehen, beteten sie zum Himmel. »Plötzlich trat zwischen je zwei Heiligen ein Brünnlein aus dem Berg. Es waren kleine Rinnsale, die bis in die jüngste Zeit als die ›siewe Born‹ bekannt und erhalten waren«[1]. Dann aber brachte sie der Kalkabbau im nahen Steinbruch zum versiegen. Den schon erwähnten Einsiedlerborn ereilte das gleiche Schicksal, nachdem er offenbar lange Zeit im Kapelleninneren gefasst und so für Wallfahrer zugänglich war. Die Sage weiß von einem Kind, das unter Ausschlag litt. Nachdem Schulmedizin und Volksweisheit versagt hatten, pilgerte seine Mutter mit ihm zur Langenberg-Kapelle. »Nach inbrünstigem Gebet wusch sie das Kind vertrauensvoll in der kalten Altarquelle und ging getröstet nach Hause. Am anderen Morgen war ihr Kind völlig geheilt. – Die Altarquelle aber ist schon lange versiegt.«[2]

Heilige Orte des Christentums in freier Landschaft sind in aller Regel Hinweise auf heidnische Heiligtümer an gleicher Stelle. Die Missionare »besetzten« die Kultplätze und weihten sie einem christlichen Heiligen als Nachfolger der alten Götter. Quellheiligtümer waren im keltischen Kulturraum häufig. Am bekanntesten sind Chartres und Lourdes. Die heiligen Quellen des Langenbergs standen möglicherweise in einem rituellen Zusammenhang mit dem Questenplatz auf der Kuppe. Es ist daher nahe liegend, die Kapelle als christlichen »Gegenzauber« zu verstehen.

Für Ferdinand Stein erhärtete sich damit die Vermutung, dass alte Flurnamen, die an »Queste« erinnern, auf vergessene Orte jenes Sonnenbrauchs hinweisen. Er initiierte einen »Arbeitskreis Ouestenforschung« und man dehnte die Suche nach der Queste auf das frisch geeinte Deutschland aus. Nun konnte auch Ernst Kiehl, der ostdeutsche »Nestor« der Questenforschung, in das Unternehmen einbezogen werden.[3]

Questenberger Questenmannschaft um 1900.

Gefunden wurden bislang im Vogelsbergkreis die »Quebst« unterhalb der Sandkirche bei Schlitz, das gleichnamige Flurstück bei Hartershausen, mit freiem Blick über das Fuldatal zur Schillhöhe, und bei Diemelstadt-Rhoden (Kreis Waldeck-Frankenberg) der Bergrücken »Quast« mit dem Flurnamen »Quast-Holle«. Des Weiteren eine »Ouaest« bei Schenklengsfeld-Wippershain, eine »Quast« bei Kirchheim-Kemmerode und die »Quaste« bei Kirchheim-Gersdorf – alle drei im Landkreis Hersfeld-Rotenburg.

Im nahen Thüringen erfasste der Arbeitskreis eine »Queste« bei Schmalkalden, einen »Questenhügel« bei Rieth (Kreis Hildburghausen) und nicht weit davon den urkundlich belegten »Questenberg« bei Häselrieth, der heute »Häselriether Berg« heißt. Ein weiterer »Questenberg« fand sich bei Oberstadt (Kreis Hildburghausen), ein »Questenstein« bei Brotterode (Kreis Schmalkalden) und im Kreis Mühlhausen der »Questenberg« bei Treffurt. Ein gleichnamiger Hügel wurde im niedersächsischen Hannoversch-Münden geortet und im bayerischen Unterfranken fanden sich der »Questenbrunnen« bei Fladungen-Hausen, der »Quästenberg« bei Bad Bocklet sowie der »Questenhag« bei Wülfershausen an der Saale.

Einschränkend muss gesagt werden, dass es für all diese vermuteten Sonnenbrauchplätze keine archäologischen oder gar urkundlichen Belege gibt. Die Beweisführung reduziert sich auf den jeweiligen Flurnamen, für den es allerdings keine andere sinnfällige Übersetzung gibt. Einzige Ausnahme ist bislang ein Questenplatz bei Königsberg in Unterfranken. Dort wird in einem Verzeichnis der Gemarkungssteine aus dem 17. Jahrhundert ein Grenzstein erwähnt, der dort stehe, »do man die Quersten pflegt anzustecken«. Der genaue Standort des Steins war der Urkunde zu entnehmen.

Bei all den anderen mutmaßlichen Kultplätzen wird es aber schwierig sein, Questenbräuche wie im Südharz auch tatsächlich nachzuweisen. Es sei denn, es fänden sich noch weitere Belege. Deshalb ist der »Arbeitskreis Questenforschung« an allen Hinweisen interessiert.

KONTAKT: Ferdinand Stein, Forstweg 2, 36364 Bad Salzschlirf, Tel.: 06648/3503.

1 Die Langenberg-Kapelle bei Großenlüder. Hrsg. von der Pfarrgemeinde Großenlüder, 1982, S. 21.

2 A. a. O., S. 22.

3 Ernst Kiehl, Das Questenfest. Gegenwart und Vergangenheit, Questenberg 1990/2. erw. Aufl. 1995. Zu beziehen über den Verfasser: Erlenstr.10, 06484 Quedlinburg.

Gelnhausen

63571, Main-Kinzig-Kreis. 18 135 Einwohner. 🛏 205.
Fremdenverkehrsamt: Am Obermarkt.
Tel.: 0 60 51/82 00 54.

Barbarossa im Kinzigtal

Wenn man von der Stadt aus eine Brücke überschritten,
tritt man zwischen eine alte häßliche Häusermasse, der
das Gepräge des Schmutzes und der Armut so tief aufge-
drückt ist, dass man nur mit Widerwillen durch die krum-
men Gäßchen zu wandeln vermag. Zwischen diesen Hütten liegt jene Ruine, die Trümmer der Pfalz des Kaisers
Friedrich 1. Barbarossa. (...) Ungeheure Massen von Steinen des nahen Gebirges muß man verarbeitet haben,
denn großartig sind noch die Reste. Dieser Bau geschah
vor dem Jahre 1170. (...) Oft weilte nun hier der große
Kaiser, ausruhend in der schönen Gegend von den Lasten
und Mühen seiner Regierung, sich vergnügend und
erheiternd an der Jagd in den nahen noch mit Wild reich
gesegneten Wäldern. (...) Vor Jahren zeigte man einen
uralten Baum, die Königseiche genannt, in dessen küh-
lendem Schatten er oft geruht, und noch rinnt eine
Quelle, an der sich sein Jagdgefolge erfrischt haben soll.[1]

Die Stadt des Hexenwahns

Gelnhausen gehört zu den hessischen Städten, in denen
die Hexenverfolgung besonders viele Opfer forderte. In
der lieblichen Barbarossastadt gab es im 16. Jahrhundert
eine Stadtordnung, deren zehn Artikel detailliert festleg-
ten, wie jeder Einzelne zu leben hatte. Besonders geäch-
tet war das »Laster der Zauberei«. Wer damit anderen
Schaden zufügte, war mit Richtschwert oder Scheiterhaufen bedroht. Der Nachweis wurde stets über so genannte
»Geständnisse« erbracht, die durch unvorstellbar harte
Foltern herbeigeführt wurden. Im 16. und 17. Jahrhundert wurden in Gelnhausen 54 Menschen als so genannte
Hexen gefoltert, hingerichtet oder verbrannt. Allein 1633
und 1634, fast binnen eines Jahres, wurden 21 Frauen
und Männer vor das Hexengericht gebracht. 18 starben

durch den Henker, drei erlagen ihren Verletzungen durch die Foltergeräte. Auch dies galt als »Gottesurteil«. Beschuldigte wurden im heutigen Hexenturm festgesetzt und zu den »peinlichen Befragungen« an andere Örtlichkeiten gebracht. Die Scheiterhaufen loderten stets auf dem »Äscher«. Der bezeichnende Name hat sich mittlerweile zu »Escher« gewandelt. In der gesamten Grafschaft Büdingen erreichte der Wahn den traurigen Rekord von 485 Hexenprozessen, die überwiegend in Todesurteile mündeten.

Beispielhaft überliefert ist das »Untersuchungsverfahren« gegen die Pfarrerswitwe Maria Strupp, die es im vermeintlichen Schutze ihres öffentlichen Ansehens gewagt hatte, als Hexen beschuldigte Frauen im Turm zu besuchen und sich bei der Obrigkeit für sie einzusetzen. Ihr wurde schließlich vorgeworfen, eine junge Frau, die sie auf dem Krankenlager gepflegt hatte, getötet und zudem den Kirchenschatz gestohlen zu haben.

»All ihren Freunden und auch den Gelnhäuser Bürgern schien das unmöglich, da sie ihr ganzes Leben im Dienst der Nächstenliebe gelebt und mit ihren inzwischen ergrauten Haaren eine zugleich sanfte und doch starke Ausstrahlung besaß. Als die Anklageschrift verlesen wurde, verschlugen ihr diese unfaßbaren, ungeheuerlichen Anschuldigungen die Sprache. Sie reagierte auf die Frage, ob sie bekenne, nur mit einem erschrockenen, aber entschlossenen Kopfschütteln. Alle Versuche ihrer Freunde und eines Ratsherrn, der seine Überzeugung, dass alle als Hexen verbrannten Frauen Opfer eines Massenwahns seien, in der Ratsversammlung eindringlich vorbrachte, schoben nur den Zeitpunkt der Folter hinaus.

Der städtische Henker hatte in der Nacht, bevor Maria Strupp gefoltert werden sollte, alle Folterwerkzeuge unbrauchbar gemacht und sich erhängt.

Drei Tage später brachte ein aus Hanau herbeigeholter Henker Maria Strupp aus ihrem Verließ im Hexenturm in den Folterraum. Wieder überkam sie das Gefühl der Unfaßbarkeit, des Nicht-begreifen-Könnens. Auf die Frage des Schultheiß Koch, ob sie nun bekenne, schüttelte sie nur erneut stumm den Kopf. Bei meinem Versuch, die Folter zu beschreiben, begegnet mir in der Schilderung der Grausamkeiten wieder dieses Gefühl des Nicht-fassen-Könnens – und ich beschränke mich auf folgende, kurze Angaben: ›Im Verlauf der Folter gestand und widerrief Maria Strupp, gestand und widerrief (...) und wurde am Ende wahnsinnig.‹ Am 24. August 1599 wurde sie enthauptet und auf dem Äscher verbrannt.«[2]

Ein Denkmal für die Opfer

Die geschichtsbewusste Stadt renovierte schließlich den Hexenturm und eröffnete in seinen Mauern eine Ausstellung nachgebauter Foltergeräte – eine weitere Touristenattraktion. Anlass genug, beim Altstadtfest 1985 zum fröhlichen Hexentreiben zu laden. Eine alemannische Fastnachtstruppe gestaltete die Turmeinweihung als lustigen Hexentanz um einen Scheiterhaufen. Dieses feinsinnige Geschichtsbewusstsein führte zu heftigem Widerspruch aus der Bevölkerung. Eine Gelnhäuser Frauengruppe beließ es nicht beim Protest, sondern forderte von der Stadt einen anderen Umgang mit diesem Teil ihrer Geschichte. Bußfertig versprach der Bürgermeister eine Gedenktafel, auf der die Namen der Opfer stehen sollten. Schließlich entwickelte sich bei den engagierten Frauen der Gedanke eines »Mahnmals« oder »Ehrenmals« am Hexenturm. Nach einigen Reibereien und leidenschaftlichen Debatten der Stadtverordneten zog der Magistrat schließlich mit. In Zusammenarbeit mit der Frauengruppe schuf die Frankfurter Künstlerin Eva-Gesine Wegner eine Bronzeplastik, »Die Rufende«, mit einem rufenden Kopf und weiteren Frauengesichtern an ihren Seiten. Aus der Sicht der Künstlerin eine »Baumfrau«, die die Vergangenheit in die Gegenwart ruft. Kunstsinniger Männlichkeit fiel nur das Stichwort »Phallus« ein. Die Stadt übernahm einen Teil der Kosten, zwei Drittel kamen durch Spenden zusammen. 35 000 Mark kostete Deutschlands erstes Ehrenmal für die Opfer der Hexenverfolgung. Rund

10 000 Mark mehr als die nachgebauten Folterwerkzeuge.

1 Georg Landau, Die Hessischen Ritterburgen und ihre Besitzer, Kassel 1832–1839. Zit. n.: Hessisches Hausbuch, S. 271 f.

2 Ilse Höbel, Die Geschichte der Maria Strupp. In: Frauen ehren »Hexen«, hrsg. von I. Höbel u.a., Gelnhausen 1986, S. 30.

Gießen

35390, Kreisstadt des Landkreises Gießen.

70 743 Einwohner. 🛏 4780.

Verkehrsamt: Ostanlage 25, Villa Leutert.

Tel.: 06 41/3 06 21 88.

Informationsbüro: Berliner Platz 2.

Tel.: 06 41/3 06 24 89.

Die rauen Sitten der Studentenschaft

des 17. Jahrhunderts geißelt Ferdinand Dieffenbach in seiner zeitgeschichtlich-historischen Schrift »Das Großherzogtum Hessen in Vergangenheit und Gegenwart« (Darmstadt 1877):

»Ehedem war mit dem Fuchsbrennen, der Deposition, durch welche der Fuchs aus einem unvernünftigen Tier zu einem richtigen Studenten umgeschaffen werden sollte, ein umständliches entsetzliches Zeremoniell verbunden, das wir in kurzen Zügen wiedergeben wollen. Die Füchse, damals Bachanten genannt, wurden vor den Depositor geführt, der in einem Kleide, wie es die Gaukler trugen, erschien. (...) Alsdann hielt der Depositor eine Rede. War seine Rede geendet, so ließ er den Novizen bedenklich Fragen und Formeln lösen oder über irgendein Thema sprechen. Dabei hatte er in der Hand eine Wurst mit Sand oder Kleie gefüllt; antwortete jemand nicht nach seinem Geschmack, so schlug er ihn damit oft bis zu Tränen. (...) Alsdann wurden jedem die Haare geschnitten und mit Hobelspänen bestreut (...) (und) die Ohren mit einem ungeheuren Ohrlöffel gereinigt, ›dass sein Gehör sollt aufmerksam sein auf die Lehren der

Tugend und Weisheit und sich aller Unsauberkeit der Nar-
reteiungen und schädlichen Reden entziehen‹. Weiter
wurde ihm ein großer Eberzahn in den Mund gesteckt
und dann wieder mit einer Zange herausgezogen, wobei
der Bachant auf einem Stuhle mit einem Beine sitzen
musste. (...) Barbarische Absolvier- und Akzeßschmäuse
waren mit diesen Feierlichkeiten, welche vernünftige
Universitätsvorstände und Regierungen vergeblich zu
beseitigen versuchten, verbunden.«

Der Untergang des Klosters Cella

Auf dem Schiffenberg gab es früher zwei Klöster. Oben das
Mönchskloster, das heute noch steht, und unten in der
Nähe vom Petersweiher das Nonnenkloster Cella. Zwischen
beiden verlief ein unterirdischer Gang. Durch diesen sind
Nacht für Nacht die Mönche zu den Nonnen gegangen und
haben sich dort vergnügt, der Abt mit der Äbtissin und die
niederen Brüder mit den niederen Schwestern. Nur ein
Gottesmann entsagte stets der Fleischeslust und warnte die
anderen ob ihrer Sündhaftigkeit. Einmal erschien ihm eine
Lichtgestalt, und die dünkte ihm die Muttergottes zu sein.
Die Erscheinung prophezeite ein Strafgericht über die
Lasterhöhle. Doch die andern lachten ihn aus und gingen
weiter hinunter zu den Nonnen, aßen dort Kuchen und
Braten, tranken Wein und lagen beieinander. In einer
schwülen Mainacht stieg plötzlich eine gewaltige schwarze
Wolkenwand über den Schiffenberg. Dann gab es einen

grellen Blitz, der Donner brach los. Die Erde tat sich auf, und mit großem Getöse versank das Kloster Cella samt Mönchen und Nonnen, Abt und Äbtissin, Kuchen, Wein und Braten. Seither meiden alle Klosterleute allzu üppiges Essen.[1]

Die Klosteranlage auf dem Schiffenberg

ist ein altes Augustiner-Chorherrenstift. 1129 von der Gleiberger Gräfin Clementia gegründet, ging es 1323 in den Besitz des Deutschen Ordens über. Es überdauerte die Reformationszeit und wurde 1806 hessischer Landesbesitz. Die Spuren des Nonnenklosters Cella findet man am Fuß des südlichen Schiffenbergs. Es wurde 1239 gegründet, hielt sich aber nur bis 1455.

Der Schiffenberg liegt 4 km südöstlich von Gießen im Stadtwald. Vor der klösterlichen Bebauung trug die Basaltkuppe eine Höhensiedlung aus der Urnenfelderzeit. Frühmittelalterliche Wehrgräben lassen zudem einen karolingischen Militärstützpunkt vermuten. Urkunden erwähnen eine »Skephenburc«, die dem Kloster vorangegangen sein muss.

Am Hangelstein um Mitternacht

Am Hangelstein um Mitternacht,
Was schleicht dort durch's Gebüsch so sacht?
Was klingt und klirrt so wunderlich,
Was trippelt so absunderlich?

Was blitzt und blinkt im Mondenschein,
Bald hier bald dort, was kann das sein?
Es ist das Volk der Zwerge,
Sie kommen aus dem Berge.

Das kleine Volk lebt seit Menschengedenken im Innern des Hangelsteins. Dort suchen die zierlichen Bergleute nach Gold und Silber und machen daraus in ihren Zwergenschmieden gar wundersame Waffen und Spielzeuge. Auch kennen sie die Geheimnisse des Glasschmelzens. So entstehen durchsichtige, feine Stiefel und kunstvolles Gerät. Zur

Herbstzeit aber, wenn die Zwetschen reifen, da treibt sie eine alte Leidenschaft des Nachts nach Alten-Buseck, am jährlichen Zwetschenmus-Kochen verschwiegen Anteil zu nehmen. Heimlich suchen sie die Küchen auf, in denen der Zwetschenmus, »Hoink« genannt, von Frauen und Männern gemeinsam gerührt wird. Sie setzen sich still unter die Ofenbank und schnuppern vergnügt den süßen Duft. Aber nach Mitternacht, wenn die Menschen in ihren Betten liegen und der Hoink langsam erkaltet, beginnt das Schmausen der Zwerge. Einer von ihnen legt eine gläserne Leiter an den großen Kessel, und dann wird um die Wette geschmatzt und gekichert. Sie beschmieren sich gegenseitig die Gesichter mit Zwetschenmus und albern die ganze Nacht herum. Wenn aber die ersten Hähne krähen, packen sie ihre Siebensachen und gehen zurück in den Hangelstein. Des Morgens aber stehen die Menschen erstaunt um den Topf herum, kratzen sich hinter den Ohren und wundern sich, dass der Hoink über Nacht wieder so stark eingedickt ist. »Aber so muß er auch sein«, sagt dann die klügste Magd, »sonst schmeckt er nicht! «[2]

Der Hangelstein

ist der letzte Ausläufer des Vogelsberges am Nordostrand des Gießener Beckens. Etwa 2 km südöstlich von Lollar erhebt sich die gut 300 m hohe Basaltkuppe. Sie trägt einen verschliffenen Wallrest aus dem Mittelalter und an der West- und Südflanke einen mutmaßlich eisenzeitlichen Sperrwall. Sporadische Zufallsfunde stammen sowohl von der jungsteinzeitlichen Michelsberger Kultur, als auch aus der Urnenfelderzeit. Die vermutete Zeitstellung des West-Süd-Walls erschließt sich aus Fundstücken der Hallstatt- und La-Tène-Periode. Der Hangelstein mit seinen bizarren Basaltfelsen steht wegen seiner interessanten Vegetation unter Naturschutz.

Fundstücke beherbergt das OBERHESSISCHE MUSEUM in Gießen, Altes Schloss. DI–SO 10–16, MO geschlossen.

1 Nach: H. Schüling (Hrsg.), Gießener Sagen, Gießen-Wieseck 1980.
2 Nach: Ebenda.

Glauburg

63695, Wetteraukreis. 2998 Einwohner.
Gemeindeverwaltung: Bahnhofstr. 34.
Tel.: 0 60 41/10 31.

Die zwei Herrn von der Glauburg

Am Tag der Kirchweih fanden sich vor alters jährlich in
Stockheim zwei fremde Herrn, welche niemand kannte, in
unbekannter Tracht, aber sehr stattlich gekleidet ein. Sie
scherzten mit den Mädchen, tanzten viel und schön und
waren überhaupt recht lustig. Dabei betrugen sie sich aber
so anständig, dass man wohl sah, sie seien was Rechtes.
Auch waren sie bei allen Kirchweihgästen recht beliebt,
denn sie gaben viel zum besten. Sie kamen stets miteinander und immer zur nämlichen Stunde gegen Abend beim
Fest an; sie waren immer plötzlich beim Tanz da, und niemand sah sie je von der Straße her und zur Tür herein-
kommen. Länger aber als eine Stunde vor Mitternacht
blieben sie nicht, und niemand sah sie weggehen; so unbemerkt sie hereingekommen, so unbemerkt verschwanden
sie wieder. Das reizte die Neugierde vieler. Als sie eines
Jahres wieder am Kirchweihfest beim Tanz waren, bot sich
ihnen ein Bursche aus Stockheim zum Begleiter auf ihrem
Heimweg an, was sie auch annahmen. Sie gingen mit ihm
nach der Glauburg zu und erstiegen den Berg. Oben angekommen, standen sie vor einem breiten, viereckigen Loch
im Boden, durch welches sie hinab in eine ungeheure
Tiefe sahen, auf deren Grund ein kristallheller Teich sich
spiegelte. Da stürzten sich die beiden Fremden in jenes
Loch hinab in den Teich, dass der Bursche sie nicht mehr
sah. Der Bursche hatte aber den einen, als er sich zum
Sturz in die Tiefe anschickte, an der Hand gefaßt, um ihn
zurückzuhalten, was ihm jedoch nicht gelang, denn der
Fremde riß sich los und ließ ihm nur seinen Handschuh in
der Hand, den er noch vom Tanz her anhatte. Da lief der
Bursche in großer Angst zurück nach Stockheim zum
Tanz, wo er den Handschuh vorzeigte und erzählte, was er
gesehen. Die Fremden sind aber nimmer zur Kirchweih
gekommen und nimmer gesehen worden.[1]

Das Dorado der Archäologen

Der nur 261 Meter hohe Glauberg gehört zu den Basalt-
ausläufern des Vogelsbergs. Von seiner schlichten Höhe
übersieht man das uralte, fruchtbare Siedlungsland der
Mainebene und der Wetterau. Bei guter Sicht geht der
Blick bis zum Altkönig mit seinen frühkeltischen Wallanlagen. Und Wallanlagen umschließen auch das 900 Meter
lange Plateau des Glaubergs. Die Relikte aus ganz unterschiedlichen Epochen nennt die Bevölkerung kurzerhand
»die Glauburg«. Fast alle Perioden der frühen Geschichte
hinterließen hier ihre Spuren. Deshalb gilt die unschein-
bare Kuppe als eines der wichtigsten prähistorischen
Monumente Hessens.

Die frühesten archäologischen Befunde reichen zurück
in die Altsteinzeit: Faustkeile belegen zumindest eine zeitweilige Besiedlung in dieser Periode. Besser belegt ist eine
jungsteinzeitliche Siedlung der Rössener Kultur aus der
ersten Hälfte des 4. Jahrtausends v.Chr. Jahrhunderte später siedelten auch die Steinzeitbauern der Michelsberger
Kultur auf dem Plateau mit seiner ergiebigen Quelle. Etwa
ab 1000 v. Chr. trug der Glauberg eine befestigte Siedlung
der Urnenfelderleute. Am Ende der Bronzezeit umschlossen die Mauern der mutmaßlichen Fliehburg an die acht
Hektar. Damals wurde die Plateau-Quelle gefasst und ausgebaut. Der heutige Teich entstand. In frühkeltischer Zeit
wurde die Wehranlage beträchtlich erweitert: Eine keltische Mauer aus Holzsegmenten, mit Erde verfüllt und mit
Steinen verblendet, zog sich nun um die Kuppe. Aus jener
Periode stammen auch die vorgeschobenen Annex-Wälle,
die im Westen den Zugang zu einer weiteren Wasserstelle,
der »Welschlache«, sicherten. Vermutet wird eine zweite –
heute verschliffene – Wallanlage um den Fuß des Glaubergs. Ungeklärt ist die Rolle des Berges in der keltischen
Blütezeit (1.Jahrhundert v. Chr.). Aus jener Periode der
großen keltischen Stadtbefestigungen (Oppida) gibt es bislang wenig Fundmaterial. Als richtungsweisender Glau-
bergfund erwies sich das Bruchstück eines frühkeltischen
Halsrings (Torques), dessen Zierteil zwei Löwen zeigt, die
einen umgedrehten Kopf mit zwei Gesichtern zwischen

den Pranken halten. Das Schmuckfragment war ein
Zufallsfund Anfang des 20. Jahrhunderts und stammt von
der Südseite des Berges. In den sechziger Jahren des ver-
gangenen Jahrhunderts führten dann Luftbildauswertun-
gen genau dort zu sensationellen Entdeckungen:

Der »Keltenfürst« vom Glauberg

ist eine lebensgroße steinerne Statue eines Adeligen der
frühkeltischen Zeit. Es könnte sich auch ebenso gut um
einen hohen Druiden, einen Helden oder eine Gottheit
handeln. Die Figur wurde 1996 bei systematischen Grabungen des Landesamts für Denkmalpflege freigelegt
und gehört »zu den bedeutendsten archäologischen
Funden der letzten Jahrzehnte in Europa«.[2] Die vollpla-
stische Figur ist 1,86 m hoch und wiegt 230 Kilo. Die
Füße fehlen und daher wird angenommen, dass sie
ursprünglich auf einem Steinsockel stand, der aber bislang nicht gefunden werden konnte. Der dargestellte
Krieger wurde im 5. Jahrhundert v. Chr. aus rötlichem
Sandstein gehauen und zeigt die Konturen eines Panzer-
hemds aus Leinen oder Leder nebst Schwert und Schild.
Sein wattierter Panzer belegt die Verbindung der ansässigen Kelten mit den Völkern der Antike: Er orientiert
sich an der damaligen Mode im fernen Griechenland.
Die rechte Hand der Statue ist in einem Gestus an den
Körper gelegt – eine Haltung, die man von vergleichba-
ren Skulpturen des keltischen Siedlungsraums kennt.
Sie wird häufig als Zeichen der Macht oder des Helden-
tums gedeutet. Im Umfeld der Figur wurden zwei zeitgleiche Fürstengräber gefunden. Einer der beiden Toten
war ganz ähnlich wie der steinerne Fürst bewaffnet und
trug auch den gleichen Schmuck: einen Halsring mit
drei knospenförmigen Anhängern. Die Archäologen
gehen nicht davon aus, dass die Statue das Abbild des
Toten ist, sondern verstehen die Figur eher als ideali-
sierte Heldendarstellung, die als Vorlage für die Ausstat-
tung des Toten diente. Besonders auffällig ist die Kopfbe-
deckung des steinernen Kriegers, eine so genannte
Blattkrone, die möglicherweise der Form eines Mistel-

blatts nachempfunden ist. In einem der beiden Prunk-
Gräber wurden die Reste einer solchen »Mistelhaube«
aus Leder gefunden. Sie gehörte offenbar zur Zeremoni-
alkleidung des hoch gestellten Toten.

Der Glauberg am Ostrand der Wetterau war mit hoher
Wahrscheinlichkeit der Platz eines zentralen Heiligtums. Unterhalb seiner Südwestspitze stießen die Wissenschaftler auf eine etwa 350 m lange Prozessionsstraße, »die bisher in der keltischen Welt einmalig ist«.[3]
Sie hat eine Breite von 10 Metern und führt zu einem
verschliffenen Grabhügel, der einen Durchmesser von
48 m aufweist. Er überdeckte die bereits erwähnten
Fürstengräber, in denen 1995 eine keltische Schnabel-
kanne gefunden wurde. Ebenfalls eine archäologische
Rarität, die nicht nur in der Fachwelt für Aufsehen
sorgte. Die im folgenden Jahr freigelegte Steinfigur des
»Keltenfürsten« fand sich in einem Graben seitlich des
Hügels.[4]

*Die Keltenstatue vom Glau-
berg. Plakatwerbung des Lan-
desmuseums Darmstadt. Dort
ist sie ab Herbst 2005 ständig
ausgestellt.*

WEGWEISER: Die Kelten-Statue und weitere Funde vom Glauberg beherbergt ab Herbst 2005 das HESSISCHE LANDESMUSEUM DARMSTADT, Friedensplatz 1. DI–SO 10–17 und 19–21. MO geschlossen. An Feiertagen Sonderregelungen. Bitte telefonisch erfragen: 06151/125434. Glauberg-Funde zeigen auch das Museum Friedberg und das MUSEUM GLAUBURG. Nach dessen Ausbau sollen alle wichtigen Glaubergfunde dort ausgestellt werden. Geöffnet nach Vereinbarung. Tel.: 06041/6072 (A. Günther, Glauburgstr. 10).

1 Aus: Johann Wilhelm Wolf, Hessische Sagen, Göttingen und Leipzig 1853.

2 Fritz-Rudolf Herrmann, Die Statue eines keltischen Fürsten vom Glauberg. In: Denkmalpflege in Hessen, Heft 1 und 2/1996, hrsg. v. Landesamt für Denkmalpflege Hessen.

3 Ebenda.

4 Aus: Bauer u. a., Das Hessenlexikon, Frankfurt 2000,

Goddelau siehe Riedstadt.

Götzenhain siehe Dreieich.

Griesheim siehe Darmstadt.

Groß-Umstadt

64823, Landkreis Darmstadt-Dieburg.
18764 Einwohner. 🛏 220.
Stadtverwaltung: Georg-August-Zinn-Str. 33.
Tel.: 06078/78131.

Dummstadt und Armstadt

In der Ebene zwischen Rhein und Odenwald lagen vorzeiten zwei ansehnliche Städtchen. Das eine hieß Armstadt und das andere Dummstadt. Die Bürger waren aber
ob ihrer Stadtnamen sehr unzufrieden. Denn die einen
hielten sich für reich, die anderen aber für blitzgescheit.
So taten sie sich denn in ihrem Gram zusammen, und
eine Abordnung würdiger Ratsherrn wurde in dieser
Sache beim Landesherrn vorstellig. Der war nun zwar
nicht aus Dummstadt, schüttelte aber dennoch bedenklich das Haupt. Auch die Ratsherrn waren recht ratlos.
Schließlich erbot sich der Hofnarr, zusammen mit den
Weisen des Landes über den schwierigen Fall nachzudenken. Unter Vorsitz des Narren zog sich das weise Kolle-
gium nun sieben Wochen auf einen Berg zurück. Das war
auf dem Melibokus. Tagaus, tagein saßen sie nun dort auf
schattigen Bänken, tranken Dummstädter Wein und aßen
Armstädter Spargel. Bis ihnen endlich der zündende
Gedanke kam. Sie eilten sogleich in die Residenz hinab,
und der Landgraf verfügte noch am gleichen Tag die
glückliche Lösung: Die Dummstädter, so lautete die Order,
hatten ihr D an die Armstädter abzugeben. Von Stund an
war beiden geholfen.[1]

Der Landkreis Armstadt-Dieburg

ist die nächst größere kommunale Verwaltungseinheit.
Dummstadt und Armstadt waren bis zur ihrer Umbenen-
nung seine wichtigsten kulturellen Zentren. Zur Entste-
hung dieses Kreises schrieb die Deutsche Presseagentur am
1. Februar 1999: »Allzu wörtlich hat die Bundesdruckerei
Berlin offenbar die ständige Klage einiger südhesssicher
Kommunalpolitiker über ihre leere Kreiskasse genommen.
Auf den ersten bearbeiteten Euro-Führerscheinen aus der

Region taufte sie nämlich kurzerhand den Kreis Darmstadt-Dieburg in »Armstadt-Dieburg« um. (...) Ein bisschen seltsam fand der stellvertretende Leiter der Führer-
scheinstelle, Uwe Daum, das Versehen aber schon. ›Man
könnte fast abergläubisch werden‹, meinte er. Denn
betroffen war allein die erste Lieferung aus der Bundesdruckerei. Und die habe aus genau 13 frisch gedruckten
Führerscheinen bestanden.«[2]

1 Nach: Diederichs/Hinze, Hessische Sagen, S. 324.
2 dpa hes072 4 vm / 011745 FEB 99.

Gudensberg
34281, Schwalm-Eder-Kreis. 7393 Einwohner. 🛏 36.
Stadtverwaltung: Kasseler Str. 2. Tel.: 0 56 03/20 37.

Der König im Odenberg
Im Land um Gudensberg herrschte vor Zeiten ein mächtiger König, der hieß Karlquintes. In seiner letzten großen Schlacht, so heißt es, waren die Feinde in solcher
Übermacht, dass König und Heer verloren schienen. Da
rief Karlquintes die Götter an, und in der höchsten Not
öffnete sich plötzlich der Odenberg und barg so das
ganze Heer vor der Rache der Sieger. Im Innern des Berges erholt sich der König nun von seinem anstrengen-
den Heldendasein. Doch alle sieben und alle hundert
Jahre kommt er mit seinem Heerbann aus dem Odenberg und zieht zum Glißborn, um dort seine Rosse zu
tränken. Dann hört man Trommeln und Trompeten in
der Luft, Pferde wiehern und Waffen rasseln. Auf gleichem Weg kehrt der Zug dann wieder zurück und verschwindet im Berg. Nur Sonntagskinder vermögen ihn
zu sehen.[1]

Die Sage weiß auch vom wilden Jäger, dessen Geisterheer von den Gudenbergen gen Zierenberg reitet. Scheint
der Mond, so erkennt man ihn auf seinem weißen Ross,
begleitet von mehr als hundert kläffenden Hunden. Sein
Schimmel weidet bisweilen in der Goldkaule. Doch als

man einmal hinaufstieg, um ihn zu fangen, war er spurlos verschwunden.[2]

Die Wallanlage auf dem Odenberg

besteht aus mehreren Sperrwällen, die zwischen 45 m und 95 m lang sind. Innerhalb der Wälle fand man bislang keine Bebauungsspuren. Das geringe Fundmaterial stammt aus der Jungsteinzeit und aus der Eisenzeit. Einige Scherben konnten auch dem frühen und hohen Mittelalter zugeordnet werden. Die spärlichen Belege machen eine zeitliche Zuordnung der Wälle schwierig. Die ovale »Sperrschanze« am Südhang wurde mutmaßlich im Mittelalter errichtet. Bei den Wallresten im Südostteil des Berges schließen die Archäologen eine Entstehung in der Jungsteinzeit zumindest nicht aus. Das Alter der Wälle im Nordwesten ist völlig ungeklärt.[3]

Das »Lautariusgrab«

liegt im Norden von Gudensberg. Entgegen der Legende barg es nie die Gebeine eines Lautarius, sondern die Toten eines jungsteinzeitlichen Dorfes. Das »Steinkammergrab« wird der regionalen Wartberg-Kultur zugerechnet. Der ebenerdige »Gang« war etwa zehn Meter lang und fünf Meter breit und bestand aus drei Kammern. Ähnliche Anlagen finden sich bei Fritzlar-Züschen und in Calden. Das »Gemeinschaftsgrab« bei Gudensberg wurde auch in der Eisenzeit als Begräbnisplatz genutzt.[4]

Der Wotanstein

steht am Ortsrand von Gudensberg-Maden. Es handelt sich um einen steinzeitlichen Menhir, der im Mittelalter als »Malstein« Wahrzeichen einer Gerichtsstätte war. Der Block aus ortsfremdem Quarzit ist fast 2 m hoch und 1,20 m breit. Bereits eine Urkunde von 1407 spricht von »deme langen steyne zu Madin«. Im Siebenjährigen Krieg, so heißt es, sei er ausgegraben worden, weil man Schätze zu finden hoffte. Gefunden wurden allerdings nur menschliche Knochen. Die christlich inspirierte Sage erzählt, ein auf dem Lamsberg ansässiger Teufel habe die erste Kirche des Bonifatius in Fritzlar mit diesem Felsstück zerschmettern wollen. Der schwere Brocken blieb aber am Ärmel hängen und fiel auf die Felder zwischen Maden und Obervorschütz – genau an seinen heutigen Platz. Die näpfchenförmigen Vertiefungen auf dem Menhir gelten denn auch als die Spuren der teuflischen Krallen. [5]

Die Sage verbindet den Stein mit der Christianisierung Nordhessens und ordnet ihn der heidnischen Seite zu. Dies ist, neben seinem Namen »Wotanstein«, ein weiterer Hinweis darauf, dass auch die Germanen den steinzeitlichen Kultplatz heilig hielten.

1 Nach: Karl Lyncker, Deutsche Sagen und Sitten in hessischen Gauen, Kassel 1854.

2 Nach: Hessen-Nassauische Sagen, gesammelt und herausgegeben von Paul Zaunert, Jena 1929.

3 Nach: Führer zu archäologischen Denkmälern in Deutschland Nr. 8 (Der Schwalm-Eder-Kreis), Stuttgart 1986, S. 47 ff.

4 Nach: Die Vorgeschichte Hessens, S. 393.

5 Nach: Führer zu archäologischen Denkmälern in Deutschland Nr. 8, S. 45. Zur Stein-Sage siehe auch NIESTE.

Prähistorische Stelen aus Guxhagen-Ellenberg (um 1800 v. Chr.).

Das Geheimnis der Hinkelsteine

Obelix spinnt. Unter dem kontinuierlichen Doping-Einfluss druidischer Zaubertränke verstieg sich der Comic-Kelte offenbar zu der Wahnvorstellung, er sei Hinkelsteinmetz. Doch in Wahrheit standen die großen Brocken zu seiner Zeit bereits ein paar Tausend Jahre in der Gegend herum. Das geläufige Fachwort Menhir ist dem Bretonischen entlehnt und heißt einfach »Großer Stein«. Die meisten hessischen Menhire stehen im mittleren und nördlichen Landesteil. Im örtlichen Sprachgebrauch nennt man sie überwiegend Hinkelsteine, aber auch Langer Stein, Dicker Stein, Hünstein, Hünenstein, Kluckstein, Gluckenstein, Gickelstein, Grauer Stein, Wotanstein oder auch Riesenstein. »Es handelt sich nie um Findlinge oder gewachsene Felsen, sondern stets um Steine, die von Menschenhänden in urgeschichtlicher Zeit gebrochen, grob zuge- und errichtet wurden, sicherlich auch mit den gleichen mechanischen Hilfsmitteln wie die Megalithgräber (Steinkammergräber, 3. Jahrtausend v. Chr.), so dass nicht nur vom Ausgangsmaterial ›Großer Stein‹ (griech.: Megalith), sondern auch in der gleichen Aufstellungstechnik ein inhaltlicher Bezug zu dem megalithischen Gedankengebäude besteht. Jedoch wurden solche Menhire in Hessen noch nie in Zusammenhang mit einem Megalithgrab gefunden. Zwar ist von der Verbreitung der Menhire und der Megalithgräber in Niederhessen, bei einer relativen räumlichen Deckungsgleichheit, auf Gleichzeitigkeit der beiden Quellgruppen geschlossen worden. (...) Erschwert wird eine zeitliche Einordnung der Menhire wegen des Fehlens von vorgeschichtlichem Fundstoff zu ihren Füßen bzw. in ihren Standlöchern. Nimmt man westeuropäische datierbare Parallelen zu Hilfe, gehören die Menhire zwar überwiegend in die Zeit der Megalithgräber, sind aber auch noch in den folgenden Zeitepochen (besonders Bronzezeit) aufgerichtet worden.« [1] Die vorsichtige Datierung der Archäologen geht einher mit den vagen Deutungen der Funktion dieser Steine. Sie reichen »vom Seelenthron über Opferpfahl zu der Theorie des Menhirs als Ersatzleib für die Seele des Toten (was natürlich einen vorgeschichtlichen Seelenglauben voraussetzt), weiter als ›Zeiger‹ astronomischer ›Uhren‹ zur Deutung der Menhire als Phalloi. Nüchtern kann man sagen, dass diese Monolithe dauerhafte, bewußt sichtbare Denkmale vorgeschichtlichen Glaubens und Handelns sind, deren ›mysteriöse‹ Sprachlosigkeit uns noch heute anregt.«[2]

Anregend wirkten mitunter auch die sexualmagischen Bräuche, die vor allem in der Bretagne noch bis ins 19. Jahrhundert lebendig waren. »Die mit Kraft aufgeladenen Steine gilt es zu berühren, und zwar möglichst intensiv und unmittelbar, damit der Kontaktzauber wirkt: Mann und Frau reiben ihre Geschlechtsteile an dem Stein, um Kinder zu bekommen, Frauen Leib und Brüste, um schwanger zu werden, junge Mädchen rutschen den ›heißen‹ Stein hinunter, um die Liebe eines Mannes zu gewinnen. Möglichst siebenmal und mit entblößtem Unterleib. (...) Die Menhire werden mit Öl gesalbt, Kerzen und Fackeln aufgestellt. Rituelle Umzüge verstärken die fruchtbarmachende Wirkung. Der volkstümliche Glaube an die Kraft und die Potenz der ›phallischen‹ Steine wird besonders deutlich, wenn die jungen Burschen beim Steintanz ihren Penis in der Hand halten.«[3]

Der verbreitete Glaube an heilenden Steinzauber ließ Kranke Wallfahrten zu Menhiren unternehmen. Steinerne Stelen mit abstrakten Zeichen und Linien – wie der Bildstein von WOLFHAGEN-Istha und die Stelen von Guxhagen-Ellenberg – gehören zum Umfeld des mysteriösen Menhirkultes.[4] Auch die Näpfchen- oder Schalensteine, die so genannten Elfenmühlen, sowie der Steinkreis von DARMSTADT-Roßdorf werden mit dem Kultgedanken der Hinkelsteine in Verbindung gebracht. Ihre Bedeutung gibt der Wissenschaft ebenfalls Rätsel auf.[5]

WEGWEISER: Sehenswerte Menhire sind u. a. der »Lange Stein« in KIRCHHAIN-Langenstein, der »Wotanstein« bei GUDENSBERG-Maden, der »Hünstein« bei Baunatal-Großenritte, der »Riesenstein« bei Baunatal-Guntershausen, der »Sackstein« bei Bürstadt, der »Riesenstein« bei Felsberg-Wolfershausen und der verzierte Menhir bei Edertal-Wellen. Letzterer steht mittlerweile in einem Privatgarten in Ederbringhausen, eine Kopie befindet sich im MUSEUM KASSEL. Beim »Kräppelstein« von MÜNZENBERG ist unklar, inwieweit es sich um einen bearbeiteten Stein handelt. Die Stelen von Guxhagen-Ellenberg zeigen in ihren Mustern Ähnlichkeit mit den Gravuren des Steinkammergrabes von FRITZLAR-Züschen. Sie stehen im MUSEUM KASSEL (Öffnungszeiten siehe dort). Eine besonders markante »Elfenmühle« aus dem Edertal zeigt das HEIMATMUSEUM BAD WILDUNGEN. Geöffnet MO–SA 15 – 17 und SO 10 – 12.

1 Die Vorgeschichte Hessens, S. 170.

2 Ebenda, S. 173.

3 Gisela Graichen, Das Kultplatzbuch, Hamburg 1988, S. 74.

4 Nach: Irene Kappel, Steinkammergräber und Menhire in Nordhessen (Führer zur nordhessischen Ur- und Frühgeschichte 5), hrsg. v. d. Staatlichen Kunstsammlungen Kassel, 1989, S. 61 ff.

5 Zur sagenhaften Entstehung der Menhire und Kammergräber siehe FRITZLAR-Züschen.

Haimbach siehe Fulda.

Haiger
35708, Lahn-Dill-Kreis. 6823 Einwohner
Stadtverwaltung: Marktplatz 7. Tel.: 0 27 73/8 11-0.

Hessens letzte Haselhühner

leben im nördlichen Lahn-Dill-Kreis und im Süden des
Kreises Waldeck-Frankenberg. Das kleine Wildhuhn ist
auch bundesweit auf dem Rückzug. Die Größe der hessischen Population ist nur schwer zu ermitteln, denn das
Haselhuhn »versteht es nicht nur unhörbar über dürres
Buchenlaub zu laufen, sondern sich auch dank seines
fleckig rindenfarbenen Gefieders unsichtbar zu machen.
Es achtet dauernd aufmerksam auf Geräusche, um nicht
von Bodenfeinden überrascht zu werden, und unter-
bricht jede Handlung in kurzen Abständen zur sichernden
Ausschau nach Luftfeinden.«[1]

Seltener Anblick im oberen Dilltal: das Haselhuhn. Die Federhaube ist Kennzei-
chen des Hahns.

215

Vermutet wird ein Restbestand von etwa 20 Haselhüh-
nern in ganz Hessen. Hauptlebensraum des etwa tauben-
großen Vogels sind die Niederwälder im oberen Dilltal, die
dort »Hauberge« genannt werden, da sie im Wesentlichen
zum Einschlag von Brennholz genutzt werden. Früher
wurde aus den Eichenbeständen auch Gerberlohe gewonnen. Viele dieser Waldareale werden nicht mehr bewirt-
schaftet und sind mit Buschwerk zugewachsen. Haupt-
balzzeit des raren Vogels ist der April: »Dann steht der
Hahn auf einem erhöhten Punkt oder Ast und lässt mit
hängenden Flügeln und gespreiztem Schwanz ein mei-
senartiges Zirpen hören, in der Jägersprache als »Spissen«
bezeichnet. Dazu kommt Flügelwummern, teils im Stand
vorgetragen, teils im meterhohen Flugsprung.«[2]

Ende April legt die Henne an die 10 Eier, die sie gute
3 Wochen bebrütet. Dann zieht sie die Küken alleine auf.
Der Hahn hält sich aus allem raus. Haselhühner ernähren
sich im Sommer von Blättern verschiedener Kräuter und
Sträucher, im Herbst vor allem von Beeren. Im Winter
sind sie auf Knospen angewiesen.

Als Raufußhühner gehören sie zur Verwandtschaft von
Schneehuhn, Birkhuhn und Auerhuhn. In Deutschland
stehen sie zwar (noch immer) auf der Liste jagdbarer Tierarten, sind aber seit langem ganzjährig geschützt.

1 Scherzinger, W., Raufußhühner. In: Schrift des Bayer. Minist. f. Ernäh-
rung, Landwirtschaft u. Forsten, Nationalpark Bayer. Wald, Heft 2
(1976).
2 Frieder Sauer, Landvögel, (Time-Life, Die farbigen Naturführer),
Amsterdam o. J., S. 68.

Hallgarten siehe Oestrich-Winkel.

Hanau

63450, Kreisstadt des Main-Kinzig-Kreises.
84 373 Einwohner. 🛏 656.
Verkehrsbüro: Am Markt 14. Tel.: 0 61 81/25 24 00.
Rathaus-Infothek: Am Markt 14–18. Tel.: 29 53 33.

Das Nixenkraut

In alter Zeit waren die toten Arme der Kinzig über und
über mit den Blättern der Teichrose bedeckt. Die Wasser-
pflanze mit ihren großen gelben Blüten nannte man auch
das Nixenkraut, denn es wurde erzählt, es lägen alljährlich soviele Blätter auf dem Wasser, wie die Kinzig schon
Opfer gefordert hätte. Jedes Jahr müsse mindestens ein
Hanauer in ihr ersaufen. Das Ganze sei aber abzuwenden,
wenn man den Nixen einen Laib Brot und ein Maß Salz
opfere. Damit würden sie besänftigt. Unterbleibe das
Opfer, so ertöne in den Raunächten der Ruf der Flussgeis-
ter: »Die Zeit ist um, der Mensch ist noch nicht da!« Und
alsbald ertrinke jemand in der Kinzig. [1]

Die »Teufelskaute«

ist ein Flurstück westlich von Hanau-Steinheim. Dort und
in den Fluren »Buchhecke«, »Galgenbruch« und »In den
Galgentannen« (Richtung Dietesheim) finden sich mehrere vorzeitliche Gräberfelder. Es sind Hügelgräber der
mittleren Bronzezeit (mit Körperbestattungen) und Urnenfelder der späten Bronzezeit (ca. 1200 v. Chr.). In einem
Grab fanden die Archäologen eine große gemauerte Steinkammer mit einem gepflasterten Boden. In ihr waren zwei
Männer in Urnen beigesetzt (siehe Abb. S. 196).

Das Römerkastell Kesselstadt

war mit 14 Hektar umschlossener Fläche die größte Befestigung am obergermanischen Limes. Die Anlage befand
sich rechtsmainisch unterhalb der Kinzigmündung auf
einer hochwasserfreien Terrasse. Die Reste des nördlichen
Kastelltors wurden vollständig freigelegt. Andere Befunde
ermöglichten die komplette Rekonstruktion des Grund-
risses der Festung. Irritiert hat die Archäologen, dass das

217

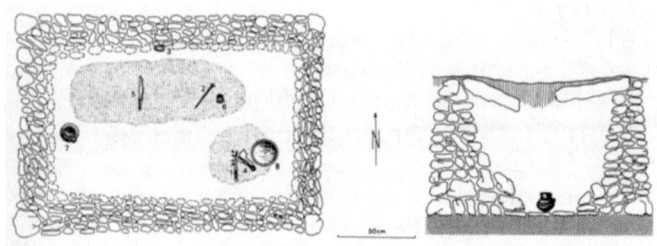

Bronzezeitliches Grab bei Hanau-Steinheim (Schema).

Kastell nicht vollständig von Gräben umgeben war. Ungewöhnlich ist auch das Fehlen jeglicher Bebauungsspuren innerhalb der Mauern. Vermutet wird deshalb, dass wir in Kesselstadt eine römische Bauruine vor uns haben: Im Kastell waren offenbar nie Truppen stationiert. Es wird angenommen, dass die inneren Unruhen in den beiden germanischen Provinzen (Saturninusaufstand 88/89 n. Chr.) dazu führten, dass die Anlage nicht mehr bezogen wurde. Das strategisch wichtige Mainknie wurde später von einem kleineren Holzkastell auf dem nahen Salisberg gesichert. Seine Legionäre genossen den Luxus eines römischen Badehauses. Die Grundmauern des Salisberg-Kastells sind zu besichtigen.

WEGWEISER: Funde aus dem römischen Hanau birgt das HISTORISCHE MUSEUM HANAU, darunter ein Altarrelief des Mithraskultes aus Rückingen (siehe auch FRANKFURT). Das Museum befindet sich in Schloss Philippsruhe. DI–SO 10–17. MO geschlossen.

Die Vor- und Frühgeschichte der Hanauer Gegend dokumentiert das MUSEUM STEINHEIM. Präsentiert werden auch Funde aus einer römischen Siedlung in der Mainspitze, darunter ein kleines Metallrelief, das die Göttin der Tapferkeit (Dea virtus) zeigt. Schloss Steinheim, 63450 Hanau 7, Tel: 0 61 81-29 55 16/29 55 10. DO–SO 10–12 und 14–17. MO, DI, MI geschlossen.

218

Das Hessische Puppenmuseum

zeigt das menschenförmige Kinderspielzeug in dekorativen Gruppierungen. Die Ausstellung spannt einen musealen Bogen von der Antike bis in die Gegenwart – Puppen als frühe Kult- und Grabfiguren, die Puppe als Spiegelbild der jeweiligen Gesellschaft samt ihrem Zeitgeist: Volkskunst, Brauchtum und Sozialgeschichte. Besonders attraktiv ist die Abteilung »Zirkus und Jahrmarkt«. Parkpromenade 4, Hanau-Wilhelmsbad, Tel.: 0 61 81/8 62 12. DI–SO 10–12 und 14–17. MO geschlossen.

1 Nach: Emil Schneider, Hessisches Sagenbüchlein, Marburg 1905.

Hatzfeld

35116, Landkreis Waldeck-Frankenberg.
3404 Einwohner. 🛏 67.
Verkehrsverein: Im Hain 1. Tel.: 0 64 67/4 22.

Der Schneider von Hatzfeld

soll Anfang des 15. Jahrhunderts gelebt haben und war der Überlieferung zufolge jähzornig und ohne Ehrfurcht vor den Dienern des Herrn. So kam er mit seinem Beichtvater derart über Kreuz, dass er jenen im Zuge einer Auseinandersetzung vom Leben zum Tode brachte. Die Obrigkeit setzte ihn sogleich auf die Fahndungsliste und er sich nach Italien ab. Zu Rom kaufte er sich in einer vatikanischen Ablasshandlung die schriftliche Absolution für zwei gestandene Morde. Mit diesen kirchlichen Papieren ausgerüstet kehrte er nach Hatzfeld zurück, und niemand wagte, Hand an ihn zu legen. Schlimmer noch, der Schneider erklärte überall, er habe zwei Ablässe bezahlt und folglich noch einen Totschlag gut. Da werde er sicher dem nächsten Pfaffen, der ihm quer komme, mal kräftig eins auf die Rübe geben. Von Stund an lebten die Kleriker des Edertals in hellster Aufregung und steter Todesangst. Da kam die Reformation des Doktor Luther gerade recht. Das Land wurde evangelisch, und die päpstlichen Ablassbriefe des Schneiders waren über Nacht nichts mehr wert.

Da schien es ihm wiederum ratsam, schnellstens außer Landes zu gehen. Seither hat man nichts mehr von ihm gehört.

Die Brandgrubengräber von Hatzfeld

gehören zu den wichtigsten vorgeschichtlichen Entdeckungen der letzten Jahre, denn sie belegen erstmals eine Bevölkerung, die sowohl keltische als auch germanische Kulturelemente aufweist. Möglicherweise illustrieren die Grabfunde die Arbeitshypothese des Archäologen Rolf Gensen, derzufolge »aus Kelten Chatten wurden«. Demnach wären die chattischen Stämme Nord- und Mittelhessens nicht von irgendwoher eingewandert und die ansässigen Kelten hätten sich nicht spurlos in Luft aufgelöst. Die Chatten wären aus der Verschmelzung zweier Völkerschaften auf hessischem Boden neu entstanden.[1]

Die ersten Grabfunde machte man bereits beim Straßenbau Anfang der 1930er Jahre. Eine Straßenerweiterung in der Lindenhofstraße brachte 1987 weitere Funde, so dass sich die Landesarchäologen 1989 zu einer Plangrabung entschlossen. Mit großer Sicherheit stammen die Hatzfelder Gräber vom Anfang des 1. Jahrhunderts, also genau aus jener Periode, von der bislang nur sehr dürftige Befunde vorliegen, in der aber der Übergang vom Keltischen ins Chattische vonstatten gegangen sein muss.

Unter »Brandgrubengräbern« versteht die Wissenschaft flache Gruben, in die dann die Scheiterhaufenreste und der Leichenbrand eingebracht wurden. Da die Grabbeigaben zum Teil ebenfalls Brandspuren aufweisen, wird vermutet, dass sie dem Leichnam schon auf dem Scheiterhaufen beigegeben wurden. Zu jenen Beigaben gehörten oft mehrere bronzene und eiserne Gewandfibeln, ein einzelner Metallfuß eines Trinkhorns, verschiedene Metallringe und Beschläge (Schildnägel) und jeweils ganze »Sätze« von verzierten Beschlägen kleiner Schmucktruhen, in denen wohl die besondere persönliche Habe mitgegeben wurde. Bei der Keramik vermischen sich Elemente aus dem »Elbgermanischen«, von wo Germanen zugewandert sein mögen, bodenständige germanische

»Rhein-Weser-Keramik« und spätkeltische Schalentypen. In einigen Gräbern fand sich auch Importware aus dem belgischen Raum.

Die Hatzfelder Grabfunde werden nach ihrer archäologischen Aufarbeitung im LANDESMUSEUM KASSEL zu sehen sein (siehe KASSEL).

1 Siehe auch »Von Hatten, Chatten und Kelten«, S. 344.

Herbstein

36358, Vogelsbergkreis. 4499 Einwohner. 🛏 109.
Verkehrsamt: Marktplatz 7. Tel.: 0 66 43/2 21.

Der Werwolf in der Schalksbach

Zwischen Herbstein und Hopfmannsfeld liegt ein verrufener Wiesengrund, den heißt man von alters her die Schalksbach. Dorthin trug eine Bauersfrau die Mittagssuppe, denn ihr Mann war schon früh hinaus zum Mähen. Als sie fast an den Wiesen war, sah sie den Mann im Wald verschwinden. Kaum hatte sie die Schalksbach erreicht, sprang der Werwolf aus dem Dickicht des Waldes. Er zog die Frau mit sich übers Feld und tat ihr einiges an – bis sie vor Leid und Wollust schrie. Dann verschwand er wieder.

Später kam ihr Mann aus dem Wald zurück und wollte sein weinendes Weib mit Liebkosen und Schmusen trösten. Doch sie ließ ihn nicht, denn er hatte rote Fäden ihres Wollrocks zwischen den Zähnen.

»Verdammter Werwolf«, fluchte sie und erstach ihn kurzerhand.

Zur Sühne wurde dann ein Steinkreuz in Hopfmannsfeld errichtet. Es steht noch heute mitten im Ort und zwar dicht bei einem Misthaufen. Es ist leicht zu erkennen, denn ihm fehlt der linke Arm. Es kann auch der rechte sein – das hängt davon ab, von wo man guckt.[1]

Die Herbsteiner Fastnacht

Das katholische Herbstein liegt mitten in protestantischem Gebiet, wo schon bald nach der Reformation die

Fastnachtsbräuche abgeschafft wurden. Die Stadt spricht daher stolz von der einzigen traditionellen Fastnacht Osthessens und sieht sie als zeitgemäßen Ausdruck eines uralten Brauchtums.

Im Mittelpunkt des Narrentreibens steht der »Springerzug« am Rosenmontag. Er besteht aus sechs »Springerpärchen«, die vom »Bajaß« mit Narrenkrone und Zepter angeführt werden. Als herausgehobenes Duo gilt das »Tiroler Pärchen«, das gleich hinter dem »Bajaß« springt. Alle Pärchen sind verkleidete Dorfburschen, die der Tradition gemäß ihre Militärzeit noch vor sich haben.

»In einer Art Mischung von Echternacher Springprozession und Barocktanz bewegt sich der Springerzug weiter; sein Ritual ist vorgegeben durch die paarig spiegelbildhafte Korrespondenz der Sprünge, die im absoluten Gegensatz zur erotischen Paarigkeit des Tanzes stehen, ein Sprung nach außen mit Verbeugung, ein Sprung nach

Die Herbsteiner Springer.

222

innen mit Verbeugung, ein Tanz von symmetrischen Paaren als Antiform des Tanzes von Paaren – und gerade durch dies strenge Antisystem im höchsten Grade eindrucksvoll.«[2]

Die Vorhut des Springerzuges bilden Fahnenträger mit den Farben der alten Handwerkszünfte, hinter den Springern folgen frei gestaltete Masken, ähnlich anderen Fastnachtszügen in Hessen. Allerdings sind auch traditionelle Typen darunter, wie der Erbsstrohbär, eine Tiermaske, die in vielen Gegenden überliefert ist und den Frühling verkörpert. Zu den modernen Zutaten des Zuges gehören mittlerweile auch Elferrat, Funkenmariechen, Motivwagen und Mainzer Narhallamarsch.

Der Umzug beginnt mit dem feierlichen »Ansprung« und bewegt sich dann zu den Häusern angesehener Bürger. Dort wird jeweils Halt gemacht und die Familie vom »Bajaß« salbungsvoll zur »Herbsteiner Foaselt« geladen. Eine Spende der Geladenen ist obligatorisch. Dieser »Tributeinzug« findet seine Fortsetzung am Dienstag, wenn einzelne Springer in Begleitung an die Türen klopfen und mit einem Spruch Eier und Speck einfordern.

Das »Tiroler Pärchen« des Springerzuges soll auf Maurer zurückgehen, die aus dieser Alpenregion kamen, um die Herbsteiner Stadtbefestigung zu bauen. Nachgewiesen ist die Einwanderung von Tiroler Händlern und Handwerkern im Jahre 1691.

Zum Ausklang der Fastnacht wird am Abend vor Aschermittwoch die »Fastnachtshexe« im Strohfeuer verbrannt und damit die Narretei begraben. Am Mittwoch folgt dann eine Art Leichenmahl, bei dem ein runder Kuchen aus Brezelteig vom Elferrat öffentlich verspeist wird. Früher war dies das Privileg der Fastnachtsburschen, der Springer und ihrer Altersgenossen.

Am folgenden »Hutzelsonntag« schließt das Fest endgültig ab. Die Familien essen zu Hause getrocknete Birnen, »Hutzeln« genannt. Eine Tradition, die als Rückführung aus »der fastnächtlichen Freiheit« in die »familiäre Gebundenheit« gedeutet wird, da sie »der Liebesfixierung dient, denn wer am Sonntag ein Mädchen zum Hutzelessen besucht und noch Brezeln und Wein mitbringt, der gilt als fest gebunden und verlobt!«[3]

An diesem Sonntag ziehen auch die Schulbuben durch Herbstein, um bei den Bauern Stroh einzufordern, mit dem die Bergfeuer auf dem Halberg brennen sollen. Die Abgabe gilt als »Steuer«, die der Bauer herauszurücken hat. »An vier geheimgehaltenen Stellen der Bergkuppe sollen am Abend von vier verschiedenen Schuljungengruppen Feuer entzündet werden. Scharfer Konkurrenzgeist charakterisiert die Situation und jede Gruppe trachtet danach, die andere mit der Masse des angeschleppten Brennmaterials zu übertrumpfen und möglichst viele Zuschauer herbeizulocken.«[4]

Mit den Halfeuern am Hutzelsonntag klingt die Herbsteiner Fastnacht endgültig aus.

Vom Ursprung der Springer

In dem »brauchmäßigen Zwang« zur »Zinsabgabe« sieht die neuere volkskundliche Forschung den Kern der Herbsteiner Narretei: »Fastnacht war hier von jeher ein alter Abgabetermin im Wirtschaftsjahr, an dem das Stift Fulda regelmäßig Teile der Naturalabgaben als Zehnten in seiner Herbsteiner Zehntsteuer sammelte.«[5] Die Erinnerung daran könnte dann Motiv zu einer närrischen Parodie der alten Steuerlasten gewesen sein. Die altertümlich wirkenden Formen des Springerzuges sind womöglich keine 150 Jahre alt. Der früheste Beleg eines solchen Umzugs stammt aus dem Jahre 1845. »Wohl mögen einzelne Brauchelemente in ältere historische Schichten reichen, aber in seiner bekannten Form entstammt er ganz sicher historisierender Heimatbegeisterung des 19. Jahrhunderts. Es ging der Herbsteiner Fastnacht wie anderen Volksfesten auch – z. B. dem berühmten Eisenacher ›Sommergewinn‹: Heimatliebe und Brauchtumsfreude vereinigten sich zu romantischer Erneuerung vorgeblich ›uralter‹ Traditionen.« Die Maskeraden der Springer wirkten denn auch wie aus dem Fundus eines Provinztheaters.[6]

Diese Einordnung des Festes durch die Volkskunde, die gerade die neuere Staffage herausstellt und ältere Wurzeln bestenfalls am Rande einräumt, ist meines Erachtens so etwas wie die (Über-)Reaktion auf den Sündenfall der Brauchtumsforschung im »Dritten Reich«. Damals erklärte die gleiche Wissenschaft jeden Butzemann zum germanischen Wotan und jeden Feuerbrauch als dem Donar geweihtes Opferfeuer. Der willfährigen »Germanisierung« und »Mythologisierung« der Volksbräuche im Dienste des Nationalsozialismus setzt die Volkskunde der Bundesrepublik nun eine (bußfertige) »Entnazifizierung« des Brauchtums entgegen. So kommt es, dass gelegentlich das Kind mit dem Bade ausgeleert wird, und – im Falle Herbstein etwa – die Tradition alter Vogelsberger Sprungtänze gar nicht einbezogen wird. Gerade die Brauchelemente außerhalb des eigentlichen Springerzuges finden sich vielfältig auch in anderen Teilen Deutschlands. Die Deutung der Herbsteiner Fastnacht als mehr oder weniger neuzeitliche »Folklore-Schöpfung« bliebe nur dann stimmig, wenn auch Erbsstrohbär, Fastnachtshexe, Hutzelessen und Halfeuer als ortsfremde Importe angesehen würden. Eine logisch notwendige, aber meines Erachtens zweifelhafte Unterstellung. Neuzeitliche Elemente widerlegen nicht zwangsläufig eine Herkunft aus alter Tradition. Die Mainzer Fastnacht gelangte erst durch eine »Reform« im 19. Jahrhundert zu ihrer heutigen Ausprägung. Niemand würde daraus folgern, sie sei damals neu erfunden worden.

1 Nach: Geschichten, Märchen und Sagen rund um Lautertal, hrsg. vom Fotoclub Lauterbach in Verbindung mit dem Verkehrsverein Lautertal, 1986.

2 Ingeborg Weber-Kellermann/Walter Stolle, Volksleben in Hessen 1970, Göttingen 1971, S. 88.

3 Ebenda, S. 91.

4 Ebenda, S. 91.

5 Ebenda, S. 88 f.

6 Ebenda, S. 85.

Über Sprungtänze im Vogelsberg

Über Jahrzehnte streifte der engagierte Heimatforscher Max Söllner als »Jäger und Sammler« durch sein geliebtes Oberhessen. Seine Deutung von Brauchtum und Kultplätzen wurzelt in der mythenschwangeren Volkskunde des 19. Jahrhunderts, die das »Wahrhafte« des Volkes in seinen uralten Traditionen zu entdecken hoffte und die Substanz der Sagen und Bräuche im wahrsten Sinne des Wortes »vergötterte«. Soll heißen: bisweilen wurden die »uralten Wurzeln« eher hineininterpretiert als herausgearbeitet. Hinter allem pflegte irgendein Relikt altdeutscher Götterverehrung zu stecken. Aus jenem weit geöffneten Schoß kroch dann auch – ein Jahrhundert später – die großdeutsche Germanentümelei.[1]

Söllner bleibt jener überkommenen »Göttersuche« verhaftet, gleichwohl fördert seine Amateur-Feldforschung vieles zutage, was der gelehrten Fachwelt auf die Sprünge hilft. Der kultische Ursprung überlieferter Tänze etwa ist durchaus kein Hirngespinst, auch wenn Söllners Rückschlüsse bisweilen etwas kurz geraten.

Die »drei lärren Strömp«

ist der Name eines Frauentanzes, der laut einer Gewährsfrau Max Söllners noch Anfang des 20. Jahrhunderts im Vogelsberg getanzt wurde. Konkret erwähnt werden die Orte Lauterbach-Frischborn und Lautertal-Eichelhain. Der Bezug des Namens »drei lederne Strümpfe« für diesen Tanz liegt im Dunkeln. Die Damen pflegten keine Lederstrümpfe zu tragen.

»Es beteiligten sich vier oder acht Frauen. Wenn nur vier, dann stand jede in der Mitte einer Zimmerwand, wenn acht, dann verteilten sich noch vier in die Ecken. Den langen Rock zog man zwischen den Beinen von hinten nach vorn und hielt ihn mit den Händen am Zipfel fest. (...) Dann hüpften alle, und zwar so, dass sie rechts und links die Beine auseinander spreizten und diese sich danach wieder berührten, aber so, dass die Schuhe aneinanderknallten. So hüpften die Frauen in der Hocke zur Wandmitte bzw. Ecke gegenüber und dann zurück zur Ausgangsstellung. Dabei sangen sie taktmäßig:

›Die drei lärren Strömp / O zwee dazu gitt fenf / O bann mer an verliere / Do hann mer aa noch viere / Die drei lärren Strömp.‹

Das Lied mußte beendet sein, wenn man den Rückweg antrat. Dann wiederholte man es. Als Siegerin feierte man die, welche am längsten hüpfte, ohne den Rock loszulassen und damit ›den Schwanz‹ zu verlieren.«[2] Söllner sieht eine nahe Verwandtschaft zu den Sprungtänzen der Herbsteiner Fastnacht. Dort hüpfe »der Bajazz ebenfalls, und zwar des öfteren jeweils dreimal, bei jedem Sprung immer höher als im vorigen und bei dem letzten so hoch, dass er dabei dreimal die Füße aneinanderknallen kann.«[3]

Ähnlich beschreibt Söllner einen weiteren Vogelsberger Sprungtanz, den »Geierich-Hepp«. »Auch hier wurden die ›lärren Strömp‹ gesungen, dabei aber in der Hocke im Kreis gehüpft. Man klatschte in die Hände und schlug sich rhythmisch auf die Schenkel. Und ein weiterer Reim erklang:

›Ich satt meiner Modder den Geierich-Hepp / Do konnt' ich's net / Do schmesse mich, do schreit ich / Do buk sie mer e Kichelche / Do war ich wieder ruhig.‹

(...) Die Männer begnügten sich mit Zuschauen. Wer von ihnen wagte mitzutun oder auch nur in eine Spinnstube einzutreten, ehe man dort das nur Frauen angemessene Spinnen gegen neun Uhr beendete, lief Gefahr, dass ihm die erbosten Frauen die Hosen auszogen.«[4]

Söllner vermutet die Ursprünge solch rauer Sitten im alten Mutterrecht und stellt Bezüge zu mutter-rechtlichen Kulten im Mittelmeerraum her, »wo man auch zur Großen Mutter, der von uns schon öfter erwähnten Erdmutter« gebetet habe. Auch das Kuchenbacken in den Tanz-Versen des »Geierich-Hepp« dünkt ihm göttlich-sagenhaften Ursprungs: »eine Erinnerung an die Frau Holle, die Kuchen bäckt.«[5]

Die Sprungtänze der Frauen stehen für Söllner in der Tradition vorchristlicher Fruchtbarkeitsmagie. Namentlich der in Frischborn getanzte »Geierich« stimuliert die Fantasie des Forschers:

»Wenn man sich überlegt, dass die gerafften und gestrafften Röcke bei dem Hüpfen zweifellos mehr von den eleganten Linien der Beine und von dem prall geformten Teil des Rückens zur Schau boten als das damals gewohnte Maß, dann begreift auch unsere durch etwas deftigeren Sex abgehärtete Zeit das Stirnrunzeln der damals Alten, wenn die Jugend den Geierich-Hepp tanzte. (...) Das eben Geschilderte drängt geradezu den Gedanken an einen Fruchtbar-keitskult auf. Man stelle sich dieses Hüpfen und Klat-schen auf die Schenkel vor, was gewiß die Sexualität anregt, den Gesang und Lärm in der ekstatischen Lei-denschaft einer Kultveranstaltung – fühlt man sich da nicht an die Saturnalien des Südens und ihr tolles Treiben erinnert? (...) Denn es berührt eigenartig, dass der Geierich-Hepp mit Vorliebe am Tage vor einer Hochzeit, und da nur von den alten Frauen getanzt wurde. Abermals ein Indiz für einen Frucht-barkeitskult, wenn auch ein sonderbares. Wenn selbst Siebzigjährige dabei die Pikanterien ihrer Kunst entfalteten, geriet ihr Eifer sicher ins Bizarre.«[6] Den seltsamen Namen des erogenen

Sprungtanzes führt Söllner auf den Kiebitz zurück, der als Tänzer unter den Vögeln gelte und vorzeiten Geybitz geheißen habe. Daraus habe sich wohl der Name »Geierich« abgeleitet. Der Rundtanz als Element des Geierich-Hepp ahme wohl den balzenden Kiebitz nach. Noch ein Beleg für dessen Ursprung als Fruchtbarkeitstanz.[7]

1 Zur »Entnazifizierung« der deutschen Volkskunde siehe auch »Die Sache mit den Sagen«, S. 74, und HERBSTEIN.

2 Dr. Max Söllner, Wanderungen zu ur- und frühgeschichtlichen Stätten Oberhessens, Gießen 1981, S. 133 f.

3 Ebenda, S. 134.

4 Ebenda, S. 135.

5 Ebenda.

6 Ebenda, S. 136.

7 Ebenda.

Hilders
36115, Landkreis Fulda. 4654 Einwohner. 🛏 719.
Verkehrsamt: Kirchstr. 2–6. Tel.: 0 66 81/6 51.

Die hartnäckige Madonna vom Battenstein
Auf dem Battenstein soll der Überlieferung nach eine alte
vorchristliche Kultstätte gewesen sein. Genau an jenem
Platz wühlten eines Tages die Schweine eine lehmver-
schmierte Figur aus dem Boden. Der Schweinehirt von
Hilders wusch sie in einem Rinnsal und brachte sie zum
Pfarrer. Der erkannte die Frauengestalt sogleich als die
Mutter Gottes und stellte sie in den Altarraum seiner
Pfarrkirche. Doch über Nacht verschwand die Figur, und
am nächsten Tag brachte sie der brave Schweinehüter
wieder zurück. Sie habe auf dem Battenstein gestanden,
erklärte er etwas verängstigt, und zwar genau dort, wo sie
die Tiere aus der Erde gegraben hätten. In den folgenden
Nächten geschah das noch weitere drei Mal, bis der Ortspfarrer das schließlich als Zeichen ansah und die Frauen-
figur auf dem Battenstein beließ. Anfang des 18. Jahrhunderts wurde dort eine Kapelle errichtet, und in einer
Nische über der Kirchentür fand die hartnäckige Statue
ihren Platz. Dort blieb sie auch ohne Zwischenfälle, bis sie
in neuester Zeit zum Schutz vor Madonnenraub ins Pfarr-
haus geholt wurde. Damit fand sie sich offenbar ab, denn
sie ist bis heute dort geblieben.

Hilgershausen siehe Bad Sooden-Allendorf.

Hirschhorn am Neckar
69434, Landkreis Bergstraße. 3 700 Einwohner.
Stadtverwaltung: Neckarsteinacher Straße 8 – 10.
Tel.: 0 62 72/9 23-0.

Das geheimnisvolle Felsbild

Fährt man von Hirschhorn nach Wald-Michelbach, so folgt die Chaussee ein gutes Stück dem Ulfenbach. Dort liegt am linken Hang auf halber Höhe die »Waldbrudershütte«, heute nur noch eine Ruhebank unter einem vorstehenden Felsendach. Im Mittelalter soll dort die Unterkunft eines frommen Einsiedlers gestanden haben. Von diesem »Waldbruder« hat der Platz seinen Namen. Eine Eintiefung im Sandstein wird als Loch für eine Türangel gedeutet und gilt als Beleg für die Existenz der Mönchsklause. Der Überlieferung nach hieß der Waldbruder Leonhard und war gelernter Steinmetz. Deshalb soll er auch jenes Relief in den Felsen gehauen haben, dessen Deutung die Wissenschaft entzweit. Die verwitterte Sandstein-Figur wurde mehrfach mutwillig beschädigt. Geblieben ist nur noch ein Torso. In den dreißiger Jahren beschrieb der Altertumsforscher Friedrich Behn die Konturen des Reliefs. Sie waren offenbar noch deutlich zu erkennen:

»Eine menschliche Gestalt von etwa 75 Zentimeter Höhe in langem, bis auf die Füße reichenden Glockenrock, beide Arme wie zum Gebet oder Segen erhoben, mit einem Vogel auf der rechten Schulter und Hörneransätzen beiderseits der Stirn. Nach Darstellung und Stil ist das Relief in der gesamten mittelalterlichen Kunst nicht unterzubringen, der man es früher meist zugeteilt hatte, dagegen hat unser Felsbild vollkommen entsprechende Gegenstücke in Bildnissen keltischer Gottheiten, die oft mit dieser Armhaltung dargestellt werden, und in diesem Kreise finden wir auch den Gott Cernunnos mit dem Hirschgeweih an der Stirne. Es ist vorläufig nicht mehr als eine Vermutung, dass wir hier eine Kultstätte des Keltengottes haben, doch manches wäre dafür anzuführen.«[1]

Das überlieferte Brauchtum im Umfeld des Reliefs ist für Behn ein weiterer Hinweis auf einen vorchristlichen Kultplatz:

»Am Wiesenrande unterhalb des Felsblockes entspringt eine offenbar schon von alters her gefasste Quelle, zu der noch in neuester Zeit in gewissen Nächten die Frauen der umliegenden Dörfer, teilweise weither, auf verschwiegenen Waldpfaden pilgerten, um aus ihr zu schöpfen, also ein Quellzauber in rein heidnischen Formen.«[2]

An anderer Stelle interpretiert Behn diesen Wasserkult als Fruchtbarkeitszauber und verweist auf ähnliche Bräuche im Odenwald, etwa am Amorsbrunnen bei Amorbach. Das Wasserschöpfen zu einem überlieferten Zeitpunkt sollte demzufolge Liebesglück und Kindersegen fördern.[3]

Die Zuordnung des Felsbildes zu irgendeinem Einsiedler hält Behn für abwegig. Er weist vielmehr darauf hin, dass die Bezeichnung »Waldbrudershütte« für den Ort des Reliefs erst eingeführt wurde, »nachdem Schmitthenner in seinem Hirschhorner Lokalroman ›Das deutsche Herz‹ und sein Vorgänger Feldhofer in der Romantikerzeit die Stelle mit dem Einsiedlerleben des Schwagers des letzten Ritters von Hirschhorn in Verbindung gebracht haben, den sie Leonhard nennen. Hier liegt offenbar eine alte Überlieferung vor, die einen Leonhard an dieser auffallenden Stelle kennt, doch nicht den romanhaften Einsiedler des 17. Jahrhunderts, sondern den Heiligen gleichen Namens, der wie kein anderer im ganzen südlichen Odenwald verehrt wurde.[4]

Behn versteht diesen heiligen Leonhard als Erbe einer heidnischen Gottheit, deren heilige Quellen ersatzweise St. Leonhard geweiht wurden. Sein Vorgänger könnte also Cernunnos gewesen sein. Mit der gleichen Regelhaftigkeit übereignete die Christianisierung die Wotans-Heiligtümer St. Jakob und die Kultplätze des Donar dem heiligen Petrus.[5]

Weiter heißt es bei Behn: »Ob unsere Deutung des Hirschhorner Felsbildes sich nun bestätigt oder nicht, in jedem Falle haben wir ein religionsgeschichtlich ungeheuer lehrreiches Denkmal. Ob der Name ›Hirschhorn‹

mit dem Bilde des Gehörnten im Ulfenbachtal zusammenhängt, kann natürlich ebenfalls erst dann ernsthaft erörtert werden, wenn die Entstehungszeit des Reliefs einmal über alle Zweifel festgestellt sein wird.«[6]

Doch gerade hier vertritt die neuere Forschung die Gegenposition.

Friedrich Behn ließ in seiner Reliefbeschreibung genau jenen Teil der Konturen unerwähnt, den die nächste Generation der Archäologen für entscheidend hält: Unter dem glockenförmigen Mantel der Figur schauen nämlich spitze Schuhe hervor. Eine Fußbekleidung aus der Kunstepoche der Gotik. Damit läge der Entstehungszeitraum des Reliefs erst im 13./14. Jahrhundert. Für das Mittelalter spräche aber vor allem, dass die ins 11. Jahrhundert datierte »Lorscher Chronik« alle Kultur- und Naturdenkmäler in Hirschhorns Umgebung beschreibt, das Felsbild aber völlig unerwähnt lässt. Logischer Schluss: Es muss erst später in den Fels gemeißelt worden sein.[7]

Nun könnte man in die nächste Argumentationsrunde gehen. Die aktuelle Gotik-These lässt nämlich mindestens so viele Fragen offen wie die Keltentheorie. Was zum Beispiel sollen die (zugegeben kaum noch sichtbaren) Geweihansätze auf dem Haupt eines christlichen Einsiedlers? Was ist mit der Gebetshaltung der Figur, die kelti-

Das Felsbild vor der letzten Beschädigung (Abguss).

233

schen Darstellungen verblüffend ähnelt, während sich die Frömmigkeit des Mittelalters mit gefalteten Händen bescheidet? Und erinnert der Umhang der Figur nicht deutlich an den Cucullus, den Kapuzenmantel der einheimischen Kelten?

Das Sandstein-Relief wurde mehrfach beschädigt. Nicht nur das Geweih blieb dabei auf der Strecke. Was, wenn sich im Mittelalter der Rinderhirt von Hirschhorn unter den Felsvorsprung flüchtete, um einem Platzregen zu entgehen? Könnte es ihm da nicht langweilig geworden sein, weil das Unwetter einfach nicht aufhören wollte? Und was könnte ihn dann davon abgehalten haben, das damals schon etwas ramponierte Relief mit zwei zierlichen gotischen Schuhen zu versehen? Bestenfalls das fehlende Werkzeug.

Aber wer weiß, was ein wehrhafter Odenwälder damals so alles unterm Mantel trug.

WEGWEISER: In Hirschhorn folgt man der Beschilderung Waldmichelbach/Langenthal. Die zuständige Landesstraße 3105 führt durch das Ulfenbachtal. Nach etwa 2 km geht ein Feldweg nach links über den Ulfenbach. Auf der anderen Bachseite führt der Weg zunächst rechts und dann nach etwa 100 m links in eine tief eingeschnittene Schlucht. An deren Nordhang liegt die »Waldbrudershütte« mit dem verstümmelten Relief. Hinauf führt ein schmaler Pfad.

HINWEIS: Glücklicherweise wurden in den siebziger Jahren Abgüsse des Felsbildes angefertigt, so dass sein Zustand vor der letzten Beschädigung besichtigt werden kann. Diese Kopien findet man im Eingang des Hirschhorner Rathauses und im Volkskundemuseum Heppenheim.

1 Prof Dr. E Behn, Starkenburg in seiner Vergangenheit, Band 1: Urgeschichte von Starkenburg, Mainz 1936. Zu Cernunnos siehe auch »Die Kelten und ihre Götter«, S. 57.

2 Ebenda.

3 Ähnliche Bräuche kennt man von Meißner und Vogelsberg. Siehe S. 115. Besagte Quelle ist heute nicht mehr gefasst. Man findet sie ein gutes

Stück unterhalb des Felsbildes an der Grenze zwischen Wald und Tal-
wiesen. Zumeist ist dort nur eine tiefe Pfütze.

4 Behn, a. a. 0.

5 Siehe auch S. 39 (Wotan/Jakob) und S. 70 (Donar/ Petrus).

6 Behn, a. a. 0.

7 Holger Göldner referiert diese Überlegungen von W. Jorns in: Das Felsbild an der Waldbrudershütte, Archäol. Denkmäler in Hessen 83.

Hochheim am Main

65239, Main-Taunus-Kreis. 15 142 Einwohner. 🛏 196.
Stadtverwaltung: Burgeffstr. 30. Tel.: 0 61 46/90 00.

Inmitten prächtiger Weinberge

lag Hochheim auch schon im Sommer 1783, als ein reisender Franzose seine Impressionen zu Papier brachte:

»Die starke Stunde Wegs von Hochheim bis nach Mainz
war eine der angenehmsten auf meinen deutschen Reisen. Erst geht es den goldnen Hügel auf eine Viertelstunde
durch ununterbrochene Weingärten herab, die an der
Straße von Obstbäumen beschattet werden. Auf diesem
Abhang beherrscht man eine unvergleichliche Aussicht
über ein kleines, aber ungemein reiches Land, welches die
nördliche Erdzunge bei dem Zusammenfluß des Rheins
und Mains bildet.«[1]

Und wenn man sich nun die adrette Autobahn, die
Hochspannungsmasten und die lieblichen Hochhäuser
wegdenkt, dann sieht es in der alten Weinstadt noch geradewegs so aus wie vor 200 Jahren.

Der »Elfenspiegel«

Hochheims Bürgermeister verwahrt im Panzerschrank
des Rathauses eine archäologische Kostbarkeit: den
»Elfenspiegel von Hochheim«. Die zierliche Bronzearbeit
stammt vermutlich aus der Werkstatt eines lokalen Handwerkers der frühkeltischen Zeit (4. Jahrhundert v. Chr.).
Die unverzierte Metallscheibe (Durchmesser 12,5 cm)
wurde mit einem Griff versehen, der als menschliche,
janusköpfige Figur mit ausgebreiteten Armen gestaltet ist.

235

Die Arme »halten« den Spiegel: eine Grabbeigabe für eine hoch gestellte Persönlichkeit. Vom Grab selbst fand man nur noch Spuren. Niemand weiß, ob der Spiegel kultischen Zwecken diente oder einfach nur einer keltischen Dame das Auftragen des Make-ups erleichterte. Der Elfenspiegel ist eine Rarität: Ganze fünf solcher Arbeiten wurden bisher in Europa gefunden. Der Hochheimer Spiegel ist so fein gearbeitet, dass man leicht nachvollziehen kann, warum die Legende ihn als das Werk von Elfen sieht (Abb. S. 82).

WEGWEISER: Da das Öffnen des Panzerschranks für interessierte Besucher jedes Mal die unvermeidlichen Dienstgeschäfte des Stadtoberhaupts stören würde, ließ die Gemeinde eine wunderschöne Kopie des »Elfenspiegels« anfertigen. Sie ist im Heimatmuseum zu bewundern: OTTO-SCHWABE-MUSEUM, Mainzer Str. 22–24, Tel.: 0 61 46/20 61. Geöffnet MI 18–20, SO 14–17.

Das »Hock«-Denkmal

Mitten in den besten Hochheimer Rieslinglagen steht ein seltsam altertümliches Monument – das Denkmal für den Wein der Queen. Errichtet Mitte des 19. Jahrhunderts zum Ruhme des einheimischen Rieslings, dessen edelste Gewächse seit 1850 in den Buckingham Palace nach London geliefert werden. Der offensichtlich weinkundige britische Hochadel nennt den Hochheimer ob der schwierigen deutschen Lautung einfach »the Hock«. Mittlerweile hat sich dieser Name in Britannien für alle Rheinweine eingebürgert. Ein findiger Gutsbesitzer holte sich die königliche Erlaubnis, seinen Weinberg »Königin-Victoria-Berg« nennen zu dürfen. Der Landesmutter hatte man dort nämlich während einer Rheinreise einen Pokal besten »Hocks« kredenzt. Der werbewirksame Satz »Good Hock keeps off the doc«[2] soll dabei über ihre adeligen Lippen gekommen sein. So etwas brauchte natürlich dringend ein Monument. Und da an dergleichen der Zahn der Zeit zu nagen pflegt, musste der viktorianische Riesling-Obelisk anno 1990 runderneuert werden. Im Beisein eines wasch-

Das Wein-Denkmal für Queen Victoria.

echten Konsuls ihrer Majestät und unter Intonierung des »God save the Queen« wurde er dann erneut zum Bestaunen freigegeben.

1 Briefe eines reisenden Franzosen über Deutschland an seinen Bruder in Paris, übersetzt von K. R., 1784. Zit. n.: Hessisches Hausbuch, S. 548.
2 Etwa: »Guter Hock hält einem den Arzt vom Leibe.«

Höchst (Nidder) siehe Altenstadt.

Höchst im Odenwald
64739, Odenwaldkreis. 8590 Einwohner. ⊨ 640.
Verkehrsamt: Montmelianer Platz 4. Tel.: 0 61 63/30 41.

Die drei Göttinnen von Mümling-Grumbach

Der Gelehrte Ferdinand Dieffenbach berichtet 1877 von
einem »merkwürdigen Stein« in der Kirchhofsmauer »zu
Mümling-Krumbach«. Es sei ein meterhoher Block aus
rotem Sandstein »mit drei sitzenden, weiblichen Figuren,
welche Körbe oder Schalen mit Baumfrüchten vor sich
halten.« [1]

Der Stein wurde später im Innern der Kirche in die
Nordwand eingelassen. Dort ist er noch heute der markanteste Schmuck des ansonsten kargen, weil protestantischen Gotteshauses.

Die drei Damen sind Muttergottheiten keltischer Herkunft, so genannte Matronen, die später auch von den
Legionären Roms verehrt wurden. Die Figuren stammen
aus römischer Zeit. Sie wurden vermutlich um die Wende
des 2. zum 3. Jahrhundert n. Chr. von einem Odenwälder
Steinmetz geschaffen. Die Hauben der beiden äußeren
Figuren gelten als Teil einer keltischen Tracht, die bei den
Stämmen des Rheinlands in Mode war. Im Kölner Raum
wurden auch bislang die meisten »Matronensteine« entdeckt. Der gallo-römische Kult scheint in der dortigen
Provinz »Germania Inferior« (Untergermanien) verbrei-
teter gewesen zu sein als in »Germania Superior« (Obergermanien), zu dem auch das heutige Südhessen gehörte.
Es ist denkbar, dass die römische Verehrung der Matronen
im Rheinland entstand und von dort nach Obergermanien kam. Die drei Göttinnen galten als »Gebiets-Gotthei-
ten«, die stets für eine bestimmte Gegend »zuständig«
waren. Einen zweiten, weit schlechter erhaltenen »Matronenstein« fand man im Kastell ALTENSTADT in der
Wetterau.

WEGWEISER: Die Kirche am Friedhof von MÜMLING-
GRUMBACH ist tagsüber geöffnet, aber nicht immer
beleuchtet. Eine Taschenlampe ist deshalb nützlich. Der
Stein von ALTENSTADT steht im LANDESMUSEUM

Die drei Göttinnen von Mümling-Grumbach.

DARMSTADT (Öffnungszeiten siehe RIEDSTADT). Eine Kopie findet sich im MUSEUM BÜDINGEN.

1 Ferdinand Dieffenbach, Das Großherzogtum Hessen in Vergangenheit und Gegenwart, Darmstadt 1877. Zit. n.: Hessisches Hausbuch, S. 155.

Hofaschenbach siehe Nüsttal.

239

Hofbieber
36145, Landkreis Fulda. 5300 Einwohner. 🛏 850.
Verkehrsamt: Lichtweg 9. Tel.: 0 66 57/80 95.

Der Berggeist Mils vom Buchenland
In jenen Tagen, als die Welt noch jung war, hauste im
Osten des Landes ein mächtiger Berggeist. Seine Wohnung lag in einem heiligen Berg, der sich weit über das
Buchenland erhob. Buchenland oder »Buchonia« ist der
alte Name der Rhön. Ihr Herr und Hüter war jener Berggeist, und der hieß Mils. Seinen Berg nennt man daher
auch »Milseburg«. In dessen eckiger Form sah man früher die Kontur einer Schatztruhe, denn der Reichtum des
Berggeistes galt als unermesslich. Mit seinen Schätzen
belohnte Mils die Guten. Üble Zeitgenossen jedoch ver-
setzte er nächtens in Angst und Schrecken. Später hielt
man die Milseburg für den Sarg des alten Mils, die Schatztruhe geriet aus den Augen.

Vom guten Geist zum bösen Riesen
Der gute Mils war auch der Hüter heiliger Quellen. Sie
sprudeln noch heute an den Hängen der Milseburg.
Frauen verhilft ihr Wasser zu Kindersegen, und besonders
bei Augenleiden gilt es als heilsam. Unter dem Gipfel wird
ein alter heidnischer Kultplatz vermutet. Dort steht heute
eine Kapelle. Sie ist dem heiligen Gangolf geweiht. Genau
wie Mils ist auch er zuständig für Augenleiden und deren
Linderung durch heiliges Wasser. Gangolf übernahm ganz
offenbar die Aufgaben seines heidnischen Vorgängers. Die
Gangolfskapelle und die fast lebensgroße Kreuzigungs-
gruppe auf dem Gipfel waren wohl als Gegenzauber
gemeint: ein anschauliches Beispiel für die christliche
»Besetzung« eines alten Heiligtums, dessen heilsam-
magischer Gebrauchswert der Bevölkerung aber erhalten
bleibt. Folgerichtig wurde denn auch der gute Berggeist
Mils umgedeutet: Er veränderte sich zum bösen Riesen,
der, mit dem Teufel im Bunde, Gangolf und seinen Mis-
sionaren Widerstand bot. Doch Gangolf, ein fränkischer
Adliger und Missionar des 8. Jahrhunderts, soll ihn

schließlich besiegt haben. Heiligenlegenden künden vielerorts vom Sieg des Christentums über das »Heidnische«: Der heilige Georg tötet den Drachen, der heilige Gangolf (indirekt) den bösen Riesen, dessen schreckliches Ende die christianisierte Sage erzählt. Zu Versen umgedichtet, wurde sie zum »Milseburg-Lied«:

»Es war einmal vor vielen, vielen Jahren,
Die Rhön war noch ein heidnisch Buchenland,
Da lebte hier, so konnte man erfahren,
Ein Riese namens Mils, gefürchtet seine Hand.
Er herrschte über Bauern ohne Rücksicht und Geduld,
Und dabei war sein Freund der Teufel auch nicht ohne Schuld.

Da aber kam Sankt Gangolf mit den Seinen,
Bekehrung war für ihn das höchste Ziel.
Er wollte die Christen hier vereinen,
Der Riese wollt' es nicht, es war kein leichtes Spiel.
Doch als der Glaube siegte, sich der Mils den Freitod gab,
Da schaufelte der Teufel ihm die Milseburg als Grab.«

Der Furz als Hilfe Gottes

Da der heilige Gangolf dem Zölibat nicht verpflichtet war, hatte er auch ein Weib. Das war aber so zänkisch und schimpfte so unentwegt, dass dem frommen Mann keine Ruhe für seine theologischen Studien blieb. So bat er denn in seiner Not den Herrgott um Hilfe, und der hatte ein Einsehen. Er versprach dem genervten Prediger, »dem Schmähen und Zanken seiner Frau jeden Freitag Einhalt zu tun. Schon am nächsten Freitag, als das böse Weib, wie gewöhnlich, mit Zanken und Schimpfen über den armen Heiligen herfallen wollte, begann ihr Breitteil eine so heftige und laute Kanonade, dass sie vor dem Krachen und Donnern der Windbüchse ihr eigenes Geschrei und Gekeife nicht mehr vernahm und sich wütend vor Scham und Verdruß zurückziehen mußte. Am nächsten und den darauffolgenden Freitagen ging es wieder so. Da sah denn das böse Weib ein, dass es für sie am besten sei, wenn sie an diesem Tag ihren Mann gänzlich mied. So bekam der Heilige endlich wenigstens am Freitag seine Ruhe.« [1]

Der ätherische Charme der Elfen

wäre einem wackeren Rittersmann um ein Haar schlecht bekommen. Der war nämlich eines Abends an den »Danzwiesen« unterhalb der Milseburg vorbeigeritten, und da sah er die Rhöner Elfen beim Reigentanz um eine große Eiche. Sie dünkten ihm über alle Maßen liebreizend und begehrenswert – in ihren lichten, durchsichtigen Gewändern, die im letzten Abendschein all ihre körperlichen Vorzüge erst recht zur Geltung brachten. Das entfachte ein jähes Feuer in unserem Rittersmann, so dass er sich ein Herz fasste und einfach im Reigen mitzutanzen begann. Den Rhön-Elfen war das offenbar auch ganz recht, denn sie lachten ihm zu, und gelegentlich herzten und küssten sie ihn. All das gefiel dem Ritter so gut, dass er sich von nun an jeden Abend in den Reigen einklinkte. Seiner Frau daheim kam er aber mit allerlei Ausreden: Er habe noch einige Anproben beim Waffenschmied, beschied er ihr, und zudem auf Geheiß des Kaisers mehrmals die Woche im Kloster Fulda »Arabisch für Kreuzfahrer« belegt. Doch der Rittersfrau kam das alles eher spanisch vor, und sie folgte schließlich ihrem Gatten zum abendlichen Arabischkurs. Schon auf halbem Wege sah sie ihn zu den »Danzwiesen« abbiegen, und als sie vorsichtig näher schlich, gewahrte sie ihren Ehegemahl in den Armen einer üppigen Elfe. Da sie aber eine kluge Frau war, verfiel sie nun keineswegs in lautes Zetern, sondern mischte sich stillschweigend unter die tanzenden Elfen. Schließlich schwang sie sich auch in die Arme ihres Gatten, und der flüsterte ihr sogleich alle üblichen Plattitüden männlicher Bewunderung ins Ohr. Da gab sie sich flugs zu erkennen, bot aber die Vermeidung allen öffentlichen Aufsehens an, wenn ihr Rittersmann verspräche, künftig den Elfentanz zu meiden und sich auf das Weibliche an seiner Seite zu beschränken. Der Ritter sagte frohen Herzens zu und rühmte noch jahrzehntelang die Herzensgüte seiner Frau. Die Elfen aber tanzen noch immer in der Rhön. Nur die Ritter sind seltener geworden.

Das Oppidum Milseburg

besteht aus einem großen, an die 1300 Meter langen Ringwall, der den Fuß des Basaltrückens umschließt. Lediglich dessen Westseite war offenbar unbefestigt. Die Anlage besaß mehrere einfache Mauereinlässe und drei größere Tore im Nordosten, Osten und Süden. Die Quelle im Nordwesten der Milseburg wurde durch zwei kürzere Abschnittswälle gesondert befestigt. Einige angegliederte (Annex-)Wälle im Süden erweiterten die umfriedete Fläche. Die Wohnstätten waren auf künstlichen Podien in den Berghang gebaut. Der archäologische Befund datiert die Anfänge der Besiedlung in die späte Hallstatt-Zeit. Ihre Blütezeit erlebte die befestigte Stadt (Oppidum) mutmaßlich in keltischer Zeit. [2]

In den meisten Oppida dieser Zeit gab es heilige Bezirke, die zumeist auf dem höchsten Punkt einer Bergfestung angelegt wurden. Auch auf der Milseburg könnte also ein solcher Kultplatz gewesen sein. Belege dafür gibt es nicht. Unklar ist auch, ob es sich im letzten Jahrhundert vor der Zeitenwende nicht bereits um germanische oder kelto-germanische Bewohner handelte. Die Milseburg lag damals in der Übergangszone zwischen keltischem und germanischem Siedlungsraum. Die vorgeschichtlichen Fundstücke beherbergt das LANDESMUSEUM KASSEL und das VONDERAU-MUSEUM in Fulda (Öffnungszeiten siehe dort).

1 Hessen-Nassauische Sagen, gesammelt und herausgegeben von Paul Zaunert, Jena 1929.
2 Nach: Archäologische Denkmäler in Hessen, Heft 50.

Von magischen Kräutern

In den Gebirgsgegenden Hessens gelten »Braundo-
sten und Baldrian« als abwehrkräftige Kräuter gegen
Schadzauber und übellaunige Naturgeister. Im Vogelsberg wurden diese Gewächse mit Vorliebe an Christi
Himmelfahrt, dem »Gekräutertag« gesammelt. In
Rheinhessen und im »Blauen Ländchen« bei Wiesbaden liegt der Kräutertag auf Mariä Himmelfahrt,
dem 15. August. Noch heute zelebriert der dortige
Klerus an diesem Tag kirchliche »Kräuterweihen«.
Früher hängte man die Pflanzen dann in die Wohn-
stube und über die Stalltür, um Mensch und Tier vor
Zauberei zu schützen. Eine Vogelsberg-Sage weiß
von einer Magd, die für ihre Geißen Gras geschnitten
hatte und mit dem Grünzeug auf dem Kopf einer
bösen Zauberin begegnete. Die war aus irgendeinem
Grunde ziemlich sauer und rief wütend: »Wann de
näit bei dir häst Braudoste und Baldrio / Wott eich
dir bahld das Halsgenick ogerisse ho.«[1] Da war die
Jungfer froh, dass sie, ohne es zu wissen, die hilfreichen Kräuter in ihrem Bündel hatte. Ähnlich erging
es einer Frau im Taunus. Die war am Himmelfahrts-
tag auf dem Altkönig unterwegs, um Heilkräuter zu
sammeln, und hatte dafür den Gottesdienst ge-
schwänzt. Als sie gerade jene Braundosten pflückte,
erschien plötzlich ein Berggeist. Erschrocken hielt sie
ihm ihren Kräuterstrauß entgegen. Der Geist war
zunächst sehr grimmig, doch dann sagte er fast
freundlich: »Hättest du nicht Braundosten und Baldrian / wöllt ich den Kragen dir umgedreht han.«[2]

Andere Berge, andere Zauberwesen, andere Mund-
art. »Braundosten« ist der alte Name für den Wiesen-
dost (Origanum vulgare), auch »gemeiner Dost«
oder »wilder Majoran« genannt. Sein südlicher Vetter Oregano ist als Pizzagewürz in aller Munde. Der
Dost ist ein altes Heilmittel gegen Krämpfe, Ohren-

sausen, Erkrankungen der Luftwege und des Darms. Er wird als Tee getrunken, oder man inhaliert seinen dampfenden Sud. Auch Vollbäder mit Dost gelten als heilsam. Die moderne Medizin bestätigt die Heilwirkung seiner Bitter- und Gerbstoffe und seines wohl riechenden ätherischen Öls. Der Dost wächst fast überall. Auf Waldwiesen, in lichten Eichen- und Kiefernwäldern, auch auf Böschungen und Magerrasen. Nur sonnig muss der Standort sein. Der Baldrian (Valeriana officinalis) ist ein altbekanntes Beruhigungsmittel. Im März und April werden seine Wurzeln gesammelt. Der daraus bereitete Tee beruhigt das Zentralnervensystem, hilft bei nervösen Erregungszuständen, bei Schlaflosigkeit und Herzklopfen. Anders als bei industriellen Beruhigungsmitteln, lässt dabei die Konzentrationsfähigkeit nicht nach. Auch das Leistungsvermögen wird gesteigert. In der Braunschweiger Gegend schützte der Baldrian nicht nur vor Teufelsspuk und Zauberei, sondern diente auch der Geister-Früherkennung. Er wurde an der Stubendecke aufgehängt. Trat ein missgünstiges Zauberwesen ins Haus, fing der Baldrian sofort an zu pendeln.

1 Nach: Theodor Bindewald, Oberhessisches Sagenbuch, neue vermehrte Ausgabe, Frankfurt 1873, S. 223.

2 Nach: Taunus-Sagenschatz, 190 Sagen erzählt von Helmut Bode, Frankfurt 1986, S.44.

Hofgeismar

34369, Landkreis Kassel. 5976 Einwohner.
Tourist-Info : Markt 5. Tel.: 0 56 71/5 07 04 00.

Der »Stuteweckenbrauch«

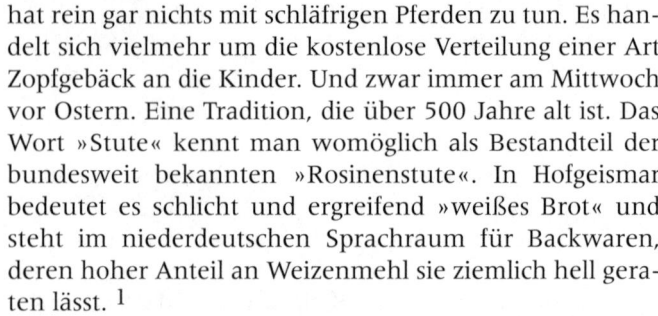

hat rein gar nichts mit schläfrigen Pferden zu tun. Es handelt sich vielmehr um die kostenlose Verteilung einer Art Zopfgebäck an die Kinder. Und zwar immer am Mittwoch vor Ostern. Eine Tradition, die über 500 Jahre alt ist. Das Wort »Stute« kennt man womöglich als Bestandteil der bundesweit bekannten »Rosinenstute«. In Hofgeismar bedeutet es schlicht und ergreifend »weißes Brot« und steht im niederdeutschen Sprachraum für Backwaren, deren hoher Anteil an Weizenmehl sie ziemlich hell geraten lässt. [1]

Am Mittwoch der Osterwoche ziehen die Kinder gegen 10 Uhr von der Schule zur Altstädter Kirche. Dazu ist natürlich schulfrei. Während des Gottesdienstes erzählt der Pfarrer dann die überlieferte Herkunft des Brauchs. Dann wird das »Stuteweckendanklied« gesungen und das Traditionsgebäck verteilt.

Der Ursprung der Schenkung erschließt sich aus einer Sage, die sich um die Edlen von Schöneberg rankt. So soll um 1428 die verwitwete Freifrau den Heiratsantrag ihres Hofmeisters zurückgewiesen haben. Ein Umstand, der den Mann so kränkte, dass er aus Rache ihren kleinen Sohn entführte. Die verzweifelte Mutter bat nun die Hofgeismarer Kinder, ihr bei der Suche zu helfen. Schließlich fand ein Schulkind in einem Brunnen die Mütze des jungen Herrn von Schöneberg. Daraus schloss man dann, dass das Kind ertränkt wurde. Seine Leiche blieb offenbar verschwunden. Dennoch galt der Hofmeister als überführter Täter. Ein Sagengeflecht mit etlichen (Beweis-)Lücken. Gleichwohl soll die Edelfrau ihr ganzes Vermögen in eine Stiftung eingebracht und verfügt haben, dass damit das Gebäck gekauft werden soll, mit dem die Kinder der Stadt an jedem Mittwoch vor Ostern zu beschenken seien. Da die Stiftungsgelder längst verfuttert sind, werden die »Stutewecken« heutzutage aus der Stadtkasse bezahlt.[2]

1 Hofgeismar liegt nördlich der »ik/ich-Linie«, die die niederdeutschen von den oberdeutschen Mundarten trennt. Das küstennah anmutende Platt wurde in der Fachwerkstadt bis ins 20. Jahrhundert hinein gesprochen. Der mittlerweile an die »Stute« angehängte »Weck« ist aber oberdeutschen Ursprungs und eine sprachliche Verdopplung, die nach dem Schwinden des Plattdeutschen zur besseren Verständlichkeit hinzukam.

2 Weitere Informationen : www.reinhardswald.de

Osterfreude schon vor Gründonnerstag: die „Stutewecken" werden ausgeteilt.

Hofheim am Taunus

65719, Kreisstadt des Main-Taunus-Kreises.
33695 Einwohner. 🏠 421.
Stadtverwaltung: Chinonplatz 2. Tel.: 0 61 92/20 22 57.

Von Pilgern und Forellen

Als ich einige hundert Schritte über dem Orte hinaus war, kommt mir eine unzählige Schar Bauern und Bäuerinnen, alle laufend, entgegen. Es waren Wallfahrer, die nach dem nahe gelegenen Gimbach wollten. Sie sagten mir, ein fürchterliches Wetter sei im Anzuge. Ich hatte es früher nicht bemerkt und wäre ohne diese Warnung fortgegangen. Nach Hofheim zurück, wo sich das Wirtshaus mit Pilgern und recht sehr schönen Pilgerinnen anfüllte. Ihr Lärm überschrie den Donner. Sie aßen, tranken, lachten, scherzten und hatte ja einer seinen Gott im Herzen, so war es ein lebensfroher Gott, der sich freut mit den Freudigen. Ich ließ mir erzählen, dass sie in dem dem Wallfahrtsorte nahe gelegenen Dorfe, wo sie heute übernachteten, alle Scheunen und Scheuern ausfüllten, Männer, Weiber und Kinder in bunter und in so großer Menge, dass sie nebeneinander kaum Platz hatten. Wie es die Schlauen verstanden, die spendende Andacht reizend zu machen! Einem wunderschönen jungen Bauernmädchen nahm ich das Gebetbuch aus der Hand. Darin das katholische Glaubensbekenntnis, worin es heißt: »Ich gaube, was im Konzilium zu Trient erkannt und beschlossen worden.«

Wer ein Schelm wäre – dachte ich – was könnte der dem guten Kinde nicht weiß machen, was alles das Konzilium zu Trient erkannt und beschlossen habe. Zu Hofheim wurde mir beim Mittagessen eine ungeheuer dicke Forelle aufgetischt. Als ich sie aufschnitt, – denken Sie mein Erstaunen – da lag die Bouteille, die wir vor acht Tagen in den Bach geworfen, dem Fische im Bauche. Die Pilger schrien Wunder! und bekreuzigten sich.[1]

Der Kultplatz auf dem Kapellenberg

Oberhalb der Kapelle entdeckten die Archäologen eine kleine, runde Anlage. Sie hat einen ungefähren Durchmesser von 70 Metern und wird von einem Graben umschlossen. Davor wurden die Reste einer Palisade gefunden, die in etwa drei Metern Abstand um den Graben lief. Die Rundanlage war mit großer Sicherheit ein Kultbezirk, der an die gleichfalls runden »Henge«-Anlagen der britischen Inseln erinnert. Vor allem in der dortigen Bronzezeit wurden »Heiligtümer« mit kreisrunden Holzpalisaden umgeben. Das Alter der Hofheimer Anlage ist bislang ungeklärt.

Der frühmittelalterliche Ringwall

umschließt den Kapellenberg auf einer Länge von 1300 Metern. An einigen Stellen ist er bis zu 500 Meter breit. Funde aus Hallstatt- und Früh-La-Tène-Zeit lassen vermuten, dass darunter liegende Wälle bereits im 7. Jahrhundert vor der Zeitenwende in Funktion waren. Besonders ergiebig waren die Früh-La-Tène-Befunde (4./3. Jh. v. Chr.). Über den gesamten Höhenrücken erstreckt sich eine Siedlung der jungsteinzeitlichen Michelsberger Kultur. Etwas jünger sind die zwei Grabhügel auf dem »Gipfel« des Kapellenbergs, die aber ebenfalls noch aus der Jungsteinzeit stammen. Alle Fundstellen lagen innerhalb der mittelalterlichen Befestigung, die mit ihren 46 Hektar Innenfläche zu den größten Wallanlagen Hessens gehört.

Die keltischen Scheiben von Langenhain

Im Jahre 1904 machte man bei Erdarbeiten in einer feuchten Wiese einen spektakulären Fund: Nur 30 cm tief lagen zahlreiche Gegenstände aus frühkeltischer Zeit (= Früh-La-Tène: Zeit der Ringwälle auf dem nahen Altkönig). Da die Stücke von Findlingsblöcken umgeben und mutmaßlich auch einmal damit zugedeckt waren, handelte es sich hier offenbar um das »Materialdepot« eines Handwerkers. Dieser so genannte Depotfund wog 3 kg. Er bestand aus einem Gusskuchen aus Bronze mit hohem Zinnanteil und 28 bronzenen Zierscheiben, die mit Eisendraht zusammengebunden waren. Die Fundstücke weisen Durchmesser zwischen 6 und 21 Zentimetern auf. Etliche größere Scheiben sind mit floralen Mustern durchbrochen, andere mit Linien und Stichreihen verziert. Vergleiche mit ähnlichen Funden aus dem keltischen Raum legen nahe, dass es sich um Schmuckscheiben für Pferdegeschirre handelt. Die Fundstücke zeigt das MUSEUM WIESBADEN (Öffnungszeiten siehe dort).

Der Tempel der Baha'i

Auf einem Höhenrücken bei Hofheim-Langenhain ragt eine morgenländisch wirkende weiße Kuppel in den Taunushimmel: das europäische Zentrum der Baha'i. Der Tempelbau ist eines von weltweit sieben »Häusern der Andacht«. Ein heller Ort der inneren Einkehr und stillen Meditation.

Der Kuppelbau wurde Anfang der sechziger Jahre errichtet. Er ist 28 Meter hoch und wird von dreimal neun Pfeilern getragen. Neun Türen führen in den Innenraum, der von 570 rautenförmigen Glasfenstern erhellt wird.

Die Baha'i verstehen sich als undogmatische, weltweite Religionsgemeinschaft, die die Grundlagen aller großen monotheistischen Religionen in sich aufgenommen hat. Die Gemeinden kennen keine Priester, sondern werden von einem »Geistigen Rat« geleitet, der von den Gemeindemitgliedern demokratisch gewählt wird. Ihre Andachten gestalten sie als Lesungen »Heiliger Texte« – u. a. aus der Bibel, dem Koran und den Schriften ihres Gründers Baha'ullah. Entstanden sind die Baha'i im 19. Jahrhundert als Abspaltung aus dem persischen Islam. Der Religionsgründer wurde 1817 im Iran geboren. In der islamischen Welt waren er und seine Anhänger steter Verfolgung ausgesetzt. Vier Jahrzehnte lang sperrte man ihn in Gefängnisse. Schließlich gelang ihm die Flucht ins damalige Palästina. An seinem Grab in Tel Aviv sitzt auch der zentrale »Geistige Rat« der Baha'i. Mittlerweile gibt es vier Millionen Baha'i-Mitglieder in der ganzen Welt. Ihr religiöses Leben folgt einem 19-Tage-Rhythmus und kennt strenge Fastenregeln. Die Gemeinden in den so genannten Entwicklungsländern engagieren sich besonders stark im sozialen Bereich. Die Baha'i-Anhänger betrachten zwar ihren Baha'ullah als den »in allen Religionen verheißenen endzeitlichen Gottesoffenbarer«, leiten daraus aber keinen missionarischen Drang gegenüber Andersdenkenden ab. In ihrem Langenhainer »Haus der Andacht« ist jeder willkommen. Man wird von niemandem behelligt. Eine der neun Türen steht tagsüber immer offen.

1 Ludwig Börne in einem Brief vom 27. Mai 1820. In: Ders., Sämtliche Schriften. Dreieich 1977.

Hohlestein siehe Zierenberg.

Istha siehe Wolfhagen.

Kammerbach siehe Bad Sooden-Allendorf.

Karben
61184, Wetteraukreis. 18 269 Einwohner. 🚩 41.
Stadtverwaltung: Rathausstr. 35. Tel.: 0 60 39/70 71.

Warum man im mittleren und südlichen Hessen einen rücksichtslosen Grobian nicht nur »Olwel« und »Urrumbel«, sondern auch einen »Fulder« nennt, erhellt eine historische Erzählung, die in der Karbener Gegend spielt:

Der Fulder-Konrad
war um 1740 Postillion der »Fürstlich-Hessen-Kasselischen Post«. In dieser Eigenschaft durchquerte er auf dem Postweg zwischen Frankfurt und Kassel jedes Mal das Gebiet der Grafschaft Solms, zu der damals das Land um Karben gehörte. Fulder-Konrad nannte man jenen Kutscher, weil er irgendwo aus der Fuldaer Gegend stammte. Er galt als rücksichtslos, herrschsüchtig und jähzornig. Seine Gäule, so heißt es, lenkte der »Fulder« gnadenlos durch frisch eingesäte Felder, und wenn ein Wetterauer Bäuerchen nicht rechtzeitig zur Seite sprang, zog er ihm noch eins mit der Peitsche über. Besonderen Zwist hatte der grobe Postillion

mit den Bauern von Nieder-Wöllstadt und Petterweil. Und die brachten es schließlich auch so weit, dass der gräfliche Schultheiß von Petterweil den Fulder-Konrad anhalten ließ und einen seiner Gäule beschlagnahmte. Den erhielt er erst zurück, nachdem sein Postmeister die Flurschäden des Grobians bezahlt hatte. Diese Affäre führte schließlich sogar zu politischen Verstimmungen zwischen der Grafschaft Solms und Hessen-Kassel, die nach langem Hin und Her durch die Entfernung des Fulder-Konrads aus dem Postdienst bereinigt wurden. Nach der Kündigung landete der Kutscher sogar im Geflängnis, »weil sich herausstellte, dass er auch im Dienst Unterschleife (Unterschlagung) begangen hatte, um seinen stets schwachen Bestand an Zehrkreuzern öfter aufzufrischen. Sein Andenken schwand allmählich aus dem Gedächtnis der Wetterauer Bauern; denn sie hatten bald wieder ihre üblichen Sorgen mit Truppendurchmärschen und Einquartierungen.

Aber mit einem ›Fulder‹ verglichen zu werden, gilt bei ihnen noch heute als kein feiner Ruhm.«[1]

Das Römerkastell in Okarben

gehörte zu den größten Armeegebäuden im römischen Hessen. Am Kreuzungspunkt uralter Handelswege gelegen, schützte es schon unter Kaiser Vespasian (69–79 n. Chr.) die Kornkammer der Provinz Germania Superior, die Wetterau. Die Chattenkriege (83–85 n. Chr.) führten zum Ausbau des Kastells, dessen Mauern dann 4,3 Hektar umschlossen. Stationiert war damals dort mutmaßlich die »Ala 11 Flavia gemina«, eine Kavallerieeinheit mit 500 Reitern. Die Befunde werden dahingehend interpretiert, dass die Anlage Anfang des 2. Jahrhunderts ihre Bedeutung verlor und bestenfalls noch als kleiner Stützpunkt weiter genutzt wurde. Die römischen Reste sind heute weitgehend überbaut.

1 Der Fulder-Konrad, Kulturgeschichtliche Skizze von G. Blecher, Friedberg o. J.

Kassel
34117, Kreisfreie Stadt. 189 496 Einwohner. 🛏 2514.
Presse- und Werbeamt: Rathaus. Tel.: 05 61/1 34 43.
Tourist-Info Hauptbahnhof.

Der Fluch des schwarzen Ritters

wird mit dem Tod des Kurfürsten Wilhelm im Jahre 1821 in Zusammenhang gebracht: In seinem Vermächtnis, so heißt es, hatte der alte Landesherr angeordnet, dass seinem Trauerzug nach altem Brauch der schwarze Ritter des Hauses Kurhessen vorangehen sollte. Für die schwere Rüstung wurde ein kräftiger Soldat gesucht, und man verfiel auf einen Jägerleutnant aus Eschwege. Als der nun an der Spitze des Leichenzuges den Burghof betrat, fiel im Wohnzimmer der Eltern sein Konterfei von der Wand. Dabei ging eine Porzellantasse zu Bruch, die mit einer Ansicht der Kasseler Wilhelmshöhe dekoriert war. Die Familie geriet nun in große Bestürzung, denn sie nahm all dies als schlechtes Omen. Der junge Eschweger stand die Beerdigung des Kurfürsten einigermaßen durch und fuhr dann in seine Wohnung in Kassel. Dort soll er sechs Tage später an einer Fieberkrankheit verstorben sein. Damit erfüllte sich der überlieferte Fluch, demzufolge der schwarze Ritter als erster seinem Herrn in den Tod folgen muss.

Die Brüder Grimm

verbrachten rund drei Jahrzehnte ihres Lebens in Kassel. Unter anderem bewohnten sie eine Zeit lang das Haus, in dem heute der Hessische Verwaltungsgerichtshof seine weisen Urteile fällt. In ihrer Kasseler Zeit requirierten sie auch die meisten ihrer »Kinder- und Hausmärchen«. Sie schrieben auf, was andere wussten: Die Märchenkennerinnen Dorothea Viehmann und die »Alte Marie«, die de facto eine jugendfrische Demoiselle war, lieferten ihnen die Märchen frei Haus. Konsequenterweise liegt Kassel deshalb heute an der Deutschen Märchenstraße und hat im Palais Bellevue das Brüder-Grimm-Museum eingerichtet. Das Haus dokumentiert auch die Beiträge der Grimm-Brüder zur Literatur- und Sprachforschung, auf

dem Gebiet der Religions- und Rechtswissenschaft, der
Geschichte und der Politik.

Vorgeschichtliche Wallanlagen

finden sich auf dem Hirzstein bei Schauenburg-Elgers-
hausen und auf dem Hunrodsberg am Ostrand des Hohen
Habichtswalds. Die beiden Abschnittswälle des Hirzsteins
stammen mutmaßlich aus der Hallstatt- und La-Tène-
Periode. Die gleiche Datierung wird auch für den Wall am
Westhang des Hunrodsberges vermutet. Entsprechende
Funde im Bereich des Flurstücks »Möllers Ruh« gelten als
Anhaltspunkt.

WEGWEISER: Brüder-Grimm-Museum, Palais Bellevue,
Schöne Aussicht 2. Tel.: 05 61/7 87 20 33. Tägl. 10–17. Hessischer Verwaltungsgerichtshof: Brüder-Grimm-Platz 1.

Die vor- und frühgeschichtliche Besiedlung des gesamten
nordhessischen Raumes dokumentiert das LANDES-
MUSEUM KASSEL, Brüder-Grimm-Platz 5, Tel.: 05 61/
78 00 36. DI–SO 10–17. MO sowie 1. Mai, 24., 25., und
31. Dezember geschlossen.

Kelsterbach

65451, Landkreis Groß-Gerau. 14 544 Einwohner.
Stadtverwaltung: Mörfelder Str. 33. Tel.: 0 61 07/7 33-1.

Die älteste Hessin

stammt unzweifelhaft aus der lärmgeplagten Flughafen-
Gemeinde. Doch derlei Segnungen der Mobilität waren
zu ihrer Zeit noch gar nicht denkbar. Man fand besagte
Dame im Frühjahr 1952 in einem Baggerloch. Ihre
Schädeldecke lag in 4,60 Meter Tiefe. Auf Grund der
Fundumstände und der Beschaffenheit der Hirnschale
wurde ihre Überstellung an das Institut für Anthropolo-
gie und Humangenetik der Universität Frankfurt veran-
lasst. Die dortigen Fachleute identifizierten den Fund als
Schädeldecke einer etwa vierzigjährigen Frau. Es war
allerdings nicht festzustellen, ob sie etwa eines gewaltsa-
men Todes gestorben oder auf völlig unspektakuläre
Weise aus dem Leben geschieden war. Lediglich eine
kleinere Fraktur wurde ermittelt, die jedoch Ver-
heilungsspuren aufwies und wohl von einer Schädelver-
letzung zu Lebzeiten stammte. Die Einschaltung von
Polizei und Staatsanwaltschaft erübrigte sich, nachdem
der Zeitpunkt des Todes mittels Radiocarbon- und Ami-
nosäuren-Datierung zweifelsfrei feststand: die Dame aus
dem Kies starb vor 32 000 Jahren[1]. Das sagte zumindest
der zuständige Professor Protsch, der allerdings mittlerweile vom Dienst suspendiert ist. Wegen allerlei unkla-
rer Transaktionen und fragwürdiger Datierung alter
Knochen. Soll heißen: Sie könnte auch noch ein paar
tausend Jahre jünger sein.

Auf jeden Fallt handelte es sich um die Schädeldecke
eines unserer direkten Vorfahren, des anatomisch modernen Menschen. Die Wissenschaft klassifiziert ihn als
Homo sapiens sapiens. Gewöhnlich firmiert jener Men-
schentyp, der nach dem Neandertaler Europa besiedelte,
als »Cro-Magnon-Mensch«. Namensgebend war der erste
Fundort, der »Abri Cro-Magnon« – eine Halbhöhle bei
Les Eyzies in der Dordogne. Die dortigen Skelettfunde
sind aber lediglich 28 000 Jahre alt. Korrekte Datierung

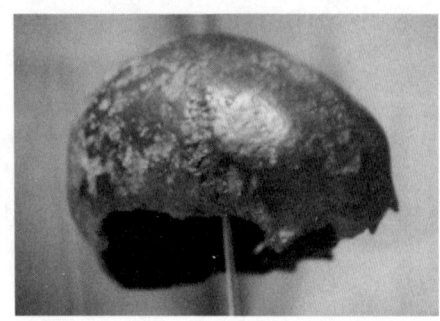

Die älteste Hessin im Museum Kelsterbach.

vorausgesetzt, wäre die Dame aus Kelsterbach also nicht nur die älteste Hessin, sondern auch der früheste Beleg für den »anatomisch modernen Menschen« in Europa. Von ihm wird heute angenommen, dass er damals aus Afrika einwanderte.

Die Anthropologen fanden zudem heraus, dass der Neandertaler erst vor 30 000 Jahren von der Bildfläche verschwand. Die frühe Hessin wäre also auch der Beweis, dass er und der Cro-Magnon-Mensch einige tausend Jahre nebeneinander existierten. In der Hitze so mancher Nacht könnten beide dafür gesorgt haben, dass der heutige Homo sapiens auch mit dem Neandertaler verwandt ist. Gen-Vergleiche ergaben allerdings so gut wie keine Übereinstimmungen. In dieser Frage ist die Fachwelt gespalten.[2]

WEGWEISER: Den Jahrtausend-Fund aus der Kiesgrube verwahrt die Universität Frankfurt an unzugänglichem Ort. Doch wer sich die Dame ansehen will, braucht nur ins Museum von Kelsterbach zu gehen. Dort wird eine Kunststoff-Kopie gezeigt, die keine Wünsche offen lässt. Mittwochs von 17 bis 19 Uhr und sonntags von 14 bis 17 Uhr.

1 Vgl. Reiner Protsch von Zieten, Der älteste »anatomisch moderne Mensch in Europa« aus Kelsterbach. In: Forschung Frankfurt 1/94, S. 51 ff.

2 Nach: Bauer u. a., Das Hessenlexikon, Frankfurt 2000, S.13 f.

Kiedrich

65399, Rheingau-Taunus-Kreis.
3465 Einwohner. 🛏 239.
Gemeindeverwaltung: Marktstr. 27. Tel.: 0 61 23/40 28.

Der Geisterwein im »Heidekeller«

Auf einer Anhöhe hinter dem Scharfenberg findet man
noch heute uralte Mauerreste. Die Kiedricher erzählen
sich, das seien die oberirdischen Bauten des alten »Heide-
kellers«, der sich unsichtbar unter der Erde erstreckt. Die
unsteten Geister römischer Legionäre sollen den Keller
noch heute bewirtschaften, um auch unter solch ätherischen Bedingungen nicht auf einen guten Tropfen ver-
zichten zu müssen.

Die Sage vom Heidekeller beginnt mit der vernichten-
den Niederlage der römischen Legionen unter Varus im
Teutoburger Wald: Varus hatte sich im Auftrag seines Kaisers weit nach Nordosten gewagt. Dort scheiterte er an
der unergründlichen Tiefe der germanischen Wälder und
an der Guerilla-Taktik des Cherusker-Häuptlings Hermann. Der war nämlich unter dem römischen Namen
Arminius in der Hauptstadt des Imperiums erzogen worden. Er kannte die Sprache, die Gewohnheiten und vor
allem die Kriegstaktik der Besatzer.

So lockten die Cherusker die Varus-Truppen in den
Sumpfwald, wo jene ihre diversen Taktiken kaum anwenden konnten, und brachten so Rom eine zumindest psychologisch entscheidende Niederlage bei.

Der Kiedricher Sage nach verfolgten nun Cherusker-
trupps die fliehenden Römer bis weit hinter deren Grenzwall. Hermann selbst folgte den Legionären bis an die
Wisper, sprengte mit Galopp über den »Hermannssteg«
und rieb dort auch noch den letzten Rest der Römer auf.

Deren Geister nun erbauten den »Heidekeller«: Jedes
Jahr im November steigen sie in voller Montur und mit
Waffengeklirr aus dem Keller und scheppern in die leeren
Weinberge, um dort die letzten Trauben zu stoppeln. Da-
raus keltern sie dann ein paar Amphoren Wein als Labsal
für die alten Tage.

257

Kiedrich Anfang des 19. Jahrhunderts.

Und wer sich des Nachts in den Geisterkeller verirrt, der wird von den alten Lateinern mit Riesling bewirtet. Steigt der Besucher dann wieder ans Licht, so hat er Zeit und Stunde vergessen. Etliche fand man morgens am Waldrand – schwer gezeichnet vom Alkohol. Die hatten versucht, die Legionäre unter den Tisch zu saufen.

Die Mauerreste im Flurstück »Heidekeller«

gehören zu einem Ringwall, der vermutlich keltischen Ursprungs ist. In der Nähe liegende Hügelgräber könnten auch auf Bewohner der Bronzezeit schließen lassen. Klar ist zumindest, dass der Ringwall bereits zur Römerzeit eine Ruine war.

Das Kiedricher Heiratsorakel

Der Schutzpatron Kiedrichs ist Valentin, in eingeborenem Idiom »Falldin« genannt, weswegen er wohl auch als Nothelfer gegen die Fallsucht verehrt wird. Kirchenhistorisch war Valentin Bischof in Umbrien, wo er um 260 den Märtyrertod gestorben sein soll. Seiner Figur ist meist ein Hahn und ein Knabe beigesellt, den er vom »Veitstanz«, dem alten Namen der Fallsucht, geheilt haben soll. Vorzeiten sollen die Kiedricher mit Zweigen der Eiben, die im Kirchhof standen, seine Statue berührt und daraus Tee gegen die Fallsucht bereitet haben. Der Kiedricher Falldin hat aber offenbar auch einen Überblick über künftige Amouren: Wenn bei der großen Valentinus-Prozession die goldglänzende Büste des Heiligen durch den Ort getragen wird, befragen nämlich die Kiedricher Mädchen den Falldin heimlich nach ihren Heiratsaussichten. Das Orakel funktioniert, indem die Statue fest angesehen und dabei der Name des Erhofften wortlos genannt wird. Bei guten Aussichten wird der Falldin dezent mit dem Kopf nicken. Dazu gehört als überlieferter Spaß, dass die jungen Männer, die die Figur getragen haben, nach der Prozession die Mädchen fragen, ob der Gute denn auch »genockelt«, also genickt habe. Etliche der Träger sollen beim Passieren ihrer Liebsten denn auch den Falldin durch diskretes Neigen zum »Nockeln« gebracht haben. Vom Falldin gestiftete Ehen halten in der Regel länger.

Dieser amouröse Aspekt des Heiligen hat seine Wurzeln in Britannien, dessen »Valentinstag« (14. Februar) mittlerweile auch die Kassen deutscher Floristen klingeln lässt. Statt der heutzutage empfohlenen Blumengrüße war es dort früher üblich, dass sich jeder junge Mann am Vorabend des Valentinstags eine Valentine wählte und zugleich selbst zum Valentin avancierte. Man schickte sich kleine Geschenke. Diese Valentinaden galten als günstige Vorbedingung für künftige »ernste« Bindungen.

Grundlage ist offenbar ein alter keltischer Fruchtbarkeitszauber: Im Winter bestimmten die Druiden durch Beobachtung den ersten Tag, an dem sich die Vögel paarten. Dieses Frühlingsversprechen machte den Tag günstig für Liebesorakel. Die Christianisierung schrieb den Brauch St. Valentin zu und legte dessen Tag in etwa in jene Winterzeit, in der die Druiden vordem die ersten verliebten Vögel gesichtet hatten: eben Mitte Februar.

Die »Kiedricher Schnorrer«

sind unkenntlich kostümierte Maskenträger, die in der »Fassenachtszeit« (Anfang Januar bis Aschermittwoch) lärmend durch die Lokale ziehen und bei den Zechern mit einem Strohhalm Wein »schnorren«, also mittrinken. Der Brauch schreibt vor, dass sich der hilflose Trinker nicht gegen das »Schnorren« zur Wehr setzen darf.

Mittlerweile wird der Fastnachtsbrauch vom örtlichen Karnevalsverein organisiert. Am Donnerstag vor Rosenmontag veranstaltet er einen regelrechten Wettbewerb. Einzelschnorrer und Gruppen melden sich an und ziehen dann durch festgelegte Lokale, in denen eine Jury das »Schnorren«, die Maskerade und das »närrische Auftreten« bewertet. Um Mitternacht werden dann die Sieger ermittelt und mit Geldpreisen ausgezeichnet. Bis zu 150 Wettbewerbsschnorrer sind an diesem Abend unterwegs. Der Brauch wurde in den achtziger Jahren wieder belebt und in seine heutige Form gegossen.

Ursprünglich war das »Schnorren« im gesamten Rheingau verbreitet. Die im Winter arbeitslosen Weinbergsarbeiter und die Bauarbeiter zogen in den Wochen nach Dreikönig in Altweibermasken von Bauernhof zu Bauernhof, sangen Lieder und hielten Spottreden auf die Bewohner. Die rückten dann quasi als Gegengabe frisch Geschlachtetes, Wurst und Wein heraus.

Da noch zur Kaiserzeit keinerlei Sozialkassen für die Arbeitslosen sorgten, war dieser »Fastnachtszins« häufig eine bittere Notwendigkeit, um die Familien durchzubringen.

Baumriesen aus dem Feenreich –
das Rheingauer Gebück

Sie stehen mitten im Rheingauer Wald, im »Bossen-hain« bei Hausen vor der Höhe. Uralte Buchen, ver-wachsen zu seltsamer Gestalt. Die bizarren Bäume sind der Rest einer alten Grenze, des »Rheingauer Gebücks«: eine schier undurchdringliche Hecke aus Hainbuchen, Rotbuchen und Dornengestrüpp, die den reichen Rheingau vor seinen räuberischen Nach-barn schützte. Denn auf den Burgen im Norden und Osten saß der verarmte ländliche Adel, die Raubrit-ter. Der mittelalterliche Dornenhag war an die 38 Kilometer lang. Er zog sich von Lorchhausen bis Nie-derwalluf. An manchen Stellen erreichte er eine Breite von 50 Metern.

Bereits Julius Caesar beschreibt in seinem »Galli-schen Krieg« einen Dornverhau im heutigen Bel-gien, der seinen Legionen zu schaffen machte. Ange-pflanzt hatten ihn die keltischen Nervier, die sich damit gegen Reiterangriffe schützten. Diese Kelten hatten ihren Hag offenbar ganz ähnlich angelegt wie die Rheingauer ihr »Gebück«. Dessen »Konstrukti-onsprinzip« beschreibt 1790 Pater Hermann Bär vom Kloster Eberbach:

»Man warf (schnitt) die in diesem Bezirke stehen-den Bäume in verschiedener Höhe ab, ließ solche neuerdings ausschlagen und bückte (bog) die her-vorgeschossenen Zweige zur Erde nieder. Diese wuchsen in der ihnen gegebenen Richtung fort, flochten sich dicht ineinander, und brachten in der Folge eine so dicke und verwickelte Wildniß hervor, die Menschen und Pferden undurchdringlich war.«

Hinter dem undurchdringlichen Hag zog sich ein Verbindungsweg von Bollwerk zu Bollwerk. Auf die-sem »Rennpfad« wurden die Wachen versorgt und im Bedarfsfall Verstärkung herangeführt. Die Gebück-

Technik des Gebückbaus.

Bollwerke, befestigte Einlasstore, »Schanzen« genannt, lagen in unregelmäßigem Abstand im Grenzverhau: immer dort, wo ein Verbindungsweg duch die Grenzlinie sinnvoll war. Die Ostflanke zwischen Walluf und Schlangenbad war besonders gut bewacht, die Bollwerke lagen dichter beieinander, denn nur von dort wurden größere Angriffe erwartet. Diese Schanzen stammen alle vom Ende des 15. Jahrhunderts. Vermutet wird allerdings, dass das Gebück selbst gut 200 Jahre älter ist. Die gesamte Grenze war in Abschnitte eingeteilt, für deren Unterhaltung jeweils eine Rheingaugemeinde zu sorgen hatte. Kontrollritte im Auftrag des Mainzer Landesherrn deckten Schwachstellen auf, die dann von den jeweiligen Dörfern beseitigt werden mussten. Wurde jemand beim Durchqueren des Dickichts ertappt, waren zehn Goldtaler Strafe fällig.

Die grüne Grenze des Rheingaus begann in Lorchhausen und Niederwalluf jeweils mitten im Rhein. Alljährlich zu festgelegter Zeit ritt der Mainzer Fürstbischof höchstpersönlich mit einem Pferd in den Fluss hinaus – und zwar so weit es ging. Dort warf er dann einen Schmiedehammer in hohem Bogen in den Strom. Wo der in den Wellen verschwand, begann die Rheingauer Grenze.

Der fromme Landesherr pflegte damit einen überkommenen heidnischen Brauch, ein altes germanisches Losverfahren. Das Orakel war dem hammer-

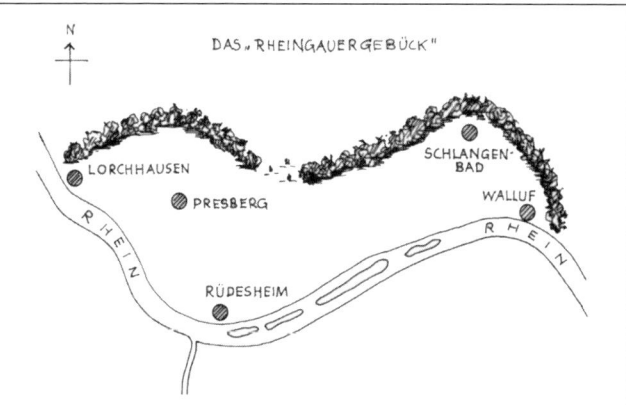

Grenzverlauf des „Rheingauer Gebücks" (nach Stefan A. Theis).

schwingenden Gott Donar/Thor geweiht. Viele Germanenstämme legten mit solch heiligen Hammerwürfen jedes Jahr aufs Neue die Ackergrenzen fest.

In Niederwalluf begann die Grenze nicht als »Gebück«, sondern als feste Mauer. Ihre spärlichen Reste finden sich noch versteckt am Ortsrand – in einem Flurstück namens »Paradies«. Von hier zog sich der Grenzhag den Wallufbach hinauf in den Taunus. In Schlangenbad steht hinter dem Kurhaus der letzte lebende Zeuge des dortigen Gebücks: eine alte verwachsene Rotbuche mit einer späten Karriere als Naturdenkmal. Nur echt mit amtlichem Schild.

Die Rotbuchen waren beim Gebück eher in der Minderzahl. Hauptsächlich bestand es aus Hainbuchen. Diese Art setzt sehr viele Seitentriebe an und ist deshalb gut geeignet für einen dichten Hag. Hainbuchen sind aber bei weitem nicht so langlebig wie Rotbuchen, und so erklärt es sich, dass alle Gebück-Veteranen Rotbuchen sind. Die meisten bringen es auf 400 Jahre[1] (Abb. S. 88).

Funktionstüchtig war der Rheingauer Grenzverhau etwa bis Mitte des 17. Jahrhunderts. Doch erst 1770 wurden seine Bäume zum Holzeinschlag freigegeben. Die Bollwerke wurden als »Steinbrüche« genutzt und verschwanden nach und nach. Erhalten ist nur noch die »Mapper Schanze« südwestlich von Hausen. Vom Bollwerk Weißenthurm bei Presberg kündet nur noch eine Steinplatte, die ins dortige Forsthaus eingemauert wurde. Gleich daneben wächst eine Rekonstruktion des Gebücks heran: Junge Hainbuchen, die 1991 zum ersten Mal »gebückt« werden konnten.

WEGWEISER: Die Neuanlage vermittelt eine gute Vorstellung von der Struktur der alten Grenzhage. Man findet sie an der Landstraße zwischen Rüdesheim und Presberg. Hinter dem »Forsthaus Weißenthurm«, heute eine Gastwirtschaft, liegt rechter Hand die eingezäunte Pflanzung. Die sehenswerten Gebück-Veteranen im »Bossenhain« erreicht man ebenso wie die »Mapper Schanze« nur zu Fuß. Parkplatz an der Förster-Bitter-Eiche zwischen Kiedrich und Hausen vor der Höhe. Von dort gut drei Kilometer bis zur Ruhebank »Philipps Ruh«. Rechter Hand talwärts stehen die bizarren Gebückbäume. Sie sind vom Weg aus nicht zu sehen, aber ein Hinweisschild hilft weiter. Zur »Mapper Schanze« sind es nochmals gut zehn Minuten. Wanderkarte 903, »Rhein- und Lahntaunus«, Ravenstein-Verlag.

1 Nach: Stefan Andreas Theis, Zur Geschichte der Rheingauer Landwehr – das Rheingauer Gebück im hessischen Forstamt Eltville. Forstwissenschaftliche Diplomarbeit an der FH Hildesheim/Holzminden, 1990.

Kirchhain

35274, Landkreis Marburg-Biedenkopf.
15 486 Einwohner. 🛏 85.
Stadtverwaltung: Am Markt 6 – 8.
Tel.: 0 64 22/80 80.

Der Nixenborn

Nicht weit von Kirchhain liegt ein tiefer See, der Nixenborn geheißen; und öfter lassen sich auch die Nixen
sehen, um sich an den Gestaden zu sonnen. Die Mühle,
die dort am Wasser liegt, heißt ebenso: Nixen-Mühle; da
baden Nöcken und Nixen sich alle am hellen Mittag. Sie
haben alsdann unten einen dünnen farbigen Leib wie
eine glatte Schlange, tun jedoch niemandem etwas Böses.
Nur wer sie ockert, atzelt und itzelt, der muß es büßen.

Sie verkehren wohl auch mit Menschen, haben dann
ganz menschliche Gestalt; und so läßt sich ihre Art nur
daran erkennen, dass ein Saum ihres Gewandes immer
feucht bleibt.

So kamen eine Zeitlang drei wunderschöne Jungfrauen
aus jenem See in die Spinnstube des Dorfes Nieder-Gleen,
brachen aber unweigerlich immer um elf Uhr mit dem
ersten Glockenschlag auf. Ein Bursche des Ortes hatte
sich in die eine Nixe verliebt und verstellte also die Wand-
uhr um eine ganze Stunde. Ahnungslos gingen die Jungfrauen fort. Doch am nächsten Morgen schwammen drei
Blutstropfen auf dem Wasser des Sees; und am dritten Tag
verstarb der an der Täuschung Schuldige. [1]

Wie der »Lange Stein« entstand

Als Landgraf Philipp dem Hessenland die Reformation
verordnete, da kam auch zu Langenstein der Tag, an dem
in der Jakobskirche die letzte katholische Messe gefeiert
wurde. Eine Bäuerin hatte sich beim Mähen verspätet. So
eilte Sie direkt vom Feld zur Kirche, lehnte die Sense an
die Kirchhofsmauer und steckte ihren Wetzstein daneben
in die Erde. Als dann die Messe zu Ende war, strömten die
Langensteiner heraus und sahen zu ihrem Erstaunen
neben der Mauer einen wuchtigen, hohen Stein. Das war

der Wetzstein, der in der Zwischenzeit gewachsen war. So kam der »Lange Stein« nach Langenstein, und noch heute steht er dort an der Kirchhofsmauer. [2]

Der »Lange Stein« von Langenstein

ist Hessens höchster Menhir. Der steinzeitliche Ritualstein ist an die 5 m hoch und etwa 1,50 m breit. Bis 1527 soll der Sandsteinkoloss sogar eine Höhe von 6,30 m gehabt haben. Dann kappte ein Blitzschlag seine Spitze. Vor der Christianisierung muss der Stein als Kultstätte des Wotan verehrt worden sein. Darauf verweist die gleich nebenan als »Gegenzauber« errichtete Kirche, die dem heiligen Jakob geweiht wurde. Mit Jakobus besetzten die Missionare häufig die Wotan-Heiligtümer. Dem Heiligen werden denn auch die gleichen Zuständigkeiten zugeschrieben wie dem germanischen Gott: Beide schützen die Wege und Wanderer, beide kümmern sich um Handel und Verkehr – sehr passend für Langenstein, das an einer uralten Handelsstraße liegt. Die kleinen Relieffiguren an der Kirche zeigen mutmaßlich jenen Wotan mit seinen mythischen Wölfen Geri und Freki. Auf weiteren Mauersteinen sind ein altes Sonnensymbol und etliche »Schreckmasken« herausgearbeitet (Abb. S. 39).

Was aus einem Wetzstein alles werden kann: der Menhir von Langenstein.

Bemerkenswert ist auch ein neuzeitlicher »Steinkreis« hinter dem Gotteshaus. Er entstand erst in den sechziger Jahren beim Aufräumen des Gottesackers. Acht umgefallene Grabsteine wurden um einen Kreuzsockel so platziert, dass sie mit dem achtspeichigen Sonnenzeichen an der Kirchenwand korrespondieren. Die Hintergründe und Motive dieser Steinsetzung gehören zu den geheimsten Geheimnissen des Hessenlandes [3] (Abb. S. 41).

Die Langensteiner Jakobuskirche

soll der Sage nach von Bonifatius errichtet worden sein. Das wäre zumindest denkbar, denn er begann seine Hessenmission um 721 auf der nahen Amöneburg. Gefunden wurden aber bislang nur die Spuren eines Kirchenbaus aus dem 11. Jahrhundert. Die heutige Jakobuskirche stammt aus dem 13. Jahrhundert und birgt in ihrem Chorbau ein »schwebendes« Netzgewölbe, das um 1526 eingebaut wurde. Dieses vorgeblendete sechseckige Rippennetz gilt als baugeschichtliche Rarität.

1 Aus: Hermann von Pfister, Sagen und Aberglaube aus Hessen und Nassau, Marburg 1885.

2 Mündlich überliefert von Fritz Noppe, Kirchhain-Langenstein.

3 Siehe auch »Jahresfeste«, S. 39.

Königstein im Taunus

61462, Hochtaunuskreis. 16 139 Einwohner. 🛏 460.
Kurverwaltung: Hauptstr. 21. Tel.: 0 61 74/20 22 51.

König Clodewig hat eine Erscheinung

Einst hatte sich der Frankenherrscher Clodewig beim Jagen in den wilden Taunuswäldern verirrt. An einem Platze, wo sein Blick weit in die Ebene schweifte, setzte er sich ermattet nieder. Um wieder zurückzufinden, ritzte er mit seinem Speer eine Wegeskizze in den Fels. Aber wie er auch zeichnete, immer wurde ein Kreuz daraus. Und da hob plötzlich in der Luft ein gewaltiges Rauschen an, ein flammendes Kreuz bedeckte den Himmel und eine Stimme sprach:

»Clodewig, stell dein Heer den Alamannen ruhig entgegen, denn unter meinem Zeichen wirst du siegen.« Da erinnerte sich der König, dass dem römischen Kaiser Konstantin vor ein paar hundert Jähren das Gleiche passiert war. »Topp«, rief er, die Augen himmelwärts, »der Handel gilt. Wenn ich siege, werden alle meine Franken getauft.« »Aber nur römisch-katholisch«, kam es gewaltig von oben. Und so geschah es dann auch: Bei Zülpich gab Clodewig den Alamannen eins auf die Mütze, und in Reims ließ er sich und die Seinen vom heiligen Remigius taufen. Im Taunus aber, am Ort der hilfreichen Erscheinung, finanzierte er einen Kapellenbau. Später entstand dort die Burg Königstein.

Die Franken werden »katholisch«

Es gilt als gesichert, dass der fränkische Heerführer Clothwig oder Clodewig im Jahre 496 seinen Stämmen die christliche Taufe befahl. Um die athanasianisch getauften Christen der vormals römischen Gebiete besser integrieren zu können, entschloss sich auch die fränkische Führung zu dieser Version des Christentums. Sie lebt nach den Grundsätzen der römisch-katholischen Kirche fort. Alle anderen christianisierten Völker germanischer Prägung waren zu Clodewigs Zeit arianische Christen, die Jesus nicht als Gott, sondern nur als außergewöhnlichen Menschen ansahen. Die Entscheidung Clodewigs war die Grundlage für den zeitgleichen Aufstieg des Frankenreiches und des römisch-athanasianischen Christentums. Das Konzil zu Nicäa hatte die Arianer im Jahre 325 zu »Ketzern« erklärt.

Das »Sommerkarlche«

lebte Anfang des 20. Jahrhunderts in einer Höhle im Falkensteiner Wald. Heutzutage würde die skurrile Erscheinung unter »sozialschwach und wohnsitzlos« katalogisiert. Damals war's einfach das »Sommerkarlche«. Wurden die Tage kürzer und die Nächte kälter, besorgte sich der Einsiedler stets die gleiche warme Bleibe: Er ging nach Wiesbaden und warf dort am Landgericht einige Scheiben ein. Das reichte regelmäßig zur Inhaftierung über den Winter.

Das »Sommerkarlche«.

»Um sich Tabak zu verdienen, half er hin und wieder einem Königsteiner Bauern bei der Arbeit. So auch einmal dem Friseur Pritz beim Heumachen. Der Wagen war vollgeladen, und man machte sich mit dem Gespann auf den Heimweg, als am alten Ruppertshainer Pfad das Unglück geschah, der Wagen umfiel und das mühsam aufgeladene Heu wieder unten lag.

Pritz packte der Zorn. Er wetterte und rannte wütend um seinen Wagen herum, so dass sich Karlchen ängstlich dahinter versteckte. Der aufgeregte Pritz wühlte in seinen Taschen, dass die Nähte platzten und schrie: ›Wann eich Streichhelzer hätt, däd eich de ganze Kram aastecke! Verbrenne kennt eich alles!‹

Da kam Sommerkarlchen hinter dem Wagen hervor mit einem brennenden Feuerzeug in der zittrigen Hand und sagte eingeschüchtert: ›Hier, Herr Pritz, is Feuerzeuch!‹«[1]

---

1 Aus: Rudolf Krönke, Königsteinerisches. Anekdoten, Geschichten und Lokalnotizen, Königstein/Ts. 1973.

Korbach

34497, Kreisstadt des Kreises Waldeck-Frankenberg.
22 298 Einwohner. 🛏 425.
Städt. Verkehrsamt: Stechbahn 1. Tel.: 0 56 31/5 32 31.

Die Ziegen-Invasion

In alten Zeiten war es um Korbachs Fauna wohl bestellt,
nur ein Tier fehlte hier wie im ganzen Waldecker Land:
die Ziege. Obwohl Waldeck altes Sachsenland ist und bei
diesem Germanenvolk die heilige Ziege Heidrun in hohen
Ehren stand, war den Waldeckern die zoologische Lücke
recht. Das benachbarte hessisch-darmstädtische Gebiet
schien ihnen warnendes Beispiel, hatte doch dort ein riesiger Überbestand an Ziegen sämtliche Büsche und Weg-
raine kahl gefressen. Um das Übergreifen dieser meckern-
den Plage zu verhindern, stellte man entlang der Grenze
Wölfe als Wachtposten auf. Ein Korbacher Schäfer soll
diesen artgerechten Einfall gehabt haben. Nachdem nun
etlichen einwanderungswilligen Ziegen das Passieren der
Grenze wölfisch verwehrt worden war, ersannen die
Klügsten unter ihnen eine List:

Ein Ziegenkitz erschien in aller Unschuld beim nächst-
besten Grenzwolf und bat um Einlass ins Waldeckische.
Seine Mutter, so sagte es, sei schwer krank, und es müsse
nun in die Hirschapotheke zu Korbach, eine lebensret-
tende Arznei zu besorgen. Der Wolf sah das ein und ließ
das Kitz über die Grenze. Tags darauf erschien seine Mutter beim gleichen Wolf, bat ebenfalls um Einlass, da ihr
Kitz offenbar auf dem Weg zur Apotheke verloren gegangen sei. Da durfte auch sie ins Waldecker Gebiet. Der Zie-
genbock aber, der sich die ganzen Geschichten ausgedacht
hatte, wusste für sich selbst keine neue mehr und ging
ohne zündende Idee zur Zollstation. »Was sind das für seltsame, lange krumme Dinger zwischen deinen Ohren?«,
fragte ihn dort der Dienst habende Waldeck'sche Wolf. Der
Bock dachte kurz nach und sagte dann: »Das sind meine
Pistolen, und mit denen schieße ich auf alles, was sich mir
in den Weg stellt!« Das erschreckte den Grenzwolf so
fürchterlich, dass er laut schreiend aus der Zollstation

rannte. Das Gebrüll lockte nun aber alle hessisch-darmstädtischen Ziegenherden in der Nachbarschaft an. Als die die unbewachte Grenze sahen, rotteten sie sich unter Führung des schlauen alten Bockes zusammen und stürmten hinein ins ziegenlose Land. Und seither sind die Waldecker die Ziegen nie wieder losgeworden.

Das Gebiet um Korbach

gehörte bis ins 8. Jahrhundert hinein zum sächsichen Machtbereich. Der niedersächsische Stil der Fachwerkhäuser belegt noch heute die stammesmäßige Herkunft der Waldecker. Nach dem Sieg der Franken über die Sachsen in der Schlacht bei Laisa (778) wurde der mutmaßlich sächsische Fürstensitz in Korbach zum fränkischen Stützpunkt. Daraus entstand möglicherweise ein karolingischer Königshof. Eine Schenkungsurkunde aus dem Jahr 980 belegt erstmals schriftlich die Existenz der Stadt »Curbechi«, die im späten Mittelalter sogar zur Hansestadt avancierte. Es handelte sich dabei jedoch um eine Mitgliedschaft mit minderen Rechten, da Korbach ja einen Landesherrn über sich hatte. Die Wirtschaftspolitik der Hanse bestimmten freie Reichsstädte wie Bremen, Hamburg, Lübeck, Köln und Magdeburg.

Die Korbacher

heißen im Umland spöttisch »die Feldhühner«. Der Spitzname geht auf eine Waldecker Kartoffelsorte zurück, die man »Feldhühnerchen« nannte. Sie war die Ernährungsgrundlage der kleinen Leute, die aber den benachbarten Adel glauben ließen, sie würden tagsaus, tagein nur schmackhafte Wildhühner zu sich nehmen. »Was esst ihr denn so die Woche über?«, soll ein Edelmann arglos gefragt haben. »Dies und das«, war die Antwort der Korbacher. »Nur die Feldhühnerchen, die sind wir so langsam leid!« Festzuhalten bleibt, dass das Feldhuhn oder Rebhuhn früher rund um Korbach sehr häufig war. Doch die Jagdrechte hatte der Magistrat an die Adligen verkauft. Angeblich weil die Stadt damals vor der Pleite stand.

»Christkindchenwiegen« und »Portemonächenwaschen«

betreiben die Korbacher mindestens seit 1543, was eine Urkunde bezeugt: Am Heiligen Abend erklimmt eine Anzahl junger männlicher Einwohner den Turmgang der Kilianskirche und schwingt dort ihre Laternen. Auf jeder Turmseite wird ein Weihnachtslied in die nächtliche Stadt hinabgesungen. Traditionell beginnen die Sänger an der Ostseite mit dem Choral »Dies ist der Tag den Gott gemacht«.

Ein weiterer Brauch ist das Auswaschen der Geldbeutel am Ende des »Freischießens«, das alle drei Jahre stattfindet. Besagtes »Portemonächenwaschen« vollziehen die Korbacher traditionell an »Bracks Kump«, einem alten Brunnenbecken in der Stadt.

Der Apothekenhirsch nach dem Zugriff einer Abiturklasse.

272

Der saisonale Dada-Hirsch

Eher neuzeitliches Brauchtum ist das alljährliche Verun-
stalten des Ladenschildes an der Hirschapotheke. Korbachs Abiturklassen geben dem ehrwürdigen Apothekenhirsch ein meist fantasievolles Outfit, das den Abiturienten
des kommenden Jahres die schwere Aufgabe stellt, die
Hirsch-Verballhornung jeweils noch zu übertreffen.
Einige Design-Varianten sind im offiziellen Bildband der
Stadt ansprechend dokumentiert.

Kronberg im Taunus

61476, Hochtaunuskreis. 17 649 Einwohner. 🛏 353.
Verkehrsamt: Katharinenstr. 7. Tel.: 0 61 73/70 32 23.

Der Altkönig

ist einer der markantesten Berge des Taunus. Seine Quar-
zitkuppe ragt weithin sichtbar über das Rhein-Main-
Gebiet. Mit 798 Metern ist er nur wenig niedriger als der
benachbarte Große Feldberg. Zahlreiche Sagen ranken
sich um diesen geschichtsträchtigen Berg.

Vom Berg des alten Königs

erzählt Ende des 18. Jahrhunderts ein Taunusbauer. Der
hatte unterhalb der alten Ringwälle einen gelehrten Wanderer aus Frankfurt getroffen. Jener begehrte zu wissen,
was denn diese seltsamen Steinhaufen in Wahrheit zu
bedeuten hätten. Und der Landmann erzählte ihm die
Wahrheit über den Altkönig. Seine Wahrheit.

»Do obbe uffem Bersch«, sagte der Bauer, »do hodd
dunnemols der alde Heidekeenisch gesotze. Dess hodd
moi Fraa noch vunn ehrer Urgroßmudder erzeelt
krieht. Unn donn, im dreißischjährische Kriech, do
hodd der Schwed den Heidekeenisch belaachert unn
gefange genumme. Vunn do hoddern donn nooch
Worms gebrunge unn do hodden der Dogder Ludder
bekehrt. Awwer dess iss schun grausom long her, unn
ob dess vor odder nooch de Sindflut war – dess waas
mer nedd.«[1]

Der Sueben-Häuptling Ariovist

und ein türkischer Sultan werden ebenfalls auf sagenhafte Weise mit dem Altkönig verknüpft. Ersterer soll
nach seiner Niederlage gegen Caesar seinen Alterssitz auf
dem Altkönig errichtet haben. Ihm werden denn auch die
Ringwälle zugeschrieben.

Wie der Sultan auf den Berg gekommen sein soll, bleibt
unklar: Jedenfalls ruht er dort inmitten unermesslicher
Schätze. Jeder seiner Nachfolger habe beim Barte des Pro-
pheten geschworen, seinen Grabesberg dereinst wieder
zu erobern. Daher käme unweigerlich auch wieder ein
Türkenkrieg über das Land. Aber der Anführer dieser
feindlichen Heere, so wird prophezeit, werde den Krieg
nicht überleben. Spätestens in Köln erschlüge ihn eine
ältere Dame mit dem Stock.[2]

Die Adamsbahn am Altkönig

ist ein alter Waldweg entlang der Ringwälle, benannt
nach einem Waldbauern namens Adam. Der nämlich
gab wenig auf das alte Verbot, am ersten Tag des Jahres
im Walde Holz zu machen. Denn der Neujahrstag, so
war überliefert, ist den Waldgeistern geweiht. An diesem
Tag liegen die Wälder in tiefem Schlaf. Adam nahm dennoch seinen Schlitten und zog ihn den Altkönig hinauf.
Dort machte er ungeniert den ganzen Neujahrstag Holz.
Bei der Abfahrt jedoch geriet der voll beladene Holz-
schlitten plötzlich in rasende Geschwindigkeit. Es gab
kein Halten mehr. Am Abend fanden ihn seine Verwandten tot neben dem zerborstenen Gefährt. Der Weg
aber, auf dem der Frevler zu Tode kam, heißt seither die
Adamsbahn.[3]

Die Höhle im Altkönig

Es war eine Frau mit ihrem kleinen Kind am Altkönig
unterwegs, um Gras zu schneiden. Kurz unterhalb der
Kuppe sah sie plötzlich einen Eingang in den Berg, den sie
zuvor nie gesehen hatte. Sie ging hinein und erblickte alsbald einen Tisch mit sieben bärtigen alten Männern. Rund
um die Tafel aber blinkte alles von Gold und Silber. Die

Frau leerte ihren Korb und füllte ihn rasch mit den Schätzen. »Vergiss das Beste nicht!«, rief ihr beim Hinausgehen noch einer der Rauschebärte nach. Aber sie kümmerte sich nicht darum und trat ins Freie. Erst als der Berg hinter ihr wieder krachend zusammenfuhr und der Eingang verschwunden war, fiel ihr auf, dass das Kind nicht neben ihr war. Sie hatte es vor Eifer und Gier im Berg zurückgelassen. Bestürzt eilte sie ins Tal und wusste nicht mehr ein noch aus. Da klopfte es des Abends an die Tür, und davor stand einer der bärtigen Männer vom Altkönig. Der war aber gekleidet wie ein Einsiedel und sagte: »Hättest du nicht all dein Gras ausgeleert, so wär dir vielleicht jenes Zauberkraut geblieben, das drunter war und den Berg geöffnet hat. Dann könntest du jederzeit wieder hinein und hinaus. So aber komm in sieben Jahren hinauf an nämliche Stelle. Da wirst du die Kleine schon wieder finden.«

Als die sieben Jahre vergangen waren, ging die Frau zur selben Stunde wieder auf den Altkönig. Etwas unterhalb der Kuppe fand sie ihr Kind noch ebenso jung und blühend, wie sie es verlassen hatte.[4]

Das Geheimnis des Altkönigs

ist noch immer nicht gelüftet. Aber die Wissenschaft weiß zumindest, dass die beiden Ringwälle um den Berg nicht Kronreife des Heidenkönigs, sondern frühkeltische Mauerreste sind, datiert um 400 v. Chr. Es sind »Pfostenschlitzmauern«, die nicht wie üblich mit Holz und Erde, sondern aus massivem Stein errichtet wurden. Roh behauene Stämme wurden in Mauernischen, in so genannte Schlitze, eingelassen und gaben so der Konstruktion Halt. Diese Art Pfostenschlitzmauer nennen die Archäologen »Typ Altkönig/Preist«, weil sie hier und im rheinland-pfälzischen Preist erstmals beschrieben wurde.

Der äußere Wall umschließt eine Fläche von 15 Hektar. Hinzu kommt ein Wallvorwerk, ein so genannter Annex, der die einzige Quelle mit der Befestigung verband. Der Annex umschließt nochmals 11 Hektar. Die Funde sind

spärlich. Markant ist lediglich eine Gewandfibel aus früh-keltischer Zeit.

Die Funktion dieser mächtigen Anlage ist ungeklärt. Der Sitz eines keltischen Fürsten wäre denkbar, doch bislang gibt es keinerlei Belege für Wohnanlagen. Eine zweite These interpretiert das Bauwerk als Fluchtburg, in die sich die umliegende Bevölkerung in Zeiten der Gefahr begab. Doch auch dies ist schwer vorstellbar: Die keltische Landwirtschaft fand mit Sicherheit in der Wetterau und in der Mainebene statt, keinesfalls an den Taunushängen. Die Bevölkerung der Ebene aber hätte einen sehr langen (Flucht-)Weg gehabt.

Die dritte These deutet die Altkönig-Bauten als befestigtes Heiligtum, als Ort der Druiden, der an hohen Festtagen von der ganzen Bevölkerung aufgesucht wurde. Das würde die fehlenden Wohnplätze, die ferne Lage und die Größe der Anlage erklären. Zumindest der Augenschein lässt ihn als Kultplatz plausibel erscheinen:

Für die Bewohner von Wetterau und Main-Ebene wirkt der Altkönig herausgehoben und mächtig, weit markanter als der höhere Feldberg. Ihn als Sitz der Götter zu sehen, bedarf keiner großen Fantasie.[5]

WEGWEISER: Den Altkönig erreicht man am besten über Oberursel. Man parkt an der Straße hinauf zum Feldberg (»Kanonenstraße«) in der »Großen Kurve«. Dort hält man sich links und folgt dem »Albrechtsweg«

zum Waldgasthaus »Fuchstanz«. Ein beliebtes Basislager vor dem Gipfelsturm.

(Topographische Karte 1 : 50 000: L 5716)

Die Funde vom Altkönig sowie ein Modell der Anlage zeigt das VORTAUNUS-MUSEUM in Oberursel (siehe OBERURSEL).

1–4 Nach: Taunus-Sagenschatz. 190 Sagen erzählt von Helmut Bode, Frankfurt 1986, S. 39 ff.

5 Nach: Archäologische Denkmäler in Hessen, Heft 25.

Laisa siehe Battenberg.

Langenstein siehe Kirchhain.

Vampire unterwegs in Hessen

Auf vielen Dörfern in Hessen gilt noch die gespenstische Macht des Vampirs, oder wie die Leute sagen, des »Wambiß«. Er fällt namentlich gern Tiere, Ziegen, Schafe und Kühe an. Dann werden sie hin und her gezerrt, bald werfen sie sich krampfhaft auf die Erde und stehen ebenso plötzlich wieder auf, der Hals ist ihnen verdreht, die Glieder ausgerenkt und nichts in Ordnung. Die Kühe geben keine Milch oder Blut statt derselben. Dagegen gibt es nun kein anderes Mittel, als daß ein reiner Junggeselle oder eine reine Jungfer sich nackend auszieht, dreimal um das kranke Tier herumläuft und spricht: »Wambiß ich trage dich, ein reiner Junggeselle treibet dich! Im Namen Gottes« – und das Hemde dreimal dabei über sich schwenkt.[1]

Beim hessischen »Wambiß« handelt es sich offenbar um einen Tierdämon in Gestalt einer großen Fle-

Flattertiere mit Komfort-Schlafsack. Werbegrafik eines Outdoor-Ausrüsters.

dermaus. Dies kann aber nur vermutet werden, denn über das Aussehen des schädlichen Ungeheuers schweigt sich die Überlieferung aus. Die Bezeichnung des Unholds als Vampir legt aber nahe, dass Ähnlichkeiten mit dem bekannten Balkanphänomen bestehen. Möglich ist aber auch, dass sich die hessischen Bauern ihren »Wammenbeißer« völlig anders vorstellten, unser gelehrter Sagensammler aber sofort von »Wambiß« auf Vampir schloss. Tierdämonen jedenfalls waren immer dann im Spiel, wenn in den Ställen Seuchen wüteten, bei denen gängige Hausmittel versagten. Dann wurde ein Schadzauber durch neidische Nachbarn oder eben ein böser Dämon vermutet. In diesem Fall dürfte die Beschaffung des »Heilmittels« große Probleme bereitet haben. Denn wer kennt schon einen »reinen Junggesellen«?

Die Verwandtschaft des Wambiß

bräuchte mittlerweile selber dringend einen Abwehrzauber gegen ihr Dahinsiechen im hessischen Dunkel.

Die Fledermäuse sind auf dem Weg ins Museum,
Abteilung für ausgestorbene Arten. Ihre Insekten-
nahrung ist durch Pestizide vergiftet, ihre Quartiere
werden von Jahr zu Jahr weniger. Fledermäuse sind
keine Nagetiere, sondern die fliegende Verwandtschaft von Igel und Maulwurf, also kleine Beutegrei-
fer. Die Zwergfledermaus ist gerade mal so groß wie
ein Daumen. Ihre Flügelspannweite beträgt ganze 20
Zentimeter. In Großstädten mit Altbausubstanz, wie
etwa Wiesbaden, flattert sie durchaus noch um die
Parklaternen – auf der Jagd nach Nachtschmetterlin-
gen und anderen Insekten. Auf der Suche nach den
rarer werdenden Sommerquartieren gerät sie immer
häufiger in Rolllädenkästen und Markisen – Zu-
fluchtsorte, die höchst unsicher sind. Auch für den
Winterschlaf wird es immer enger. Dafür sind nämlich Höhlen oder Eisenbahntunnel nötig, deren Tem-
peratur auch bei Frostwetter über null bleibt. Wiesbadens touristische Leichtweishöhle beispielsweise
ist mittlerweile ein Totalausfall. Der Besucherstrom
ließ die Flattertiere nicht zum Schlafen kommen,
und sie lassen's dort nun lieber bleiben. In anderen
Gegenden Hessens sieht es nicht besser aus. Immer
dann, wenn die Fledermäuse aus der Winterruhe
gerissen werden, verbrauchen sie weit mehr Körperfett als im Schlaf. Häufiges Wachwerden zehrt also
aus. Man kann die Nachtflieger buchstäblich zu Tode
wecken. Bestandsgefährdend ist auch die ständige
Vergiftung durch erbeutete Insekten während der
Sommerphase. Die Insektengifte reichern sich im
Körperfett an. Beim Fettabbau während des Winter-
schlafs bleiben die Gifte bis zuletzt im Speicherge-
webe. Erst mit den letzten Reserven gelangen sie in

den Stoffwechsel der Tiere. Dauert der Winter lange, holen sich die Fledermäuse meist in den letzten Wochen die tödliche Vergiftung aus dem eigenen Bauchspeck. Die stete Pestizidverseuchung der Umwelt durch die Landwirtschaft bedroht den Wambiß und seine Truppe weit mehr als die schwindenden Quartiere. Sommerliche Unterkünfte zum Aufziehen des Nachwuchses können zudem auch durch Fledermauskästen aus dem Zoohandel geschaffen werden. Besonders problematisch sind jedoch die Folgen gelungener Wärmedämmung, die zumeist hermetisch dichte Dächer mit sich bringt. Doch hier helfen Spezialziegel mit schmalen Einflugschlitzen, die ungenutzte Dachböden offen halten. Gesuchte Wochenstuben für die Sippschaft von Wambiß und Co.

FLEDERMAUS-INFORMATION: 0 64 41 / 6 79 04 25
E-Mail: Fledermaus@NABU-Hessen.de

1 Aus: Hessische Volksdichtung in Sagen und Märchen, Schwänken und Schnurren. Gesammelt von Philipp Hoffmeister, Marburg 1869. Zit. n.: Diederichs/Hinze, Hessische Sagen, S. 28.

Lauterbach

36341, Kreisstadt des Vogelsbergkreises.
14356 Einwohner. 🛏 442.
Fremdenverkehrsamt: Marktplatz 14. Tel.: 06641/1840.

Die Lauterbacher Zervelatwürste

»sind vortrefflich und wenn auch den Göttingern und Braunschweigern nicht vorzuziehen, doch vollkommen gleichzusetzen. Ich bin vielmehr der Meinung, dass viele der Würste, die als Göttinger und Braunschweiger verkauft werden, eigentlich Lauterbacher sind. Die hiesigen Metzger beziehen nämlich mit Würsten die Messe zu Kassel und setzen große Mengen an Göttinger und Braunschweiger Metzger ab, welche sie dann als eigne Fabrikate verkaufen.«[1]

Der Wirbelwind der Frau Holle

Bei den nassen Wiesen zwischen Hopfmannsfeld und Frischborn sprudelt ein Felsenquell, den nennt man das Frau-Holle-Loch. Nur wer über Zauberkräfte verfügt, vermag sich durch den schmalen Spalt zu zwängen und gelangt dann in das heimliche Reich, in dem die Holle in ihrem prächtigen Schloss wohnt. Bisweilen zeigt sie sich über der Erde in einem weißen Wirbelwind, den man im Vogelsberg den »Sauzahl« heißt. An einem schönen Sommertag geriet der Frischborner Schafhirt in jenen Sauzahl, und um ihn her erklang eine wunderbare Feenmusik. Doch das jagte dem guten Schäfer einen solchen Schrecken ein, dass er sich abwandte und seine Herde eilends davontrieb. Deshalb bekam er die Holle nicht zu Gesicht.

Das Kraut, das in die Irre führt

wächst überall auf den Höhen des Vogelsbergs. Dort nennt man es darum das Irrkraut. Sobald es ein Wanderer mit dem Fuß berührt, verliert er jegliche Orientierung und irrt tagelang durch die Wildnis. Häufig kennt er dann auch keinen Menschen. Das widerfuhr denn auch einem Mann, der auf dem Weg nach Lauterbach seinem eigenen

Bruder begegnete. Der jedoch sprach ihn wie einen Fremden an und fragte nach der Straße nach Rixfeld, die er seit Stunden vergeblich suche. »Du stehst doch direkt vor dem Dorf«, rief er jenem zu, »und erkennst du denn nicht deinen eigenen Bruder?« Da verlor das Zauberkraut augenblicklich seine Wirkung, und der »sinnverlissige« Vogelsberger wusste wieder, wo er war und wen er vor sich hatte. Ähnlich erging es einem Mann aus Freienseen, den das Kraut durch die Wälder trieb. Endlich besann er sich eines Gegenzaubers: Er »setzte sich auf den Boden, zog die Schuhe aus und fuhr mit dem rechten Fuß in den linken (Schuh) hinein. Wie er das tat, hörte die Macht des Irrkrauts auf, er kannte die Gegend wieder und wurde gewahr, dass er gerade vor dem Oberseenerhof stand.«[2]

Der Bauer und die chemische Keule

Inwieweit bei dem denkwürdigen Gebaren eines Bauern aus Lauterbach-Wallenrod zauberische Kräuter oder Rauschgetränke im Spiele waren, konnte nachträglich nicht mehr geklärt werden. Jedenfalls berichtet die »Deutsche Presseagentur« in ihrer Meldung 290 vom 26. Mai 1988 von einem »mähwütigen Landwirt«, der von der Lauterbacher Polizei mittels der so genannten chemischen Keule vom Schlepper geholt werden musste. Irritierte Bürger hatten eine Polizeistreife alarmiert, weil der 34-jährige Bauer noch am späten Abend eine Wiese mähte und sich trotz nachhaltiger Beschwerden weigerte, davon abzulassen. Weiter heißt es in »dpa 290«:

»Der Landwirt ignorierte auch die Aufforderung der Polizei zur Einhaltung der Abendruhe und versuchte, die Beamten von seiner Wiese zu jagen. Die riefen daraufhin einen zweiten Streifenwagen zur Verstärkung und versuchten mit zwei querstehenden Polizeiwagen den Mäher zu stoppen. Der Landwirt fuhr jedoch auf die Wagen zu, so dass sich die Beamten nur noch mit einem Sprung zur Seite retten konnten. Mit Hilfe des Gases und dem körperlichen Einsatz von vier Polizisten wurde der wild um sich schlagende und schimpfende Bauer dann vom Schlepper geholt und die Abendruhe wiederhergestellt.«

Der größte Gartenzwerg der Welt

wiegt über acht Tonnen und ist aus chinesischem Granit.
Mit drei Metern Höhe überragt er selbst die stattlichsten
Exemplare aus der Kollektion der Zwergen-Manufaktur
Heissner in Lauterbach. Dort steht er nämlich auf dem
Firmengelände. Das stolze Ergebnis kunstsinniger Steinmetze im fernen Zentralchina, wo der Zipfelmützengigant
in dreimonatiger Arbeit aus einem Vierzehn-Tonnen-
Block gehauen wurde. Eine überdimensionale Kopie des
Zwergenklassikers »Bücherwurm«, der auch für den
Laien am aufgeschlagenen Buch zu erkennen ist. Im Juni
1997 hievte man den Riesenzwerg im Hamburger Freiha-
fen mittels Ladekran auf deutschen Boden. Dann ging es
im offenen Tieflader über Autobahnen und Landstraßen
nach Lauterbach. Die feierliche Enthüllung war dann am
12. Juli 1997. Damit feierten die Zwergenmacher ihre Fir-
mengründung vor 125 Jahren in Gräfenroda/Thüringen.
1945 hatte das Unternehmen sein Werk in den Vogelsberg
verlegt. Mittlerweile umfasst die Lauterbacher Modellpa-
lette 200 verschiedene Figuren aus Keramik und Kunststoff.

*Der Riesenzwerg kam 1997
nach Lauterbach.*

Die Firmenphilosophie beschreibt die »Erscheinungsform« des Gartenzwerges als »eher konservativ«[3]. Es sei »erstaunlich, wie Zwergenliebhaber eifrig darüber wachen, dass der Zwerg so bleibt, wie er überliefert wurde: fleißig, hilfsbereit, pfiffig oder spöttisch und ein bisschen mit dem Schleier des Geheimnisvollen umwoben. Er ist romantisch, friedvoll und unpolitisch.« Trotz seiner roten Zipfelmütze.

1 Ludwig Bocle, Beschreibung einer Schülerwanderung im Jahre 1813. In: Wilhelm Diehl, Hessische Volksbücher, Band 9.

2 Nach: Theodor Bindewald, Oberhessisches Sagenbuch, neue vermehrte Ausgabe, Frankfurt am Main 1873.

3 Wenn Zwerge Meinung machen, Limitierte Sonder-Edition zur 125-Jahr-Feier der Firma Heissner, Lauterbach 1997 (www.heissner.de).

Lautertal

36369, Vogelsbergkreis. 2490 Einwohner.
Gemeindeverwaltung: Rathausstr. 3. Tel.: 06643/8061.

Der Zug der Geister

Es waren einmal zwei Frauen, die sammelten an der Totenmannsschneise, die zu den Hügelgräbern am Heiligenberg hinaufführt, Himbeeren und Brombeeren. Sie hatten ein merkwürdiges Erlebnis: Sechs Männer in schwarzen Anzügen mit schwarzen Hüten kamen ihnen entgegen. Sie schienen etwas auf ihren Schultern zu tragen, denn ihre weiße Hemdbrust war vor Anstrengung angeschwollen. Das war der Leichenzug, den man in hellen Vollmondnächten mit Gesang hört und der vor den Hügelgräbern immer verschwindet, bis er dann zwischen Eichelhain und Eichenrod mit einem rassigen Pferdegespann wieder auftaucht und in rasender Fahrt zum Oberwald hinzieht.[1]

»Leichenzug« und »wilde Jagd«

Der Heimatforscher Max Söllner berichtet von Einheimischen, die den »Leichenzug« noch zu Beginn des 20. Jahrhunderts wirklich erlebt hätten. Bei der nächtlichen Rückkehr vom Dorftanz in Dirlammen sei man jener Erscheinung stets ängstlich ausgewichen, nur ganz Mutige hätten die Stellen aufgesucht, an denen der durch Fackeln erhellte Zug regelmäßig vorbeikam. Mit Hilfe seiner Gewährsleute rekonstruiert Söllner die überlieferte Route: »Sie beginnt auf dem Wehrberg, also nordwestlich von Hopfmannsfeld, erreicht die Flur Michelrod (Meßtischblatt Ulrichstein 5421), ein ehemaliges, jetzt völlig verschwundenes Dorf an einem Bächlein, das unten an dem Frau-Holle-Loch vorüberfließt, senkt sich in das Tal der Lauter hinab, durchquert die Herrenwiesen, steigt auf die ›Kuppe‹ (Meßtischblatt 5321) und über die von Dirlammen nach Frischborn führende Straße hinab in das Tal des Brenderwassers nahe der Pränge (...), zieht im Wald, aber knapp an dessen nordwestlichem Rande (Meßtischblatt Lauterbach 5322) weiter, stößt etwa 200 m unterhalb der Höhe 402,5 auf eine Schneise und folgt dieser nach Nordwest hinunter bis kurz vor dem Waldrand zu dem so genannten Zwölfuhrstein. Dann verläßt der Fackelzug den Forst nach Nordwest, bleibt an dessen Saum südwestwärts bis zum Wasserbehälter und strebt jetzt nach Westen am Pfingstberg vorbei bis zum Wellehaus (Wilden Haus), auch Wildfrauhaus genannt, d. h. bis zu dem ›Großen Geröll‹ am nordöstlichen Abhang des Steigerberges in der Nähe des Waldrandes bei Allmenrod. Das Wilde Haus ist ein besonders stark zerklüfteter Teil der dort ausgewitterten Basaltmasse. Hier endet der Leichenzug.«[2]

Söllner lässt offen, ob er die »Erscheinung« als Realität verstanden wissen will oder nur als ortsgebundene Sage, die die Ängste und Fantasien der Einheimischen beflügelt. Er bezieht einige Hügelgräber »auf der Kaup« und »oberhalb der Pränge« in das Umfeld des Geisterzuges ein und interpretiert die markanten Felsen und Quellen entlang der Route als heilige Plätze einer alten Naturreligion, die am Wildfrauhaus die »große Erdmutter« verehrte. Offenbar sieht er die Wurzeln der »Leichenzug«-Überlieferung in einem prähistorischen, wirklichen Umzug, der »einst als feierliche nächtliche Prozession mit Fackeln vom Wehrberg aus von Quelle zu Quelle bis zum Wellehaus ging, wobei die Priester wohl an den Quellheiligtümern heilige Handlungen vornahmen, die sie im Wellehaus mit einem besonderen Akt zum Höhepunkt und Abschluß brachten, ganz so, wie es in keltischen Ländern auch anderwärts geschah.«[3]

In der Lautertaler Sage erlebt der Leichenzug seine Fortsetzung durch ein rassiges Pferdegespann, das »in rasender Fahrt zum Oberwald hinzieht«. Diese »Schlussetappe« korrespondiert mit der Sage vom »wilden Jäger«, der nächtens hinter dem Bilstein bei SCHOTTEN-Busenborn umgeht und dort von zwei Brüdern »ganz nahe über sich, vor sich und neben sich« gehört wurde: »Er rief Juhu, Juhu, einmal schauerlicher als das andere Mal, und pfiff seinen Hunden. Sehen konnten die zwei nichts, aber die Hunde gauzten (bellten) hinter ihnen, und sie hörten ihr Geschnaufe ganz natürlich. So zog der wilde Jäger vorüber, und nach seiner Gewohnheit wieder heimwärts nach dem Oberwalde.«[4] Leichenzug wie wilde Jagd halten also stets eine feste Route ein und haben zumindest hier auch den gleichen Zielpunkt, den Vogelsberger Oberwald. Die Vermutung liegt nahe, dass beide Erscheinungen die gleichen historischen Ursprünge haben. So wird auch der »Zug des Rodensteiners« als Odenwald-Variante der »wilden Jagd« gedeutet und auf einen kultischen Umzug in vorgeschichtlicher Zeit zurückgeführt.[5]

1 Aus: Geschichten, Märchen, Sagen rund um Lautertal, hrsg. vom Fotoclub Lauterbach in Verbindung mit dem Verkehrsverein Lautertal, 1986. Dieser »Heiligenberg« ist wohl der Ziegenberg bei Dirlammen.

2 Max Söllner, Wanderungen zu ur- und frühgeschichtlichen Stätten Oberhessens, Gießen 1981, S. 129. Der Wehrberg liegt de facto nordöstlich von Hopfmannsfeld.

3 Ebenda, S. 131.

4 Theodor Bindewald, Oberhessisches Sagenbuch, neue vermehrte Ausgabe, Frankfurt a. M. 1873, S. 36 f.

5 Zum »Rodensteiner« und seinen Ursprüngen siehe FRÄNKISCH-CRUMBACH.

Höllenlärm und Heidenspaß:
Strohbären streifen durch Hessen

Ein schneegrauer Himmel hängt über dem Hohen
Vogelsberg. Es ist einer von diesen Tagen, an denen es
gar nicht richtig hell wird. Die Sonnenwende ist gerade
vorbei. Man schreibt den 23. Dezember. Auf den ersten
Blick liegt auch das Dörfchen Engelrod in winterlicher
Stille. Doch der Schein trügt, denn sie steht bereits in
den Startlöchern, die »Lange Nacht« von Engelrod. Im
letzten Dämmerlicht des Tages ertönt plötzlich eine
schräge Trompete, Trommelwirbel wird laut. Ein Orts-
diener in alter Uniform kommt die Straße herunter, in
der Hand eine lautstarke Schelle. Hinter ihm tappt ein
Monstrum in strohgelbem Pelz, sicherheitshalber an
einer Kette geführt: Der Bär ist unterwegs. In seinem
Gefolge die traditionellen Figuren der »Langen Nacht«:
neben dem Bärenführer der Schimmelreiter, zweibei-
nig, mit einem Pferdekörper aus Pappmaché und
einem Schweif aus Hanf. Ihm zur Seite eine verhüllte
Gestalt, die in diesem Dämonentrupp das Weibliche
verkörpert. Doch nur die unverheirateten Männer sind
beim Bärenbrauch »zugelassen«. Deshalb steckt auch
unter der »Verhüllten« ein Mann. Weitere Bärenbe-
gleiter sind der Nachtwächter, der Schornsteinfeger,
mehrere Holzknechte und der Vogelhändler. Eine
Uralttrompete und etliche Trommeln geben ihr Bestes,
doch der eigentliche Höllenlärm kommt von den
»Judde« – zwei dunkel gekleideten Kerlen. Sie haben
frisch abgezogene Hasenfelle an eine Schnur gebunden, lassen sie mehrmals über den Köpfen kreisen und
klatschen sie dann mit lauten Knall auf das Straßen-
pflaster von Engelrod. Sie sind auch der eigentliche
Kinderschreck dieses Umzugs. Wenn das Klatschen der
Felle näher kommt, verstecken sich die kleineren Kinder hinter ihren Müttern oder verschwinden ängstlich
im Haus. Der Name »Judde« verweist auf den vor-

christlichen Ursprung dieses Brauchs. Er hat nichts mit Juden zu tun, sondern leitet sich vermutlich von den »Jötunen« oder »Jöten« her. Das sind die Eisriesen der germanischen Mythologie, die alte Verkörperung des Winters.

Inzwischen ist es richtig dunkel geworden. Der Bärentrupp zieht von Bauernhaus zu Bauernhaus und ›erheischt‹ dort Eier, Brot und Wurst. Die so gesammelten Gaben werden am Ende der »Langen Nacht« im Dorfgasthaus gemeinsam verzehrt. »So treiben wir die bösen Geister aus dem Dorf«, erklärt uns augenzwinkernd der Ortsvorsteher. Er ist sich ganz sicher, dass dort die Ursprünge des Bärentreibens liegen. Ein »Winteraustreiben« kann es eigentlich noch nicht sein, dafür ist es einfach noch zu früh. Aber die »Lange Nacht« liegt kurz vor den Raunächten, in denen, laut Überlieferung, schädliche Winterdämonen besonders aktiv sind. Jene zwölf Nächte beginnen in vielen Gegenden mit der Nacht zum 26. Dezember und enden am Dreikönigstag. Sie könnten in früherer Zeit ein »Dämonenbannen« nötig gemacht haben. Ein Bannen, das Ähnliches mit Ähnlichem vertreibt: die »Austreiber« kostümieren sich so, wie sie sich die Dämonen vorstellen. Den gleichen Gedanken hatten auch die Baumeister gotischer Kathedralen. Ihre wasserspeienden Dämonen am Kirchenschiff sollten die wirklichen »bösen Geister« verschrecken.

Die Anfänge des Engelroder Bärentreibens liegen im Dunkeln. Keine Urkunde belegt das eigentliche Alter dieses Brauchs, geschweige denn seine frühere Funktion. Heute ist es für die Beteiligten vor allem eine Gaudi, die durch heftigen Konsum von Bier und Schnaps ins Rauschhafte gesteigert wird.

Das Bärentreiben in der Nachbargemeinde Eichelhain geht ganz ähnlich vonstatten. Allerdings erst mitten in den Raunächten, am Silvesterabend. Und in Eichelhain gehören auch die Mädchen dazu.

Am Fastnachtsdienstag trollen die nächsten Strohbären durchs Hessenland: in Laubach-Münster und
in Niederofleiden bei Homberg/Ohm. Hier ist es wieder »Männersache« und passiert am hellichten Tag.
Genau wie im Vogelsberg werden Gaben ›erheischt‹
und dann gemeinsam verzehrt. Das Fastnachtsdatum
legt hier schon einen Frühlingsbrauch nahe.

Anders als in den Raunächten, wo die Winterdämonen nur auf Distanz gehalten wurden, ist die
Sonne jetzt stark genug, um sie endgültig zu ver-
jagen. Ganz deutlich wird das in Wanfried-Heldra, wo
am Aschermittwoch gleich vier Strohgestalten durch
das Dorf tanzen. Sie tragen hohe, spitze Hauben und
ähneln deshalb interessanterweise den »Strohschab«
im Salzkammergut, die dort allerdings schon Anfang
November durch die Dörfer ziehen. Ein Beleg dafür,
dass dieses Brauchtum nicht auf unsere Mittelgebirge
beschränkt ist. In Heldra begleiten flinke »Fänger« den
Bärentrupp. Mit Vorliebe ergreifen sie junge Mäd-

*Der Strohbär von Lau-
tertal-Engelrod auf
dem Weg durch die
„Lange Nacht".*

chen, schwärzen ihre Gesichter mit Ruß und liefern sie an die Bären aus. Dort werden sie in den Schwitzkasten genommen und kräftig »gerubbelt«: Die kratzigen Strohhände des Monsters »bearbeiten« hemmungslos Körper und Gesicht. Wer geschwärzt und gerubbelt wurde, hat gute Aussichten auf Liebesglück und Kindersegen. Am Werraufer steigen die »Bären« dann aus ihrer schweißtreibenden Montur. Man schichtet ihr Stroh zu einem Haufen und verbrennt es feierlich. So wird der Winter zu Asche, und der Frühling hat freie Bahn.

Lautertal im Odenwald
64681, Landkreis Bergstraße. 6947 Einwohner. 🛏 86.
Gemeindeverwaltung: Beedenkirchener Str. 1.
Tel.: 0 62 54/30 70.

Wie das Felsenmeer einmal einen Touristen überwältigte
Nach etlichen Stunden des Beschauens und Betrachtens stiegen wir in ein enges Tal hinab, um in ihm wieder an die Bergstraße zu kommen. Hier unten ließ ich noch einmal den Gesamteindruck auf mich wirken. Ich gestehe, dass er noch gewaltiger war als von oben. Schon eine bedeutende Strecke von dem Riesendamm entfernt liegen noch einzelne Blöcke hier und da zerstreut, den Felsenstücken vergleichbar, die einst im Götterkrieg die Titanen zum Himmel schleuderten. Die Granitmassen am Brocken kommen gegen diese weder an Masse noch an Zahl in Betracht. Auch nicht an Härte, denn in ganz Deutschland findet man so keinen Granit mehr. Er ist vollkommen so fest wie der berühmte ägyptische und ist einer schöneren Politur als der Marmor fähig.[1]

Der Streit der Riesen

In alter Zeit lebten im Odenwald zwei gewaltige Riesen. Der eine hauste auf dem Felsberg, der andere ganz oben auf dem Hohenstein. Eines Tages nun verfielen sie in einen heftigen Streit, der beide so wütend machte, dass sie sich nach Riesenart mit Felsblöcken bewarfen. Der Hohensteiner hatte jedoch ein eindeutigen Platzvorteil, denn um ihn herum lagen so viel handliche Blöcke, dass der Felsberger schließlich unterlag und von dem Steinhagel förmlich begraben wurde. Und dort auf dem Felsberg liegt er noch heute. Die Steine über ihm aber heißt man das Felsenmeer. Stößt man dort mit dem Fuß kräftig auf den Boden, so kann man den Riesen noch stöhnen hören.[2]

Die Römer im Felsenmeer

Für die Geologen ist das »Felsenmeer« bei Lautertal-Reichenbach eine Ansammlung von Melaquarzdiorit-Blöcken. Diese Gesteinsart ähnelt dem Granit und wird deshalb auch Hornblendegranit genannt. Es ist also keine Schande, bei dem anstehenden Gestein einfach weiter von »Granit« zu reden. Bei der Entstehung des Odenwaldes vor 350 Millionen Jahren drang jener Granit glutflüssig in das Bergmassiv ein. Die Oberflächen verwittern seither zu lockerem Granitgrus, der schließlich weggespült wird und abgerundete Granitblöcke freilegt. Diese Einwirkung auf die Steine nennt man bildhaft »Wollsackverwitterung«. Die Geologen vergleichen die entstehenden Formen mit einem Sack, der mit ungesponnener Wolle gestopft ist.

Die Römer erkannten schon sehr früh die Brauchbarkeit des Odenwald-Granits für das antike Bauwesen. Sie hinterließen eine Anzahl eindrucksvoller Werkstücke, deren Bearbeitung auf halbem Wege eingestellt worden war. Zumeist wohl, weil erst sehr spät Fehler im Gestein erkannt wurden. Die steinernen »Halbfabrikate« versahen die Odenwälder mit Namen wie »Kreisplatte«, »Altarstein« und »Schiff«. Die Verwendung von Felsenmeer-Granit für den Bau der Trierer Basilika in den Jahren 328 bis 337 belegt, dass die Römer noch nach dem Fall des Limes (um 260) den Steinbruch am Felsberg nutzten. Ungeklärt ist allerdings, zu welcher Zeit der erste römische Steinmetz im Felsenmeer seinen Hammer schwang.[3]

Römisches Halbfabrikat, das im Steinbruch zurückblieb: das „Schiff". Spuren von Steinsägen und Holzkeilen sind deutlich zu erkennen.

Die Riesensäule

ist ohne Zweifel die spektakulärste Hinterlassenschaft der Römer. Eine Urkunde von 1476 erwähnt sie bereits als »Stein Sule«. Im 17. Jahrhundert wird sie zur »Bonifatius-Säule« umgetauft. Eine kleine Nische an der Unterseite des liegenden Kolosses wurde offenbar erst später in frommer Absicht eingetieft, möglicherweise um eine Figur des Heiligen aufzunehmen. Träfe dies zu, so müsste die Säule in früherer Zeit aufrecht gestanden haben. Für die römischen Steinmetze wäre die Aufrichtung sinnlos gewesen, deshalb vermutet eine fantasievolle These, germanische Stämme hätten das Monstrum später in die Vertikale gehievt und zu einem Wotansheiligtum gemacht. Die Bonifatius-Nische sei dann der Versuch gewesen, die heidnische Säule zu christianisieren.

»Allerdings hielt das Volk an den heidnischen Bräuchen fest und feierte alljährlich an der Riesensäule seine Frühlingsfeste. Da trotz der härtesten Strafen von Seiten der Obrigkeit die Jugend nicht davon abließ, griff man zu einem Radikalmittel und stürzte die Säule um. Dies muß in der Zeit zwischen 1630 und 1645 geschehen sein. Denn 1645 beschrieb der Topograph Merian die Säule als liegend, fügt aber hinzu, dass ›noch vor einigen Jahren das junge Volk ihren Tanzplatz allda gehalten habe‹. (...) Zum Schluß seien noch die Maße angegeben: Sie ist 9,39 m lang, hat einen Durchmesser unten von 1,30 m, oben von rund 1,06 m, einen Umfang von 4,12 m bzw. 3,40 m und wiegt rund 570 Zentner.«[4] (Abb. S. 83)

1 Aus: Ludwig Bocle, Beschreibung einer Schülerwanderung im Jahre 1813. In: Wilhelm Diehl, Hessische Volksbücher, Band 9, Darmstadt 1908.
2 Nach: Reichenbacher Heimatbuch 1936.
3 Nach: Die Römer in Hessen, S. 270 ff.
4 Reichenbacher Heimatbuch 1936.

Lich

35423, Landkreis Gießen. 11192 Einwohner. 🛏 176. Stadtverwaltung: Unterstadt 1. Tel.: 0 64 04/80 60.

Die verwunschene Klosterfrau

Im Städtchen Lich, mitten im Herzen der Natur, geht nächtens eine gespenstische Nonne um. Das junge Ding büßt seit Jahrhunderten für den Sinnenrausch einer Nacht, der, ob ihrer Unerfahrenheit, durch eine Schwangerschaft ans Licht kam. Als dann die Frucht der Leidenschaft in dunkler Nacht das Licht der Welt erblickte, trug sie die schöne Gottesmagd den Klosterberg hinunter nach Lich. Dort warf sie das schreiende Bündel kopfüber in einen tiefen Brunnen. Ob dieser Tat aber wurde die Klosterfrau verflucht und findet seither keine Ruhe mehr. Jede Nacht muss sie Schlag zwölf an jenen Brunnen. Dort schaut sie dann hinunter, bis dass die kleine Leiche unten auf dem Wasser schwimmt. Dann

winkt sie ihrem toten Kind und streckt die Arme nach ihm aus. Mit Glockenschlag eins jedoch ist sie verschwunden.

Seit dem Kindsmord waren Jahrhunderte verflossen, da suchten die Licher Braumeister nach einem guten Quell, um daraus frisches Bier zu brauen. Das beste Wasser, so ist überliefert, fand sich im Brunnen der Klosterfrau.

Die »Heiligen Steine«

bei Lich-Muschenheim gelten mittlerweile als das spektakulärste Gemeinschaftsgrab der hessischen Jungsteinzeit. Als Großsteinbau eindeutig der Megalithkultur zugehörig, dürfte die Anlage etwa 3000 vor der Zeitenwende entstanden sein. Nach umfangreichen Grabungen durch die Universität Gießen, erwies sich der ungeordnete Steinhaufen als exotischer Ausläufer einer westalpinen Kultur. Die Forscher legten den trapezartigen Grundriss der Gangkammer frei, der für die Großsteingräber der Franche-Comté typisch ist. Zudem entdeckten sie einen bis dato unbekannten 4 m hohen Menhir, der einst in Ostrichtung vor dem Kammereingang stand. Damit musste die Vorgeschichte der Wetterau umgeschrieben werden. Galt der Steinbau bislang als südlichster Punkt der nordischen Megalithkultur, so avancierte er nunmehr zum nördlichsten der Burgundisch-Savoyardischen Megalith-Zone. Unklar ist allerdings, ob hier nur kurzzeitig exotisches Know-how durch einen angeheuerten Bautrupp in die Wetterau kam oder ob es eine dauerhafte Kulturbrücke in die Westalpen gab. [1]

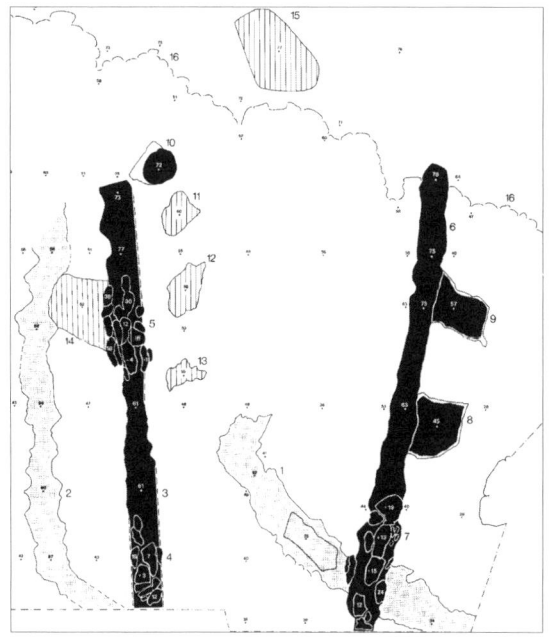

Der trapezförmige Grundriss der Anlage gleicht Gräbern in den Westalpen.

1 Nach: Manfred Menke, Neue Ausgrabungen in der Megalithanlage
»Heilige Steine« bei Muschenheim (Landkreis Gießen). In: Germania
71, Mainz 1993. Siehe auch FRITZLAR und BESELICH.

Limburg
65549, Kreisstadt des Kreises Limburg-Weilburg.
28778 Einwohner. 🛏 696.
Verkehrsverein: Hospitalstr. 2. Tel.: 0 64 31/20 32 22.

Der Lubentiuswind

Als der heilige Lubentius im Moseltal das Zeitliche geseg-
net hatte, legte man den Leichnam auf ein kleines Boot
und überließ ihn dem Fluss. Der Heilige, so dachte man,
sollte sich selbst den Platz aussuchen, an dem er beerdigt
und verehrt werden wollte. Anfangs hielt sich Lubentius

noch an die Naturgesetze: Sein kleiner Nachen trieb mit dem Strom bis nach Koblenz. Doch am Deutschen Eck machten die Angler dann große Augen: Das Totenschiff bog plötzlich rheinaufwärts ein und schwamm hemmungslos Richtung Lahnstein – gegen den Strom. Die Augenzeugen sollen sich bekreuzigt haben, als der Nachen dann auch noch in die Lahnmündung einfuhr und stromauf bis Limburg-Dietkirchen schipperte. Dort angekommen, wurde der tote Lubentius gebührend empfangen und feierlich unter die Erde gebracht.

Ein paar Mal im Jahr weht am Dietkirchener Felsen ein besonderer Wind. Der streicht von Westen und kräuselt dann die Wasserfläche der Lahn – ganz so, als flösse sie bergauf.

»Das ist der Lubentiuswind«, sagt dann der Pfarrer und die Gläubigen wundern sich.[1]

Der Kultplatz auf dem Dietkirchener Felsen

Ein steiler Kalkfelsen über der Lahn gilt als Wahrzeichen des Dorfes Dietkirchen, das heute zu Limburg gehört. Die Stiftskirche St. Lubentius auf dem Felsplateau ist eines der bedeutendsten romanischen Bauwerke im Landkreis. Folgt man der Lubentius-Legende, so hat sie der Heilige bereits im 4. Jahrhundert eigenhändig auf den Fels gesetzt. Die Reste einer frühen Steinkirche, die man bei Grabungen im Kirchenschiff freilegte, stammen allerdings erst aus dem 8. Jahrhundert. Unter dem Kirchenbau und auf dem nahen Friedhof bargen die Archäologen Funde aus der Jungsteinzeit und der bronzezeitlichen Urnenfelderkultur. In einer Felsspalte unterhalb der Stiftskirche wurden Keramik und Knochen entdeckt, die man der keltischen Zeit zuordnet. Das Fundmaterial legt nahe, dass der markante Lahnfelsen seit Tausenden von Jahren ein Ort der Götterverehrung war. Seine Bedeutung als »Bergheiligtum« würdigten offenbar auch die christlichen Missionare, die den Kultplatz mit einem Kirchenbau »besetzten«. Später brachte man Schädel und Gebeine des Priesters Lubentius auf den Felsen. Letztere ruhen in einem Steinsarkophag. Der Schädel jedoch wurde zu

einem »Kopfreliquiar« umgestaltet und wird separat verwahrt. Laut Kirchengeschichte war Lubentius ein Schüler
des Martin von Tours, der als Schutzheiliger des Frankenreiches gilt. Lubentius wirkte als Gemeindepfarrer in
Kobern an der Mosel, wo er Mitte des 4. Jahrhunderts
auch gestorben sein soll. Das Bistum Trier brachte einen
Teil seiner Reliquien nach Dietkirchen um seinen »Außen-
posten« an der Grenze zum (konkurrierenden) Bistum
Mainz besonders hervorzuheben. Aus demselben Grund
wurde dort auch eine repräsentative »Stiftskirche« errichtet. Der heute als Dorfkirche genutzte Bau ist deshalb für
Dietkirchen etwas überdimensioniert. Doch damals stand
er für den Machtanspruch des Bistums.

1 Mündlich von Pfarrer Alois Staudt, Limburg-Dietkirchen (1996).

Lindenfels
64678, Landkreis Bergstraße. 5269 Einwohner
Stadtverwaltung: Burgstraße 39. Tel.: 0 62 55/30 60.

Die Schlierbacher Stickel
Schlierbach liegt am Schlierbach, und der fließt unterhalb
von Lindenfels. An dem kleinen Odenwalddorf wäre
nichts Auffälliges, gäbe es da nicht den alten Gottesacker
mit seinen seltsamen Grabmalen. Auf der Mehrzahl der
Gräber stecken einfache Totenbretter, die so wirken, als
habe der Schreiner Grabkreuze machen wollen, dabei aber
die Querlatten vergessen. Jene schmalen Holztafeln sind
auch heute noch in Gebrauch. Die Schlierbacher nennen
sie »Stickel«. Der Pfarrer und Brauchtumsforscher Werner
Geiger ging davon aus, dass der Tote früher auf seinem
Stickel »zu Grabe getragen wurde«[l]. Der Augenschein
spricht dagegen, es sei denn, die alten Odenwälder waren
damals nur halb so breit wie die heutigen. Laut Geiger sind
diese Totenbretter im Bayerischen Wald weit häufiger. Im
Odenwald fand er sie außer in Schlierbach nur noch ver-
einzelt in Hassenroth bei Lengfeld, in Ober-Schönmatten-
wag und in Gras-Ellenbach. Die Ränder der Stickel sind im

oberen Teil meist rund geschwungen. Ein kleiner Latten-
giebel schützt vor rascher Verwitterung. Gleich darunter
ist ein Blumenmotiv auf den weißen Grund gemalt, das
leicht variieren kann. Überwiegend wachsen drei Blüten-
stängel aus einem Blumentopf, vermutlich die Darstellung
des Lebensbaums. Die Brettinschrift lautet regelhaft »Hier
ruht in Frieden«, dann folgen der Name, Todesjahr und
Wohnort, da auch andere Dörfer den Schlierbacher Friedhof nutzen. Die ungewöhnliche Grabsitte erklärt sich aus
dem strengen, zwinglianisch geprägten Calvinismus der
Kirchengemeinde. In ihrem Gotteshaus fehlen nicht nur
erwartungsgemäß vorreformatorische Altarbilder und
Heiligenfiguren, sondern sogar die Darstellung des Kreuzes in jeder Form. Nur Bibelzitate an Wänden und Vertäfe-
lungen sind als Kirchenschmuck erlaubt. Denn für diese
Variante des Protestantismus gilt selbst ein Kreuz ohne
Corpus Christi als Abbild Gottes und verstieße damit gegen
das Gebot »Du sollst dir kein Bildnis machen«. Von daher
erklärt sich auch die schlichte Form der Grabstickel, gelegentlich auch »Peschtel« (Pfosten) genannt. Sie durften
weder durch Form noch durch Bemalung gegen das Got-
tesgebot verstoßen.

Stickel auf dem Schlierbacher Friedhof.

Der »reformierte« Protestantismus erreichte den Odenwald erst nach dem Dreißigjährigen Krieg. Viele Dörfer
waren damals verlassen und niedergebrannt. Im vordem
katholischen Schlierbach wechselte die Grundherrschaft.
Die Gegend wurde eine kurpfälzische Enklave. Der neue
Landesherr war Protestant und er besiedelte die Wüstun-
gen mit Neubürgern aus dem Elsass und der Schweiz.
Diese Alemannen brachten ihren zwinglianischen Glauben und damit wohl auch die Grabsitten mit. Direkte
Nachkommen der Einwanderer leben noch heute in den
Tälern um Lindenfels. Der häufige Familienname Bitsch
stammt mit Sicherheit vom Oberrhein.[2]

1 Werner Geiger, Totenbrauch im Odenwald, Lindenfels 1960/Nach-
druck 1986, S. 56. Geiger war von 1941 bis 1969 katholischer Pfarrer
in Lindenfels. Er starb 1975.

2 Passenderweise wurde der Nachdruck von Geigers Buch von der
Druckerei Bitsch in Birkenau besorgt.

Lorch am Rhein
65391, Rheingau-Taunus-Kreis. 4464 Einwohner.
Städt. Verkehrsamt Tel.: 0 67 26/18 15.

Das Muhkalb

In Lorch spukte seit undenklichen Zeiten ein seltsames
Ungeheuer, das Muhkalb. Es hatte glühende Augen, die
waren so groß wie Teller. Außerdem zwei Hörner auf dem
Kopf und eine ziemliche Teufelsfratze. So jedenfalls
beschreiben es die Augenzeugen. Zudem war es ein aus-
gesprochenens Nachttier, das den Tag am liebsten ver-
schlief. Leute aus allen Bevölkerungsschichten konnten
seine Opfer werden. Sie mussten nur etwas auf dem Kerb-
holz haben: treulose Ehemänner, Geizkragen, Wucherer,
Rauf- und Trunkenbolde und andere schlimme Finger.
Besonders Fremde, die sich irgendwie mausig gemacht
hatten, mussten mit einer Muhkalb-Attacke rechnen.
Angeblich hauste es vorzugsweise im altehrwürdigen Hilchenhaus und im Hilchenkeller. Aus diesem dunklen

Schlund stürzte es dann mit furchtbarem Gebrüll auf seine Opfer. Die wurden manchmal auch nur durch sein bloßes Erscheinen bestraft. In der Regel aber setzte es kräftig Hiebe, die bisweilen so heftig waren, dass man die Opfer am anderen Morgen halbtot fand. Etliche wurden sogar erschlagen oder erwürgt. Das soll aber eher die Ausnahme gewesen sein. Das Muhkalb wütete keinesfalls wahllos. Man könnte sogar von einer gewissen Systematik sprechen. Ein Krämer etwa, der seine Ware überteuert verkauft hatte, kam mit Angstschweiß und sanften Schlägen davon. Ein auswärtiger Weinhändler hingegen, der die Lorcher Winzer scharenweise über den Tisch gezogen hatte, kam erst aus der Stadt, nachdem ihm das Muhkalb einen deftigen Denkzettel verpasst hatte. Doch mittlerweile kommen auch in Lorch windige Investoren und andere schräge Vögel ungeschoren davon. Deutlicher Beweis ist das kaputtsanierte Hilchenhaus und die benachbarte Bauruine eines Hotels. Das Muhkalb hat sich schon lange nicht mehr sehen lassen.[1]

Der kuriose Freistaat

Anfang des zwanzigsten Jahrhunderts existierte am Mittelrhein ein seltsames Staatsgebilde, das sogar eigene Geldscheine drucken ließ: der Freistaat Flaschenhals. Er reichte vom Lorcher Rheinufer bis zu dem Taunusort Laufenselden. Ein Gebiet, das auf der Landkarte einem Flaschenhals sehr ähnlich sah. »Le goulot« hieß das Gebilde denn auch beim französischen Militär, das vor seiner Grenze Wache schob. Entstanden war die ungewöhnliche Enklave durch das Waffenstillstandsabkommen vom November 1918. Zusätzlich zum Besatzungsgebiet links des Rheins hatten sich die Alliierten noch zwei rechtrheinische Brückenköpfe gesichert: Franzosen und Amerikaner setzten ihre Zirkel auf die Landkarte und schlugen um Mainz und Koblenz je einen Halbkreis nach Norden bzw. Osten. Radius 30 km. Bei Laufenselden kamen diese Kreise nahe zueinander, doch Richtung Rheintal war ein Zwischenraum geblieben, der zum Fluss hin breiter wurde – eben »le goulot«. Ein Stück unbesetztes Deutschland – eingeklemmt zwischen Amerikanern und Franzosen.

Im Januar 1919 unterbanden US-Truppen und französische Besatzungsarmee jeglichen Grenzverkehr in ihre Zonen. Die Flaschenhals-Bewohner waren politisch und wirtschaftlich isoliert. Die zuständige deutsche Verwaltung, das Regierungspräsidium in Wiesbaden, war unerreichbar geworden. Selbst Postverkehr und Telegrafenverbindungen waren gesperrt. Die Züge der Rheinbahn passierten zwar weiterhin Lorch und Kaub, durften aber in diesem »Niemandsland« nicht halten. Die nächste erreichbare Stadt im unbesetzten Teil Deutschlands war Limburg. Da aber die bislang genutzten Landstraßen früher oder später Besatzungsgebiet durchschnitten, konnten sie nicht befahren werden. Limburg war nur mühsam über unbefestigte Waldwege zu erreichen. Pferdefuhrwerke brauchten für die 60 km zwei volle Tage.

In dieser Lage blieb den Bürgermeistern der Flaschenhals-Gemeinden nur die improvisierte Selbstverwaltung. Für den Behördenkontakt mit Restdeutschland richteten sie in Limburg eine gemeinsame Kommunal-Vertretung ein. Offiziell blieb das Gebiet namenlos. Die gängige Bezeichnung »Freistaat Flaschenhals« steuerte der Volksmund bei. Dieser Freistaat hatte 8000 Einwohner: die Bürger der Städte Kaub und Lorch und der Gemeinden Lorchhausen, Sauerthal, Ransel, Wollmerschied, Welterod, Zorn, Strüth und Egenroth.

Treibende Kraft der freistaatlichen Selbstverwaltung war der Lorcher Bürgermeister Edmund Pnischeck. Ein Zentrumspolitiker mit viel Energie und ausgeprägtem Selbstbewusstsein. Die überlieferten Innenansichten des »Freistaats« stammen zumeist aus seinen »Erinnerungen«, die in etlichen Zeitungen abgedruckt wurden. Der halboffizielle und offensive Gebrauch des Namens »Freistaat Flaschenhals« wird vor allem auf Pnischeck zurückgeführt. Er organisierte auch maßgeblich das gebietseigene Notgeld, das erst 1921 durch die offizielle Reichsmark abgelöst wurde. Die Geldscheine Marke Eigenbau machten den »Freistaat« über seine Grenzen

301

hinaus bekannt. Vor allem wegen ihrer kunstvollen Reime. Etwa »In Lorch am Rhein, da klingt der Becher, denn Lorcher Wein ist Sorgenbrecher« oder »Hätt' Adam Lorcher Wein besessen, hätt' er den Apfel nicht gegessen«. Als geradezu provokant galt ein Notgeldreim, der einen Bergsturz mit der benachbarten Besatzung verband:

»Als der Franzmann zog zum Rhein, ging vom Nollig viel Gestein«.

Der Alltag im Freistaat allerdings war weniger lustig. Die Post und die meisten Güter kamen von Limburg über morastige Waldwege ins Land. Das Dörfchen Zorn fungierte als Raststation. Dort wurden die Gespanne gewechselt und erst am nächsten Tag ging die Fuhre weiter talwärts. Die Frachtkosten waren entsprechend hoch und verteuerten die Güter. Dafür blühte der Schmuggel über das linke, französisch besetzte Rheinufer. »Druck erzeugt Gegendruck«, schreibt Pnischeck in seinen Erinnerungen, »und so ist denn recht viel an Lebensmitteln aus den besetzten Gebieten in das unbesetzte Gebiet hereingeschafft worden, dafür war der Flaschenhals wie geschaffen. Die Chose ging sehr einfach. Abends lief ein Motorschiff auf der ›Reede‹ von Lorch ein, die geschützt hinter

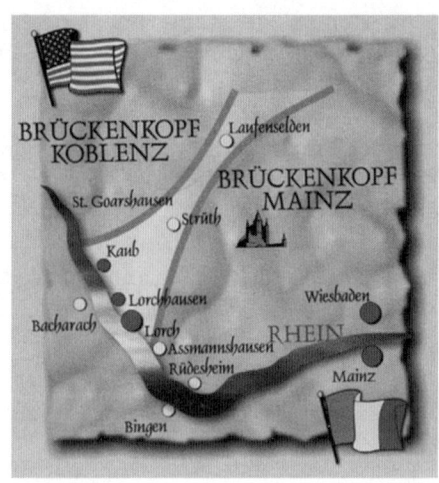

Der „Freistaat Flaschenhals" (1918–1923).

den Lorcher Inseln liegt; geheimnisvolle Kräfte luden das Motorschiff aus und es verschwand ebenso still und unerkannt wie es gekommen war.«

Zur Abwehr dieser illegalen Umtriebe installierte die französische Kommandantur auf der linken Rheinseite starke Scheinwerfer, die bis zum rechten Ufer reichten. Glaubhaften Berichten zufolge, nutzten bisweilen die Lorcher Buben die gleißende Helligkeit, um den Franzosen ihre nackten Hintern zu zeigen. Nicht minder glaubhaft ist auch die Geschichte von jenem Zug mit Ruhrkohle, der eigentlich nach Frankreich sollte, aber erst mal im französisch besetzten Rüdesheim stand. In Nacht und Nebel rollte er plötzlich rheinabwärts in den »Flaschenhals« und wurde dort sehr rasch entladen. Am nächsten Morgen stand die Lokomotive wieder brav in der »zone française«.

So war der Freistaat den Franzosen natürlich ein Dorn im Auge und sie drängten immer wieder darauf, das renitente Gebiet ihrer Zone einzuverleiben. Jahrelang war dies am Einspruch der Amerikaner gescheitert, deren Koblenzer Brückenkopf ja ebenfalls angrenzte. Anfang 1923 gaben sie schließlich nach und am 25. Februar wehte über Lorch die Trikolore. Pnischeck wurde verhaftet.

Den »Freistaat« gab es nicht mehr.

Doch seine Bürger verweigerten sich der Besatzungsmacht. Pnischecks Amtsnachfolger wurden der Reihe nach wegen »passivem Widerstand« abgesetzt und mussten die französische Zone verlassen. So brachte es Lorch in kurzer Folge auf dreizehn Bürgermeister.

1994 schlossen sich geschichtsbewusste Winzer und Gastwirte zur »Freistaat-Flaschenhals-Initiative« zusammen. Ziel der FFI ist eine bessere Vermarktung der einheimischen Produkte und die optimale touristische Nutzung des einstigen Freistaat-Gebietes, das damit eine Renaissance erlebt. Entwickelt wurde ein spezielles Freistaat-Weinetikett, das nur auf besonders hochwertige Rebensäfte geklebt werden darf. An den einstigen Grenzen des »Flaschenhalses« wurden entsprechende Schilder aufgestellt, um so auf das Kuriosum hinzuweisen.[2]

Hessens seltenster Vogel

lebt an den Rheinhängen zwischen Lorch und Rüdesheim: die Zippammer. Ganze 40 Brutpaare wurden dort ermittelt. Der Blick auf den spatzengroßen Vogel ist eine echte Rarität und für jeden Hobby-Ornithologen deshalb ein unbedingtes »Muss«. Doch nur wer die Zippammer an ihrem unscheinbaren Gesang erkennen kann, hat eine Chance, das Kleinod auch vor den Feldstecher zu bekommen. Sie agiert halt ziemlich unauffällig in den Buschinseln der Weinberge. Kein Wunder, dass so mancher Ammernfreund erfolglos durch die Reben streift.

Bundesweit wird ihr Bestand auf 300 bis 350 Paare geschätzt. Schwerpunkt ist das untere Moseltal, das nördlichste Ammern-Areal liegt am Drachenfels bei Bonn. Hauptverbreitungsgebiet von Emberiza cia ist der Mittelmeerraum. Das erklärt die Vorliebe für sonnige Hanglagen. Falls man die graubraunen Ammern dort zu Gesicht kriegt, erkennt man den männlichen Vogel an den schwarzen Längsstreifen auf dem hellgrauen Kopf, beim Weibchen ist die Zeichnung weitaus blasser. Die Männchen singen von April bis Ende Juli auf erhöhten Positionen im Brutrevier. Im Rheingau werden die Weinbergspfähle gerne als »Singwarten« genutzt. Die Zippammern

Rarität am Mittelrhein: die Zippammer.

ernähren sich im Sommer hauptsächlich von Insekten und Kerbtieren. Sie können im Rüttelflug eine Spinne aus dem Netz holen. Im Herbst werden dann auch kleinere Sämereien gefressen. Die Rheingauer Zippammern ersparen sich unseren insektenarmen Winter und verbringen ihn vorsichtshalber bei den Artgenossen rund ums Mittelmeer. Im Frühjahr sind sie dann wieder in den Weinbergen und können besichtigt werden.

1 Nach: Robert Struppmann, Chronik der Stadt Lorch im Rheingau, Lorch 1981.
2 Nach: Edmund Pnischeck, Freistaat Flaschenhals. Das groteske Gebilde der Besatzungszeit, Sonderdruck der »Frankfurter Nachrichten« (Beilage), o. J., zit. nach (undatierter) Fotokopie.
3 Christoph Cuntz, Kein schöner Land als Flaschenhals. In: Wiesbadener Kurier v. 19. 10. 1992.

Mainz-Kastel

Stadtteil von Wiesbaden. 9000 Einwohner. 🛏 130.
Verkehrsbüro: Rheinstr. 15, 65185 Wiesbaden.
Tel.: 06 11/1 72 97 80.

Mainzer Stadtteile auf hessischem Boden

wären keine Besonderheit, hätte man die Kernstadt nicht Ende der vierziger Jahre aus Hessen »ausgebürgert«, um sie zur Hauptstadt des neu geschaffenen Landes Rheinland-Pfalz zu küren. Ihre rechtsrheinischen Stadtteile blieben aber in Hessen, und seither schwelt der Streit um die verlorenen Gebiete. Für die abgetrennten Stadtteile Ginsheim, Gustavsburg und Bischofsheim entschärfte sich das Problem: Sie wurden wieder selbstständig. Nur die Stationsschilder ihrer Bahnhöfe erinnern noch heute nostalgisch an die Zugehörigkeit zu Mainz. Anders lief die Sache mit den so genannten AKK-Vororten Amöneburg, Kastel und Kostheim. Die zuständige amerikanische Militärkommandantur verfügte die Verwaltung dieser »verwaisten« 18 000 Mainzer durch Wiesbaden. Die Wiesbadener betrachten diese

MAINZ
DIE AMPUTIERTE STADT IM WESTEN RUFT NACH HILFE.

AMERIKANISCHE ZONE
LAND HESSEN

← RHEIN

MAINZ-AMÖNEBURG

MAINZ-MOMBACH

MAINZ-KASTEL

MAINZ

MAINZ-KÖSTHEIM

MAINZ – GONSENHEIM

MAIN

MAINZ-ZAHLBACH

MAINZ-GUSTAVSBURG

MAINZ-
BRETZENHEIM

MAINZ-WEISENAU

MAINZ-BISCHOFSHEIM

MAINZ –
GINSHEIM

RHEIN

FRANZÖSISCHE ZONE
LAND RHEINLAND PFALZ

Titelblatt einer Broschüre aus den fünfziger Jahren.

Stadtteile mittlerweile als die ihren, gestehen aber AKK ein eigenes Haushaltsrecht zu. Nach wie vor kommen Wasser, Gas und Strom von der linken Rheinseite, bedienen Mainzer Stadtbusse Kastel und Kostheim, und nach wie vor gibt es dort einen verbreiteten Drang zur »Wiedervereinigung« mit Mainz. Dazu müssten Hessen und Rheinland-Pfalz einen Staatsvertrag schließen, der die Modalitäten der »Gebietsabtretung« regelt. Das käme die Mainzer vermutlich teuer zu stehen, denn mittlerweile wurden neue Gewerbegebiete erschlossen und viel hessisches Geld in die Infrastruktur von AKK gesteckt. Das müsste dann quasi »zurückgezahlt« werden. Doch der Mainzer Stadtkämmerer hat nichts zu fürchten. Bislang hat noch jede hessische Regierung abgewunken. Und dabei wird es wohl bleiben.

Die Teilung von Mainz und Berlin

wurde in den fünfziger Jahren als gemeinsames Schicksal beklagt, als Besatzungsunrecht, das es zu beseitigen gelte. Ein Vergleich, den die Kommunalpolitiker links und rechts des Rheins immer wieder zogen. In einer Karnevalskampagne erweiterte der singende Dachdecker Ernst Neger damals sein berühmtes »Heile Gänsje« um eine neue Strophe:

> *»Wenn ich mir so moi Määnz betracht,*
> *dann denk ich in moim Sinn:*
> *merr hotts mit Määnz genau gemacht,*
> *wie mit der Stadt Berlin.*
> *Merr hotts zerstört, hotts zweigeteilt*
> *– unn trotzdem hab ich Mut,*
> *zu glaawe, dass dess alles heilt,*
> *aach dess werd widder gut«.*

Erst nach dem Mauerbau 1961, als die qualitativen Unterschiede beider »Teilungen« unübersehbar wurden, geriet der Vergleich aus der Mode. Nur in gefühlsbetonten Leserbriefen feiert er auch heute noch fröhliche Urständ.

Das römische Kastel

sicherte als befestigter Brückenkopf die Rheinbrücke zur Garnison Mogontiacum, dem heutigen Mainz. Im Jahre 10 vor der Zeitenwende wurde die erste Brücke errichtet. Über sie zogen die Expeditionscorps des Drusus ins unbekannte, wilde Hessen. Im frühen 1. Jahrhundert wurde in Kastel [1] ein gewaltiger, dreitoriger Ehrenbogen gebaut. Der Senat in Rom hatte im Jahre 19 die Mittel bewilligt, um so die vom Feldherrn Germanicus gemeldeten Siege über die Eingeborenen zu feiern. Ob zwischen den Erfolgsmeldungen jenes römischen Prinzen und der Wirklichkeit nicht gewisse Lücken klafften, sei hier dahingestellt. Jedenfalls hat Kastel seinen Germanicus-Bogen – besser gesagt, dessen eindrucksvolles Fundament. Man fand es 1986 bei Bauarbeiten in der Großen Kirchenstraße.

Aus seinen Abmessungen (20,6 x 12,6 m) schlossen die Archäologen auf die Architektur des Ehrenbogens, der einer der größten des Imperiums gewesen sein muss. Die Wissenschaft wertet ihn als das bedeutendste römische Bauwerk auf hessischem Boden.[2]

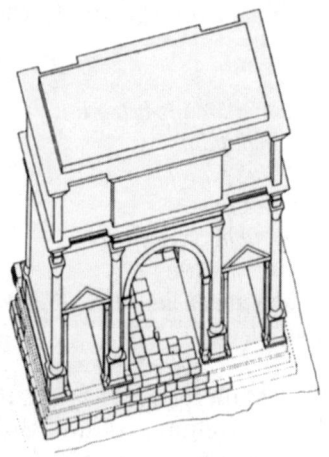

Der Ehrenbogen von Kastel (nach H. G. Frenz).

Der Bier-Tycoon

Adolphus Busch gilt als der eigentliche Gründer der weltgrößten Brauerei Anheuser & Busch in St.Louis/USA. Er entwickelte die Erfolgsmarken »Budweiser« (1876) und »Michelob« (1896). Busch wurde am 10. Juli 1839 in der damals selbstständigen Gemeinde Kastel geboren. Eine dörfliche Welt am rechten Rheinufer, die zum Großherzogtum Hessen-Darmstadt gehörte. Erst 1908 wurde Buschs Heimatort nach Mainz eingemeindet, ab 1946 dann von Wiesbaden verwaltet.

Die Familie Busch war offenbar wohlhabend. Der Filius besuchte ein Mainzer Gymnasium und studierte dann in Darmstadt und Brüssel. 1857 wanderte Adolphus Busch in die Vereinigten Staaten aus und kämpfte 1861–1865 im amerikanischen Bürgerkrieg. Bereits 1861 hatte er Lilly Anheuser geheiratet, die Tochter eines erfolgreichen

Geschäftsmanns aus St.Louis/Missouri. Jener Eberhard Anheuser (1805–1880) war ebenfalls deutscher Einwanderer. Er stammte aus (Bad) Kreuznach an der Nahe. Der Schwiegervater holte Adolphus als Kompagnon in die Firma. Buschs strategische Vision war die Schaffung eines nationalen amerikanischen Biermarktes, der den Absatz in allen Bundesstaaten möglich machen sollte. Dazu ließ er entlang der Bahnlinien unzählige Eisstationen errichten, an denen seine gekühlten Bier-Waggons immer wieder mit frischem Eis versorgt werden konnten. Die erste »Kühlwagen-Flotte« der Industriegeschichte.[3]

Adolphus Busch hing an seiner alten Heimat. Immer wieder besuchte er seine Verwandten und alten Freunde in Kastel. Als 1882 das Hochwasser des Rheins in seinem Geburtsort große Verwüstungen hinterließ, schickte der »Kasteler Bub« Geld für die Geschädigten. 1902 ließ er den Ochsenbrunnen in der Kasteler Gemarkung neu fassen und mit einem Gewölbe übermauern. Wohl wissend, dass ohne klares Wasser auch kein gescheites Bier zu brauen ist. Das neue Bauwerk ließ Busch mit einer antiken

Von Busch gestiftet: der Ochsenbrunnen.

Spruchweisheit versehen: »Veni, vidi, vici« – Ich kam, sah und siegte. Der tiefere Sinn blieb sein Geheimnis.

In den Jahren danach wurde die Brunnenstube in den Feldern zum beliebten »Wendepunkt« sonntäglicher Spaziergänge. Heute liegt das Gebäude dicht an einer lautstarken Autobahn und kommt allein schon deshalb im Sonntagsrepertoire der Kasteler nicht mehr vor. Es verfällt zusehends und wird zugemüllt.

Adolphus Busch starb 1913 während eines Deutschlandbesuchs in Lindschied im Taunus. Dort hatte er sich ein großzügiges Landhaus errichten lassen und nach seiner Frau »Villa Lilly« genannt. Das Gebäude steht heute noch und beherbergt eine Einrichtung zur Drogentherapie.

WEGWEISER: Fotos und Exponate zu A. Busch im »Museum Castellum« (Heimatmuseum Mainz-Kastel), Reduit-Kaserne am Rhein-Ufer, 0 61 34/6 52 72, geöffnet: nur sonntags 10.30 – 12.30.

Den Ochsenbrunnen findet man am ehesten von der Boelckestraße aus. Dort wo sie die Autobahn unterquert, folgt man kastelseitig der nach rechts laufenden Autobahnböschung, kämpft sich durch Büsche und Gestrüpp, und stößt wenig später auf das Brunnenhaus.

Die römischen Bogenfundamente sind in der Großen Kirchenstraße zu besichtigen. Der Wohnhaus-Keller wurde zum Museum ausgebaut.

1 Der Ortsname wird »Kastell« ausgesprochen. Das zweite L muss man sich halt dazudenken.
2 Nach: Archäologische Denkmäler in Hessen, Heft 76.
3 Weitere Informationen aus dem Bier-Imperium:
   www.anheuser-busch.com

Marburg

35037, Kreisstadt des Landkreises Marburg-Biedenkopf. 76 260 Einwohner. 🛏 1276.
Verkehrsamt: Neue Kasseler Str. 1.
Tel.: 0 64 21/20 12 62.

Das unverwechselbare Flair

der alten Universitätsstadt würdigt der liberale Jurist, Schriftsteller und spätere Fremdenlegionär Ernst Koch in seinem Hauptwerk »Prinz Rosa Stramin« (1834):

»Ich habe in Marburg und Göttingen studiert. Beide Orte unterscheiden sich sehr. In Göttingen ist's kalt, fein und stolz. Überall riecht's nach Professoren und Heineschen Personalwitzen. In Marburg ist's warm, grob und zutraulich. In Göttingen gedeihen Kamele, Heidekraut, Professorentöchter und Würste; in Marburg frohe Burschen, Maiblumen, liebe Mädchen und irdene Waren. (...) Göttingen hat eine Universität, Marburg ist eine, indem hier alles, vom Prorektor bis zum Stiefelwichser, zur Universität gehört.«

Ohne Seife porentief rein

wird nach alter Überlieferung die Wäsche, wenn man sie im »Schröcker Brunnen« wäscht. Der liegt außerhalb Marburgs in Richtung Schröck und heißt auch »Elisabeth-Brunnen«, weil sich bereits die heilige Elisabeth seiner magischen Kräfte bedient haben soll. So wird erzählt, die fromme Witwe habe ihre Bettwäsche nach der seifenfreien Reinigung einfach in die Luft geworfen, und dort seien die Leintücher an den Sonnenstrahlen hängen geblieben, um zu trocknen. So habe die Heilige nie einer Wäscheleine bedurft. Überliefert ist auch, dass in früheren Zeiten die Frauen der Umgebung alljährlich zu Pfingsten in diesem Bronn ihre Laken wuschen. Dabei sei selbst der hartnäckigste Grauschleier verschwunden.

Die kleinen Kinder im Marburger Land holt der Storch übrigens allesamt aus dem Schröcker Brunnen. Deshalb sind die wenigsten Marburger wasserscheu.[1]

Nixen und Nöcke

leben seit alters her in der Lahn. 1615, so wird berichtet, zeigte sich letztmals eine Nixe. Seitdem haben die Menschen verlernt, wie man Wassergeister sieht. Deshalb sind sie rar geworden. Jene Wasserfrau sichtete man ganz in der Nähe einer Marburger Mühle. Sie sei von schlangenartiger Gestalt gewesen und habe in allen Farben geschillert. Da man wusste, dass sie nichts Böses bedeutete, ließ man sie in Ruhe. Böse Buben wurden allerdings gewarnt, denn Wassergeister stört man nicht ungestraft.[2]

Die Hügelgräber im Botanischen Garten

sind vor allem deshalb interessant, weil sie aus der späten Bronzezeit stammen, in der die Toten gewöhnlich in gemeinschaftlichen »Urnenfeldern« bestattet wurden. Die Hügelgräberzeit war die Kulturperiode davor. Die Marburger Bronzeleute aber erwiesen sich als altmodisch. Orientiert an der Väter Sitte errichteten sie Grabhügel, in denen sie jeweils eine Urne bestatteten. Etliche Hügel haben eine rechteckige Umfassungsmauer, die den Gedanken eines »Totenhauses« nahe legt. Das Areal ist gut zugänglich. Die Gräber sind restauriert. Man findet sie innerhalb des neuen Botanischen Gartens der Universität auf den Lahnbergen. Sie gruppieren sich um zwei herausragende Grabanlagen: einen besonders großen Hügel und eine Grablege, die »Tanzplatz« genannt wird.

Die heilige Kümmernis zu Marburg

Die Marienpfarrkirche in der Oberstadt birgt ein altes verblichenes Fresko, dessen Motiv nur noch schwer zu erkennen ist. Im Dämmer des Kirchenlichts erschließen sich mühsam die Konturen einer Kreuzigung. Doch die Darstellung verlässt in wichtigen Einzelheiten das gewohnte Bild. Der Gekreuzigte trägt nicht den üblichen Lendenschurz, sondern ist vollständig bekleidet. Die Falten des Gewandes verhüllen zudem einen offenkundig weiblichen Körper – in seltsamem Kontrast zu einem bärtigen Gesicht. Zu weiterem Befremden trägt ein Stehgeiger bei, der zu Füßen des Kreuzes seine Fiedel spielt (Abb. S. 92).

Das mysteriöse Bild zeigt denn auch nicht den Kreuzestod auf Golgatha, sondern tatsächlich die Hinrichtung einer Frau. Die Gekreuzigte ist gewissermaßen eine Heilige zweiten Grades. Im offiziellen Kirchenkalender kommt sie nicht vor, doch im bayerischen Neufahrn bei Freising ehrt man sie an jedem 20. Juli mit einer Wallfahrt: die heilige Kümmernis, auch Komera, Kummernus, Ontcommer, St. Hulpe, Liberata, Eutropia, Caritas oder Wilgefort genannt. Ihre regionalen Namen sind so merkwürdig wie ihre Legende, die im vorchristlichen Portugal angesiedelt ist. Danach war jene Jungfrau die Tochter eines heidnischen Königs, die, vom Christentum angezogen, die Brautwerbung eines Prinzen zurückweist und sich stattdessen mit »Christus verlobt«. Der königliche Vater hält jedoch den Prinzen für eine glänzende Partie und besteht auf einer Vermählung. In ihrer Kümmernis bittet nun die spätere Heilige den christlichen Gott um kräftigen Bartwuchs. So entstellt, hofft sie den Prinzen abzuschrecken. Und der Herr gewährt ihr die Bitte, die Stoppeln sprießen alsbald, und der Bewerber sucht entsetzt das Weite. Dies wiederum bringt den alten König in rasende Wut, und er befiehlt die Kreuzigung seiner nunmehr bärtigen Tochter. In ihrer Todesnot jedoch findet die Gekreuzigte heilsamen Trost durch das Spiel eines Geigers, dem sie zum Dank ihre goldenen Schuhe zuwirft.

Die Ursprünge der Legende reichen zurück in die Frühzeit der deutschen Christianisierung. Die Verehrung der Frau am Kreuz ist seit dem Hochmittelalter belegt. Die Forschung kennt rund 1000 schriftliche und bildliche

313

Zeugnisse. Der Kult der heiligen Kümmernis hatte seinen Höhepunkt im Barock. Im 18. Jahrhundert begann die Amtskirche mit seiner Eindämmung. Die bärtige Heilige geriet in Vergessenheit.

Die Legendenbildung um die heilige Kümmernis, Komera, Ontcommer etc. erklärt die Fachwissenschaft mit einem Missverständnis. Danach habe man im christlichen Abendland die byzantinische Tradition des »volto santo«, des bekleideten Christus am Kreuz, nicht verstanden und entsprechende Kruzifixe für die Darstellung weiblicher Kreuzesopfer gehalten. Nur so habe man sich die textile Abweichung vom gängigen Lendenschurz erklären können. Diese Fehlinterpretation habe sich dann irgendwann mit der Legende einer portugiesischen Prinzessin verknüpft.[3]

WEGWEISER: Den Kult um die heilige Kümmernis samt ihrer zahlreichen Pseudonyme dokumentiert die sehenswerte »Religionskundliche Sammlung« der Universität. Man findet sie oberhalb des Markplatzes in der »Alten Kanzlei«, Landgraf-Philipp-Straße 4. Tel.: 0 64 21/ 2 82 24 80. Öffnungszeiten: MO, MI, FR 10 – 13.

1 Die Herkunft des menschlichen Nachwuchses aus Brunnen und Gewässern ist in Hessen weit verbreitet. Siehe hierzu auch: »Über Kinderbrunnen«, S. 315.

2 Der schlangenartige Körperbau ist typisch für hessische Wassergeister. Die durch Malerei und Cartoon bekannte waagrechte Schwanzflosse muss bei Nixen und Nöcken anderer Regionen gesehen worden sein (siehe auch SCHAUENBURG). Jener originär hessische Nixenkörper nährt auch die Spekulation, dass der in den meisten Flüssen heimische Wels oder Waller bisweilen für eine abtauchende Wasserfrau gehalten wird. Der stattliche Grundfisch wird bis zu drei Meter lang und kann in trübem Wasser durchaus als »schlangenartig« wahrgenommen werden.

3 Ein zweites Kümmernis-Fresko befand sich bis kurz vor Ende des Zweiten Weltkriegs in der Schlosskapelle der Burg Kronberg, dem Stammsitz des Hauses Hessen. Es wurde durch einen Bombenangriff zerstört. Allerdings existiert noch ein gerahmtes Bild mit einer verkleinerten Kopie der Kronberger Kümmernis. Es wird in der Burg verwahrt.

Über Kinderbrunnen

Überall in Hessen hört man, daß die Kinder aus einem Brunnen oder Teiche kommen. In Kassel wird er Druselteich genannt, in Waldau der Fackelteich, in Wolfsanger der Osterborn, in Wolfhagen der Glockenborn, in Marburg der Schröckerbrunnen, in Kirchhain der Klingelborn, in Fulda das Stättebrünnchen und der Bonifatiusbrunnen, in Ermschwerd der Assemannsborn, in Wettesingen der Neuborn, in Rhöda ein Teich, der bei diesem Dorfe liegt, in Grebenstein der Kressenborn, in Oberrieden der Schnellersborn, in Friemen der Buchborn, in Witzenhausen der Taubenborn, dessen salzhaltiges Wasser nie gefriert und die Geister offenhält, in Wolfershausen der Weibersborn, in Felsberg das Kinderbörnchen in der Ketzbach, in Gudensberg der Buchborn, welcher diese Stadt mit Wasser versorgt, in Ziegenhain das Bärbörnchen bei Treysa, in Schlitz der Pfingstborn. In Ottrau heißt es, die Kinder kommen aus dem Milchborn, ohne daß ein bestimmter Brunnen hierunter gedacht ist; anderwärts, z. B. in Treis, gilt immer der dem Hause zunächst liegende Brunnen als der Kinderbrunnen.[1]

Das Wasser spielte »im Druidentum offenbar eine ausgesprochen wichtige Rolle. Symbolisch gesehen ist das Wasser der Quellen ein Geschenk der unsichtbaren Mächte des Erdinnern. Wasser macht die Erde fruchtbar, und sowohl Bäche als auch Flüsse und Ströme werden deshalb für heilig gehalten, weil ohne sie kein Leben möglich wäre.«[2] Da das Wasser aus der Erde dringt, »konnte man sich die Quellgottheit nur weiblich vorstellen, denn in ihr offenbarte sich eine der Eigenschaften der Erdmutter. Wie lebendig diese Tradition bis ins Mittelalter, ja bis in die Neuzeit hinein geblieben ist, beweist die rasche Übertragung christlicher Vorstellungen auf Quellen und Teiche, die – wie etwa in Lourdes – nahezu ausnahmslos mit weiblichen Heiligen in Verbindung gebracht wurden.«[3]

1 Aus: Hessen-Nassauische Sagen, gesammelt und herausgegeben von Paul Zaunert, Jena 1929, S. 23. Zit. n.: Diederichs/Hinze, Hessische Sagen, S. 27.

2 Jean Markale, Die Druiden. Gesellschaft und Götter der Kelten, München 1987, S. 151.

3 Barry Cunliffe, Die Kelten und ihre Geschichte, Bergisch-Gladbach 1980, S. 89.

Meißner

37290, Werra-Meißner-Kreis. 3794 Einwohner. ⏢ 194.
Haus des Gastes: Neuer Weg 2. Tel.: 0 56 57/4 62.

Von der Frau Holle

Auf dem Meißner wohnt die Frau Holle. Wenn sie ihr Bett macht, fliegen die Federn umher, und dann schneit es. Kocht sie in ihrer großen Küche, dann steigen viele Wasserdämpfe in die Höhe, einzelne Wolken ziehen am Meißner hin, und bald ist der ganze Berg in Wolken gehüllt. [1]

Die Kiezkammer

Viele Leute, denen es schlecht ging, kamen zur Frau Holle und fanden Schutz bei ihr. Besonders nahm sie die armen Mädchen auf, die von ihren Verlobten treulos verlassen waren. Viele darunter aber waren eitel und putzsüchtig. Jede wollte die Schönste sein, und es gab viel Neid und Streit unter ihnen. Als Frau Holle eines Tages nach Hause kam, war der größte Lärm daheim. Da wurde sie zornig, schüttelte ihre Zauberglocke, und sogleich waren die Mädchen in Katzen verwandelt. Die wurden in eine felsige Höhle auf der Abendseite des Berges verbannt. Die Höhle heißt jetzt noch die Kiezkammer.[2]

Das Schloss im Holleteich

Frau Holle lebt in einem wunderschönen Schloss auf dem Grunde eines tiefen Teiches. Das ist der Frau-Holle-Teich im Meißner. Bisweilen sieht man die schöne Frau beim Baden in ihrem Teich, und manchmal klingt auch ihre Glocke aus der Tiefe. Diese Glocke besitzt Zauberkraft: Wenn die Holle damit läutet, gehorchen ihr die kleinen Geister, seien sie nun zum Wasser, zum Feuer, zur Luft oder zur Erde gehörig. Kranke Frauen, die zur Holle hinuntersteigen, macht sie gesund. Auch kommen die kleinen Kinder am Meißner allesamt aus dem Holleteich. Die Holle gilt als ordentlich und hält auf guten Haushalt. Faule Spinnerinnen straft sie, indem sie ihnen den Rocken besudelt, das Garn verwirrt oder den Flachs anzündet. Jungfrauen aber, die fleißig abspinnen, schenkt sie Spindeln und spinnt selber für sie über Nacht, so dass die Spulen des Morgens voll sind.[3]

Die Kiezkammer, die Holle und die Göttin

Die »Kiezkammer« oder Kitzkammer ist eine gut drei Meter hohe ovale Spalte im seltenen Stangenbasalt des Meißners. Ihre Form erinnert an eine Vagina. Es braucht nicht viel Fantasie, um sich diese Öffnung im Berg als Platz eines Fruchtbarkeitskultes vorzustellen. Interpretiert man nun die Holle als ehemals germanische Göttin der Liebe und Fruchtbarkeit, so erschließt sich auch die Verbindung zwischen Holle und Kitzkammer. So, wie die Göttin zur Sagengestalt verkam, wurden auch ihre Weiheorte zu Plätzen der Sage. Andererseits leuchtet ein, dass die alten Götter die Christianisierung nur »überstanden«, weil die Bevölkerung sie zu Sagengestalten umgeformt hat. Der alte Glaube wurde zur neuen Sage, die Götter zu Helden und Riesen, die Göttinnen zu Feen und Hexen. So umgingen sie das himmlische Berufsverbot.

Ob allerdings unsere kleine Kitzkammer tatsächlich etwas mit der großen Göttin zu tun hatte, muss offen bleiben. Anders als von der Hohlstein-Höhle, sind von der Kitzkammer keine kultischen Volksbräuche überliefert. Archäologische Befunde fehlen, was aber hier nichts sagt, denn Naturheiligtümer – und ein solches müsste die

Spalte ja sein – wurden vorzeiten im »Rohzustand« verehrt. Sakralbauten errichtete man an solchen Orten nicht, und Opfergaben können vergänglich sein. [4]

WEGWEISER: Man findet die Kiezkammer an der Westseite des Berges. Von Bad Sooden kommend, lässt man den Sender Meißner links liegen. Wenig später kommt auf der rechten Straßenseite ein Parkplatz. Der Fußweg beginnt gegenüber der Parkplatz-Einfahrt auf der anderen Straßenseite. Die Wegstrecke zur Kiezkammer ist mit Holztafeln leidlich ausgeschildert.

1 Aus: Emil Schneider, Hessisches Sagenbüchlein.

2 Nach: Ebenda.

3 Nach: Ebenda.

4 Zu Hohlstein-Höhle und Holle-Sage siehe auch BAD SOODEN-ALLENDORF sowie LAUTERBACH, NIEDERNHAUSEN und »Der Götterhimmel der Germanen«, S. 67.

Melsungen

34212, Schwalm-Eder-Kreis.

13 363 Einwohner. 🛏 313.

Fremdenverkehrsverein/Rathaus: Am Markt 1.

Tel.: 0 56 61/7 81 09.

Die Bartenwetzer

Die jungen Burschen von Melsungen hatten einst den Müßiggang lieber gewonnen als das Arbeiten, und wenn sie nach dem Wald geschickt wurden, um Holz zu fällen, kam ihnen das gar sauer an. Sie behaupteten, die Äxte seien nicht scharf genug, sie müßten sie erst wetzen. Auf der Brücke angekommen, welche über die Fulda nach dem Wald führt, setzten sie sich erst hin, oft zehn und zwölf beisammen, und plauderten von diesem und jenem, damit nur die Zeit hinginge. Und wenn die Vorübergehenden fragten: »Was macht ihr denn hier?« – so antworteten sie: »Wir wetzen unsere Barten.« Darum werden die Melsunger noch heute die Bartenwetzer

genannt, und man sieht noch jetzt, wie das steinerne Brückengeländer an vielen Stellen ganz ausgehöhlt ist.[1]

Die Geschichte des heimischen Fachwerks

ist eines der Themen im HEIMATMUSEUM MELSUNGEN. Gezeigt werden auch die traditionellen Arbeitsplätze des örtlichen Handwerks und der Landwirtschaft sowie Exponate aus der Stadtgeschichte. Brückenstr. 30, Tel.: 12 75. Geöffnet MI 17 – 19, SA 15 – 17, SO 10 – 12.

1 Aus: Emil Schneider, Hessisches Sagenbüchlein. Zit. n.: Diederichs/ Hinze, Hessische Sagen, S. 7.

Metze siehe Niedenstein.

Michelstadt
64720, Odenwaldkreis. 14 215 Einwohner. 🛏 1258.
Verkehrsamt: Marktplatz 1. Tel.: 0 60 61/7 41 46.

Schon der Name Michelstadt
verrät ein hohes Alter; er wird jedenfalls nicht von Vetter
Michel, den man im Odenwalde kennt, nicht vom deutschen Michel, sondern eher von dem altdeutschen michil,
michel = groß (als dessen Gegensatz luzil, lüzel = klein
gilt, das sich auch bei einigen odenwäldischen Orten, z. B.
Lützelbach oder in Zusammensetzung Lützel-Rimbach
noch erhielt) abzuleiten sein. Grimm vermutet, dass zur
Zeit der Schenkung an Eginhard eine dem Erzengel
Michael geweihte hölzerne Kirche hier gestanden und
dem Ort seinen Namen gegeben habe.[1]

Von den drei Hasen
Das altehrwürdige Gasthaus »Drei Hasen« in Michelstadt
führt erwartungsgemäß dieselben im Schilde. Doch ihre
Darstellung in einem Kreis aus Schmiedeeisen ist von
besonderer Art. Ihre Ohren sind in der Kreismitte so
»zusammengewachsen«, dass sie ein gleichschenkliges
Dreieck bilden und jeder Hase dadurch de facto mit nur
einem Ohr auskommt: »Drei Hasen haben drei Ohren,
aber keiner hat eins verloren« – so der Reim auf's Design.
Seine Botschaft zu deuten gleicht dem bekannten Sto-
chern mit der Stange im Nebel: Die Auslegungen reichen
von der Dreifelderwirtschaft über die ländliche Version
von Glaube, Liebe, Hoffnung bis zur göttlichen Dreifaltig-
keit. Auf einer Brüder-Grimm-Wanderkarte der Stadt
Marburg firmiert der Hasendreier gar als Zeichen des heiligen Martin von Tours. Diese Deutung lässt sich historisch nicht untermauern, gibt aber Anlass zu den schönsten Spekulationen.
   Der heilige Martin nämlich war der Schutzpatron des
Frankenreiches. Die meisten Kirchenbauten in mero-
wingischer und karolingischer Zeit wurden ihm geweiht.
Nur bei den Taufkirchen der fränkischen Missionsge-
biete hatte Johannes der Täufer einen leichten Vor-

Ausschnitt aus der Wanderkarte »Auf den Spuren der Brüder Grimm mit Otto Ubbelohde« (links); Schild des Gasthauses »Drei Hasen« in Michelstadt (rechts).

sprung. Martin entstammte der pannonischen Ebene, dem westlichen Teil des heutigen Ungarn. In Sabaria, dem heutigen Szombathely (deutsch: Steinamanger), erblickte er 336 das Licht einer römisch beherrschten Welt. Papa war Legionär und der Sohn trat in seine Fußstapfen. Stationiert im gallischen Amiens, teilte er dort mildtätig seinen Soldatenmantel mit einem frierenden Bettler. Diese und andere gute Taten markieren Martins Weg zum Christentum. Schließlich quittierte er den Dienst und zog sich in eine Einsiedler-Klause auf der Mittelmeerinsel Gallinara zurück. Eine späte Kirchenkarriere endete auf dem Bischofsstuhl von Tours. Der Mantel des Heiligen galt als fränkische Reichsreliquie. Er wurde den merowingischen Königen vorausgetragen, wenn sie in die Schlacht zogen.

Die Verbindung des heiligen Martin zu den drei Hasen liegt zwar im Dunkeln, doch selbst im heiligen Paderborn zeugt ein »Dreihasenfenster« im Innenhof des Domes von der sakralen Würde des alten Symbols. Im Kloster Haina bei Frankenberg ruft eine Glocke zur Andacht, die mit dem Hasendreieck verziert ist, und am Altar der heiligen Familie in Marburgs Elisabethkirche stehen drei Hasen für ehelichen Kindersegen. Dies alles ist erstaunlich, haben doch die Langohren in der christlichen Glaubenswelt einen eher schlechten Ruf. Schon in der Antike galten sie als besonders triebhaft und daher ungemein vermehrungsfreudig. Eigenschaften, die sie zu heiligen Tieren der Liebesgöttin Aphrodite und ihrer römischen Erbin Venus werden ließen. Die germanischen Friesen weihten den Hasen ihrer Fruchtbarkeitsgöttin Nehalennia, und auch der umstrittenen Germanengöttin Ostara soll er als späterer Osterhase beigesellt worden sein. Noch unchristlicher ist seine mythologische Kumpanei mit der römischen Jagdgöttin Diana, die als Stammmutter aller Hexen verschrien ist. Das Mittelalter nannte denn auch Hexen und Hasen in einem Atemzug, ja sogar von Hexenhasen ist zu berichten. Jene waren Hexen in Hasengestalt, vom echten Meister Lampe jedoch durch auffällige Größe und die Neigung zu aufrechtem Sitzen leicht zu unterscheiden. Wo aber ist da der Platz für den Hasendreier des Martin von Tours? Umgekehrt wird womöglich ein Schuh daraus. Denn die Hasen galten nicht nur als Hexentiere, sondern auch als vorzüglicher Gegenzauber. Sämtliche Teile des haarigen Tiers wehrten der Hexerei, dem bösen Blick und der schwarzen Magie. Ab sofort darf spekuliert werden, liegt es doch auf der Hand, dass drei der schützenden Tiere, zu einem magischen Dreieck vereint, die Kraft der Hexenabwehr auf die Spitze treiben. Nehmen wir nun die heftige Feindschaft des heiligen Martin zu den arianischen Bischöfen Pannoniens und deren Verketzerung als teuflische Abweichler, so lässt sich zumindest erahnen, wen der fromme Mann mit seinem Hasenpanier zur Hölle wünschte. Der Weg von der pannonischen Steppe zum Odenwälder Wirtshaus ist nun kürzer, als man denkt: Der Heilige ist nämlich auch der Schutzpatron der Gastwirte und Trinker. An seinem Festtag, dem 11. November, wird erstmals der neue Wein probiert (»Martinswein«), und man schlachtet und verspeist die fetten Martinsgänse. Diese Funktion des Martin führte im mittelalterlichen Frankreich zu einem »bacchischen Kult«, der den Heiligen als Spender all der guten Gaben ehrte und in der milden Form des »Martinilobtrinkens« noch im Elsass des 14. Jahrhunderts weiterlebte.[3] Womit nun

hinreichend geklärt scheint, was der Michelstädter Gast-
hof im Schilde führt.

1 Aus: Ferdinand Dieffenbach, Das Großherzogtum Hessen in Vergangenheit und Gegenwart, Darmstadt 1877. Zit. n.: Hessisches Hausbuch, S. 152. Zum hl. Michael als Nachfolger der keltischen Götter Lug
und Belenos siehe »Die Kelten und ihre Götter«, S. 62 f.
2 Siehe: »Jahresfeste/Ostern«, S. 50 f.
3 Nach: Handwörterbuch des deutschen Aberglaubens, hrsg. v. Hanns
Bächtold-Stäubli, Berlin 1927/1987, Bd. 5, S. 1723.

Ein heiliger Hain im Odenwald?

Tief in den Wäldern des östlichen Odenwalds liegt
eine gut erhaltene Wallumfriedung. Die Einheimischen nennen sie »Heuneschüssel«, die Archäologen
sprechen von der »Ohrenbacher Schanze«. Die beiden Namen markieren bereits den unterschiedlichen
Blick auf dieses Erdwerk: keltisches Heiligtum oder
römische Raststation? Die Verfechter der Römer-
Hypothese unterstreichen die Nähe zu den beiden
Limes-Linien (Odenwald-Limes und Vorderer Limes)
und verweisen auf »verschiedene, in den oberen Tal-
abschnitten bergwärts strebende Fahrrinnen«[1], die
für römischen Militär- oder Handelsverkehr genutzt
worden sein könnten.

Doch gerade die Nähe zu römischen Grenzanlagen
mit entsprechenden Straßen entlang der Pfahlgräben
macht einen Verkehrsweg »mittendrin« überflüssig.
Zudem waren Römerstraßen meistens gut ausgebaut. Sie sind deshalb in der Regel weit klarer auszumachen als nur durch Fahrrinnen im Wald. Stärkste
Stütze der Kelten-Hypothese sind Grundriss und
Maße der »Heuneschüssel«, die den keltischen Kultstätten Süddeutschlands sehr nahe kommen.

»Die vierseitige, mit nur mäßig abgerundeten Ecken versehene Schanze besteht aus einem Wall mit außen vorgelagertem Graben und bedeckt eine Fläche von etwa 81 x 90 m. Wall und Graben sind zusammen 15 bis 16 m breit, so dass ein nutzbarer Innenraum von 50 x 58 m, oder 0,3 ha, verbleibt. Der Wall steigt vom Graben her mit steiler Böschung 2,2 bis 2,8 m an. Die innere Höhe des Walles wechselt zwischen 0,6 und 1,6 m, während der Graben von außen her eine Tiefe bis zu 1,2 m erreicht, wobei zu berücksichtigen ist, dass die ursprünglichen Höhendifferenzen noch größer waren.«[2]

Der einzige Eingang der Wallanlage liegt im Osten und ist über eine Erdaufschüttung im Graben zu erreichen. Vermutet wird allerdings, dass der Graben ursprünglich durchgelaufen ist und möglicherweise durch eine Holzkonstruktion überbrückt wurde. Der Walleinschnitt an diesem Zugang ist durch Zurückbiegen beider Enden zu einer Torgasse

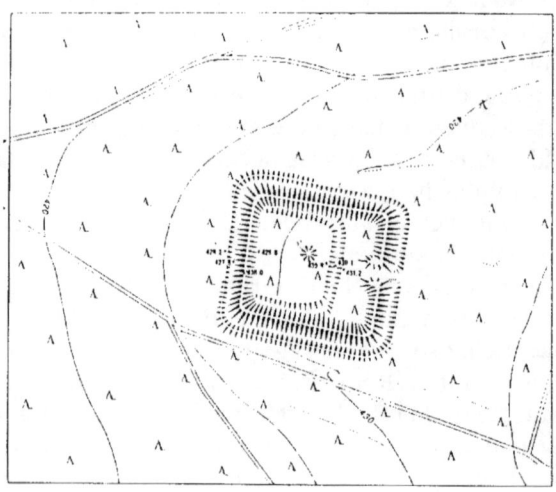

Die »Heuneschüssel« bei Vielbrunn/Odw.

gestaltet. Bei keltischen Anlagen spricht man gewöhnlich von einem »Zangentor«, das durch seine Flanken die Verteidigung erleichterte. »Wegen der in den Wallschenkeln enthaltenen Materialmengen lässt sich schließlich schon mit großer Sicherheit sagen, dass die flankierenden Mauern oder Wände der Torgasse an ihrer Rückseite mit einer Erdrampe angeböscht waren.«[3] Es ist nun nahe liegend zu vermuten, dass die anderen Wallabschnitte ebenfalls eine senkrechte Außenfront besaßen. Träfe dies zu, dann wäre die »Heuneschüssel« kein einfaches Erdwerk aus Wall und Graben, wie bislang angenommen, sondern ein regelrechtes Bauwerk, dessen Konstruktionsmerkmale mehrere Zeitstellungen zulassen. Sie passen sowohl in die keltische als auch in die römische und in die frühmittelalterliche Epoche des Odenwalds.

Rätselhaft ist die Gestaltung der Innenfläche, die durch einen inneren Graben in Nord-Süd-Richtung gegliedert ist. Sie teilt sich dadurch in einen kleineren östlichen und einen größeren westlichen Abschnitt. Dieser seltsame Innengraben zeigt an seinen Rändern keinerlei Spuren eines »Einbaus«, also etwa einer Mauer oder eines Walles. Seine Funktion wäre weniger rätselhaft, wenn man unterstellt, dass er erst in einer späteren (Um-)Nutzungsphase entstand und mit der ursprünglichen Funktion der Gesamtanlage nichts zu tun hat. Doch dafür fehlen Belege.

In dem nach Westen liegenden Innenraum befindet sich ein kreisrundes Loch von fast 8 m Durchmesser, das heute etwa 2,50 m tief ist. Früher sollen seine Abmessungen kleiner gewesen sein. Diese Vertiefung wird als »Brunnen« interpretiert, die Kelten-These vermutet einen »Opferschacht«, der zum gängigen Inventar eines »Heiligen Hains« gehört. Die Art der Vertiefung lässt aber auch auf Relikte dilettantischer (Raub-)Grabungen schließen. Das heißt

nicht notwendigerweise, dass es zuvor keine Eintiefung gab, aber doch, dass sie mutmaßlich völlig
anders aussah.

»Viereckschanze« ist der gebräuchliche Begriff der
Wissenschaft für eine umfriedete keltische Kultan-
lage. Das problematische Etikett beruht auf einer
alten Fehldeutung dieser Anlagen als Militärbauwerke. Dennoch ist es weiterhin im Gebrauch. Nur
die Religionswissenschaft spricht zutreffender vom
»Heiligen Hain«.

Einmal unterstellt, die Konstruktionsbefunde der
»Heuneschüssel« wurden zutreffend gedeutet, so
sprechen zwei Merkmale gegen eine Kultstätte der
Kelten. Zum einen »ist das Zangentor bei den Denkmälern dieser Gruppe (...) gänzlich unbekannt«[4].
Derartige Einlässe kennt die Wissenschaft bislang nur
von Verteidigungsanlagen. Zum andern haben die
Wälle um die Kultbezirke Süddeutschlands keine
steile Außenfront.

»Nach unserer heutigen Kenntnis über diese Denk-
mälergruppe könnte man freilich bei dem unver-
ständlichen Innengraben an einen bisher noch nir-
gends angetroffenen und auch nicht interpretierbaren
Einbau denken, welcher kultischen Zwecken diente«[5].
Doch auch hier sind andere Deutungen möglich
(siehe oben).

Die meisten Datierungsversuche legen die Entstehung der »Heuneschüssel« in jene Zeit, als der Odenwald zum römischen Imperium gehörte. 1912 und
1913 stießen zwei kleine Versuchsgrabungen auf
eine römische Fundschicht. Die spärlichen und
zudem fragmentarischen Keramikfunde ließen nur
eine höchst unsichere Datierung auf Ende des
2./Anfang des 3. Jahrhunderts n. Chr. zu. Daraus zog
man damals den kühnen Schluss, die Wallanlage sei
entweder römisch oder gehöre ins frühe Mittelalter.
Doch für die neuere Forschung sind Alter und Funk-

tion der »Heuneschüssel« noch immer ungelöste Rätsel.

»Eine römische Datierung vorausgesetzt, hätte die Schanze vom äußeren Aufbau her in den vier unmittelbar am Limes gelegenen Kleinkastellen Haselberg, Altheimer Straße, Hönehaus und Rinschheim ganz entfernte Vergleichsobjekte. Dies sind vierseitige Anlagen mit abgerundeten Ecken aus Steinmauern, meist allerdings ohne Erdhinterschüttung. Nur eine besitzt einen Graben, und in der Regel haben sie, von der Heuneschüssel abweichend, zwei zangenartig aussehende, zurückversetzte Tore«.[6] Insofern gibt es nur eine vage Verwandtschaft zwischen der »Heuneschüssel« und den römischen Bauwerken der Region. Zudem kennt die Wissenschaft keine Kleinkastelle, die ähnlich weit ins Hinterland zurückverlagert wurden. Beides zusammen lässt denn auch »Zweifel daran aufkommen, ob es statthaft ist, dieses Erdwerk in römischen Zusammenhang zu stellen«.[7]

Deshalb versucht eine dritte Hypothese die Zuordnung der Anlage zur späten Karolingerzeit. Als Hinweise gelten die Regelmäßigkeit der Grundform sowie die Größe und Form der Torgasse, die an den Burgenbau im Frankenreich des 9. Jahrhunderts erinnert[8]. Vermutet wird in diesem Interpretationsrahmen eine Funktion der Wallanlage als Zufluchtsort für die Bevölkerung in Zeiten der Not. Doch all die offenen Fragen der anderen Deutungsversuche lässt auch diese Hypothese unbeantwortet.

Weitere Teile des schwierigen Puzzles liefert die nähere Umgebung. Der lokalhistorisch engagierte Lehrer Lothar Hanel lenkte den Blick auf einen endlos schnurgeraden Waldweg, der östlich von Vielbrunn direkt zur Heuneschüssel führt. Dieser »old straight track«[9] heißt pikanterweise »Langensteinschneise« und mit etwas Spürsinn sind rechts und links des Weges eine Vielzahl umgekippter »Langsteine« zu entdecken. Offensichtlich eine vormals von Menhiren gesäumte Straße, die – Fantasiebegabten sei's verraten - an der »Zauberhöhe« vorbei zur historischen »Lauseiche« führt. Gleich dahinter liegt die Heuneschüssel. Ordnet man nun die Menhire der ausgehenden Jungsteinzeit und frühen Bronzezeit zu, dürfte die nächste Hypothese nicht auf sich warten lassen. Geheimnisvoller Odenwald.

1 Ludwig Warnser, Arbeitspapier zur Exkursion »Dreiländereck«, Würzburg/Bürgstadt 1988, S. 6. In seinen Ausführungen zur Heuneschüssel stützt sich Warnser weitgehend auf K. Schwarz, in: Führer zu vor- und frühgeschichtlichen Denkmälern 8 (1967), S. 137–145.

2 Ebenda.

3 Ebenda, S. 7.

4 Ebenda.

5 Ebenda.

6 Ebenda.

7 Ebenda, S. 8

8 Vgl. Ebenda.

9 Zu den »old straight tracks« des Alfred Watkins siehe BREUBERG.

Milseburg siehe Hofbieber.

Mühltal

64367, Landkreis Darmstadt-Dieburg. 13 579 Einwohner.
Gemeindeverwaltung: Ober-Ramstädter Straße 2–4,
OT Nieder-Ramstadt. Tel.: 0 61 51/14 17-0.

Die Dippel-Monster-Connection

Nicht weit von Darmstadt-Eberstadt markiert eine Odenwaldhöhe den Anfang der Bergstraße – der Frankenstein.
Auf seiner Kuppe die Ruinen der gleichnamigen Burg.
Ihre zerfallenen Mauern umschlossen einst den Stammsitz derer von Frankenstein. Seine Anfänge gehen ins 13.
Jahrhundert zurück. 1662 fiel die Burg an die Landgrafen
von Hessen-Darmstadt. Der heutige Burgherr ist deshalb
das Land Hessen.

Schlossgespenster hausen im Gemäuer, genau wie in
anderen Ruinen auch – und dennoch überkommt hier so
manchen Touristen ein Schauer besonderer Art. Verbindet sich doch mit dem Namen Frankenstein die Existenz
eines international bekannten Monsters, jenes Homun-
kulus der Weltliteratur – zusammengefriemelt aus Lei-
chentellen, zum Leben erweckt durch elektrischen Strom:
das Ungeheuer des Dr. Frankenstein, das schließlich
außer Kontrolle gerät. Zahlreiche Horrorfilme unter-
schiedlichster Qualität zeugen von der Faszination dieser
Kreatur.

Das elektrisch geborene Monster ist in Wirklichkeit das
Geschöpf der englischen Romanautorin Mary Shelley. Die
wohlhabende Lady war die Tochter des Freidenkers und
Kirchenkritikers William Godwin und mit dem Schön-
geist Lord Byron eng befreundet. Ihr »Frankenstein oder
der moderne Prometheus« erschien 1818 in London.
Shelley widmete das Buch ihrem Vater, dem sie auch
weltanschaulich eng verbunden war.

Aber niemand weiß so genau, wie der Name des hessischen Berges in den Kopf der britischen Autorin kam.
Denkbar wäre, dass sie bei ihren zahlreichen Reisen zur

Genfer Residenz Lord Byrons auch die Bergstraße besuchte und so Notiz vom Frankenstein nahm.

»Hat auch Mary Shelley auf einem ihrer Wege nach Süden diese Gegend bereist? Hat sie vielleicht den Burgberg bestiegen und den herrlichen Rundblick von einem der Türme genossen?«, fragt denn auch der Heimatforscher Otto Weber in seiner Frankenstein-Betrachtung[1]. Doch die Frage ist nur rhetorisch. Weber verweist auf zahlreiche Shelley-Biographien, die diese These vertreten. Er selbst hält das für unwahrscheinlich, denn in den Tagebüchern der weltläufigen Britin finden sich keinerlei Hinweise darauf.[2]

Weber offeriert eine andere Erklärung. Seine Schlüsselfigur ist der Pfarrerssohn Johann Conrad Dippel, geboren am 10. August 1673 hinter den schützenden Mauern der Burg Frankenstein. Dippels Vater, damals Pfarrer im nahen Nieder-Beerbach, hatte sich mit seiner hochschwangeren Frau dorthin geflüchtet, denn im Land tobte der pfälzische Erbfolgekrieg.

Von jenem Odenwälder Pfarrersspross spannt Otto Weber einen kühnen Bogen zu Mary Shelley. Seine »Indizienkette« verläuft entlang der religiösen Entwicklung Conrad Dippels, der ab 1686 Darmstadts Traditionsgymnasium, das so genannte Pädagog, besuchte. In den Einschreiblisten zum Abitur 1691 hatte Dippel seinen Namen mit dem Zusatz »Frankensteinensis« versehen. Auch bei seiner Immatrikulation an der Universität Gießen gab er als Herkunftsbezeichnung den Frankenstein an. Weber geht davon aus, dass Dippel diesen Namenszusatz auch später noch verwendet hat. »Bei seinem Studienbeginn in Gießen«, so Weber weiter, »war dort die Auseinandersetzung zwischen orthodoxem Protestantismus und reformerischem Pietismus in vollem Gange. Weil er sich bald ›möchte groß machen‹, griff Dippel in jugendlichem Übermut mit Diskussionen und Streitschriften in diese Auseinandersetzung ein.«[3]

In Gießen hatte er die Fächer Theologie und Medizin belegt. 1693 legte der streitbare Student seine Magisterprüfung ab. Der Versuch, an der Straßburger Universität einen Lehrauftrag an Land zu ziehen, führte nicht zum Ziel. Stattdessen hielt er in der Elsass-Metropole Privatvorlesungen über Handlesekunst und Astrologie. Sie begründeten seinen Ruf als ›hochstudierter Magister‹ und Wahrsager. Im Elsaß begann auch Dippels Auseinandersetzung mit den Schriften Philipp Jakob Speners (1635–1705), dessen Buch »Herzliches Verlangen nach gottgefälliger Besserung der evangelischen Kirche« dem reformerischen Protestantismus entscheidende Impulse gab. Im Laufe der Jahre wurde auch Conrad Dippel zum radikalen Reformer, der die staatliche Autorität über die Gläubigen ablehnte. Der Odenwälder Theologe stritt für eine strikte Trennung von Kirche und Staat. Seine Streitschrift »Papismus vapulans oder das gestäupte Papstthum an den blinden Verfechtern der dürftigen Menschensatzung in protestirender Kirch« erregte großes Aufsehen und wurde schließlich vom Darmstädter Landesherrn verboten. Weber vermutet nun, dass man in Mary Shelleys Elternhaus Dippels Schriften kannte. Denn der Vater, William Godwin, und ihre Mutter, die bekannte Frauenrechtlerin Mary Wollstonecraft, standen beide einer gleichfalls kirchenkritischen Bewegung nahe, den englischen »Dissenters«. So könnte die Autorin Shelley auch auf Dippels Namenszusatz »Frankenstein« gestoßen sein.

Porträt von Johann Conrad Dippel (zeitgenössischer Stich).

Anders als häufig angenommen, nannte sie jedoch nicht das künstliche Monster nach dem Odenwaldberg, sondern seinen genialen Schöpfer – den Mediziner Dr. Frankenstein.

Einen Georg von Frankenstein trifft man übrigens heute noch im Odenwald. In der Dorfkirche von Mühltal-Nieder-Beerbach steht er fast lebensgroß vor seiner Grabplatte. Jenem Burgherrn haftet eine Drachensage an, die wohl eher auf seinen Namensvetter, den heiligen Georg, zurückzuführen ist. Der Odenwald-Ritter, so wird erzählt, hatte einst den Lindwurm schon besiegt, da windet das Fabeltier seinen Schuppenschwanz um Georgs Beinpanzer und tötet ihn mit dem Stich seines giftigen Stachels – just durch die ungeschützte Kniespalte der Rüstung. Auch den rachsüchtigen Wurm samt seinem Stachelschwanz hat der Steinmetz in Nieder-Beerbach verewigt.

Diese Drachengeschichte ist mindestens so wahr wie die Existenz des Frankenstein'schen Monsters.[4]

Dippel fand seine letzte Ruhe allerdings nicht im Schatten des Frankensteins. Man begrub ihn Ende April 1734 in der Kirche von Bad Laasphe, wo er während eines Aufenthaltes im dortigen Schloss gestorben war. Im Auf und Ab seines bewegten Lebens verbrachte er sieben Jahre in einem dänischen Gefängnis. Abermals hatten seine theologischen Schriften die Obrigkeit erzürnt. Zeitweise widmete er sich auch der Alchemie. Nicht weit von Nieder-Beerbach hatte Dippel mit geborgtem Geld ein Gutshaus und eine Glashütte gekauft, in der er sein Labor betrieb. Nach monatelanger Forschung entwickelte er eine Tinktur, von der sagte, sie könne Silber und Quecksilber in Gold verwandeln. Er publizierte seine Entdeckung und rechnete fest mit großem Reichtum. Doch die geheimnisvolle Essenz ging verloren. Angeblich weil die Phiole mit der Flüssigkeit zerbrach. Noch weitere drei Jahre versuchte Dippel, das Wundermittel zu rekonstruieren. Schließlich verloren seine Geldgeber die Geduld. Dippel entzog sich seinen Gläubigern durch Flucht nach Berlin.

Auch dort war er weiter auf der Suche nach dem »Stein der Weisen«, dem Weg zu künstlichem Gold. Stattdessen entdeckte er einen neuen Farbstoff, das »Berliner Blau«, und ein wirksames Heilöl, das noch heute seinen Namen trägt: »oleum animale Dippelii«.

Wenige Monate vor seinem Tod nahm Johann Conrad Dippel noch einmal Kontakt zu seinem alten Feudalherrn auf. Er offerierte dem Darmstädter Landgrafen eine erneute Suche nach der alchemischen Herstellung von Gold. Für die funktionierende Formel wollte er nicht mehr und nicht weniger als die Burg Frankenstein.

Doch das Geschäft kam nicht mehr zustande.

1 Otto Weber, Die Burg Frankenstein, J. C. Dippel und das Monster, unveröffentl. Manuskript, Ober-Ramstadt o. J., S. 1.

2 Das sieht der Journalist und Krimi-Autor Walter Scheele völlig anders: Er will während einer Schweiz-Reise Einblick in ein bislang unbekanntes Tagebuch der Autorin gehabt haben. Dort habe er sich dann eine Textpassage abschreiben können, die eindeutig belege, dass Frau Shelley 1814 auf dem Frankenstein war: »A monumental building full of darkness (…) allowing an amazing country-view over the Rhine-river«. Scheele bleibt allerdings den Nachweis schuldig, dass es jenes ominöse Tagebuch wirklich gibt. Er versteigt sich sogar zu der Vermutung, jener J. C. Dippel sei Shelleys direkte Romanvorlage, da er bei seinen alchemischen Experimenten auch Leichenteile verwendet haben soll. Auch hierfür fehlt jeder Beleg. (Walter Scheele, Burg Frankenstein – Mythen, Märchen und das Monster, Egelsbach 1999)

3 Otto Weber, a. a. O., S. 3. Besonders Interessierte können sich auch direkt an Otto Weber wenden: In der Stetbach 32, 64372 Ober-Ramstadt.

4 Die Kirche von Mühltal-Nieder-Beerbach ist die Grabeskirche derer von Frankenstein und nicht nur wegen des Drachenritters sehenswert. Sie ist gewöhnlich verschlossen. Schlüssel bei Frau Knörnschild, Untergasse 21.

Mümling-Grumbach siehe Höchst/Odw.

Münchhausen

35117, Kreis Marburg-Biedenkopf.

3537 Einwohner. 🛏 148.

Gemeindeverwaltung: Marburger Str. 82.

Tel.: 0 64 57/80 81.

Bonifatius auf dem Christenberg

Vom Christenberg bei Münchhausen wird erzählt, dass dort Winfrid von Wessex, genannt Bonifatius, die Missionierung der heidnischen Hessen begann. Das germanische Heiligtum auf dem Bergrücken habe der Missionar zerstören lassen. An dessen Stelle sei die erste Christenkirche Hessens errichtet worden. Bonifatius habe sie dem heiligen Martin von Tours geweiht. Zweihundert Schritte vor der Martinskirche sieht man noch heute einen steinernen Fußabdruck, der Bonifatius zugeschrieben wird. Angesichts des sündhaften Heidentums der alten Hessen habe der Heilige wütend mit dem Fuß aufgestampft. Seit dieser Zeit hat der Christenberg seinen frommen Namen.

Der mysteriöse Fußabdruck findet jedoch noch eine zweite sagenhafte Erklärung, die ihn in anderem Lichte erscheinen lässt:

Ein Teufel wird ärgerlich

Bald nach ihrem Einmarsch errichteten die Franken auf dem heutigen Christenberg eine Festung, die Kesterburg. Da der Missionar Bonifatius von der fränkischen Besatzung unterstützt wurde, wagten die hessischen Häuptlinge keinen Widerstand gegen seine Taufkampagne. Einer nach dem andern arrangierte sich mit dem fränkischen Kommandeur und ließ sich taufen. Als der für die Gegend zuständige Höllengeist sah, dass der Siegeszug des Kreuzes nicht aufzuhalten war, stampfte er vor Wut auf den Boden. Nur zweihundert Schritte entfernt vom alten germanischen Heiligtum kann man noch heute den Stein mit seinem Fußabdruck sehen.

Er muß allerdings mit dem rechten Fuß gestampft haben, denn der linke ist ja zumeist ein Pferdefuß. Der Abdruck auf dem Christenberg jedoch zeigt deutlich menschliche Züge.

Um 400 v. Chr. umschlossen keltische Ringwälle das Plateau des Christenbergs. Gefunden wurde die für Nord- und Mittelhessen typische frühkeltische Keramik, die sich von der zeitgleichen Töpferware Süd- und Südwestdeutschlands unterscheidet. Charakteristisch sind eingeritzte, winklige Zierbänder, die mit weißer Farbe ausgefüllt wurden. Zahlreiche importierte Gefäße belegen Handelsbeziehungen zu keltischen Siedlungen in Böhmen und im westlichen Deutschland. Selbst Verbindungen an die Adria konnten nachgewiesen werden. Manche Archäologen deuten die Anlagen als frühkeltischen Fürstensitz, der etwa 200 vor der Zeitenwende aufgegeben wurde. Die verschwelten Reste der Mauerbalken lassen einen Brand vermuten, der möglicherweise bei einer Erstürmung gelegt worden ist.[1]

In den folgenden Jahrhunderten war der Berg offenbar nicht besiedelt. Im 7. Jahrhundert besetzten die Franken dieses Gebiet. Als Winfrid von Wessex, der engagierte angelsächsische Wanderprediger, die fränkische Reichsführung davon überzeugt hatte, dass die Bekehrung der Hessen und Sachsen auch die fränkische Nordgrenze sichern würde, versah ihn die Staatsmacht mit dem Schutz ihrer Militärstützpunkte. Einer davon war die Kesterburg auf dem heutigen Christenberg. Zuvor hatte Winfrid, der später Bonifatius genannt wurde, bereits eine Missionsstation auf der nahen Amöneburg bei Marburg etabliert. Das war 721. Auch dort genossen Bonifatius und die Seinen den Schutz der fränkischen Lanzenreiter. Wenig später wurde auch die fränkische Büraburg bei Fritzlar in sein geistliches Wirken einbezogen. Die dortige Garnison ermöglichte ihm dann offenbar auch, das Baumheiligtum im benachbarten Geismar ungestraft zu schänden. Die Donar-Eiche fiel. Gegen die fränkische Kavallerie sahen die aufgebrachten Hessen keine Chance.

Damit war die Überlegenheit des Christentums vor aller Augen sinnfällig geworden.[2]

1 Nach: Archäologische Denkmäler in Hessen, Heft 77.
2 Zur Missionierung durch Bonifatius siehe auch FRITZLAR.

Münzenberg
35516, Wetteraukreis. 4938 Einwohner. 🛏 10.
Stadtverwaltung: Hauptstr. 22. Tel.: 0 60 33/62 22.

Wie die Wetter in die Wetterau kam
Nicht weit vom Münzenberger Burgberg windet sich ein
silberklarer Bach durch die Ebene, den heißt man die
Wetter. Von ihm hat das flache fruchtbare Land denn
auch den Namen Wetterau. Aber die Wetter gab es in alter
Zeit noch nicht, der Landstrich war öde und trocken. Ein
kleiner, aber tiefer See führte das einzige Wasser weit und
breit. In den Taunusbergen aber war das anders. In ihren
schattigen Wäldern sprudelten die Bäche nur so um die
Wette. In einem dieser wilden Bäche lebte seit undenklichen Zeiten ein störrischer Forellenbock, der war so wild
und eigensinnig, dass er fast jede Woche seinen Bach
demolierte, die Uferböschung zum Einsturz brachte und
die Quellnymphen zu hysterischen Schreien trieb. Das
konnte die zuständige Fee bald nicht mehr mitansehen.
Nach etlichen Verwarnungen legte sie den rüpelhaften
Forellenbock an eine silberne Kette. Die Kette aber
schlang sie um einen riesigen Erlenbaum.

Doch all das brachte den ungestümen Bock nicht zur
Ruhe. In einer Neumondnacht zerbrach er seine Fesseln
und stürmte johlend die Berge hinunter. Nahe Münzenberg stürzte er sich in jenen kleinen, aber tiefen See, den
er völlig zugrunde richtete. Das Ufer brach, und die Wasser ergossen sich in jene tiefe Schleifspur, die der flüch-
tende Forellenbock mit der Kette durch das Land gezogen
hatte. »Alle Wetter«, rief der Münzenberger Nachtwächter, als er am Morgen von den Zinnen lugte und den
neuen, silbernen Wasserlauf erblickte. Und so nannte
man fortan den schmucken Bach.

Der Forellenbock aber lebt noch heute in der Wetter.
Nur ist er ziemlich menschenscheu geworden.[1]

Der geheimnisumwitterte Kräppelstein
steht auf halbem Wege zwischen Münzenberg und Trais-
Münzenberg – und das noch nicht allzu lange. Der große

Brocken ist von ausgesuchter Höflichkeit: Zieht man vor ihm den Hut, dann verneigt er sich langsam und unter lang anhaltendem, sandigen Knirschen. Zudem ist er auch stets auf der Höhe der Zeit. Pünktlich zur Mitternacht dreht er sich einmal um die eigene Achse, ist also das, was man andernorts einen »Zwölfuhrstein« nennt. Erzählt wird auch, der Kräppelstein habe früher auf den Münzenberger Steinberg gehört, sei aber in einer lausigen Nacht an seinen heutigen Platz gewandert.

Beim Kräppelstein handelt es sich um ein Konglomerat aus Taunusgeröll und Quarzsand. Der eindrucksvolle, einzeln stehende Stein ist gute drei Meter hoch und etwa einen Meter dick. Es ist ungeklärt, ob es sich um einen steinzeitlichen Kultstein (Menhir, Hinkelstein) handelt oder einfach nur um einen Taunus-Brocken, der eiszeitlich bedingt in der Wetterau herumliegt. Erst vor einigen Jahren wurde der Stein in aufrechte Haltung gebracht. Das spricht allerdings nicht gegen eine kultische Vergangenheit.

Der Kräppelstein bei Trais-Münzenberg.

337

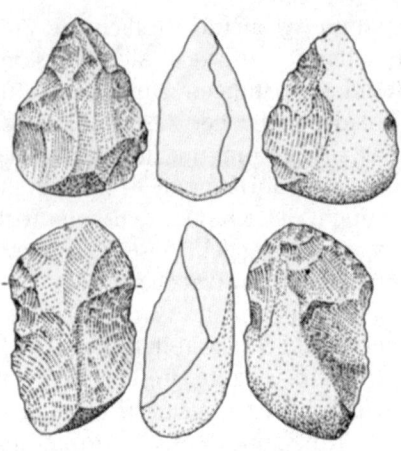

Steinwerkzeuge des Homo erectus aus Münzenberg.

Die ältesten Werkzeuge Hessens

entdeckte der »Freizeit-Archäologe« Otto Bommersheim auf den Äckern rund um Münzenberg. Spätere Grabungen beim alten Ziegelei-Hohlweg und im nahen Flurstück »Ohlenberg« bestätigten das hohe Alter seiner »Lesefunde«. Man legte dort steinerne Schaber, Schneidewerkzeuge und Vorläufer der Faustkeile frei. Aufgrund ihrer Lage unter einer Lössschicht aus der Riß-Eiszeit wird ihr Mindestalter auf 300 000 Jahre geschätzt, denkbar sind auch gut 200 000 Jahre mehr. Es waren die Werkzeuge des Homo erectus, der lange vor dem Neandertaler in der Wetterau auf Jagd ging.

Steinzeit-Kannibalen

lebten womöglich dereinst im Ortsteil Ober-Hörgern. Dort stieß man nämlich beim Bau der Kläranlage auf die Spuren einer bandkeramischen Siedlung aus der Zeit zwischen 4500 und 4000 v. Chr. In den steinzeitlichen Abfallgruben fanden sich neben den Resten von Haus- und Wildtieren auch Teile von menschlichen Skeletten. Es handelte sich um einige Schädelfragmente und eine

Anzahl linker Schienbeinschäfte. Letztere waren der Länge nach aufgespalten und glichen so auffallend den Röhrenknochen von Schlachttieren, die man damals häufig in gleicher Weise öffnete, um das begehrte Knochenmark auszulutschen. An einem Unterkiefer entdeckte man außerdem tiefe Schnittkerben. Sie entstanden beim Durchtrennen der Kaumuskeln. Offenbar löste man so den Kiefer vom Kopf. All jene Spuren menschlicher Einwirkung entstanden an den noch frischen Knochen und waren von späteren Kratzern gut zu unterscheiden. Die beteiligten Anthropologen sahen darin deutliche Belege für praktizierten Kannibalismus, wissenschaftlich vornehm »Anthropophagie« genannt. Zumindest war der Umgang mit diesen Toten nicht sonderlich ehrerbietig. Statt sie nach Stammessitte in bandkeramischer Hockstellung zu begraben, entsorgte man sie kurzerhand mit dem Müll.[2]

Die Wissenschaft erklärt diese speziellen Essgewohnheiten vor allem mit religiösen Vorstellungen. Etwa dem Gedanken, das Verzehren von Menschenfleisch verschaffe dem Esser die Talente des Toten. Oft wurden auch nur Teile eines Körpers verspeist, in denen man bestimmte Fähigkeiten lokalisierte: beispielsweise die Klugheit im Gehirn oder Schnelligkeit und Ausdauer in den Beinen.

Unklar bleibt, ob auch die Bandkeramiker von Ober-Hörgern mit dem mutmaßlichen Schienbein-Lutschen eine spirituelle Bereicherung verbanden. Zumal die dortigen Befunde auch anders interpretiert werden können.

So ist es durchaus vorstellbar, dass die fraglichen Menschenknochen nicht zu Esszwecken gespalten wurden, sondern Bestandteil eines Opferrituals waren, bei dem das Knochenmark getöteter Feinde den Göttern dargebracht wurde.

Die Tatsache, dass nur linksseitige Beinknochen gefunden wurden, bietet weiteren Raum für Spekulationen. Viele Kulturen versehen nämlich die linke und die rechte Seite mit gegensätzlicher magischer Bedeutung. Häufig gilt »das Linke« als Sitz dunkler Mächte, während »das Rechte« den guten Geistern zugeordnet wird. Dies könnte man schlicht mit der Wehrhaftigkeit des rechten Arms gegen alles Feindliche erklären, dessen Bedrohung in

Gestalt des gleichfalls rechtshändigen Gegners als von links kommend wahrgenommen wird. Noch heute gelten schwarze Katzen nur dann als Unglücksboten, wenn sie einem von links nach rechts über den Weg laufen, und das Aufstehen »auf dem linken Fuß« lässt einen ziemlich miesen Tag befürchten.

Unterstellt man nun den Steinzeitbauern der Wetterau eine schamanische Magie, die »Gleiches mit Gleichem« oder »Ähnliches mit Ähnlichem« vertreibt, so könnte die beschriebene Behandlung der linken Skeletthälfte der »Abwehr des Bösen« gedient haben. Etwa so wie die Neidköpfe an hessischen Fachwerkhäusern oder die Wasser speienden Dämonen an gotischen Kirchen.[3]

Die »Münzenberger Mühlsteine«

finden sich auf dem Steinberg am Ortsrand. Ihre leidliche Kreisform weist Durchmesser zwischen 1,20 m und 1,40 m auf. Die Oberfläche ist eindeutig bearbeitet, aber noch sehr rau. Der ungefähre Mittelpunkt eines solchen Scheibensteins ist zu einem Loch vertieft: etwa 20 cm breit und ebenso tief. Die gleiche Vertiefung zeigt sich auch auf der Gegenseite. Die flachen Steine sind alle etwa einen halben Meter hoch (Abb. S. 87). Die Lochsteine von Münzenberg hüten hartnäckig ihre runden Geheimnisse. Ein Umstand, der den oberhessischen Heimatforscher Max Söllner nicht ruhen ließ. In Berichten aus Irland fand er die Beschreibung von zumindest ähnlichen Lochsteinen, den »bullauns«: Steinblöcke mit einer runden oder auch ovalen Vertiefung, bei denen die Archäologie eine Verwendung als Taufsteine, Weihwasserbehälter oder Lager zum Aufnehmen der Drehpunkte für Türen vermutet.

Nach R. A. Mocalister (The Archaeology of Ireland, 1928) wurden die irischen »bullauns« zumindest noch in den zwanziger Jahren für »abergläubische« Zwecke benutzt: So diene das Wasser in den Vertiefungen als Grundstoff für Heilsalben gegen schmerzende Augen und Hautkrankheiten. Kleine Steine würden an eine Schnur gebunden und für einige Zeit in das Loch eines »bul-

launs« gelegt. Danach hätten die Steinchen – als Pendel
benutzt – die Kraft, verrenkte Glieder zu kurieren.

Vergleiche mit Lochsteinen in Tirol und in der Bretagne
bringen Söllner schließlich zu der Annahme, dass es sich
bei den Münzenberger Exemplaren um kultische Steine
handelt. Ihre mutmaßlich vorgeschichtliche Datierung
lässt er allerdings offen.[4]

Die weiträumige Verbreitung

von vormals Münzenberger Lochsteinen belegen deren
mysteriöse Attraktivität. Söllner entdeckte im Stadtarchiv
Belege für den Abtransport solcher »Mühlsteine« nach
Frankfurt. Dort fand er sie im Palmengarten wieder, wo sie
zum Bau einer romantischen Grotte missbraucht wurden.
Einen weiteren Scheibenstein erspähte er am Münzenberger Rathaus. Noch in den fünfziger Jahren zählte der Heimatforscher 14 Steine an ihrem Ursprungsort am Steinberg.
Nicht weit davon entdeckte er damals zwei übereinander
gestapelte Steinscheiben, die offenbar zur Überführung in
einen privaten Steingarten bereitlagen. Heute gibt es am
Steinberg offenbar nur noch drei der mysteriösen Rund-
linge. Vielleicht sollte man sie an die Kette legen.

Mühlen-Fachleute

halten die runden Dinger für weit weniger mysteriös: Die
Steinräder aus Taunuskonglomerat seien schlicht und einfach Vorfabrikate von Mühlsteinen, die am Münzenberger
Steinberg grob zurechtgehauen wurden. Dort seien sie
dann eben aus unerfindlichen Gründen liegen geblieben.
Vielleicht, weil der Steinmetz Pleite ging. Der Feinschliff
und die Anpassung auf die Mühlenachse seien aus ganz
praktischen Gründen immer erst in der Mühle passiert.

WEGWEISER: Die Steinzeitfunde aus der Umgebung
von Münzenberg sind über vier Museen verteilt: Oberhessisches Museum Gießen, Wetterau-Museum Friedberg, Universitätsmuseum Marburg und Landesmuseum
Kassel. Die mysteriös ausgelutschten Knochen werden

jedoch nirgendwo gezeigt. Sie liegen in den unergründlichen Arsenalen der Frankfurter Universität.

1 Nach einer mündlichen Überlieferung von Dr. O. E. Johns, Gau-Algesheim.

2 Nach: Peter H. Blänkle, Kannibalismus in der Wetterau?, Frankfurter Allgemeine Zeitung v. 13. 07. 1988, S. 25.

3 Aus: Gerd Bauer u. a., Die Geschichte Hessens, Frankfurt 2002, S. 27 f.

4 Nach: Max Söllner, Wanderungen zu ur- und frühgeschichtlichen Stätten Oberhessens, Gießen 1981. Das materialreiche Buch versteigt sich zwar bisweilen zu gewagten Interpretationen, bietet aber eine Fülle interessanter Details und Zusammenhänge. Es ist derzeit vergriffen.

Muschenheim siehe Lich.

Niedenstein

34305, Schwalm-Eder-Kreis. 4816 Einwohner. 🛏 80.
Stadtverwaltung: Obertor 8. Tel.: 0 56 24/7 71.

Mattium, die sagenhafte Hauptstadt der Chatten

ist noch immer geheimnisumwittert. Römischen Quellen zufolge wurde sie in den Jahren 14/15 nach der Zeitenwende von den Legionären des Feldherrn Germanicus niedergebrannt. Diese große germanische Siedlung soll »jenseits der Eder« gelegen haben. Seither wetteifern etliche Ortschaften nur annähernd ähnlichen Namens um die Ehre, auf dem Boden dieses Mattium erbaut worden zu sein: Metze und Maden bei Gudensberg, ja sogar Marburg an der Lahn wurde ins Spiel gebracht. In den dreißiger Jahren einigte sich schließlich die »großdeutsche« Germanenforschung auf die Altenburg bei Niedenstein.

Doch Mattium-Sagen, die das anders sehen, leben fort: Matziachi, so heißt es, sei die Hauptstadt der Chatten gewesen, später sei daraus Metze geworden. Germanicus habe aber nur durch Verrat in die Stadt kommen können. Eine ehrvergessene Dame habe zunächst ihren Gatten um die Ecke gebracht und dann den Römern einen unbewachten Zugang verraten. Die Feuersbrunst habe nur zwei Häuser übrig gelassen. Die Verräterin aber wurde verflucht und von dem zuständigen Wotanspriester in Bann geschlagen. Zu Neumond sehe man sie bisweilen am Bach, wo sie im Wasser plätschere. Die Leute von Metze nennen sie die »Windelswäscherin«.

Psychologisch betrachtet, handelt es sich hier offenbar um den lang anhaltenden Versuch der Dame, sich von ihrer Schuld reinzuwaschen. Eine gewisse Nähe zu Shakespeares Lady Macbeth kann nicht geleugnet werden.

Die zu Mattium »nazifizierte« Altenburg

ist längst wieder entnazifiziert.[1] Sie erwies sich als große, stadtähnliche Wallanlage: ein Oppidum der Spät-La-Tène-Zeit. Alle Befunde sind eindeutig keltisch, auch wenn nicht ausgeschlossen wird, dass um die Zeitenwende ein kelto-germanischer Stamm dort lebte. Bislang jedoch ist kein archäologischer Fund jünger als 50 v. Chr. Mit großer Wahrscheinlichkeit gab es zu diesem Zeitpunkt in Niederhessen noch keinen einzigen Germanen. Das keltische Ringfort war 15 Hektar groß. Seine Wohnplätze werden seit Jahren von Archäologen der Universität Marburg untersucht. Gefunden wurde unter anderem ein goldenes »Regenbogenschüsselchen«. Jenen Volksnamen erhielten diese keltischen Münzen wegen ihrer schüsselähnlich gewölbten Form und auf Grund der Tatsache, dass sie meist beim Pflügen gefunden werden: Nach einem heftigen Gewitterregen, unter dem Regenbogen, blinken sie besonders hell zwischen den Erdschollen. Dann sind sie am einfachsten zu entdecken. Gefunden wurden des Weiteren Fibeln und Zierscheiben von Pferdegeschirren sowie ein komplett erhaltener Türflügel. Scherben und Werkzeuge belegen eine frühere Besiedlung in Steinzeit und Bronzezeit.

A propos »Mattium«:

Sollte die römische Ortsangabe »jenseits der Eder« zutreffen, dann käme die Ortschaft Fritzlar-Geismar weit eher in Frage als die Altenburg. Bei Geismar legte man unter Kraut und Rüben die bislang größte Chattensiedlung frei. An die 40 Bauernhöfe aus dem frühen 1. Jahrhundert wurden nachgewiesen. Schätzungsweise 500 Einwohner lebten am Ort der Donar-Eiche. Irdene Pokale mit praktischem Haltegriff beweisen althessische Trinkkultur. Größere Mengen römischer Münzen sprechen für funktionierende Handelsbeziehungen zu den Römern am fernen Rhein. Die freigelegte Siedlung ist längst wieder von Ackerboden bedeckt.[2]

Die Fundstücke von der Altenburg und aus dem chattischen Geismar beherbergt das LANDESMUSEUM KASSEL, Grimmplatz, Tel.: 05 61/78 00 36.

1 Zu Germanentümelei und politischer Funktion der Sagen siehe auch »Die Sache mit den Sagen«, S. 74.
2 Zu Geismar und Donar-Eiche siehe FRITZLAR.

Von Hatten, Chatten und Kelten

Die Nordhessen sind auf sie stolz, denn dort lag ihr Siedlungsgebiet, und in Südhessen kennt man sie zumindest aus der Schule: die Altvorderen vom Volk der Chatten.

Ausgesprochen werden sie »Katten« und nicht »Schatten«, wie man zunächst einmal arglos vermuten könnte. Doch die Sprachverwirrung treibt unweigerlich ihrem Höhepunkt zu, folgt man nun auch noch der Ansicht etlicher Althistoriker, die darauf bestehen, dass diese »Chatten« eigentlich »Hatten« hießen, was wiederum ihre sprachliche Verwandlung zu »Hessen« plausibler erscheinen lässt. Das nämlich ist der eigentliche Pfiff bei diesen Stämmen: Sie werden als die »Urhessen« reklamiert – ungeachtet aller Völkerwanderungen samt ihren ethnischen Verschmelzungen und Überlagerungen in den letzten 2000 Jahren hessischer Geschichte.

Die Sache mit den »Hatten« klingt ziemlich einleuchtend und wird auch für die Cherusker und Chauken geltend gemacht, die demnach eigentlich »Herusker« und »Hauken« waren:

»Die übliche Schreibweise Cherusker ist von den Römern übernommen und soll (ebenso wie in Chatten, Chauken u. a.) nur das stark anlautende H andeuten, das das Lateinische so wenig besaß wie seine Abkömmlinge, die heutigen romanischen Sprachen.«[1]

Die Schwierigkeit mit der richtigen Aussprache

wirft ein Licht auf das generelle Problem unseres Umgangs mit den »alten Deutschen«: Wir kennen sie nur aus der Sicht römischer Geschichtsschreiber. Die gängige Vorstellung von den Chatten folgt überwiegend jenen Beschreibungen, die der Römer Tacitus in seiner »Germania« lieferte. Entstanden ist diese detailreiche Beschreibung der Germanen im Jahre 98 nach der Zeitenwende in Rom. Originaltitel: »De origine et situ Germanorum Liber« – Vom Ursprung und Charakter der Germanen. Das Werk galt über Jahrhunderte als verschollen, bis es um 1455 in Hersfeld von einem italienischen Sammler wieder entdeckt und so der staunenden Nachwelt zugänglich gemacht wurde.

Diese Schrift verfolgte offenbar den Zweck, Verfallserscheinungen der römischen Gesellschaft dadurch zu kritisieren, dass man ihr die fernen Germanen als »edle Wilde« vor Augen hielt. Die Sichtweise des Tacitus ist dadurch notwendig »idealisierend« und häufig auch sehr widersprüchlich. So beschreibt er in seinem Chattenkapitel ganz offenkundig nicht das Volk, sondern einen kriegerischen Männerbund, ähnlich dem der nordischen »Berserker«, der bestenfalls nur einen kleinen Ausschnitt der chattischen Gesellschaft repräsentiert:

»(...) mit dem Eintritt in das Mannesalter lassen sie Haupthaar und Bart wachsen, und erst, wenn sie einen Feind erschlagen haben, beseitigen sie diesen der Tapferkeit geweihten und verpfändeten Zustand ihres Gesichts. (...) Sie eröffnen jeden Kampf; sie sind stets das vorderste Glied, ein befremdender Anblick; denn auch im Frieden nimmt ihr Gesicht kein milderes Aussehen an. Keiner von ihnen hat Haus und Hof oder sonstige Pflichten; wen immer sie aufsuchen, von dem lassen sie sich je nach den Verhältnissen bewirten; sie sind Verschwender fremden und Verächter eigenen Gutes, bis das kraftlose Alter sie zu so rauhem Kriegerdasein unfähig macht.«[2]

Tacitus, der offenbar selber nie in »Germanien« war, macht auch keine großen Unterschiede zwischen Germanen, Kelten und anderen Völkern Mitteleuropas. Blonde und Rothaarige dünkten ihn allesamt »germanisch«. Ihm zufolge müssten sich die überall ansässigen Kelten angesichts einwandernder Germanen in Luft aufgelöst haben. Doch neuere Funde der Archäologen belegen Stämme, die offenbar weder Kelten noch Germanen waren, sondern aus der ethnischen Verschmelzung beider (indoeuropäischen) Völkerschaften hervorgegangen sind. Frühgeschichtliche Gräber in HATZFELD brachten Beigaben zu Tage, die sowohl keltische als auch germanische Stilelemente aufweisen: Fibeln, Zierbeschläge und Gürtelhaken. Die Schmuckgegenstände stammen von einem Volk, das im 1. Jahrhundert n. Chr. im Edertal lebte. Dabei kann es sich durchaus um die Chatten des Tacitus gehandelt haben. Deren keltischgermanischer Ursprung wäre damit belegt. Dabei ist davon auszugehen, dass das germanische Element im Laufe der nächsten Jahrhunderte immer stärker in den Vordergrund rückte, denn immer mehr Germanen kamen in den hessischen Raum. So entstanden neue Völkerschaften, in deren Kultur Keltisches und Germanisches miteinander verschmolzen. Auch das Volk der Mattiaker, das römischen Quellen zufolge im Rhein-Main-Gebiet lebte, könnte so entstanden sein.

1 Haller/Dannenbauer, Der Eintritt der Germanen in die Geschichte, Berlin 1970, S. 30.

2 Tacitus, Germania, Kapitel 31.

Niederelsungen siehe Wolfhagen.

Niedernhausen

65527, Rheingau-Taunus-Kreis.
11 758 Einwohner. 🛏 120.
Gemeindeverwaltung: Idsteiner Str. 2. Tel.: 0 61 27/5 00.

Der Hausrat der Holle

Nahe des heutigen Dorfes Engenhahn lebten in alten Zeiten der Berggeist Wode und seine Frau, die Holle. Sie wohnten ganz oben auf dem Engenhahner Hausberg, der Hohen Kanzel. Die ganze Leidenschaft des Riesen galt den schmackhaften Heidelbeeren, die die Höhen der Taunusberge bedeckten. Jedes Jahr zur Erntezeit kochte ihm seine Gattin deshalb Unmengen von blauer Heidelbeermarmelade. Beider Keller, tief im Innern der Hohen Kanzel, war bis zur Decke angefüllt mit Einmachgläsern: der größte bekannte Heidelbeermarmeladebestand Hessens. Allerdings hatte die gute Holle ihre Mucken. So konnte sie es partout nicht leiden, wenn der naschhafte Wode es nicht abwarten konnte und an der kochenden Marmelade schleckte. Der tat das deshalb nur noch heimlich.

347

Eines Tages erwischte Frau Holle den Wode beim Naschen. Um das Ganze zu vertuschen, schluckte der die Marmelade mitsamt dem Löffel. Und da zum Abkühlen des Breis keine Zeit geblieben war, verbrannte sich der Riese fürchterlich Zunge und Gaumen. Das machte ihn so wütend auf seine Frau, dass er deren Hausrat laut donnernd den Berg hinabwarf.

Davon ist heute noch eine Schublade zu besichtigen – allerdings versteinert. Als großer Quarzitfelsen liegt sie an der Südseite der Hohen Kanzel. Dieser Felsen wird auch Brunhilden-Stein genannt.

Die Heidelbeer-Sage

führt zurück in die germanische Götterwelt. Der Riese Wode ist unschwer als Wotan, Gott der Wege und Wanderer, zu erkennen. Für viele Germanenstämme galt er als Allvater und damit als höchster Gott. Er entspricht dem Odin der Nordgermanen. Frau Holle ist die zur Sagengestalt heruntergekommene germanische Liebesgöttin Hulda oder Holda, auch Hulle genannt. Sie entspricht der »holden« Freya, der Göttin des Freitags, an dem sich deshalb gut »freien« lässt. Viele »Heilige Berge« in Hessen sind mit der Holle/Freya verknüpft. Am bekanntesten ist die Holle-Sage vom Hohen Meißner in Nordhessen.

Die »Profanisierung« der vorchristlichen Götter – ihre Umwandlung zu Sagengestalten – machte es den Germanen möglich, die alten Göttermythen auch in christlichen Zeiten noch weiter erzählen zu können. Viele Sagen des deutschen Sprachraums lassen sich als germanische Göttergeschichten dechiffrieren.[1]

Sind die »weiblichen« Berge häufig mit der Holle verknüpft, so beziehen sich die »männlichen« zumeist auf Wotan oder auf Donar, den Wettergott. Die riesenhaften Berggeister Mils (Rhön) und Rübezahl (Riesengebirge) gehören zu jenen »verwandelten« Gottheiten. In einigen Gegenden Hessens firmiert die Göttin Holda/Holle/Hulle auch als Else (Bilstein im Vogelsberg) oder auch als Berchta (Bechtelsberg bei OTTRAU).

Die Hohe Kanzel bei Niedernhausen-Engenhahn war offenbar Göttin und Gott gemeinsam geweiht.[2]

Vom Brunhildenstein

Oben auf der Hohen Kanzel liegt seit alters her ein großer Quarzitfelsen, der Brunhildenstein. Nicht nur die Riesen Wode und Holle sind mit diesem Stein verknüpft, sondern eben auch die Brunhilde des Nibelungenliedes. Auf ihrer Reise vom heimatlichen Island zum Burgunderhof nach Worms soll die schlagkräftige Dame hier gerastet haben. Ihr zur Seite der schöne Siegfried von Xanten. Auf dem großen Stein haben die beiden womöglich ein Picknick eingelegt. Hier war es ganz bestimmt, versichern die Einheimischen, keinesfalls aber auf dem Großen Feldberg, wo es noch so einen »Brunhildenstein« gibt. Aber vielleicht hat die Dame ja auch zweimal gerastet.[3]

1 Zur Problematik der »chiffrierten Götter« in deutschen Sagen und der Wirkungsgeschichte ihrer »Dechiffrierung« siehe »Die Sache mit den Sagen«, S. 74.

2 Siehe auch »Der Götterhimmel der Germanen«, S. 67.

3 Der Feldbergstein wird auch mit einer historischen Brunhilde verknüpft. Siehe SCHMITTEN.

Niedertiefenbach siehe Beselich.

Nieste

34329, Landkreis Kassel. 1517 Einwohner. 🛏 343.
Heimat- und Verkehrsverein: Vor der Warte 25.
Tel.: 0 56 05 / 20 21.

Wie der Teufel den Sensenstein zertrümmern wollte

Die Feste Sensenstein war Herzog Otto dem Quaden ein Dorn im Auge. Alle Angriffe blieben erfolglos, und er fand kein Mittel, um die Burg zu zerstören. Da rief er in seiner Verlegenheit den Teufel um Hilfe an und versprach ihm seine Seele, falls er den Sensenstein vernichte. Der Teufel riß nun einen gewaltigen Steinblock aus der Erde und schleuderte ihn auf den Sensenstein zu. Eine unsichtbare Hand behinderte ihn aber beim Wurf, so dass ihm der Stein aus der Hand entglitt und im Pfaffenstrauch bei Nienhagen niederfiel. Mit einem gräßlichen Fluch flog der Teufel davon, denn er merkte, dass der Sensenstein unter dem Schutz Gottes stand. Er versuchte auch nie wieder, dem Sensenstein einen Schaden zuzufügen, denn er hatte sich beim Wurf selbst verletzt. Der Steinblock liegt bis auf den heutigen Tag noch im Pfaffenstrauch. Die fünf Fingerabdrücke des Teufels sind aber noch daran zu sehen, und jedermann nennt ihn den Teufelsstein.[1]

Die »Africaner« von Windhausen

Auf der Domäne Windhausen steht abseits der Hofgebäude eine verwitterte Steinsäule. Laut Inschrift gedenkt das Monument »eines Geschlechts Africaner / Lange einheimisch auf diesen Fluren nach manchen Geburten«, doch »da Wuthbisse es vergiftet«, traf »verhängter Tod« notgedrungen »Väter und Söhne, Großväter und Enkel, Mütter und Säuglinge«. Der poetische Text entschlüsselt ganz allmählich das Geheimnis jenes mysteriösen Geschlechts: »Ganz zählte man's nicht / Zur Gattung der Nächsten / Ihm hatte Prometheus zwo Hände mehr / Uns bessere Sprachfähigkeit gegönnt. Aber an Verschmitztheit, an Mischung von Güte und Tücken / An Lust gegen Verbot / Schien es in Affenhaut Menschenart.«

Jene »Africaner« waren die Affen des Martin Ernst von Schlieffen, Gutsherr auf Windhausen von 1764 bis 1825. Er gab auch die Gedenksäule in Auftrag, die als das »einzige Affendenkmal der Welt« sogar Eingang in zoologische Standardwerke fand. Sowohl »Brehms Tierleben« als auch das gleichnamige Werk von Bernhard Grzimek erwähnen Schlieffens Affen. In Grzimeks 10. Band identifiziert der Wiener Zoologe Walter Fiedler die Windhausener Tiere als Magots. Die schwanzlosen Magots oder Berberaffen bewohnen u. a. den Felsen von Gibraltar. Der Lokalhistoriker Gustav Süßmann weist allerdings überzeugend nach, dass es sich bei Schlieffens Viehzeug mit hoher Wahrscheinlichkeit um die weit kleineren, langschwänzigen Javaneraffen gehandelt haben muss.[2] Sie waren, zusammen mit den grünen Meerkatzen, die damals gängigen »Salonaffen«, die von adeligen Damen in relativ kurzer Zeit zu Tode gepflegt wurden. Schlieffen erzählt in seiner Autobiographie, das »Affengesipps« hätte auf Windhausen »länger als zwanzig Jahre« frei gelebt, sich heftigst vermehrt und auch die Winter gut überstanden. Die in der Säuleninschrift erwähnte Tötung sämtlicher Tiere sei unumgänglich geworden, nachdem ein tollwütiger Hund die Horde angefallen habe.[3]

Süßmann hält die Schilderung für eine der vielen Flunkereien des exzentrischen Adligen. Zeitgenössische Quellen belegen die Anwesenheit von höchstens drei Affen, die keinesfalls länger als zwei, drei Jahre auf Windhausen gelebt haben können. »Aber auch diese wenigen Affen lebten nicht in völliger Freiheit, sondern die meiste Zeit in

Das „Affendenkmal".

einem extra für die Bewohner der Tropen erbauten Affenhaus. (...) Am Ostabhang des Windhauser Baches befand sich das Haus – man sollte wohl besser sagen, der ›Käfig‹. Dieser grottenartige, in die Erde eingelassene Bau wurde im Zweiten Weltkrieg als Luftschutzbunker zweckentfremdet und ist etwa 1960 eingestürzt. An der linken Seite ist die Treppe noch deutlich zu erkennen.«[4]

Schlieffens Affen regten auch die Fantasie des Sagensammlers Karl Lyncker an, der in einer pseudo-historischen Schilderung den Windhausener Tieren dreisten Kindesraub und den blutigen Überfall auf »eine junge Bauerndirne« andichtet.[5] Süßmann belegt umfangreich die Herkunft dieser Affengräuel aus antiken und mittelalterlichen Quellen und vermutet, dass auch Schlieffen seine angeblichen »Erfahrungen« und Kenntnisse aus jenen Schriften bezog.[6]

Die Extravaganz des Affenliebhabers

zeitigte noch weitere skurrile Monumente rund um den Gutsbezirk. So ließ er der angeblichen Germanengöttin Hertha ein »Heiligtum« errichten – einen Steinkreis mit einer Art Opfertisch in der Mitte. Er liegt im Wald südlich der Straße Heiligenrode–Nieste, in Höhe der Abzweigung nach Niederkaufungen bei einem Wasserbassin. Und auch Hermann der Cherusker alias Arminius erhielt ein »Grabmal« auf Gut Windhausen. Sein »Hügelgrab« befindet sich 100 Meter hinter dem Hertha-Stein waldeinwärts. 70 Meter weiter steht ein weiteres Monument, dem zweigeschlechtlichen Germanengott Thuisco gewidmet. Seine Existenz im germanischen Götterhimmel ist allerdings nur durch römische Autoren belegt. Sie schildern ihn als Gottheit, deren Sohn Mannus das erste Menschenwesen war. Schlieffens Grabmal, eine künstliche Ruine, findet man etwa 700 Meter südwestlich der Gutsgebäude.[7]

Martin Ernst von Schlieffen

stammte aus pommerschem Adel. Als Offizier stand er in preußischen, hessischen, braunschweigischen und napoleonischen Diensten. Diese Flexibilität machte ihn zu einem vermögenden Mann. Als General und Staatsminister des Landgrafen Friedrich II. von Hessen-Kassel betrieb Schlieffen maßgeblich den Verkauf von 12 000 Soldaten an die Engländer. Das brachte dem Landesvater pro verhökertem Landeskind 1800 Goldtaler ein. Auch davon dürfte Schlieffen finanziell profitiert haben. Doch der skrupellose Karrierismus ist nur eine von vielen Facetten dieser schillernden Figur: »Er war Militär und Politiker, Intrigant und treuer Freund, Freidenker und Mystiker, Freimaurer und Frauenverächter, Gelehrter und Philosoph, Weltmann und Höfling und trotz alledem ein Leben lang – einsam.«[8]

Martin Ernst von Schlieffen.

1 Aus: Chronikbuch der Gemeinde Nieste, o. J.

2 Gustav Süßmann, Die Affen des Herrn von Schlieffen – Legende oder Wirklichkeit? Staufenberg-Landwehrhagen 1983, S. 49 ff.

3 Ebenda, S. 14.

4 Ebenda, S .62.

5 Ebenda, S. 18.

6 Ebenda, S. 26–45.

7 Süßmann beschreibt noch weitere exzentrische Relikte des Herrn von Schlieffen. Sein kenntnisreiches Buch enthält auch eine Lageskizze mit allen »Sehenswürdigkeiten« des Gutes Windhausen (Eigenverlag Gustav Süßmann, Fasanenweg 1, 35460 Staufenberg 1).

8 Süßmann, S. 117.

Nüsttal

36167, Landkreis Fulda. 2520 Einwohner.
Gemeindeverwaltung: Siedlungsstr. 1. Tel.: 0 66 84/3 65.

Seltsame Steine

in der Rhön boten schon immer Stoff für Märchen und
Sagen. Eine davon findet sich schon in der Sammlung der
Brüder Grimm:

»Auf der Rhön stehen oben Basaltfelsen getürmt. Der
Teufel, als man im Tal eine Kirche bauen wollte, zürnte
und trug alle Bausteine hin auf den Berg, wo er sie nebeneinander aufstellte und kein Mensch sie wieder herunter-
tragen konnte. Man erzählt, da wo der Teufel seinen Stein
einmal hingelegt habe, könne man ihn nicht wegbringen,
denn so oft man ihn auch wegnähme, lege der Teufel
einen andern oder denselben wieder eben dahin.«[1]

Die Steinlinie bei Hofaschenbach

Auf dem Malhauksküppel, einem flachen Buckel gut
einen Kilometer südöstlich von Nüsttal-Hofaschenbach,
entdeckte der Heimatforscher Kurt Fladung vor Jahren
eine seltsame Steinreihe. Die schnurgerade Linie zieht
sich in nordöstlicher Richtung über den Berg. Die Steine
ragen nur wenig aus dem Boden und zeigen zumindest an
den sichtbaren Stellen keine Bearbeitungsspuren (Abb.
S. 89). Der Malhauksküppel besteht aus Muschelkalk, die
Liniensteine jedoch aus ortsfremdem Basalt. Das nächste
Basaltvorkommen ist mehr als einen Kilometer entfernt.
Von dort müssen Menschen die zentnerschweren Blöcke
zum Küppel transportiert haben. Im Umfeld der Steinsetzung gibt es keinerlei datierbare Funde. Vergleichbare
Anlagen im ostdeutschen Raum (Boitin bei Sternberg)
und im irischen Ballochroy (Halbinsel Kintyre) machen
aber ihre Entstehung in der Jungsteinzeit wahrscheinlich.
Die Linie wurde in den achtziger Jahren durch Militärü-
bungen stark gestört. Einige Steine liegen jetzt verstreut
im Gelände. Durch langjährige Beobachtung der Sonnenstände fand Fladung heraus, dass die Sonne Anfang Mai
und Anfang August exakt über der Steinreihe aufgeht. In

der Gegenrichtung zeigt die Linie auf einen westlichen Horizontpunkt: Dort geht die Sonne Anfang November und Anfang Februar unter. Die Erforschung solcher prähistorischen Visierlinien, in der Fachsprache nach dem Französischen »Alignements« genannt, steckt noch in den Anfängen. Übereinstimmend wird aber angenommen, dass derartige Anlagen Teile eines steinzeitlichen »Kalenders« sind, mit dessen Hilfe die frühen Bauernvölker die Zeiten für die Aussaat ermittelten. Die »Steinzeitobservatorien« andernorts sind allerdings weit komplexer als das schlichte Alignement auf dem Malhauksküppel. Bei den astronomisch vermessenen Anlagen in Mecklenburg, Irland und Schottland sind zumeist Ganggräber und Dolmen mit solchen Visierlinien kombiniert. Nun ist aber nicht auszuschließen, dass die Steinreihe bei Hofaschenbach nur den Rest einer größeren, inzwischen abgetragenen Anlage darstellt. Die anderen »Messstellen«, etwa für Sonnenwenden und Tag-und-Nacht-Gleichen, könnten auch auf den Höhenrücken der Umgebung zu suchen sein. Bemerkenswert an der Basaltlinie des Malhauksküppels ist die Tatsache, dass ihre Sonnenstände Tage anzeigen, die zeitlich in der »Mitte« zwischen den jeweiligen Sonnenwenden und den Tag-und-Nacht-Gleichen liegen. Sie markieren Daten, an denen weit später auch die keltische Welt ihre großen Feste feierte: Anfang Mai das Frühlingsfest Beltane, das Getreidefest Lugnasad Anfang August, Anfang November das Neujahrsfest Samhain und das Lichterfest Imbolc (»das Sprießen«) Anfang Februar. Dabei könnte es sich durchaus um religiöse Traditionen handeln, die weit älter sind als die keltische Besiedlung um 500 v. Chr.[2]

1 Aus: Brüder Grimm, Deutsche Sagen, Band 1, Berlin 1816. Zit. n.: Diederichs/Hinze, Hessische Sagen, S. 198.
2 Siehe auch »Jahresfeste«, S. 39.

Oberursel

61440, Hochtaunuskreis. 38 689 Einwohner. 🛏 339.
Stadtverwaltung: Rathausplatz 1. Tel.: 0 61 71/50 23 07.

Die »Großstadt« der Kelten

lag auf beiden Hängen des Heidetränktals, das sich hinter
Oberursel in den Taunus hinaufzieht. Ausgangspunkt der
Besiedlung waren zwei frühkeltische Festungen, die das
Tal flankierten: westlich des Baches die »Altenhöfe« und
im Osten die »Goldgrube«. Aus beiden entwickelte sich
im letzten Jahrhundert vor der Zeitenwende (Spät-La-
Tène-Zeit) eine große Stadtanlage nach dem Vorbild der
Mittelmeerstädte, ein so genanntes Oppidum. Seine Ringwälle umschlossen eine Fläche von 130 Hektar, das sind
ungefähr 260 Fußballplätze nach DFB-Norm. Wissenschaftler vermuten bis zu 30 000 Einwohner. Das Heidetränk-Oppidum war damit die größte Kelten-Siedlung im
weiteren Rhein-Main-Gebiet, für die damalige Zeit eine
regelrechte »Großstadt«. Ihre vier bis sechs Meter hohen
»Pfostenschlitzmauern« sperrten das Tal und sicherten
damit auch den lebenswichtigen Zugang zum Wasser, zu
jenem Bach, an dem die »Heiden« ihr Vieh »tränkten«.
Die sechs mächtigen Stadttore waren zur besseren Verteidigung in zangenförmige Mauerbuchten gebaut. Die
Reste jener »Zangentore« sind im Buchenwald kaum
noch auszumachen. Die Ringmauern waren nur außen
mit Steinen verblendet. Im Kern bestanden sie aus
kastenartigen Holzsegmenten, die mit Erde verfüllt wurden. Deshalb finden wir von ihnen nur noch stark abge-
tragene Wallreste.[1] Man muss es schon wissen, um sie als
Wall identifizieren zu können. Ein beschilderter »archäologischer Wanderweg« hilft bei der Orientierung.

Gefunden wurden im Oppidum etliche keltische Fibeln
und sehenswerte Votivtiere aus Bronze. Die Münzen aus
dem Heidetränktal wurden vermutlich auch dort geprägt.

WEGWEISER: Der Wanderweg beginnt nicht weit von
der U-Bahn-Station Hohemark (U 3 aus Frankfurt). Mit
dem Auto folgt man von Oberursel aus der Straße zum

Großen Feldberg (»Kanonenstraße«). Hinter dem Stadt-
rand fährt man bereits durchs Heidetränktal. Parkplätze
liegen links und rechts dieser Straße.

Spät-La-Tène-zeitliche Bronzefunde aus dem Heidetränk-Oppidum bei Oberursel:
Anhänger eines Pferdegeschirrs, als Maske gestalteter Zierbeschlag, Votivpferdchen.

357

Entwurf eines Lebensbildes spätkeltischer Zeit: Blick auf die »Unterstadt« am Südwesthang der »Goldgrube«: Im Vordergrund die aus dem Heidetränktal aufsteigende Umfassungsmauer mit dem südöstlichen Zangentor. Auf der Kuppe südlicher und großer östlicher Randwall mit Tordurchlässen (nach F. Maier).

Die Keltenstadt dokumentiert anschaulich das Vortaunus-Museum in Oberursel. Auch die frühkeltische Bebauung des nahen Altkönigs wird dort dargestellt und mit Funden belegt.[2]

VORTAUNUS-MUSEUM Oberursel, Marktplatz 1.
Geöffnet SA 15– 17, SO 10–12.

1 Nach: Archäologische Denkmäler in Hessen, Heft 10.
2 Altkönig siehe KRONBERG.

Oestrich-Winkel

65375, Rheingau-Taunus-Kreis.
10 849 Einwohner. 🛏 532.
Verkehrsamt: Rheinweg 20. Tel.: 0 67 23/62 50.

Der heilige Rabanus als Kammerjäger

In Winkel steht von alters her das »Graue Haus«. Dort
wohnte vorzeiten der fromme Rabanus Maurus, Verfasser
zahlreicher theologischer Werke. Er wurde später Erzbischof von Mainz und soll schließlich 837 in jenem Haus in
Winkel das Zeitliche gesegnet haben. Die Einheimischen
erzählen, dass der Kirchenmann sehr mildtätig zu den
Armen war und sich auch bei der Bekämpfung von Unge-
ziefer nützlich machte. Die Volkssage weiß, »dass der Heilige die Ratten auf ewig aus Winkel verbannt und ›ver-
schworen‹ habe. Bis auf neuere Zeiten wurde daher von
abergläubischen Wanderern der niederen Volksklassen
Erde und Mörtel aus der ehemaligen kaum mehr zu
erkennenden Hauskapelle des heiligen Rabanus geholt,
um diese unwillkommenen Gäste zu vertreiben«. [1]

Wie die »Hallgarter Zange« zu ihrem Namen kam

Oberhalb des Dorfes Hallgarten, das heute zu Oestrich-
Winkel gehört, liegt ein Platz, der »Hallgarter Zange«
genannt wird. Das Wappen des Dorfes zeigt denn auch eine
Weintraube mit einer Schmiedezange. Und das kam so:

Vor Jahr und Tag hatte sich ein armer Hallgarter
Schmied von einem Fremden zu sträflicher Sonntagsar-
beit verleiten lassen. Er tat dies, weil als Lohn eine wundersame Zange winkte, die alles, was man mit ihr
berührte zu purem Gold werden ließ. Nach diesem Handel mit dem Fremden kam der arme Schmied zu unge-
heurem Reichtum. Doch das ganze Dorf wusste, dass dies
von der Zange kam. Niemand zweifelte daran, dass der
Fremde ein Höllengeist war, dem es um die Schändung
des Sonntags ging. Der neureiche Schmied wurde deshalb
von allen gemieden und zog bald darauf verbittert in die
weite Welt hinaus. Doch auch anderswo wurde er den
Leuten samt seiner Zange alsbald unheimlich. So eilte er

von Ort zu Ort. Nach vielen Jahren trieb es ihn wieder zu seinem Heimatdorf. An der »Hohen Straße« oberhalb Hallgartens traf er jenen Fremden wieder. »Befreie mich von dem Fluch deiner verdammten Zange!«, rief er ihm entgegen. »Das soll geschehen«, erwiderte der teuflische Fremde, »aber anders als du glaubst. Deine Habgier ist es, die dich verdammt hat, nicht meine Zange. Und die Habgierigen sind nun mal der Hölle verfallen!«

Darauf packte ihn der Fremde und nahm ihn mit sich ins Reich der ewigen Finsternis.

Die geheimnisvolle Zange aber blieb zurück. Ein frommer Mönch fand sie alsbald, erkannte ihr diabolisches Wesen und besprengte sie flugs mit Weihwasser. Darauf hing sie noch viele Jahre an der Kirchenwand zu Hallgarten – als Mahnmal wider die Habgier.

Das Waldstück aber, in dem jener Schmied zur Hölle fuhr, heißt man seither die »Hallgarter Zange«.

Von Hargardun nach Hallgarten

Alte Urkunden erwähnen ein Dorf namens Hargardun, was so viel wie Flachsgarten bedeutet: eine mittelalterliche Rodung im Rheingauer Wald, auf der offenbar Flachs angebaut wurde. Dokumente aus dem Jahr 1112 belegen die Ortschaft als Besitz des Johannisklosters in Mainz.

In der Nähe jener »Hohen Straße«, die über die »Zange« führt, liegen im Walddistrikt »Knörrlöcher« 26 vorgeschichtliche Grabhügel. Ihre Datierung ist unbekannt. Man erreicht das Flurstück über den Ortsteil Winkel. Bei Hallgarten liegen weitere 70 Grabhügel. 1823 wurden zwei davon geöffnet. Gefunden wurden keltische Grabbeigaben. Dieses Gräberfeld befindet sich in der Nähe der »Volckmann-Eiche« und der Waldquelle Linsenborn.

1 Adelheid von Stolterfoth, Beschreibung, Geschichte und Sage des Rheingaus und Wisperthales, Mainz 1840, S. 48. Neudruck: Christa Kleipa (Selbstverlag), Fischbacher Str. 29, 65779 Kelkheim.

Die Schlange der Götter

Sie ist Äskulap, dem antiken Gott der Heilkunst, als Symboltier zugeordnet. Elegant um dessen Stab gewunden, fungiert sie noch heute als Standessymbol der Heilkundigen: die Äskulapnatter.

Merkur, der römische Gott der Händler, Diebe und Journalisten, schmückte seinen magischen Heroldsstab sogar mit zwei der Schuppentiere. Eine Mode, die er von Hermes, seinem griechischen Vorgänger übernommen hatte. In allen drei Fällen waren die Nattern positive Attribute: Sie symbolisierten die Heilkraft der Natur, bei Merkur und Hermes gar das homöopathische Prinzip der Heilung des »Ähnlichen mit Ähnlichem«, die Kraft der guten Schlange, die die der bösen ausgleicht und so heilt.

Auch in der germanischen Mythologie ist die Schlange nicht grundsätzlich dem Schlechten oder Guten verbunden: Als Midgardschlange liegt sie im Ozean rund um das nordische Weltbild, sorgt so als positives Energieprinzip für Ebbe und Flut und steht für die Lebenskraft des Wassers. Das Gegenbild ver-

Harmlos und heilig: die Äskulapnatter.

körpert eine andere germanische Natter: die Nid-
högg. Sie wohnt in den Wurzeln der Weltesche
Yggdrasil und hat nichts Besseres zu tun, als ständig
dort zu nagen: Symbol des Vergänglichen, so etwas
wie »der Zahn der Zeit« in der Bildsprache unserer
Vorfahren.

Selbst das Christentum reduziert die Schlange nicht
auf die Verführerin am Baum der Erkenntnis. »Seid
klug wie die Schlangen«, rät doch der Religionsstifter
seinen Jüngern (Matth. 10,16), und vielfach wird das
künftige Paradies als Ort dargestellt, an dem ein
Knabe gefahrlos eine Schlange in Händen hält.

Slawische und baltische Völker hielten Nattern
sogar als heilige Haustiere. Sie brachten ihnen Milch
als Opfergabe und erwarteten dafür Kindersegen und
gesunde Kühe.

Im deutschen Kulturraum ranken sich viele Legen-
den um heilige Schlangen, die häufig von weißer
Farbe sind. Auch hier dürfte es sich um die Äskulapnatter handeln: Ausgewachsene Tiere haben meist
keinerlei Zeichnung, ihre Farbe variiert zwischen
Braun und hellem Beige – auch fast weiße Exemplare kommen vor. Und wenn ein Sonntagskind auf
so eine weiße Schlange trifft, dann steht ihm großes
Glück bevor. Etwa so, wie jenem neugierigen Diener,
von dem die Brüder Grimm erzählen.

Der musste nämlich seinem König tagtäglich einen
geheimnisvollen Braten servieren, abgedeckt in einer
Schüssel. Eines Tages nun hielt es den Diener nicht
länger. Er hob den Deckel. Da lag eine gut durchge-
garte weiße Schlange. Das Wasser lief ihm im Munde
zusammen. Wenn schon, denn schon, dachte er
keck, genehmigte sich einen Bissen und hörte alsbald
die Spatzen auf der Dachtraufe heftig streiten. Besonders irritierte ihn, dass er jedes ihrer Wörter verstand. Da wurde ihm klar, dass der Genuss der
Schlange die Fähigkeit verlieh, die Sprache der Tiere

zu verstehen. Dieses neue Talent verhalf ihm nach zahlreichen Abenteuern schließlich zur Hand einer Prinzessin. Und die war natürlich wunderschön. Schlange gut – alles gut.

Und eben jene schmackhafte Schlange schlängelt sich noch heute durch die Rebhänge des Rheingaus. In der Gegend zwischen Hallgarten und Schlangenbad hat die Äskulapnatter ihr nördlichstes Verbreitungsgebiet. Schlangenbad hat sie seit dem 17. Jahrhundert sogar im Stadtwappen. Das stattliche, bis zu zwei Meter lange Tier gehört eigentlich zur Mittelmeerfauna. Nördlich der Alpen kommt die Äskulapschlange nur in vier sehr kleinen Gebieten vor. Ihr Areal in Rheingau und Untertaunus ist ganze 60 Hektar groß.

Nach der Überlieferung brachten die Römer höchstpersönlich die heiligen Nattern über die Alpen, um sie in ihren Thermen als nützlich-magische Haustiere zu halten. Sie verkörperten zum einen ihren heilenden Gott, zum andern aber hielten sie die Thermalbäder von Mäusen und anderem unliebsamen Getier frei. An der Umgehungsstraße von Schlangenbad

stand jahrelang Deutschlands einziges Verkehrszeichen, das vor Äskulapnattern warnte. Das Schild wurde nötig, weil die neue Straße mitten durch ein angestammtes Schlangenareal ging. An lauen Sommerabenden pflegten die Nattern denn auch auf dem warmen Asphalt zu liegen, was viele mit dem Leben bezahlten. Um den Unmut von Bürgern und Schlangen zu besänftigen, wurde jenes Schild aufgestellt. Mittlerweile haben sich die Tiere offenbar umorientiert. Platt gefahrene Nattern wurden in den letzten Jahren nicht mehr gefunden. Daraufhin entfernte das Straßenbauamt das nunmehr »nutzlose« Warnschild, das es ja schließlich laut StVO gar nicht gibt. Ordnung muss sein.

Offenbach am Main

Kreisfreie Stadt. 114 750 Einwohner. 🛏 1450.
Verkehrsbüro: Stadthof 17. Tel.: 0 69/80 65 29 46.

Über Ovenbach

Vermutlich gab ein breiter, offener Bach der Stadt ihren Namen, nicht aber ein naher Kalkofen, welche Etymologie man vorziehen wollte, weil in der Nähe Kalksteinbrüche gefunden wurden. (...) Da Ovenbach im Dreieicher Bannforst lag, mußte es Wildhafer als Gefülle nach Hain liefern. Unter den Dynasten von Minzenberg stand es bis 1255. Ein Philipp von Falkenstein hat hier 1356 einen Forstmeister und verpfändet den Ort für ein Darlehen von 1000 Gulden an die Stadt Frankfurt.[1]

Das Wagengrab von Rumpenheim

wurde 1973 im Flurstück »Klingenhain« gefunden. Die eingetiefte Grabkammer aus Trockenmauerwerk war 3,50 m lang, 2 m breit und einen knappen Meter hoch. Der Tote lag zwischen vier Wagenrädern und war nach Nordwest-Südost ausgerichtet. Gefunden wurden außerdem eine eiserne Lanzenspitze, ein Hiebmesser, ein Tongefäß und die Spuren einer Fleischbeigabe von Schaf oder Ziege. Reste eines Wagenaufbaus fanden sich erstaunlicherweise nicht.[2]

Die Wissenschaft interpretiert den Fund als Prunkgrab eines wohlhabenden Kriegers aus der frühen Eisenzeit. Dieser Zeitraum umfasst das 7. und 6. Jahrhundert v. Chr. und wird, nach einem Fundort im Salzkammergut, auch »Hallstattzeit« genannt. Das Hügelgrab ist eines von 240 Wagengräbern, die in Mittelböhmen, Oberösterreich, im süddeutschen Raum und in Ostfrankreich gefunden wurden. Auf hessischem Boden wurden bislang nur zwei hallstattzeitliche Prunkgräber entdeckt. Das »Fürstengrab« im Flurstück Eichlehen bei Frankfurt-Oberrad barg allerdings keine Wagenbestattung.

»Bei dem Toten handelt es sich nach anthropologischen Untersuchungen um einen etwa 1,73 m großen Mann, der im Alter von ca. 50 Jahren gestorben ist. Er wurde in gestreckter Rückenlage auf einem hölzernen Wagen beigesetzt. Rechts neben dem Toten lag eine Lanze mit eiser-

Der Zeremonialwagen aus dem Offenbacher Prunkgrab (rekonstruiertes Modell, Maßstab 1:1).

365

ner Spitze, in die eine Bronzeverzierung eingelegt war. Ein eisernes Hiebmesser fand sich neben dem linken Bein. In Reichweite der linken Hand lagen Teile des Kopfes und ein Vorderbein eines jungen Schafes oder einer Ziege als Fleischbeigabe. Ein großes Kegelhalsgefäß und ein Schälchen aus Keramik vervollständigen die Grabausstattung.«[3]

Im Vergleich zu anderen Prunkgräbern dieser Zeit sind die Beigaben eher spärlich. Die Archäologen gehen davon aus, dass die Lanze nie im Alltag verwendet wurde, sondern eine Repräsentationswaffe war, die den sozialen Status des Toten belegt. Ähnliches gilt für den Wagen, der mutmaßlich nur für das Begräbnis gefertigt wurde. Möglicherweise nutzte ihn der hoch gestellte Krieger auch schon zu Lebzeiten bei zeremoniellen Umzügen. Reste des Wagenkastens wurden nicht gefunden. Von den Rädern sind nur noch die eisernen Radreifen und die Nabenbeschläge erhalten. Der Raddurchmesser beträgt 0,86 m. Die Spurbreite wird auf etwa 1,30 m geschätzt. Der Achsabstand dürfte etwa 1,60 betragen haben. Die eisernen Relikte des Fahrzeugs geben nur wenig Aufschluss über sein wirkliches Aussehen. Man kennt allerdings in Europa zeitgleiche Zeremonialwagen, die besser erhalten sind. Das rekonstruierte Modell im Stadtmuseum Offenbach stützt sich auf diese Vergleichsfunde.

WEGWEISER: Das rekonstruierte Modell des Wagens und die Grabbeigaben zeigt das STADTMUSEUM OFFENBACH, Parkstr. 60, Tel.: 069/80 65 24 46. Geöffnet DI, DO–SO 10–17, MI 14–20. MO geschlossen.

1 Aus: Ferdinand Dieffenbach, Das Großherzogtum Hessen in Vergangenheit und Gegenwart, Darmstadt 1877. Zit. n.: Hessisches Hausbuch, S. 209 f.

2 Nach: Fritz-Rudolf Herrmann, Albrecht Jockenhövel (Hrsg.), Die Vorgeschichte Hessens, Stuttgart 1990, S. 370 und S. 462.

3 Aus: Wagengrab von Offenbach, Informationsblatt des Stadtmuseums Offenbach.

Okarben siehe Karben.

Ottrau
34633, Schwalm-Eder-Kreis. 2356 Einwohner. 🛏 27.
Gemeindeverwaltung: Neukircher Str. 1.
Tel.: 0 66 39/3 15.

Frau Berchta lädt zur Walpurgisnacht

Über dem Dorfe Ottrau in der Heckenschwalm erhebt sich
ein waldiger Berg, den heißt man den Bechtelsberg. Seine
Spitze liegt ganz unter Buchen versteckt und gleicht dem
Backenzahn meiner Großmutter, denn sie ist innen ganz
ausgehöhlt. Die Spitze heißt Rumpelskuppe und ihre Vertiefung wird Hexenkaute genannt. Die Rumpelskuppe ist
die Wohnung der Frau Berchta. Früher galt sie als Göttin,
doch später hieß es nur, sie sei eine Fee. Frau Berchta ist
ziemlich attraktiv. Wenn die Nebelschleier um den Bechtelsberg sind, dann kann man sehen, wie die langen, goldenen Haare ihr weißes Gewand umwehen. Dann schwebt
sie über die Felder und segnet das Land. In alter Zeit kam
die Berchta auch durch die Spinnstuben, denn die jungen
Mädchen liegen ihr besonders am Herzen. Da hat sie dann
die Fleißigen mit feinem Garn belohnt, den Faulen aber
brachte sie alles durcheinander.

Jedes Jahr lädt die Berchta zur Walpurgisnacht. Nach
Sonnenuntergang wird dann der Bechtelsberg zum Blocksberg. Dann kommen die Hexen und Zauberer durch die
Luft geritten und huldigen ihrer schönen Herrin. In der
Hexenkaute feiern und tanzen sie dann die ganze Nacht,
so lange, bis die Socken qualmen. Beim ersten Morgen-
strahl aber liegt der Berg wieder ganz unberührt, grad so,
als wäre nichts gewesen.

Der hessische Blocksberg
Nahe an der Rumpelskuppe befindet sich eine kesselför-
mige Vertiefung, die Hexenkaute, auch Silberkaute genannt. Hier werden am 1. Mai in der Mitternacht großes
Gastgebot und Hexentanz gehalten. Der Meister führt

Die Hexentreffen zu Walpurgis auf den diversen »Blocksbergen«, wie Brocken oder Bechtelsberg, regten immer wieder zu erotischen Fantasien an. Hier eine Version von Johann Praetorius (1669).

strenge Aufsicht über Musik und Tanz. Wer z. B. um eine Viertelstunde zu spät erscheint, beim Tanz einen Fehltritt tut usw., bekommt zur großen Belustigung aller Gäste eine gewisse Anzahl Besenhiebe. Die Tracht der Teilnehmer besteht in einem langen schwarzen Kleid mit einem Strohgürtel und einer Haube, unter welcher ein langer

Haarzopf herabfällt. Es wird getanzt, gesungen, gelärmt und allerhand Unfug getrieben, zuletzt der Rest der Mahlzeit für die Rückreise eingepackt und, nach gegenseitigem Anwünschen eines fröhlichen Wiedersehens für das nächste Jahr, auf stumpfen Besen und Hähnen pfeilschnell wieder weggeritten.[1]

»Hexenaustreiben« auf dem Bechtelsberg

Bei Dreharbeiten im Sommer 1990 erzählte mir der Ottrauer Heimatforscher Herbert Euler die Sage von der Frau Berchta. Er erinnerte sich auch noch an einen alten Walpurgisbrauch, der erst in den dreißiger Jahren erloschen ist:

Alljährlich in der Nacht zum 1. Mai gingen die unverheirateten jungen Männer aus den Dörfern um den Bechtelsberg hinauf zur Rumpelskuppe. Sie hatten Peitschen dabei und reichlich Essen und Trinken, um die Nacht auf dem Blocksberg durchzustehen. Um die Hexen gehörig zu vertreiben, wurde nun die Nacht über mit den Peitschen geknallt und auf alle möglichen Arten Lärm gemacht. Am Morgen dann waren die Akteure allesamt ziemlich erschöpft, der Bechtelsberg aber völlig hexenfrei. Die Anstrengung hatte sich also gelohnt.

Das »Mailehen«

gehört zu den Frühlingsbräuchen, die in vielen Gegenden in unterschiedlicher Form lebendig waren und mancherorts auch noch sind. Junge Männer und junge Frauen werden dabei öffentlich miteinander verbunden. Diese »Bindung auf ein Jahr« führte bisweilen auch zum Bund für's Leben. Ein solches »Lehenausrufen« in Form einer Mädchenversteigerung ist noch heute Bestandteil des Rückersfestes in BATTENBERG-Laisa. In einem der ältesten Volkskundebücher wird ein Schwälmer Mailehen geschildert, das sehr stark an das »Hexenaustreiben« in Ottrau erinnert. Dieses Element könnte ursprünglich auch zum Bechtelsberg-Brauch gehört haben:

»In der Walpurgisnacht nämlich gehen die Burschen, alle mit Peitschen versehen, vor das Dorf, und einer trennt sich vom Haufen und stellt sich womöglich etwas erhöht - entweder auf eine Anhöhe oder einen Baum – und ruft:

Hier steh' ich auf der Höhn
Und rufe aus das Lehn, das erste (zweite) Lehn,
dass es die Herren recht wohl verstehn;
Wem soll das sein?

Die übrige Versammlung antwortet dann mit dem Namen eines Burschen und eines Mädchens, und zwar mit dem Zusatz: ›In diesem Jahr noch zur Ehe‹. Bei jedem einzelnen Paar wird mit den Peitschen geschnappt und so fortgefahren, bis die ganze Reihe der Heiratsfähigen verteilt worden ist. So ernst die Bedeutung dieses Spiels auch früher gewesen sein mag, so beschränkt sich diese doch nur noch darauf, dass die so Zusammengegebenen für das nächste Jahr als Tanzpaar verbunden sind.«[2]

1 Aus: Carl Heßler, Hessischer Sagenkranz. Sagen aus Kurhessen, 4. Auflage, Kassel 1928.
2 Eduard Duller, Das deutsche Volk in seinen Mundarten, Sitten, Bräuchen und Trachten. Erstauflage um 1850. Nachdruck München o. J., S. 307. Siehe auch »Jahresfeste/Beltane«, S. 53, und BATTENBERG.

Petterweil siehe Karben.

Rai-Breitenbach siehe Breuberg.

Reichenbach siehe Lautertal/Odenwald.

Riedstadt

64560, Landkreis Groß-Gerau. 17 834 Einwohner. 🛏 61.
Gemeindeverwaltung: Bahnhofstr. 1. Tel.: 0 61 58/18 10.

Der berühmteste Sohn der Stadt

ist zweifellos Georg Büchner, der, 1813 im Ortsteil Goddelau geboren, in den Zeiten des deutschen Vormärz seine
Dramen schrieb. »Dantons Tod«, »Leonce und Lena«,
»Lenz« und »Woyzeck« gehören zum Kanon deutscher
Oberschulen. Büchner gründete auch die radikaldemo-
kratische »Gesellschaft für Menschenrechte« und ver-
fasste zur Durchsetzung derselben die Flugschrift »Der
hessische Landbote«, deren Motto »Friede den Hütten,
Krieg den Palästen« die hessische Obrigkeit erzürnte. Das
trieb den Goddelauer Freiheitsfreund schlussendlich ins
neutrale Ausland. Büchner starb 1837 in Zürich. Sein
Geburtshaus steht noch heute in der Weidstraße in Goddelau und dokumentiert in einer ansprechenden Ausstellung Leben und Werk.

Die Frau von Goddelau

kennt man erst seit 1983. Das mag daran liegen, dass sie
zum einen sehr klein, zum andern aber auch sehr alt ist.
Genauer gesagt: rund 7000 Jahre. Die Archäologen bargen sie aus den Müllgruben einer steinzeitlichen Siedlung, deren Funde zur ältesten Linearbandkeramik gehören (5000 v. Chr.). Diese »weibliche Kleinplastik« aus
gebranntem Ton ist die derzeit älteste in der Bundesrepublik. Das Steinzeitdorf lag im Westen von Goddelau im
Flurstück »Leeheimer Weg«. Der Grabungsplatz gibt
allerdings für das Auge nichts mehr her.[1]

Die Göttin von Goddelau

verziert ein Terrakotta-Fragment aus römischer Zeit. Eine
sitzende Dame, deren Göttlichkeit für die Wissenschaft
außer Zweifel steht. Das Keramikstück trägt auf der Rückseite eine Hersteller-Inschrift: »Servandus hat dies an den
Iden des September in Köln gemacht, als Orfitus und
Pudeus Konsuln waren« (13. September des Jahres 165

n. Chr.). Gefunden wurde das Götterweib in den Resten einer römischen Holzbrücke, die weiland das alte Neckarbett überspannte. Der Neckar ist längst verschwunden, die Brückenreste grub man aus einer Wiese hinter dem Schwimmbad von Goddelau. Dieses Flurstück »Auf der Nachtweide« war offenbar schon in vorrömischer Zeit als Neckarübergang beliebt. Zwei Geweihäxte aus der Jungsteinzeit und keltische Keramik machen dies sehr wahrscheinlich. Rätselhaft bleiben an die 50 Tongefäße aus der römischen Kaiserzeit mit Knochen von mindestens 26 Haustieren. »An Tierarten sind in der Reihenfolge ihrer Häufigkeit Rind, Schwein, Schaf, Ziege, Hund und Pferd vertreten. Die auffällige Fundzusammensetzung läßt an Überreste eines Kultbrauchtums in Form von Opferniederlegungen denken.« Im Klartext: Es handelt sich mit großer Wahrscheinlichkeit um Opfergaben, mit denen die Götter gnädig gestimmt und um den Schutz des Flussübergangs gebeten wurden. Die Datierung der Gefäße in das 2. und 3. Jahrhundert n. Chr. deckt sich mit der Altersbestimmung des Brückenholzes.

Sonnenbarsch und Wollhandkrabbe

gehören mittlerweile zur einheimischen Rheinfauna. Neuankömmlinge – vornehm Neozoen genannt – sind auch der amerikanische Kamber-Krebs und die Marmorgrundel: ein fingerlanger Grundfisch, der eigentlich in die Zuflüsse des Schwarzen Meeres gehört und über den Rhein-Main-Donau-Kanal bis zum hessischen Oberrhein vorstieß. Zu den angestammten Muschelarten haben sich inzwischen auch Millionen asiatischer Körbchenmuscheln gesellt. Ihre Larven wurden über das Ballastwasser von Schiffen an die Rheinmündung gebracht und dort haben sie dann die Ausladung als Einladung verstanden. Von keinem dieser Neozoen sind bislang negative Einflüsse auf die angestammte Flussfauna bekannt. Offenbar eine ökologische Koexistenz.

Der nordamerikanische Sonnenbarsch schillert in prachtvollem Grünblau mit rötlichen Punkten und wird bis zu 15 cm lang. Er kam 1877 als Aquarienfisch nach

Europa und wurde von Schöngeistern freigelassen, die mit ihm die Fauna bereichern wollten. Vor dem Zweiten Weltkrieg wurde er gelegentlich auf den Wochenmärkten der Region als »Backfisch« verkauft. Er war halt zusammen mit den üblichen Weißfischarten in die Hebgarne der Berufsfischer geraten. Angelfreunde sind ihm nicht wohlgesinnt. Sie vermuten, dass er sich auch vom Laich und den Jungtieren beliebter Speisefische ernährt. Das tun angestammte »Raubfische« allerdings auch.

Die Wollhandkrabbe ist von Haus aus Chinese. Ihr Name kommt von dem wolligen Haarbesatz an der Schere des Männchens. Das Rückenschild der Krabbe ist bis zu 9 cm breit und an die 7 cm lang. Ein ziemlicher Brummer, der auch kräftig zwicken kann (Abb. S. 93). Das Nahrungsspektrum reicht von toten Fischen auf dem Flussgrund bis zu Würmern und Insektenlarven. Auch die Wollhandkrabbe kam als Larve im Ballastwasser von Überseeschiffen nach Europa. 1912 wurde sie in einigen Nordseehäfen gesichtet. 1927 war sie bereits in der Elbe unterwegs und wenig später fing man sie auch an der

Seit dem 19. Jahrhundert unterwegs in Hessen: der Sonnenbarsch aus Nordamerika.

373

Rheinmündung in Holland. Mittlerweile ist sie auch im Oberrhein angekommen und wandert weiter flussaufwärts. Fischer beschimpfen die Wollhandkrabbe gelegentlich als Schädling. Wenn sie in deren Reusen gerät, ist sie durchaus im Stande, dünnes Netzgeflecht aufzuschneiden und so zu entkommen. Die gefangenen Fische machen ihr das dann natürlich nach. Doch der »Schaden« ist relativ: am hessischen Oberrhein gibt es nur noch einen Berufsfischer. Der fängt die China-Krabbe in stabilen Reusen und verkauft sie an Gourmets.[3]

WEGWEISER: Die römische Göttin entdeckte man 1976. Die Fundstelle ist inzwischen wieder eine ganz normale Wiese, etwa 1 km östlich von Goddelau. Es gibt nur Gras zu sehen. Die Brückenfunde beherbergt das LANDESMUSEUM DARMSTADT, Friedensplatz 1. Geöffnet DI–SO 10–17, MI auch 19–21. MO geschlossen.

Wer hessische Wollhandkrabben auf seinen Menüplan setzen will, der sei an Martin Tümmler, Berufsfischer in Riedstadt-Erfelden, verwiesen: 0 61 58/38 20.

1 Die Vorgeschichte Hessens, S. 466.

2 Die Römer in Hessen, S. 464 ff.

3 Nach: Mario Ludwig u. a., Neue Tiere & Pflanzen in der heimischen Natur, München 2000 (BLV).

Die Schutzgeister des Auwalds

Überall entlang des Oberrheins treiben sie ihr heimliches Wesen. Wenn die Sonne hoch steht und flirrende Hitze über den Obstwiesen liegt, sind sie so gut wie unsichtbar. Erst im letzten Abendrot schweben sie durch die Luft, kommen in großen Schwärmen aus den Auwäldern zwischen Fluss und Hochwasserdamm. Nur ganz Mutige trauen sich überhaupt in dieses Dickicht: eine Wildnis aus Weiden und Erlen, Eschen und Pappeln, dazwischen ein paar riesige Eichen. Hier in der schattigen Kühle sind sie auch tagsüber aktiv, die Schutzgeister des Auwalds. Ohne ihr rastloses Bemühen wären die Altrheinreservate bei Riedstadt und Gernsheim längst zum Freizeitpark des Ballungsraums verkommen. Ein Umstand, der sie bei manchen Zeitgenossen auch verhasst macht.

Jene Wesen, an denen sich die Geister scheiden, sind nur Millimeter groß. Schon vor 1900 Jahren rühmte sie der römische Naturforscher Plinius als »Wunder der Natur«, das, so wird vermutet, bereits vor Jahrmillionen den Unmut der Dinosaurier erregte. Lateinisch heißen sie »Aedes vexans«, zu Deutsch: quälender Taugenichts. Ein Schimpfname, gespeist aus Vorurteilen und Wehleidigkeit. Wissenschaftlich gesehen ist »Aedes vexans« eine von 44 Stechmückenarten, die in Deutschland unterwegs sind. Die Hessen zwischen Ginsheim und Gernsheim kennen sie als »Roischnook«, und »Rheinschnake« ist denn auch ihr Name über die Region hinaus.

Hatten die Rheinschnaken vordem nur Fische, Frösche und Vögel zum Feind, so ist neuerdings noch die KABS dazugekommen. Jene KABS ist die »Kommunale Arbeitsgemeinschaft zur Bekämpfung der Schnakenplage e. V.«, und die schreckt auch nicht vor biologischer Kampfführung zurück. Der omnipotente Schnakenfeind vereinigt zwischen Bingen und

Rastatt nahezu 100 Gemeinden links und rechts des Rheins zum alljährlichen Vernichtungsfeldzug gegen »Aedes vexans«. Der Tod kommt aus der Luft. Hubschrauber überziehen die Kinderstuben der Taugenichtse mit dem tödlichen Bazillus »thuringiensis israelensis«, der die Schnakenlarven innerlich zersetzt und so zu Tode bringt. Etwa eine halbe Million Euro kostet dieser regionale Luftkrieg in jedem Jahr. Das tödliche Mittel schädigt angeblich nur die nahe Verwandtschaft von Aedes, das Todesloch im Ökosystem sei nicht problematisch. Tiere, die sich gewöhnlich von Schnaken nährten, fänden ausreichend Ersatz. So jedenfalls die Biologen von der KABS.

Dorn in deren Auge waren Jahr für Jahr die Naturschutzgebiete im Auenbereich, die den knatternden Helikoptern versperrt blieben. Alle Rückschläge im Bekämpfungsprogramm wurden auf diese »intakten Brutstätten« zurückgeführt. Lange waren die Naturschutzbehörden hart geblieben. Die tragische Wende kam im Frühjahr 1992. Die KABS setzte sich durch: Bei »starkem Larvenbefall« werden nun auch die Schutzgebiete von dem Vernichtungsfeldzug erfasst. Schlechte Zeiten für Aedes vexans. Und das, obwohl die Mückenmännchen keiner Menschenseele was zu Leide tun.

In der Schnakenwelt gelüstet es nur die Damen nach warmem Blut. Es liefert ihnen wichtige Stoffe für das Heranreifen der Eier. Niemand weiß, warum manche Menschen heftig, andere gar nicht belästigt werden. Das »süße Blut« bevorzugter Opfer gehört in das Reich der Legende. Vermutlich steht die weibliche Schnake auf attraktiven Körpergeruch, erotische Schweißabsonderung und speziellen Hormonhaushalt des Warmblüters. Nach diesen Kriterien wählt sie ihre Blutspender aus. Geheimnisumwittert sind auch die Entstehungsbedingungen der Quaddeln, jener Schnakenstich-Folgen, die den einen erei-

Der pflanzenkundige Herman de Vries in einem Brutgewässer von Aedes vexans.

len, den andern nicht. Man weiß nur, dass sie durch den Schnakenspeichel entstehen, dessen Histamin das Gerinnen des Blutes verhindert. So lässt sich leichter saugen.

Die Rheinschnake »Aedes vexans«, biologisch exakt »Wiesenmücke« genannt, gehört zur Gattung der Überschwemmungsmücken. Ihre Brutplätze liegen in den Hochwasserzonen der Auwälder entlang der Flüsse. Die Mückenlarven entwickeln sich in Lachen und Tümpeln, die beim Frühjahrshochwasser zurückbleiben und meist nach wenigen Wochen austrocknen. Die Herbstgeneration der Wiesenmücken legt ihre Eier in den schlammigen Boden des Auwaldes. Wird das Areal im Frühling überflutet, so schlüpfen die Larven erst bei einer Wassertemperatur von zehn Grad. Eine Orientierung, die sicherstellt, dass der Hochwassertümpel schon einige Zeit vom Fließgewässer getrennt ist und gute Aussichten für einen länger dauernden Wasserstand bestehen. Eine Schlüpfreserve von ca. 30 % hält sich aber noch zurück. Falls die Larven rascher Austrocknung zum Opfer fallen, käme die Reserve bei der zweiten Hochwasserspitze, etwa Ende Mai, aus den Eiern und würde so den Fortbestand der Mücken sichern. Vom Ei zur fertigen Schnake dauert es in der Regel nur eine gute Woche. In regenreichen, heißen Sommern tummeln sich mitunter mehrere Millionen Stechmückenlarven auf einem Hektar Brutgewässer. Bleiben die Frühjahrshochwasser aus, so können die Eier problemlos mehrere Jahre im Schlamm überdauern. Die vegetarisch lebenden Männchen bilden zur Paarung »Tanzschwärme«, an denen sich mehrere tausend Tiere beteiligen können. Sie gestalten das geisterhafte Treiben im Abenddämmer des Auwaldes. Die Damen sorgen für die Stiche.

Die zahlreichen Aedes-Arten sind leicht mit der Hausmücke (Culex pipiens) zu verwechseln. Diese gleichfalls häufigen Stechmücken legen ihre Eier als kleine graue »Schiffchen« auf die Wasserfläche von Gartenteichen und Regentonnen. Aber auch wassergefüllte Altreifen und Konservendosen dienen als Wochenstube. In guten Sommern entwickeln sich bis zu sechs Generationen. Die stechlustigen Weibchen suchen ihre Blutspender allerdings nur in der Dämmerung und nachts auf. Ihr summendes Fluggeräusch erschwert dann bisweilen das Einschlafen.

Fachleute raten zu Einreibemitteln, so genannten Insektenrepellents. Sprays und elektrische Mückenscheuchen haben sich als nur begrenzt tauglich erwiesen. Bei Spaziergängen in Hessens Rheinauen hat sich auch das über dem Kopf zu tragende Moskitonetz bewährt. So kann man sich ihnen unbeschwert nähern – den tanzenden Geistern des Auwalds.

Roßdorf siehe Darmstadt.

Rüdesheim

65385, Rheingau-Taunus-Kreis.
10 004 Einwohner. 🛏 2773.
Verkehrsamt: Rheinstr. 16. Tel.: 0 67 22/29 62.

Wie der Kaiser Rüdesheim überstand

Nach dem Deutsch-Französischen Krieg von 1870/71 etablierte Preußen ein neues Deutsches Reich. Sein Architekt war Bismarck, sein Regent wurde der Preußenkönig, der als Wilhelm I. zum Kaiser ausgerufen wurde. Österreich war bei dieser »kleindeutschen« Lösung vor der Tür geblieben. Der kleine Schönheitsfehler sicherte die Vorherrschaft Preußens. Zum Lobpreis all jener historischen Großtaten beschloss man nun die Errichtung eines Nationaldenkmals und entschied sich für einen Stellplatz über dem Binger Loch. Das Flurstück hieß Niederwald und lag in der Gemarkung Rüdesheim. Entworfen wurde dieses »Niederwald-Denkmal« von dem Dresdner Kunstprofessor Schilling, der den Blick seiner bronzenen Germania »über die deutschen Gaue« schweifen ließ. Hat man Kompass und Karte zur Hand, so ist leicht festzustellen, dass die Dame starr in Richtung München blickt, so als drohe von dort Gefahr für die preußische Vormacht. Baubeginn war Mitte September 1877. Das Projekt schluckte eine für die Zeit unglaubliche Summe von 1 200 000 Goldmark, ein gutes Drittel kam durch Bürgerspenden in die Kasse. Der Metallverbrauch lag bei etwa 75 Tonnen. Die gesamtdeutsche Figur erreichte schließlich eine Höhe von 12,38 m und wog 32 Tonnen – allein ihre Krone fiel mit 600 Kilo ins Gewicht. Die feierliche Enthüllung war für den 28. September 1883 anberaumt. Es waren alle geladen, die im Hohenzollern-Deutschland Rang und Namen hatten. An ihrer Spitze Kaiser Wilhelm I.

Unter den zahlreich angereisten Volksmassen befand sich auch eine kleine Reisegruppe aus Elberfeld. Ihr leichtes Gepäck barg ungewöhnlichen Inhalt: eine große Glasflasche, gefüllt mit Sprengstoff und klein gehacktem Blei, nebst einer 30 Meter langen Zündschnur. August Reinsdorf, ein Schriftsetzer aus dem sächsischen Pegau, hatte den Ausflug vorbereitet, war aber selbst an diesem Tag verhindert. Nach seinen Vorgaben präparierten die Herren aus dem Wuppertal eine Drainageröhre, die den kaiserlichen Fahrweg zum Denkmal unterquerte. Dies alles geschah im Namen eines freiheitlichen Sozialismus und im Geiste des russischen Anarchisten Bakunin. Zweck der Unternehmung war eine nachhaltige Detonation just zu jenem Moment, in dem die Kutsche der Majestäten über dem Kanalrohr war. Alles ging nach Plan, nur in der Röhre blieb es unerwartet still. Die Genossen hatten am falschen Ende gespart und eine kostspielige wasserfeste Zündschnur verschmäht. Die preiswerte Ausführung war jedoch unter Regenwasser geraten und verglomm nach wenigen Metern. Ein hektischer zweiter Versuch bei der Rückfahrt des Monarchen scheiterte ebenfalls an diesem Umstand. Auch diesmal blieben Kanalrohr und Kaiser heil. Die Elberfelder Reisegruppe gesteht sich schließlich die Pleite ein und verarbeitet ihre Frustration durch die Sprengung einer Rüdesheimer Vorratskammer. Laut Polizeibericht zerstört die Wucht der Detonation 40 Flaschen

Ansicht von Rüdesheim (um 1840).

besten Rheingauers, 10 Kilo Kalbskotelett, 5 Kilo Kalbsnie-renbraten und eine große Menge Gulasch. Selbst das von Haus aus klein gestückelte Gulasch entzog sich gastronomischer Verwertung, da es voller scharf gezacktem Blei steckte.

Der Kaiser aber schätzte sich glücklich, dass er Rüdesheim heil überstanden hatte.

Hildegards Zunge

Alljährlich am 17. September begeht man in Rüdesheim-Eibingen den Todestag der heiligen Hildegard. Dieser »Hildegardistag« beginnt mit mehreren Gottesdiensten, gefolgt von der Reliquienfeier und einer Prozession. An diesem einen Tag im Jahr wird der kunstvolle Schrein mit Hildegards sterblichen Resten feierlich durch das Dorf getragen. Wallfahrer kommen nach Eibingen und werfen einen ehrfurchtsvollen Blick in die geöffnete Lade. Eine Begegnung mit der »Seherin vom Rhein«, die so nur am Hildegardistag möglich ist. Zwar steht der Schrein das ganze Jahr über im Chorraum der Pfarrkirche, seine Türen aber sind fest verschlossen.

Noch vor wenigen Jahrzehnten war die Annäherung der Pilger ein Akt praktischer Frömmigkeit: Man ging zu Hildegards Truhe, berührte sie mit den Händen oder besser noch mit einem Taschentuch, das man nach Hause tragen konnte. So wurde Hildegards Segen transportabel. An anderen Wallfahrtsorten durften Reliquien durchaus angefasst, bisweilen sogar geküsst werden. Die Gebeine der Heiligen wurden in Wasser getaucht und machten es damit heilkräftig. Die Wallfahrer nahmen das Wasser flaschenweise mit nach Hause und fühlten sich so gegen allerlei Krankheiten gewappnet.

Heutzutage ist die Reliquienverehrung dezenter. Selbst die Berührung von Hildegards Lade wird von der Kirche nicht mehr so gerne gesehen. Sie definiert die Annäherung an den Schrein nurmehr als meditative Versenkung in Hildegards Geist, in ihr Wesen und Wirken. Gleichwohl gilt die Heil- und Segenswirkung von Reliquien auch heute noch als offizielle Lehre. Anders wäre es auch nicht zu erklären, dass man noch in neuester Zeit Kleinteile und Splitter der Gebeine an Kirchen in aller Welt verschenkt hat. So etwa 1938 an die Pfarrei Bermersheim, dem Geburtsort Hildegards in Rheinhessen. 1943 dann an das Hildegardiskloster auf dem Binger Rochusberg, 1952 nach Berlin-Frohnau und an das Willibrordsmünster im niederländischen Slangenburg. Weitere Reliquien erhielten der Limburger Bischof für seine Privatkapelle (1964), die Pfarrgemeinden Ludwigshafen-Niederfeld (1956), Münster am Stein (1964), Stromberg/Hunsrück (1966) und Emmelshausen (1973). Mittlerweile befinden sich Gebeinteile der Heiligen u.a. im französischen Wisques, in Lourdes, in Säben/Tirol, im kroatischen Kloster Hvar sowie in Tabgha am See Genezareth, im fernen Tokio genauso wie in Neu-Guinea und auf den Bahamas.

Die Kirchengeschichte datiert Hildegards Geburtstag in das Jahr 1098. Am 17. September 1179 starb die Äbtissin in dem von ihr gegründeten Frauenkloster Rupertsberg in Bingerbrück. Sie war 81 Jahre alt geworden. Auch das Kloster Eibingen hatte Hildegard ins Leben gerufen. Diese Abtei war mit dem Mutterhaus Rupertsberg eng verbunden. Nach dessen Zerstörung 1632 brachte man Hildegards Gebeine auf die rechte Rheinseite nach Eibingen. Der prunkvolle Schrein entstand erst 1929 zum 750. Todesjahr der Heiligen. Angefertigt wurde er von einem Kölner Goldschmiedemeister namens Kleefisch, der aber mit dem gleichnamigen Fernsehkommissar nur den Namen gemein hat. Die Elfenbeinschnitzereien, die plastischen Figuren und die Silbertafeln entstanden in den Klosterwerkstätten von Maria Laach in der Eifel. In der erst 1900 wieder gegründeten Hildegard-Abtei bei Eibingen waren die Reliquien zwischenzeitlich neu »gefasst« worden. Die dortigen Benediktinerinnen hatten sie zunächst gereinigt und dann »einzeln in weiße Gaze eingehüllt und mit einer goldenen Litze umschlungen, auf der echte Granate angebracht sind«[1]. Dann wurden sie »auf Platten, die mit weißer Seide überzogen sind, befestigt«[2]. Auch der Kopf und die Haare Hildegards kamen in Gaze und wurden von einem goldenen Netz umschlossen. Die Kopfreliquie schmückte man zusätzlich noch mit einer edelsteinbesetzten Krone.

Prozession mit Reliquien-Schrein. Hildegardistag in Eibingen.

»Es sind im Ganzen 60 Gebeine, zu denen 5 Gebeine des heiligen Giselbert und Wipert sowie ein Armknochen des heiligen Rupertus kommen. Auf jeder einzelnen Reliquie hat Pfarrer Schneider geschrieben: ›Os s(anc)tae Hildegardis 1857‹, das ist das oben erwähnte Jahr, in dem

383

Bischof Peter Joseph Blum die Authentik ausstellte«[3]. Diese »Authentik« ist das offizielle kirchliche Echtheitszertifikat für Reliquien.

Der Blick in den geöffneten Schrein ist durch ein kunstvolles Gitter verstellt, das in antiker Mäanderstruktur gefertigt wurde. Das 1929 gewählte Muster ist eine Swastika, die damals bereits in äußerst schlechte Gesellschaft geraten war: als Hakenkreuz der Nationalsozialisten. Ein Umstand, der zumindest Hildegard nicht anzulasten ist. Das hinderliche Swastika-Gitter jedenfalls ist nach Angaben des Eibinger Pfarrers fest verankert und kann deshalb auch am Hildegardistag nicht entfernt werden. Darum ist es für die Wallfahrer schwierig, im Inneren des Schreins Details auszumachen. Zwischen Hildegards gekröntem Kopf und der Vielzahl verpackter Knochen fallen zwei Schmuckbehälter ins Auge. Der eine ist eine mehr oder weniger zigarrenförmige Kapsel. Sie ist schätzungsweise 15 cm lang und hängt an zwei Ketten von der Decke des Schreins herab. Darin befindet sich Hildegards Zunge. Augenzeugen der Schreinbelegung sollen sie als braungefärbten, trockenen Gewebeklumpen beschrieben haben. Das zweite Reliquiar ähnelt einer Monstranz und steht auf dem Boden des Schreins. Es enthält Hildegards Herz, genauer gesagt nur drei Viertel dieses Organs. Das fehlende Viertel erhielten die Hildegard-Schwestern in der neuen Eibinger Abtei. Über die genauen Gründe für die Aufbewahrung gerade dieser Organe kann nur spekuliert werden. Möglicherweise sah man im Mittelalter die Zunge als Sitz der Beredsamkeit und das Herz als Platz des Geistes, des inneren Wesens. Beides machte Hildegards Qualitäten aus: die inneren Visionen aus einer mystischen Nähe zu ihrem Gott und die Gabe, all dies auch den Menschen mitzuteilen. Sie tat dies in zahlreichen Büchern, schrieb christliche Mysterienspiele und eine Vielzahl von Briefen an die Mächtigen ihrer Zeit. Die Verehrung der beiden Organe könnte als Verehrung und reliquiare Nutzung dieser Talente gedacht gewesen sein. Unklar ist auch, wie in Hildegards Zeit derartige Reliquien gewonnen wurden. Zu vermuten steht, dass sie dem Leichnam relativ kurz nach dem Ableben entnommen wurden. Heutzutage eine eher delikate Vorstellung.

Der Gedanke, sich durch das Berühren eines Körperteils außergewöhnlicher Menschen in den Genuss von deren besonderen Eigenschaften zu bringen, ist keine Erfindung des Christentums. Die Kopfjagd etlicher so genannter Naturvölker weist in die gleiche Richtung. Sie ist in diesen Kulturen kein Ausdruck von Verachtung des getöteten Gegners, sondern beruht auf dem geraden Gegenteil. Die Köpfe von Feiglingen hatten keinen besonderen Wert. Ähnlich sollen es auch unsere keltischen Vorfahren gehalten haben. In Südfrankreich zeugen die gefüllten Schädelnischen in gallischen Häusern von der damaligen Aktualität dieser Vorstellung. Man ehrte den tapferen Gegner durch einen raschen Schnitt und band die Trophäe an den Sattelknopf. Damit verschaffte man sich auch dessen Eigenschaften als Krieger. Die Skalpe der Indianer dürften ähnlich zu interpretieren sein. Ein zugegeben weiter Bogen hin zu Hildegards Zunge und Herz.

Wer übrigens vor oder nach dem Hildegardistag nach Eibingen kommt, braucht sich nicht mit dem verschlossenen Schrein zu begnügen. Die sehenswerte Pfarrkirche mit ihren mystischen Bildern zu Hildegards Visionen wartet mit weiteren Reliquien auf. Es ist der Restbestand einer einstmals beachtlichen Sammlung, deren Grundstock auf Hildegard selbst zurückgehen soll. Der größte Teil der verhüllten Schädel und Knochen ging 1814 bei der Aufhebung des früheren Klosters verloren. Was übrig blieb ist immer noch beachtlich und wird in einem Reliquienschrank ganzjährig ausgestellt.

Auf Nachfrage knipst der Küster auch die Schrankbeleuchtung an.

WEGWEISER: Die Pfarrkirche mit dem Schrein und der Reliquiensammlung steht in Eibingen, einem Ortsteil von Rüdesheim/Rhein. Weitere Informationen: Kath. Pfarramt St. Hildegard, Marienthaler Str. 3, 65385 Rüdesheim-Eibingen, Tel.: 0 67 22/45 20. Das 1900 wieder gegründete Hildegard-Kloster der Benediktinerinnen steht oberhalb der Eibinger Pfarrkirche. Der klostereigene Buchladen verfügt über umfangreiche Hildegard-Literatur. Hildegards Abteigründung Rupertsberg in Bingerbrück ist dem Erdboden gleichgemacht. Auf ihren Fundamenten steht heute ein Geschäftshaus aus der Gründerzeit. Einige alte Gewölbebögen sind dort in die Büroräume integriert. Außerdem wurde ein Teil des Klosterkellers restauriert und kann nach Anmeldung besichtigt werden: Tourist-Information Bingen, Tel.: 0 67 21/18 42 00.

1 Adelheid Simon OSB, Die Reliquien der heiligen Hildegard und ihre Geschichte. In: Hildegard von Bingen 1179–1979, Mainz 1979 (= Quellen und Abhandlungen zur mittelrhein. Kirchengeschichte, Band 33, Selbstverlag der Gesellschaft für mittelrheinische Kirchengeschichte), S. 381.

2 Ebenda.

3 Ebenda.

Rüsselsheim

65428, Landkreis Groß-Gerau.

58 167 Einwohner. ⌂ 441.

Verkehrsamt: Mainstr. 7. Tel.: 0 61 42/60 02 13.

Die Säulen der Freifrau von Verna

Im Rüsselsheimer Stadtpark stehen auf einem künstlich aufgeworfenen Hügel sechs hohe Marmorsäulen mit hübschen Kapitellen. Eine davon ist in der Mitte geborsten und abgestürzt. Der abgestürzte Teil mit dem Kapitell liegt am Boden. Es geht die Sage, dass Freifrau von Verna, die Gründerin des Parks, hiermit auf den jähen Tod ihres Gemahls hindeuten wollte. Auf einem Ritt stürzte er nämlich, die Zigarrenspitze im Munde, vom Pferde. Dabei drang ihm diese in die Kehle, so dass er ersticken musste.[1]

Über die Idee der »künstlichen Ruine«

Die sechs Säulen der Freifrau sind Teil eines so genannten Monopteros – eines kleinen pseudo-antiken Rundtempels, der in den englischen Parks des 18. Jahrhunderts geradezu in Mode war. Die Parkbauten in Rüsselsheim stammen aber alle erst aus den sechziger Jahren des 19. Jahrhunderts. Sie wurden als künstliche Ruinen errichtet. Jener Monopteros hat seinen ruinösen Charakter allerdings inzwischen eingebüßt. Ein Umstand, den es bauhistorisch zu beklagen gilt:

»Ursprünglich lagen Säulenbruchstücke am Boden, um den Eindruck zu erwecken, als seien sie mit der Zeit geborsten und abgestürzt. Ob dies mit dem in Rüsselsheim verbreiteten Bericht zusammenhängt, dass die Freifrau von Verna damit auf den Tod ihres Gemahls hinweisen wollte, sei dahingestellt. Völlig unbegründet scheint diese Version jedoch nicht gewesen zu sein, da doch jede Ruinenarchitektur, was ebenso auf die übrige Staffagen-Architektur des Parks zu übertragen ist, den Sieg der Natur über das Menschenwerk verkündet. Diese Verdeutlichung der Vergänglichkeit hat in hohem Maße den Ausdruck eines memento mori, einer Besinnung auf die

Sinnverlust durch Renovierung: Der Rundtempel mit seinen sechs Säulen.

eigene, menschliche Vergänglichkeit. Erst das bedauerliche Mißverständnis der späteren Aufrichtung aller Säulen als vermeintliche Wiederaufstellung des Monopteros hat diese für die Konzeption dieses Landschaftsparks typische Idee entstellt und unverständlich werden lassen.«[2]

Die geborstene Säule der Stadtpark-Sage ist also für immer dahin. Gleichwohl lädt der luftige Tempel zum Verweilen ein. Er liegt recht versteckt zwischen Spielplatz und flussseitiger Parkmauer.

Der sinnenfrohe Nöck

und seine menschliche Gespielin zieren einen Brunnen hinter dem Gerichtsgebäude. Etliche Fische nebst einem Seelöwen leisten den beiden Gesellschaft. Die unverhüllt zur Schau gestellte Lust aller Beteiligten widerlegt alte Vorbehalte gegen Wassermänner und entschädigt den Besucher für den brachial reparierten Säulentempel. Nöck und Dame wurden 1931 von Fritz Opel aufgestellt. Das Gerichtsgebäude liegt etwas außerhalb des Stadtparks, aber keine fünf Minuten vom Monopteros entfernt.

Der Zeltplatz der Steinzeitjäger

Direkt an der Adam-Opel-Straße, nicht weit von der Autobahn, endeckte man 1989 am Hang eines flachen Dünenrückens einen Lagerplatz der ausgehenden Altsteinzeit. Die Archäologen interpretierten die Fundstelle als »Winterbehausung in Form eines Zeltes mit ovalem Grundriß«. Sein Eingang lag offenbar an der Westseite. Im Innern des Zeltovals fand man Spuren der Feuerstelle. In ihr wurden Steine erhitzt, um damit »im Tauchsiederprinzip« Wasser zum Kochen zu bringen. Die gefundenen Klingen, Kratzer und Stichel konnten der späten »Federmesserkultur« zugeordnet werden. Der Lagerplatz ist damit etwa 10000 Jahre alt und gilt in Hessen als archäologische Rarität.[3]

---

1 Die Sage vom Rüsselsheimer Park. In: Die liebe Heimat, 1927, S. 24.

2 Roger M. Gorenflo, Der Rüsselsheimer Stadtpark, Rüsselsheim 1981, S. 47 f.

3 Nach: Die Vorgeschichte Hessens, S. 469.

Rumpenheim siehe Offenbach.

Schauenburg
34270, Landkreis Kassel. 10 325 Einwohner
Fremdenverkehrsamt: Tel. 0 56 01/9 32 51 14

Die Seekuh im Garten

In Schauenburg-Hoof besitzt Gerhard Kimm ein Stück
Gartenland, das er in jedem Frühjahr umgräbt. Daran
wäre im Grunde nichts Geheimnisvolles, hätte er dabei
nicht 1978 seltsame »Bruchstücke aus einer weißen,
dichten, harten, elfenbeinartigen Substanz«[1] ans Tageslicht befördert. Irgendwie erinnerten ihn die bizarren Teile
entfernt an alte Knochen, aber eigentlich sahen sie anders
aus. Kimm brachte die komischen Fragmente ins Kasseler
Naturkundemuseum und ließ sie dort untersuchen. Geologen und Paläontologen nahmen sich der Dinger an und
idenfifizierten sie zweifelsfrei als die Reste einer Seekuh,
auch Sirene genannt. Spätere Grabungen brachten weitere Knochenfragmente – Teile eines größeren Skelettab-
schnitts. Noch im Winter 1995 wurden bei einer systematischen Suche erneut kleine Teilstücke gefunden.

Die Sirene von Hoof lebte vor gut 30 Millionen Jahren
im Erdzeitalter »Unteres Oligozän«, einem Abschnitt des
Tertiärs. Damals wurde das heutige Hessen von einer
Meeresüberflutung erfasst, in deren Folge sich die Mee-
resarme der hessischen Senke und des Oberrheingrabens
miteinander verbanden. Dieser Meeresteil »hinterließ
seine Ablagerungen und in diesen die Überreste der Lebewesen, die ihn besiedelten«[2]. Ähnlich wie ihre noch
heute lebende Verwandtschaft bevorzugten vermutlich
auch die Seekühe des Tertiärs küstennahe Gewässer,
Flussmündungen und flache Buchten, um dort die reich-
haltige Unterwasserflora abzuweiden.

Unklar ist, ob der Fundort des kopflosen Seekuhskeletts
auch der Platz war, an dem der Meeressäuger starb. Jürgen Fichter vom Naturkundemuseum Kassel vermutet,
dass das Tier an anderer Stelle zu Tode kam, da der leblose

Körper wochenlang umhertreiben konnte und die gefundenen Rippen und Wirbel erfahrungsgemäß als letzte Teile eines Kadavers zu Boden sinken. Kopf und Gliedmaßen lösen sich weit früher und waren wohl auch deshalb auf dem Acker nicht zu finden.

Über die Stammesgeschichte der Sirenen weiß die Wissenschaft sehr wenig. Oberflächlich betrachtet haben sie gewisse Ähnlichkeiten mit kleinen Walen, wie etwa den Delphinen. Deshalb wurden sie lange Zeit als pflanzenfressende Wale betrachtet. Mittlerweile hält man sie für »eigentümlich spezialisierte Huftiere«[3], die entwicklungsgeschichtlich noch am ehesten den Elefanten nahe stehen. Als entfernte Verwandte gelten auch die hasengroßen afrikanischen Klippschliefer, englisch »rock dassies«, die man auf den ersten Blick für Nagetiere halten kann.

Die heutigen Seekuharten leben überwiegend im Tropengürtel der Erde. Mehrheitlich sind es Meeresbewohner, die auch die Flussläufe hinaufschwimmen. Nach Überschwemmungen findet man sie auch in Süßwasserseen des Binnenlandes. Die Zoologen unterscheiden zwei Familien. Zum einen die Gabelschwanzsirenen oder Dugongs, die den Urzeitverwandten des Tertiärs noch immer sehr ähnlich sind. Ihr heutiger Lebensraum ist der Indische Ozean und das Rote Meer. Zum anderen gibt es die Gruppe der Ruderschwanzsirenen oder Manatis, von denen man drei Arten kennt. Sie bevölkern die Karibik und die Ostküste Südamerikas sowie die Flusssysteme von Amazonas und Orinoko. Eine dritte Manati-Art lebt vor den Küsten Westafrikas. Die Verwandtschaftsbeziehungen der Sirene von Hoof lassen sich allerdings nicht erhellen. Dazu fehlen die entscheidenden Teile des Skeletts.

Die Seekühe fanden Eingang in die Welt der Mythen und Sagen. Allerdings nicht unter ihrem deutschen Namen, der sich treffend auf ihr Weideverhalten unter Wasser bezieht. Es ist ihr wissenschaftlich benutzter Name »Sirenen«, den man der antiken Mythologie entlehnte. Dort handelt es sich um sagenumwobene Nixen. So war es der betörende Gesang der Sirenen, der das Schiff des Odysseus in seinen Bann zog. Der griechische Held ließ

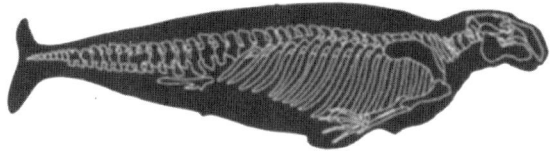

Wie die Schauenburger Seekuh wirklich aussah, kann nur vermutet werden.

sich vorsichtshalber an den Mast binden, um den Verlockungen zu widerstehen.

Seiner Besatzung hatte er zuvor die Ohren verstopft.

Die sagenhafte Verbindung zwischen den singenden Nixen der Odyssee und den rundlichen Meeressäugern erklärt Jürgen Fichter mit deren Lebensweise: »Seekühe halten sich bevorzugt in flachen Küstengewässern auf. Sie wurden somit von den Seeleuten immer dort gesichtet, wo für Schiffe und Mannschaften unwägbare Gefahren lauerten. Außerdem können sich auftauchende Sirenen bis zu einem Drittel ihres Körpers aus dem Wasser heben, um ihre Umgebung zu sichern. Sie sehen von weitem dann aus wie menschliche Gestalten, die im Wasser stehen. Hinzu kommt, dass die Weibchen aller Sirenenarten ihre beiden Gesäuge – wie übrigens auch die Elefanten – zwischen den Vordergliedmaßen nebeneinander tragen. Die Summe dieser Beobachtungen ließ sie dann in den Erzählungen der Seeleute zu jenen sagenumwobenen Meerjungfrauen werden, die sich ja übrigens auch durch einen horizontal gestellten ›Fischschwanz‹ auszeichnen.«[4]

Die hessische Sagenwelt ortet Nixen und Wasserfrauen sowohl an Lahn und Kinzig als auch am »Nixenborn« mit seiner Nixen-Mühle. Letztere steht noch heute in der Nähe von Kirchhain. Bevorzugte Nixenbiotope in Nordhessen sind der Denser See, der »Nixenteich« bei Wanfried und der Wacholderberg bei Oberellenbach, auf dem ein verzauberter See liegen soll.[5]

Die polnische Hauptstadt Warschau hat sogar eine Wasserfrau im Wappen. Man nennt sie dort »Syrenia«. Was es damit auf sich hat, erzählt die Sage von Wars und Sawa:

»Vor vielen, vielen Jahren lebte am Weichselfluß ein Fischer namens Wars. In jenen Tagen war an die Stadt Warschau noch nicht zu denken.

Abend für Abend saß unser Fischer im gelben Sand des herrlich blauen Flusses und hörte dem Flüstern der Wellen zu. Eines Tages ertönte ein wundersamer Gesang, der den einsamen Mann sogleich in sein Boot steigen und hinausrudern ließ. Und als die lieblichen Töne näher kamen, entdeckte Wars in den Wellen eine Seejungfrau. Der Fischer war wie verzaubert und die Nixe bat ihn, ein Zauber-Netz aus ihrem Haar zu nehmen und sie an Land zu bringen. Der gute Wars tat wie er geheißen, und im gleichen Augenblick wurde die Nixe zu einem wunderschönen Mädchen. Der Fischer nannte sie Sawa und nahm sie alsbald zur Frau. Die beiden Neuvermählten ließen sich am Weichselufer nieder. Dort wo ihre Fischerkate stand wurde später eine Stadt gegründet. Die nannte man nach dem glücklichen Paar Warszawa. Und da die Deutschen kein Polnisch können, sprechen sie auch heute noch von Warschau.«[6]

WEGWEISER: Die urgeschichtliche Seekuh von Schauenburg-Hoof gehört zum Bestand des Naturkundemuseums Kassel. Sie ist dort im Museumsgebäude »Ottoneum« zu besichtigen.

1 Jürgen Fichter, Die Seekuh (Sirene) von Schauenburg-Hoof, Informationsbroschüre, hrsg. vom Gemeindevorstand der Gemeinde Schauenburg, o. J. (1995).

2 Ebenda.

3 Ebenda.

4 Ebenda.

5 Siehe auch MARBURG

6 Nach einem Manuskript von Brigitte Deutsch, Schauenburg.

Schlüchtern

36381, Main-Kinzig-Kreis. 14 322 Einwohner. 🛏 334.
Verkehrsbüro: Unter den Linden 1. Tel.: 0 66 61/85 17.

Die wilden Leute

leben seit undenklichen Zeiten im Bernhardswald am linken Ufer der Kinzig. Sie sind von riesenhafter Statur, und
selbst ihre kleinen Kinder überragen die anderen Einwohner des Tals beträchtlich. Die Wohnungen haben sie
von alters her dort oben, wo gewaltige Steinmassen her-
niederstarren. Die werden die »wilden Häuser« genannt.
Da essen die »wilden Männer« täglich am »wilden Tisch«,
und ihre großen, schönen Frauen steigen in den Mond-
nächten auf in die Lüfte. Ihre Kinder schützen die Kinder
der Menschen, wenn sie Beeren suchen im Wald. Die wilden Männer sind am vergnügtesten, wenn der Sturm-
wind tobt und der Blitz aus den Wolken fährt, dann gehen
sie hoch oben über die Berge und rütteln an den Wipfeln
der Bäume. Aber sie freuen sich auch, wenn die Aronspflanze gedeihlich emporwächst und wenn sie zwischen
den Schachtelhalmen dahergehen können. Sie unterstützen gern die, welche ihnen begegnen und Heilung gegen
Krankheit suchen in dem Erkennen nützlicher Kräuter.
Sie sind überhaupt nur gegen böse Menschen feindlich
gesinnt, die zuweilen mit Ohrfeigen von ihnen begrüßt
werden.[1]

Frau Schuckel

Ein anderes, den wilden Leuten vielleicht nahverwandtes
Wesen, die Frau Schuckel, bewohnt mit ihnen ein und
dieselbe Gegend. Die Frau Schuckel ist als eine ebenso
mächtige wie gutmütige Zauberin bekannt und wird vom
Volk geliebt und in Ehren gehalten. Auch sie hat, gleich
den wilden Leuten im Bernhardswald, nur so lange ewiges Leben, als sie ein bestimmtes Gebiet nicht verläßt,
nämlich den mittleren Abhang der zwischen Schlüchtern
und Steinau sich ausdehnenden Spessart-Hügelland-
schaft, oder mit anderen Worten die Gegend zwischen
dem Ahlersbacher Weinberge, dem Weiperzer Gipfel und

der Stadt Steinau. Mehrere wunderbare Höhlen in diesen Bergen dienen ihr den Winter über zum Aufenthalt. Es sollen sich Zauberbücher darin befinden, auch reiche Schatzkammern, gefüllt mit Gold und edlen Steinen. Unzugänglich sind diese Höhlen für jedermann, wer aber das Schloß Nama findet und den Schlüssel Tata, und mit diesem Schlüssel das Schloß öffnet, zu dem kommen dienstbare Geister, die Kinder der Frau Schuckel, und führen ihn zu ihrer Mutter. Im Frühling, und zwar am letzten Märztag, verläßt Frau Schuckel die unterirdische Welt und schwebt als holde Jugenderscheinung über blumige Wiesen und Wälder bis höher hinauf zu den Sternen, bis der Advent sie wieder nach unten ruft. Das Cypripedium nennen dort die Leute ihr zu Ehren »Frauschuckelblume«. Nur im Mai ist es gestattet, diese Blume, die ihr als Symbol der Kindheit und Unschuld gewidmet ist, zu pflücken. Wer sie früher oder später bricht, den haßt Frau Schuckel und sie zieht ihre Hand von ihm ab, wenn böswillige Berggeister ihn packen.[2]

Frau Schuckel und die wilden Leute

erinnern an die Gestalten der Holle-Sagen, wie sie fast überall in den hessischen Mittelgebirgen erzählt werden. Die Ähnlichkeit der wilden Männer und Frauen mit den Berggeistern der Wildfrauhöhlen und Wildweiberlöcher fällt ins Auge, ihr helfender Aspekt und ihr Kräuterwissen finden sich auch bei den Wichtelmännchen und deren nordhessischer Verwandtschaft, den »guten Hollen«, wieder. Auch die Kinder der Frau Schuckel könnten verwandte Wesen sein. Ihre zauberische Mutter ähnelt wiederum der gütigen Frau Holle im Hohen Meißner ebenso wie den hellen Aspekten der Else im Bilstein (bei SCHOTTEN-Busenborn) und der Berchta auf dem Bechtelsberg bei OTTRAU. Ähnlich wie bei diesen Sagengestalten kann auch hinter Frau Schuckel der verblichene Mythos einer vorchristlichen Göttin vermutet werden.[3]

Die bei den wilden Leuten beliebte »Aronspflanze« ist besser bekannt unter dem Namen Aronstab (Arum maculatum). Sie soll dereinst aus dem Stab des biblischen Hohepriesters Aron gewachsen sein. Landläufige Namen wie Heidepuppe und Hurenkind, Teufelshut und Schlangenbiss weisen in eine weniger heilige Richtung. Die Pflanze aus der Verwandtschaft des Philodendrons enthält den leicht ätzenden Wirkstoff Aroin, der auf der Haut Rötungen und Blasen hervorruft. Der Aronstab wird als »stark giftig« eingestuft, was wohl auf Blausäureverbindungen und Calciumoxalate in all seinen Organen zurückzuführen ist. Auch hier gilt die alte Regel, dass richtig angewandte »Giftpflanzen« zumeist auch Heilpflanzen sind.

Blätter und Knollen wurden in alter Zeit gegen Husten und Heiserkeit verabreicht. Im 16. Jahrhundert trieb man mit den Blättern des Aronstabs die Maden aus dem Käse, und der Botaniker Adamus Lonicerus (1528–1586) empfiehlt gar, mit ihm »das Gesicht des Menschen schön, lauter und rein zu machen«. Bei jungen Damen, die mit den roten Beeren ihre blassen Wangen schminkten, führte das zu brennenden Rötungen. Zumindest farblich war der gewünschte Effekt also eingetreten.[4]

Die Frauschuckelblume

ist der selten gewordene Frauenschuh (Cypripedium calceolus) aus der Familie der Orchideen. Anders als in der Sage erlaubt die geltene Naturschutzordnung sein Pflücken noch nicht einmal im Mai. Der Frauenschuh gehört zu den »vollkommen geschützten Pflanzen«, die weder »beschädigt noch von ihrem Standort entfernt werden dürfen«.

1 Nach: Karl Lyncker, Deutsche Sagen und Sitten in hessischen Gauen, Kassel 1854.

2 Aus: Lyncker, a. a. O.

3 Siehe auch »Der Götterhimmel der Germanen«, S. 67 und »Die Kelten und ihre Götter«, S. 57.

4 Nach: Gerd und Marlene Haerkötter, Wüterich und Hexenmilch – Giftpflanzen, Beschreibung, Wirkung, Geschichten. Frankfurt 1991, S. 22 ff.

Schmitten

66484, Hochtaunuskreis. 7655 Einwohner. ⚑ 301.
Kurverwaltung: Parkstr. 2. Tel.: 0 60 84/5 11.

Der wilde Jäger

reitet nicht nur durch Odenwald und Vogelsberg, sondern
beteiligt sich auch im Taunus am Sagengeschehen. Da sein
Geisterheer zumeist unsichtbar ist, bleibt ungeklärt, ob es
durch die Lüfte zieht oder Bodenhaftung hat. Im Taunus
bleibt es offenbar unten, denn die Bewohner kennen den
genauen Weg des Jägers. Der Geistertross kommt stets von
Norden die Taunushöhen herauf. Drei Routen stehen zur
Verfügung. Eine verläuft über die Saalburg, eine über den
Einsiedler und die dritte über den Feldberg. In den Dörfern
hört man dann Hornsignale und Hundegekläff. Ortskundige wissen, dass in den Zwölf Nächten zwischen Thomas-
tag und Dreikönig die Feldbergroute bevorzugt wird. Dann
hört man schon von weitem: »Haltet die Mittelgass' ein!«
Der wilde Jäger spricht also hessisch. [1]

Das Bett der Brunhilde

ist eine recht unbequeme Liegestatt aus Taunusquarzit.
Der große Brocken liegt auf dem Feldberg und wird
bereits in einer Urkunde des 11. Jahrhunderts als »Bett
der Brunhilde« erwähnt. Die Heimatkundler schwanken
zwischen der Brunhild der Nibelungensage und der
historischen Brunhilde, Gattin des Merowinger-Königs
Sigibert. Nachdem Sigibert Mord-Intrigen seiner Verwandtschaft zum Opfer gefallen war, regierte die Königin
das östliche Frankenreich alleine. Um 613 brachte die
Merowinger-Clique auch sie um Thron und Leben. »Drei
Tage wurde sie gefoltert. Dann führte man die mehr als
Sechzigjährige nackt auf einem Kamel durchs Lager, zum
Spott der fränkischen Krieger. Schließlich wurde sie mit
Hand, Haar und Fuß an den Schweif eines wilden Rosses
gebunden und von diesem zu Tode geschleift. Die Über-
reste wurden in der Martinskirche zu Autun, die sie
selbst gebaut und prächtig ausgestattet hatte, beigesetzt.« [2]
In der Folgezeit begann nun ihre Karriere als Sagenge-

stalt. In Frankreich kennt man sie als »Reine Brunehaut«
und nannte nach ihr die astronomische Milchstraße
»Chaussee Brunehaut«. Brunhildensteine finden sich
fast überall auf dem Gebiet des alten Frankenreiches.
»Diese Dame nun, der man auch schon die Gründung
Frankfurts zugeschrieben, soll oft den Gipfel des Feld-
bergs bestiegen und manche Nacht dort oben auf dem
Felsen zugebracht haben, um im Strahl der aufgehenden
Sonne ihr weites, schönes Reich zu schauen. Auch soll
sie auf den Feldberg geflüchtet sein, um in den umliegenden Gaucn sich nach Hilfe umzuschauen, soll sich auch
ein Schloß dort gebaut haben, das sie ihr Bett nannte,
und soll endlich auch unter jenem Fels begraben liegen.

Die Stellen aber, die ihr zu Sitz und Bett gedient haben,
zeigt man in jenem Felsklumpen noch und nennt diesen
deshalb auch den Bettstein, das Bett der Brunhilde.«[3]

1 Nach: Taunus-Sagenschatz, 190 Sagen erzählt von Helmut Bode,
 Frankfurt 1986, S. 13. Zum »wilden Jäger« siehe auch »Der Götterhimmel der Germanen«, S. 67 sowie LAUTERTAL/Vogelsberg, FRÄN-
 KISCH-CRUMBACH und GUDENSBERG.
2 Taunus-Sagenschatz, S. 23 f.
3 Karl Enslin, Frankfurter Sagenbuch, Frankfurt 1856, S. 15. Zur Brun-
 hilde-Gestalt siehe auch NIEDERNHAUSEN.

Schotten
63679, Vogelsbergkreis. 9639 Einwohner. 🛏 561.
Verkehrsamt: Vogelsbergstr. 184. Tel.: 0 60 44/66 51.

Vom Heillug

Auf der Höhe des Waldes von Schotten ist ein Platz, der
heißt Heillug. Er hat seinen Namen von einem Götzen,
der Lug hieß und dessen sechzig Ellen hohes Bildnis einst
hier stand. Der oberste Teil war ein sehr großer kupferner
Ochsenkopf, der inwendig hohl war und nachts glühte, so
dass man ihn weit und breit sehen konnte. Dieser Lug soll
ein Landgott gewesen sein, und unsere Vorfahren haben
ihn verehrt.[1]

Lug und Trug

Die Sage vom Heillug ist mutmaßlich eine Schöpfung des mythensüchtigen 19. Jahrhunderts. Tatsächlich gibt es in der keltischen Mythologie einen Gott mit Namen Lug, dessen Getreidefest »Lugnasad« oder »Lammas« Anfang August gefeiert wurde.[2] Die Vogelsberg-Geschichte liest sich aber eher so, als habe ein Mythenforscher in Kenntnis jenes Götternamens im hohen Vogelsberg einen ähnlich klingenden Flurnamen entdeckt und dann die passende »Sage« dazu gesponnen. Dieses Verfahren ließe sich natürlich auch auf alle hessischen »Bilsteine« anwenden. Gut und gern steckt in diesen Bergnamen der keltische Himmelsgott Bel oder Belenos, und die passende Sage ist rasch zusammengestrickt. Damit sei nun nicht behauptet, die Bilsteine und der Heillug hätten auf gar keinen Fall etwas mit den entsprechenden Keltengöttern zu tun. Natürlich geben authentische Überlieferungen wichtige Hinweise. Gewarnt sei nur davor, allzu passende »Sagen« arglos als Beleg zu werten. Allzu oft waren die Wünsche nach bodenständigen (deutschen) Heiligtümern die Väter jener »Überlieferungen«.[3] Dieser Vorbehalt gilt auch für eine der vielen Sagen, die sich um den Bilstein im Vogelsberg ranken:

»Der Bilstein mit seinem spitzen Felsgestein soll in den alten Zeiten noch viel höher gewesen sein, und eigentlich Bildstein geheißen haben, von wegen eines ungeheuer großen Götzenbildes, das da gestanden hat. Früher zündete man im Mitt-Sommer auch da Feuer an, und noch jetzt stecken, allemal am Pfingstabend, die Bursche von Busenborn eine mächtige Maie darauf unter lautem Gesange.« [4]

Der schräge Maibaum

wird auch heute noch alljährlich am Abend des Pfingstsamstags in eine Spalte des Bilsteins gesetzt. Die natürliche Felsvertiefung ist so beschaffen, dass der riesige Nadelbaum dann schräg über den Gipfel hinausragt. Nur die unverheirateten Männer von Schotten-Busenborn sind zu diesem Maibrauch zugelassen. Ursprünglich waren

Der »schräge Maibaum« auf dem Bilstein bei Busenborn/Vogelsberg .

Frauen sogar als Zuschauer ausgeschlossen. »Im Zuge der Emanzipation«, so heißt es, wird dies mittlerweile nicht mehr so streng gehandhabt. Das Fällen und Zurichten des Baums samt seiner schweißtreibenden Aufrichtung erfolgt daher heutzutage unter den anfeuernden Rufen der Busenborner Damenwelt. Teens und Twens beherrschen die Szene. Liegen die mondabhängigen Feste Ostern und Pfingsten spät im Jahr, dann wird der Busenborner Maibaum eben auch erst im Juni gesetzt. Ihren späten Maibrauch verstehen die Beteiligten als alten Wetterzauber: Seit dem Mittelalter werde der Baum in den Berg gerammt, damit sich heranziehende Unwetter teilen und an den Dörfern hinter dem Bilstein vorbeiziehen mögen. So sollte die Saat geschützt werden.

Nahe liegend ist allerdings die Interpretation des Maibaums als Fruchtbarkeitszauber zu Frühlingsanfang, so wie er andernorts in der Mainacht stattfand und in vielerlei Formen auch noch lebendig ist. Der späte Termin wäre dann auch mit dem späteren Vegetationsfrühling im Hohen Vogelsberg zu erklären. Das keltische Frühlingsfest Beltane schloss in seinen Fruchtbarkeitssegen auch die

Menschen ein. Die Beteiligung ausschließlich lediger Männer und der ursprüngliche Ausschluss der Frauen weisen in diese Richtung. Bilstein-Sagen zeigen zudem die Zuordnung des Berges zu weiblichen Berggeistern namens »Else« und »Holle«, die mutmaßlichen Sagennamen vorchristlicher Göttinen. So verstanden, wäre der Maibrauch auf dem Bilstein ein altes sexualmagisches Ritual, mit dem die heiratsfähigen Männer Kontakt zur Fruchtbarkeitsgöttin aufnehmen: Sie rammen den phallischen Baum in deren heiligen Berg (Abb S. 52 u. 399).

Die Else im Bilstein

Eine Höhle im Nordosten des Bilstein-Rückens nennt man »der Else ihr Keller«. Dort steht auch ihr schlichtes Bett aus Laub und Moos. In ihrer Freizeit sitzt die Else im Berg und spinnt, und wenn die Nebel um den Bilstein ziehen, dann wissen die Dörfler, dass die Else am Kochen ist. Einige sahen sie als attraktives Weibsbild, andere berichten mit Abscheu und Entsetzen von einer hässlichen Alten. Vor Letzterer hatten auch stets die Hütebuben Angst, denn sie soll gelegentlich Menschen in ihren Keller entführt haben. Und von denen hat man dann nichts mehr gehört. Miese Erfahrungen machte vorzeiten auch ein Ritter, der ausgerechnet in den Raunächten über den Bilstein ritt. Da sah er »im Mondenschein eine gebrechliche Frau mit ihrem Krückstock auf dem Stein eines Kreuzwegs sitzen. Diese bat ihn gar inständig, er möge sie doch hinter sich auf's Pferd nehmen, dass sie auch noch heim käme. Allein, der Ritter hatte taube Ohren für ihr Flehen und jagte vorüber. Plötzlich umfaßten ihn die klapperdürren Arme des Weibes. Die Else war ihm hinter den Rücken gesprungen und trieb das schäumende Roß auf die höchste Spitze des Felsens. Dort stürzte sie Mann und Roß hinunter, dass sie elendiglich an dem Gesteine zerschellten, und verschwand im Berge.«

Weiterhin wird erzählt, an den Hängen des Bilsteins lägen bisweilen die Wäschestücke der Else zum Bleichen. Steige man aber den Berg hinauf, seien die Laken verschwunden, die Stellen im Gras aber noch ganz nass. Aus

Michelbach und den tiefer liegenden Dörfern ist überliefert, dass im Bilstein nicht die Else, sondern »die Hollefrau« wohnt. Ihr schreibt man jedoch die gleichen Arten und Unarten zu wie der Else.[5]

Eine listenreiche Mausefalle

zeigt das Heimatmuseum in Schotten. Das antiquierte Gerät ist imstande, drei Nagetiere gleichzeitig vom Leben zum Tode zu befördern. Haben die Unglückseligen den lockenden Speck berührt, läßt der mäusefeindliche Mechanismus ein tödliches Gewicht herunterstürzen. Das kleine Grautier ist dann meist sehr platt. Neben dieser filigranen Falle zeigt das Museum alte Gerätschaften aus Handwerk und Landwirtschaft, bodenständige Handarbeit und altes Kinderspielzeug. Eine kleine vor- und frühgeschichtliche Sammlung gibt Auskunft über die Funde der Region.

Kirchenfauna und Kultstein

Die Pfarrkirche von Schotten-Breungeshain stammt aus dem 16. Jahrhundert. Das Gotteshaus wurde vor einigen Jahren sorgfältig restauriert. Besonders auffällig ist eine seltsame Vogelfigur unter der Decke des Kirchenschiffs. Ein weißes, langhalsiges Tier mit Schwimmfüßen und Gänseschnabel – auf den ersten Blick ein Schwan. Doch findet sich in der Kirchenliteratur kein einziger Hinweis auf diesen Wasservogel als Symbol für irgendeine Tugend oder als Begleiter eines Heiligen. Einzig Sankt Martin wird mit fetten Gänsen in Verbindung gebracht. Aber nirgendwo ist er mit ihnen dargestellt. Stets reitet der römische Offizier zu jenem frierenden Bettler hin, mit dem er seinen Mantel teilt. Die Gänse sind lediglich Festspeise am Martinstag und stammen als Brauch aus jener Zeit, in der man zum Erntedank Wotan huldigte, indem man sich Gänsebraten und Wein schmecken ließ.[6]

Schaut man den Deckenvogel genauer an, entdeckt man an seiner Unterseite etliche Jungvögel. Sie zehren von dem Blut aus einer Wunde, die in der Brust des Alttieres klafft. Damit verdichtet sich der Verdacht, dass das komische Tier ein Pelikan sein soll: das christliche Sinnbild für absoluten Opfermut. Der Legende nach retten nämlich Pelikane ihre Jungen vor dem Verdursten, indem sie sich eine Wunde hacken und so die Kleinen mit Blut tränken. Nur hatte der Künstler halt nicht so recht gewußt, wie so ein Pelikan aussieht. Schwäne und Gänse waren ihm aber geläufig.

An der Brüstung der Empore weckt ein weiteres Tier die Neugier des Besuchers. Es ist eine zierliche Schlange, mit kargen Strichen dort aufs Holz gemalt. Das in Gotteshäusern eher seltene Reptil windet sich aus einem Goldpokal. Und den wiederum hält ein offenkundig heiliger Mann in seiner Hand. Schon wieder ein zoologisches Fragezeichen.

Die Fachliteratur für Kirchenfauna beschreibt die Schlange als Symboltier, das die Gabe der Beredsamkeit verkörpert. Als tierisches Attribut gehört sie zur Darstellung des heiligen Johannes. Offen bleibt, ob es sich um den Lieblingsjünger Jesu oder um Johannes den Täufer handelt. Da Letzterer meist mit Hirtenstab und Fellgewand knietief in einem Wasser steht, ist die Wahrscheinlichkeit groß, dass der Maler in Breungeshain den Apostel Johannes im Auge hatte. Eben jenen meist bartlos dargestellten Jüngling, von dem sich Jesus beim letzten Abendmahl mit einem Kuss verabschiedet. Eine weitere Interpretation versteht die Schlange als Figuration alles Giftigen. Der Legende nach soll der Apostel einen Becher Gift getrunken haben, ohne daran zugrunde zu gehen.[7]

Laut offizieller Kirchengeschichte vermehrte jener Johannes die Heilige Schrift um eine Offenbarung und das nach ihm genannte Evangelium. Doch er hatte offenbar auch zoologische Ambitionen. So erzählt die Legende auch von einem zahmen Rebhuhn, mit dem er gelegentlich spielte. Das soll einen Besucher sehr irritiert haben, meinte er doch, seine Heiligkeit sei auf seine alten Tage etwas neben der Spur. Doch der greise Apostel beruhigte den Mann und erklärte, der Umgang mit dem wilden Huhn lasse seinen »Geist ruhen und sich erholen, damit er wieder Kraft gewinnt«.[8] Schräg unterhalb der Empore mit dem Bild des heiligen Hühnerfreunds befindet sich der Altar, das Zentrum jeder christlichen Kirche. Am Breungeshainer Zeremonialtisch wäre nichts Bemerkenswertes, stünde nicht unmittelbar hinter ihm ein großer, seltsam gerundeter Stein. Dieser so genannte Taufstein ist von den Kirchenbänken aus nicht zu sehen. Der Altar ist höher und verstellt den Blick. Man kann vermuten, dass dieser Effekt gewollt ist, denn der Stein hat mit Taufen nichts zu tun. Er ist mit hoher Wahrscheinlichkeit ein von Menschen behauener Kultstein – ein Hinkelstein oder Menhir.

Der Heimatforscher Max Söllner hielt ihn für keltisch. Er dürfte dabei dem gleichen Missverständnis aufgesessen sein wie die Schöpfer von Asterix und Obelix, die ja den Kelten mit der Streifenhose zum Hinkelsteinmetz machten. Doch die Menhire gehören in die Jungsteinzeit und in die folgende frühe Bronzezeit, also in den Übergang vom 3. ins 2. Jahrtausend v. Chr. Die keltische Periode beginnt erst 1500 Jahre später. Gleichwohl können die Kelten alte Kraftplätze, die mit steinzeitlichen Menhiren markiert waren, in ihren eigenen Kult einbezogen haben. Der »Kultstein von Breungeshain« ist einen knappen Meter hoch und an der dicksten Stelle 80 cm breit. Seine Seitenflächen weisen mehrere schalenähnliche Vertiefungen auf. Die Wissenschaft spricht hier von »Schalensteinen«, im Volksmund auch »Elfenmühlen« genannt, weil man annahm, dass die »Schalen« von den Zauberwesen zum Getreidemahlen benutzt wurden. Die Vertiefungen in solchen Schalensteinen gelten als natürlich und könnten Einschlüsse anderer Gesteinsarten »beherbergt« haben. Denkbar ist aber auch, dass sie zu kultischen Zwecken vergrößert wurden. [9]

Dorfchronik und Kirchenbücher verzeichnen nichts über die Herkunft des Steins, aber die Vermutung liegt nahe, dass er dort schon seit der Steinzeit liegt. Möglicherweise war dieser Menhir Teil eines vorchristlichen Kultplatzes. Später »christianisierte« man das Ganze, indem der Stein mit einer Kirche überbaut wurde.

Doch zu belegen ist das nicht. Die Überlieferung weiß sogar von einem früheren Standort außerhalb des Dorfes, an dem zunächst auch die Dorfkirche stand. Die soll dann abgerissen und in der Dorfmitte wieder aufgebaut worden sein. Den heidnischen Stein habe man damals ebenfalls mit umgesetzt, dorthin, wo er noch heute liegt – hinterm Altar des neuen Gotteshauses.

WEGWEISER: Vogelsberger Heimatmuseum, Vogelsbergstr. 95. Tel.: 0 60 44/66 51 oder 27 02 (Henny Hysky-Dambmann). Geöffnet März bis September DI–DO 14.30–16.30, So 10–12. MO, FR, SA geschlossen. Oktober bis Februar nur DO 14.30–16.30. Führungen auch zu anderen Zeiten nach Vereinbarung. Der Stadtteil Breungeshain liegt an der Kuppe des Hoherodskopfs und ist von der Kernstadt aus ausgeschildert.

1 Aus: Hessische Sagen, 2. Reihe. Zusammengestellt von Karl Bader, Darmstadt 1912.

2 Siehe auch »Jahresfeste/Lugnasad«, S. 55.

3 Siehe auch »Die Sache mit den Sagen«, S. 74.

4 Aus: Theodor Bindewald, Oberhessisches Sagenbuch, neue vermehrte Ausgabe, Frankfurt am Main 1873.

5 Nach: Bindewald, ebenda.

6 Zum hl. Martin siehe auch MICHELSTADT

7 Vgl. Rudolf Pfleiderer, Die Attribute der Heiligen, Ulm 1898/Reprint Leipzig 1989, S. 143.

8 Albert Christian Sellner, Immerwährender Heiligenkalender, Frankfurt/M. 1993, S. 430.

9 Zu Menhiren und Dolmen siehe auch S. 211

Schrecksbach

34637, Schwalm-Eder-Kreis. 3378 Einwohner
Gemeindeverwaltung: Alsfelder Str. 14.
Tel.: 0 66 98/ 9 60 00.

Das Pfingstmännchen

ist traditionell am Pfingstmontag im Ortsteil Röllshausen unterwegs. Heutzutage organisiert die örtliche Trachten-Tanzgruppe diesen »Heischebrauch«. Ein Trupp Dorfkinder zieht mit dem Laubmännchen von Haus zu Haus. Jenes erfreut die Bewohner mit einem »Heischespruch«, der in gereimter Form Eier, Brot und Speck einfordert

(»erheischt«).[1] Diese Gaben können als Tribut an den Frühling gedeutet werden. Unter dem Ganzkörperkostüm aus frischen Buchenzweigen steckt meist ein kräftiges Kind mit einer gewissen Leidensfähigkeit, denn die Männchen-Maskerade ist schwer, kratzig und schweißtreibend. Der Frühlingsbrauch war ursprünglich nicht an die Pfingsttage gebunden und hat zahlreiche Entsprechungen in ganz Europa. Im Taunusort Heidenrod ist am ersten Maitag der »Schnoock« unterwegs, in Hermershausen (bei Marburg) ist es der »Maimann«. An der Saar und in der Westpfalz nennt man das belaubte Männchen »Quack«, in England kennt man den »Jack in the green«. In Hessen sind die Pfingstmännchen an beiden Feiertagen aktiv. Bereits am Pfingstsonntag trifft man die Laubgestalt in Alsfeld-Berfa.[2]

1 Ganz ähnlich treiben es die »Bellmänner« in DAUTPHETAL-Buchenau und die Strohbären im Vogelsberg (siehe auch »Höllenlärm und Heidenspaß«, S. 287).
2 Nach: Bauer u. a., Das Hessenlexikon, Frankfurt 2000, S. 275.

Das Pfingstmännchen unterwegs in Röllshausen/Schwalm.

405

Schwalefeld siehe Willingen.

Seeheim-Jugenheim
64342, Landkreis Darmstadt-Dieburg.
16 425 Einwohner. 🛏 176.
Gemeindeverwaltung: Schulstr. 12. Tel.: 0 62 57/8 60 90.
Verkehrsverein: Hauptstr. 14. Tel.: 20 60.

Die Nonnen vom Heiligenberg
Auf dem Heiligenberg bei Jugenheim sieht man noch die
Ruinen eines vormaligen Nonnenklosters. Da erscheint in
gewissen Nächten ein großer Zug von Nonnen, welche
mit Kerzen in den Händen und unter frommen Gesängen
den Berg umwallen. Von dem Kloster führte ein unterirdischer Gang ins Dorf. Da, wo derselbe mündet, ist oft-
mals ein großer Hund gesehen worden.[1]

Drei Ritter beschworen
In Stettbach (nicht weit von Jugenheim) wohnte ein
Mann, der hieß Struwel und konnte zaubern. Eins der
schwersten Stücke, die er gemacht hat, war folgendes.

Eines Abends saßen bei ihm in seiner Stube drei herz-
hafte junge Burschen, die befragten ihn über ihre Mädchen und über dies und jenes, und endlich fragten sie ihn
auch, ob er nicht die drei alten Ritter beschwören
könnte, die noch droben hausten im Burgverlies des
Auerbacher Schloßes. Herschaffen könne er sie wohl,
sagte der Struwel, aber wie er sie wieder fortbringen
solle, das wisse er nicht; deshalb sollten sie abstehen von
ihrem Verlangen. Die Burschen aber ließen ihm keine
Ruhe und drangen in ihn, bis er endlich nachgab. Er zog
nun mit einer Kohle einen Kreis auf dem Fußboden,
nahm eine Weidengerte, die bog er und machte Zeichen
damit und ging dabei immer rechts im Kreise herum. Auf
einmal blieb er stehen und sagte: »Ihr Burschen, ich rat
euch, laßt ab von eurem Verlangen, eben steigen die drei
Ritter zum Keller heraus, jetzt kann ich sie noch zurück-
schicken.« Die Burschen aber sagten: »Laß sie nur kom-

men, sie sollen nicht umsonst aus dem Keller gestiegen sein.« Da ging der Struwel wieder eine Weile rechts im Kreise herum, dann blieb er wieder stehen und sagte: »Ihr Burschen besinnt euch, solang es noch Zeit ist, eben kommen sie droben aus dem Eichwald herausgegangen.« Die Burschen meinten, wenn sie so weit gekommen wären, sollten sie auch noch weiter kommen. Der Zauberer ging wieder eine Weile rechts im Kreise herum, dann blieb er noch einmal stehen und sprach: »Ihr lieben Leute, ich bitt euch, laßt uns abstehen von unserem törichten Beginnen, denn eben kommen sie zum Ort herein.«

Die Burschen meinten aber, wenn sie so weit gekommen wären, so sollten sie auch noch weiter kommen. Der Struwel ging wieder ein kleines Weilchen rechts im Kreise herum, da tat es mit einem Male einen furchtbaren Schlag an die Haustür. »Jetzt stehen sie im Hof und warten«, sagte der Zauberer, und jetzt kam auch den Burschen das Ding auf einmal ganz anders vor. Sie meinten, wenn die Ritter auch nicht gerade hereinzukommen brauchten, sehen könne man sie doch einmal. »Ich will sehen, was sich noch tun läßt«, sagte der Zauberer, und indem er noch sprach, sprang krachend die Tür auf, und draußen vor der Schwelle standen drei hohe Totengerippe in verrosteten eisernen Rüstungen. Da drehte sich Struwel mit einem Mal auf dem Absatz herum und fing an links im Kreise herumzulaufen, zugleich drehten auch die Ritter sich steif herum, marschierten langsam wieder ab und warfen das Tor zu, dass das ganze Haus in seinen Grundfesten bebte. Struwel lief aber fort im Kreis herum, endlich sprach er: »Gott sei gelobt, jetzt liegen sie wieder drunten«, und stürzte hin wie tot. Die drei Burschen lagen schon längst da und rührten sich nicht. Es hat sie nicht mehr gelüstet, Geister zu sehen.[2]

---

1 Aus: Hessisches Hausbuch, S. 123.

2 Aus: Johann Wilhelm Wolf, Hessische Sagen, Göttingen und Leipzig 1853. Zit. n.: Diederichs/Hinze, Hessische Sagen, S. 353 f.

Sprendlingen siehe Dreieich.

Steinau siehe Schlüchtern.

Steinheim siehe Hanau.

Stockheim siehe Glauburg.

Stockstadt
63811, Landkreis Groß-Gerau. 5642 Einwohner.
Gemeindeverwaltung: Rheinstraße 34–36.
Tel.: 0 61 58/8 29-0.

Das hessische Texas
lag dereinst in der weiten Ebene des Rieds. Das belegt ein Industriedenkmal, das noch heute auf der Rheininsel Kühkopf steht: eine stillgelegte Förderpumpe. Der Öl-Rausch am Oberrhein ist längst verflogen. Doch Anfang der fünfziger Jahre glaubte man fest an das »Schwarze Gold«.

Über Jahre hinweg hatte die Fördergesellschaft Elwerath erfolglos Suchbohrungen niedergebracht, bis dann am 30. November 1952 aus dem Bohrloch »Stockstadt I« dickflüssiges Öl hervorquoll. Laboranalysen bescheinigten dem Stoff aus 2000 Meter Tiefe eine hervorragende Qualität. Doch niemand wagte zu diesem Zeitpunkt eine Schätzung der unterirdischen Reserven. Dass man im Oberrheingraben auf Erdöl treffen könnte, hatten Wissenschaftler der TH Darmstadt bereits in den zwanziger Jahren vermutet. Erste Suchbohrungen 1935 und 1939 wurden aber buchstäblich in den Sand gesetzt. Die Bergbaugesellschaft Elwerath nahm dann nach dem Krieg die Suche wieder auf und errichtete im Juli 1951 ihren ersten Bohrturm im Ried.

Gefunden wurde erst mal nichts.

Im September stießen die Ölsucher überraschend auf eine Methangasblase, die sich sofort entzündete und als 70 Meter hohe Flamme über dem Bohrloch stand. Erst nach zehn langen Tagen ging dem Fanal das Gas aus – die Flamme sackte in sich zusammen. Weitere Unfälle sollten folgen: So

Das Bohrloch »Stockstadt I«. Hier stieß man im November 1952 erstmals auf Erdöl.

brannte 1955 der Förderturm »Stockstadt XII« aus und zwölf Jahre später stand über »Stockstadt II« eine 500 Meter hohe Gasfontäne, die aber zum Glück kein Feuer fing. Man holte den legendären Texaner Red Adair ins Ried. Der Ölfeld-Spezialist ließ kurzerhand die nahe Modau stauen. Das nun verfügbare Wasser wurde nach seinen Anweisungen mit Tonschlamm vermischt und unter hohem Druck in das Bohrloch gepresst. Die Gasblase war abgedichtet.

Wirtschaftliche Gründe brachten schließlich das Aus für den Ölrausch im Ried. Das Oberrhein-Öl liegt nämlich nicht als schwarze Seenplatte unter dem südhessischen Sand, sondern fließt in dünnen Kanälen durch den darunter anstehenden Buntsandstein. Dadurch sprudelte es nicht von selbst an die Oberfläche, sondern musste in der Regel mit viel Energieeinsatz hochgepumpt werden. Dabei vermischte es sich im Laufe der Förderzeit immer mehr mit Grundwasser. Anfang der siebziger Jahre be-

Improvisiertes Zwischenlager: eine schlichte Erdgrube neben dem Förderturm.

stand das geförderte Gemisch zu 90 Prozent aus Wasser. Das wenige Erdöl musste nun noch kostspielig abgetrennt werden. Mitte der achtziger Jahre wurde deshalb die Ölsuche eingestellt. In den gut 30 Jahren hatte man fast eine Million Tonnen Öl und eine halbe Milliarde Kubikmeter Erdgas gefördert. Doch nur ein Viertel der Ölreserven wurde hochgepumpt. Der Rest fließt auch heute noch durch die Sandstein-Schichten des Rieds.

WEGWEISER: Die historische Förderpumpe »Stockstadt 38« erreicht man nur zu Fuß oder per Fahrrad. Reist man mit dem Auto an, so fährt man in Stockstadt über die Altrhein-Brücke auf die Insel Kühkopf (Naturschutzgebiet) und stellt die Kiste dort ab. Der ausgeschilderte Weg Richtung Forsthaus Kühkopf führt unweigerlich an der Pumpe vorbei. In Zweifelsfällen bei der Imbiss-Gastronomie am Parkplatz nachfragen.

Das Heimatmuseum zeigt eine kleine, aber sehenswerte Ausstellung zum »Schwarzen Gold« rund um Stockstadt. Man findet es im Hofgut Guntershausen, das ebenfalls auf der Insel Kühkopf steht. Zufahrt wie oben.

410

Am Bohrwerkzeug.

Weitere Informationen: Heimat- und Geschichtsverein Stockstadt, c/o Otto Kraus, Tel.: 0 61 58/8 35 07.

Alles, was übrig blieb: die Förderpumpe »Stockstadt 38« auf der Rheininsel Küh-kopf.

411

Neurhein und Altrhein

Der hessische Neurhein entstand erst im 19. Jahrhundert als dreieinhalb Kilometer langer Verbindungskanal, der so den Oberrhein um gute 9 Kilometer verkürzte. Gegraben wurde er in den Jahren 1828/29 quer durch die Feldmark von Guntersblum. Kostenpunkt: 1 124 700 Goldmark. Das künstliche Flussbett degradierte die gut 13 km lange »Erfelder Krümme« zu einem rasch verlandenden Altrheinarm. Mit der Abtrennung der größten Flussschleife des Rheins gerieten die Dörfer Erfelden und Stockstadt ins nautische Abseits. Die Landzunge »Kühkopf«, die in der Flussbiegung lag, wurde zu Hessens größter Insel.

Das künstliche Eiland war größtenteils von Auwald bedeckt, aus dem sechs rheinhessische Dörfer ihr Brennholz bezogen. Das ging jetzt nur noch mit dem Boot. Etwa 200 Morgen Äcker und Wiesen auf dem »Kühkopf« gehörten nach wie vor Bauern in Guntersblum und Oppenheim. Sie mussten zur Feldbestellung jetzt über den »Neurhein«, und der hatte eine ziemlich starke Strömung.

Die Vor- und Nachteile dieser »Oberrheinkorrektion« waren im Parlament des Großherzogtums Hessen-Darmstadt über Jahre hinweg kontrovers diskutiert worden. Mehrmals lehnten die Abgeordneten das Großprojekt ab. Erst 1827 wurden die Gelder bewilligt, nachdem den betroffenen Dörfern neue Fährverbindungen zugesagt worden waren.

Hauptargument für den Rhein-Durchstich war allerdings nicht der Zeitgewinn für die Schifffahrt (eine Tagesreise stromauf, 4 bis 6 Stunden stromab), sondern die Abwehr der verheerenden Hochwasser, die vor allem durch die zahlreichen Eisstaus in der »Krümme« verursacht wurden. In dem weit nach Osten ausgreifenden Mäander war die Strömung ziemlich schwach. Das Treibeis konnte sich

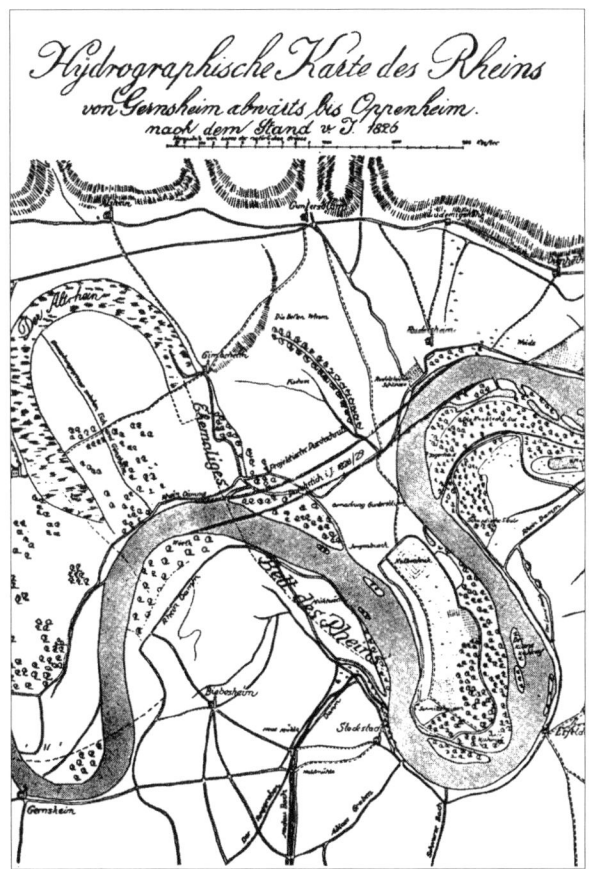

Karte von 1826. Der geplante „Durchstich" wurde von Hand einge-zeichnet.

zu hohen Barrieren auftürmen. Der Fluss wurde aufgestaut und überschwemmte die Uferlandschaft. Die Rheindörfer wurden immer wieder heimgesucht und zahlreiche Häuser zerstört. Das führte 1822 zur vollständigen Umsiedelung des Dorfes Rudelsheim, das auf einem sicheren Hügel neu aufgebaut wurde. Die Bewohner nannten es nun

»Ludwigshöhe« – nach ihrem Darmstädter Landesherrn.

In dem neuen, künstlichen Flussbett war die Fließ-
geschwindigkeit des Rheins dann tatsächlich derart
hoch, dass Eisbarrieren nicht mehr zustande kamen.

Ein weiterer Grund für den Durchstich waren die
schlechten Bedingungen für die Pferdegespanne, die
die Schiffe entlang der Leinpfade zogen:

»Wenn die Lachen und Tümpel des Vorflutgelän-
des und die Hochwasserrinnen mit Wasser gefüllt
waren, mußten die Pferde oft bis zum Bauch darin
waten. An der Erfelder Stromkrümme lag eine
starke Trift, und viele strudelreiche Löcher waren
vorhanden, wo manches Schiff unterging. Die
Halfterknechte und die Leinreiter hatten alle ein
langes, scharfes, dolchartiges Messer im Stiefel-
schaft bereit, um das Seil zu kappen, wenn der
Rheinstrom das Seil so spannte, daß die Pferde von
der Gewalt der Strömung in die Fluten gerissen zu
werden drohten.«[1]

Für die Treidelgespanne brachte der Durchstichka-
nal mit seinen breiten Leinpfaden entscheidende
Verbesserungen.

Geplant und geleitet wurde das Großprojekt von
Dr. Claus Kröncke, Steuerrat und Rheinbauinspektor
im Dienste der Großherzogtums Hessen-Darmstadt,
dem ja 1816 auf dem Wiener Kongress auch das
linksrheinische »Rheinhessen« zugeschlagen worden war. Hessen-Darmstadt hatte also die Souveräni-
tät über beide Rheinufer und konnte den Durchstich
völlig eigenständig planen.

Die Arbeiten begannen im März 1828.

»Bei der Anlegung des Durchstichs wurde nicht die
ganze Breite des Stroms, wie wir ihn heute sehen,
durchgraben. Die Verbreiterung des Flusses überließ
man der Strömung, da diese die Arbeit umsonst
schaffte. Zunächst wurde nur ein breiter Graben aus-

gehoben, durch den man noch mit Fuhrwerken fahren konnte.«[2]

Am 30.April 1829 wurde dieser Graben dann stromaufwärts geöffnet:

»Bereits nach den ersten Tagen konnte man sehen, daß die Verbreiterung und Vertiefung reißend erfolgte. (...) Die Wassermassen schossen mit Gewalt in den neuen Kanal und rissen das Land an beiden Seiten weg, bis die Breite des Stromes von 308 m geschaffen war.«[3]

Diese Ausdehnung erreichte der »Neurhein« aber erst nach 70 Jahren.

Fährt man heute mit einem Rheinschiff durch den Kanalabschnitt, findet man keine Hinweise mehr auf seine Entstehung durch Menschenhand.

WEGWEISER: Den Neurhein erfasst man am besten an der so genannten »NATO-Rampe« im Naturschutzgebiet Knoblochsaue bei Erfelden. Dort mündet die alte »Erfelder Krümme« als Altrheinarm in den Neurhein und markiert damit auch sein nördliches Ende. Im hessischen Ried erinnert ein steinernes Monument an den Durchstich von 1829. Es ist Rheinbauinspektor Kröncke gewidmet und steht am Ortsrand von Groß-Rohrheim.

1 Theo Harsch, Der Durchstich am Geyer. In: Gerold Bielohlawek-Hübel (Hrsg.), Damals auf dem Kühkopf, Frankfurt 1988 (Verlag Druckerei Strobach), S. 94 ff.
2 Ebenda.
3 Ebenda.

415

Taunusstein

65232, Rheingau-Taunus-Kreis.
26 036 Einwohner. 🛏 119.
Stadtverwaltung: Adolfstr. 1 a.
Tel.: 0 61 28/24 11 18.

Das Römerkastell Zugmantel

liegt an der Aarquelle bei Taunusstein-Orlen. Die Bun-
desstraße 417 durchquert die Limes-Grenze direkt an
einem wieder erbauten Wachtturm, dessen Rekonstruktion allerdings als nicht sonderlich authentisch gilt.
Rekonstruiert wurde auch ein Stück Palisade. Das Kastell
wurde etwa 400 Meter hinter der Grabenlinie errichtet
und diente dem Schutz des Wiesbadener Talkessels. Die
frühesten Teile der Anlage stammen aus dem Jahre 90 n.
Chr. Erst im 2. Jahrhundert wurde das Kastell durch steinerne Wehrbauten erweitert. Die Mauer ist noch als ver-
schliffener Erdwall im Gelände zu erkennen. Ein archäologischer Rundweg führt zu einer kleinen Arena für
Tierhetzen und Schaukämpfe, zum Limes-Wachtturm
sowie zu den Resten des römischen Zivildorfes und einer
Badeanlage.[1]

Der Altenstein

steht gut versteckt im Taunuswald und ist deshalb schwer
zu finden. Der eindrucksvolle Quarzitfelsen ist von einem
kaum noch sichtbaren Steinwall eingefasst, der immerhin
eine Fläche von 150 mal 40 Meter umschließt. Das könnten die eingefallenen Mauern eines profanen Viehpferches
sein. An einem Ort, an den sich die Bauern von (Taunus-
stein-)Hahn mit ihrem Vieh zurückziehen konnten, wenn
feindliche Heere ihr Dorf zu plündern drohten. Dann wäre
das Ganze aus dem Mittelalter oder der frühen Neuzeit.

Zu fragen wäre aber, warum man so eine Umfriedung
dann um einen großen Felsen zieht. Der hätte dem Vieh
doch nur den Platz eingeengt. Andernorts wäre die ganze
Fläche als Koppel nutzbar gewesen. Dieser Einwand nährt
die These vom »Heiligen Hain« – einem keltischen Kultbezirk, der jenen hohen Stein zum Mittelpunkt religiöser

416

Riten gemacht haben könnte. Dann wären die niedrigen Umfassungswälle nur die symbolische Abgrenzung des Heiligen vom Profanen gewesen. Und dazu brauchten sie wahrhaftig nicht hoch zu sein.

Handfeste Funde, die die eine oder die andere Zeitstellung belegen könnten, gibt es nicht. Da geht es dem Altenstein nicht besser als der »Heuneschüssel« im Odenwald (S. 323). Doch der neuzeitliche Umgang mit dem Ort in der Wildnis sagt möglicherweise auch etwas über seine frühere Bedeutung: als kollektive Erinnerung der Menschen in der Nachbarschaft. Sie sahen den hohen Stein offenbar als etwas Besonderes. Sonst hätten die Taunusbauern des 19. und frühen 20. Jahrhunderts nicht gerade dort – weitab im Wald – ihre Frühlingsfeste gefeiert. Damals war die Quarzitklippe mit einem stabilen Gerüst umbaut. Ein Treppenaufgang führte auf eine hölzerne Plattform: »Um die Jahrhundertwende 1900 kamen noch alle Einwohner Wehens, Hahns und Bleidenstadts auf den zweiten Pfingsttag zur gemeinsamen Feier eines frohen Festes zusammen. Man (...) vergnügte sich bei Wein und Bier unter dem herrlichen Blätterdach der prächtigen Buchen. Der oben abgeplattete Felsblock trug einen großen Tanzboden, auf den eine breite, einmal geknickte Treppe führte. Unten am Fuße des Felsblocks spielte die Musik zum Tanze (...) Der Schankwirt machte jedesmal mal ein gutes Geschäft und die Wirte der drei Orte wechselten alle Jahre mit der Festveranstaltung ab.«[2]

Der Altenstein ist heute ein Naturdenkmal.

417

Das Holzgerüst zerfiel und wurde irgendwann komplett abgebaut. Auch der Altenstein selbst hat an Statur verloren. Immer wieder holte man dort Steine für den Wegebau. Mittlerweile ist der Fels als Naturdenkmal geschützt. WEGWEISER: Der Parkplatz »Eiserne Hand« liegt am höchsten Punkt der B 54 zwischen Wiesbaden und Taunusstein. Von dort aus geht man den »Herzogsweg« in Richtung »Platte«. Man folgt den Wanderwegzeichen »Wildschwein« und »Rehbock«. Nach wenigen hundert Metern zweigt der »Rehbockweg« links ab und führt zum Altenstein.

Der Nabel der Rhönrad-Welt

liegt in Taunusstein. Zumindest aus hessischer Sicht. Der TSV Bleidenstadt glänzt mit 16 Europameistern und 12 Weltmeistern. Von Spitzenplätzen bei deutschen und hessischen Meisterschaften ganz zu schweigen.

Am Oberlauf der Aar ist das Rhönrad allgegenwärtig. Für die Kinder des Städtchens bedeutet der Gang »in die Turnstund« in aller Regel das Vertrautwerden mit dem runden Sportgerät. Dessen Präsenz im Alltag erklärt sich vor allem mit den spektakulären Schauvorführungen der Rhönradturner, die bei den großen Stadtfesten von allen bejubelt werden: rollende Räder und Pop-Musik, mit einer Choreografie, die auf den Gleichklang der Bewegung setzt. Das rollende Turngerät ist mittlerweile natürlich normiert: das so genannte »Universalrad« besteht aus zwei gleich großen Stahlreifen, die mit einem Kunststoff ummantelt sind. Verbunden sind sie durch sechs Sprossen in genau festgelegtem Abstand. An einigen Sprossen sind Griffe, an anderen die »Bretter« mit den Lederbindungen montiert.

Entwickelt wurde das Rhönrad in der gleichnamigen Berglandschaft. Sein Konstrukteur Otto Feick, ein gelernter Schlosser, griff dabei auf ein Doppelrad aus seiner Kindheit im pfälzischen Reichenbach zurück. Das hatte ihm der Großvater in seiner Schmiede aus zwei starken Fassreifen gebaut und damit rollte er schon damals kopfüber die Wiesenhänge hinunter, um »unten durchrüttelt und zerschunden anzukommen«. 1921 von der französi-

schen Besatzungsmacht wegen angeblicher Spionage ver-
urteilt, entstand in der Einsamkeit der Gefängnisses die
Idee, aus dem einstigen Kinderspielzeug ein Sportgerät zu
entwickeln. Nach der Haftentlassung wurde Feick aus der
französischen Zone ausgewiesen und zog in den Geburtsort seiner Frau, nach Schönau an der Brend. Das liegt
zwar nur 20 km südöstlich von Gersfeld, aber schon im
fränkischen Teil der Rhön. Zu Ehren der neuen Heimat
nannte Otto Feick sein »Gerät für Belustigungszwecke«
nicht »Feick-Rad«, sondern »Rhönrad«. Am 8. November
1925 wurde das Patent erteilt.[3]

1 Nach: Margot Klee, Der Limes zwischen Rhein und Main, Stuttgart
   1989, S. 66 ff.
2 Eduard Wilhelmi, Wehen und sein Grund, hrsg. v. d. Gemeinde
   Wehen, Wehen 1957, S. 4.
3 Informationen zum Rhönrad-Sport: www.rhoenrad.de
   In Taunusstein werden natürlich auch Rhönräder gebaut. Das macht
   die Firma Metallbau Zimmermann, Schulstrasse 16, Taunusstein-Bleidenstadt, Tel. 0 61 28/4 43 29.

Rhönradherstellung in Taunusstein-Bleidenstadt (Metallbau Zimmermann).

419

Trendelburg

34388, Landkreis Kassel. 6060 Einwohner.
Stadtverwaltung: Marktplatz 1. Tel.: 0 56 75/74 99-18.

Das Blutwunder von Gottsbüren

war im 14. Jahrhundert der Renner im christlichen
Europa. Das kleine Dorf im Reinhardswald wurde zu
einer Wallfahrtsstätte, an der man einfach mal gewesen
sein musste. Eine katholische »In-Location«. Die gläubigen Besucher ließen viel Geld in der Gemeinde. Selbst
Hofgeismar versuchte an diesem Boom teilzuhaben und
pflasterte eigens für die Pilger die schlechte Wegstrecke
zum Wallfahrtsort.

Folgt man den Aufzeichnungen des Pfarrers Carl Bernhard Falckenheiner von 1837, so war die Ursache für den
Ansturm der Frommen, das um 1330 kursierende Gerücht,
man habe in dem verschwiegenen Weiler »den heiligen
Leichnam des Herrn wohlerhalten, unverweset, mit blutigen Tropfen gefunden.« [1]

Ein klerikales Missverständnis, das späterhin mit den
schlechten Lateinkenntnissen des Pfarrers plausibel erklärt
werden konnte. Gleichwohl fand diese Darstellung Eingang in die Kirchenliteratur und hielt sich hartnäckig bis
ins 20. Jahrhundert. Lokalhistoriker lieferten zudem weitere gewagte Deutungen, die Falckenheiners Version an
Kreativität weit übertrafen.

So unterstellt ein gewisser F. X. Schmidt in seiner 1919
unter dem Titel »Das Wunder des Reinhardswaldes«
publizierten Schrift zwar die faktische Auffindung einer
Leiche, vermutet dahinter aber ein Betrugsmanöver. Da
das benachbarte Kloster Lippoldsberg damals in Geldnot
gewesen sei, habe die Äbtissin einen frischen Leichnam
mit künstlichen Wundmalen Christi versehen und in den
Wald legen lassen. Es habe sich um einen fremden Handwerksburschen gehandelt, der in der Waldschmiede zu
Gottsbüren eines natürlichen Todes gestorben war. Da die
Gesichtszüge des Toten den gängigen Christusdarstellun-
gen zufällig geähnelt hätten, habe die Täuschung bestens
funktioniert. Die daraufhin einsetzende Massenwallfahrt

Die einstige Wallfahrtskirche in Gottsbüren. Heute nur noch ein dörfliches Gotteshaus.

habe die leeren Kassen des Klosters über lange Jahre nachhaltig saniert. [2]

Eine einleuchtende Herleitung des Pilger-Booms liefert Kurt Köster in seiner Untersuchung aus dem Jahre 1961 (»Gottsbüren, das ›hessische Wilsnack‹«). Zeitgenössische Quellen aus dem 14. Jahrhundert berichten demnach übereinstimmend, »ein auf dem Lippoldsberger Klosterhof in Gottsbüren gefundenes *corpus dominicum, verum corpus domini, corpus Christi sanguineis guttis* habe (...) den Anlaß zur Entstehung der Wallfahrt gegeben. Jeden mit dem kirchlichen Sprachgebrauch auch nur einigermaßen Vertrauten läßt das klar erkennen, daß es sich dabei um eine der vielen ›blutenden Hostien‹ gehandelt, daß also ein eucharistisches Wunder im Mittelpunkt des Kultes gestanden hat. Falckenheiner nahm jedoch ›corpus‹ wortwörtlich und gelangte so zu der mehr als seltsamen Meinung, man habe damals hier im Reinhardswalde einen wirklichen Leichnam Christi (...) dem gläubigen Volke *in natura* zur Schau gestellt.« [3]

Es handelte sich also in Wahrheit um eines der im Mittelalter gängigen »Heilig-Blut-Wunder«. Zur gleichen Zeit fand man auch im nicht weit entfernten Wolfhagen solch einen »glorreichen Leichnam unseres Herrn und Heilands« und überbaute die Wunderhostie mit einer Kapelle. Doch der angestrebte Pilger-Boom ist dort bis heute ausgeblieben.

In Gottsbüren aber ging es rasch bergauf. Die zahlreichen Wallfahrer zahlten nicht nur für Kost und Logis, sondern opferten auch an Ort und Stelle Kleinodien, silberne Lampen und liturgische Gewänder sowie wertvolle Bilder und teure Stoffe. Diese Votivgeschenke waren so zahlreich, dass sie gar nicht alle zum Schmuck der rasch erbauten, großen Wallfahrtskirche verwendet werden konnten. Der Überfluss wurde eingeschmolzen und verkauft. Auch der Opferstock füllte sich rekordverdächtig. So kamen beispielsweise in den Jahren 1334 bis 1338 Silbermünzen mit einem Gesamtgewicht von 220 kg in die Kirchenkasse. Der (auch als Landesherr) zuständige Erzbischof von Mainz hatte bereits im Juni 1331 die Verteilung der Einkünfte geregelt: Zwei Drittel sollten den mit dem Wallfahrts-Management betrauten Lippoldsberger Nonnen zukommen, den schnöden Rest gönnte der Oberhirte seiner Bistumskasse in Mainz.

Die spendierfreudigen Pilger kamen nicht nur aus dem deutschsprachigen Raum, sondern auch aus den Niederlanden, aus Flandern, Norwegen und Schweden. Das belegen zahlreiche Dokumente und Wallfahrtszeichen, die als fromme Souvenirs in die Heimatländer mitgenommen wurden.

Doch bereits Ende des 14. Jahrhunderts hatte Gottsbüren seine beste Zeit schon wieder hinter sich. Der Wallfahrtsservice der Nonnen wurde abgebaut, die Pilgerbetreuung dem Ortspfarrer überlassen. Über die Ursachen des Niedergangs kann nur spekuliert werden. Denkbar wäre eine verschärfte Konkurrenzsituation durch ein weiteres Heilig-Blut-Wunder im ostdeutschen Wilsnack. 1383 stieg das kleine märkische Dorf kometenartig auf Platz 1 der Pilger-Hitliste. Gottsbüren war »out«. Nach 60

Jahren lauter Frömmigkeit wurde es wieder still im Reinhardswald.

1 Carl Bernhard Nicolaus Falckenheiner, Der Wallfahrtsort Gottsbüren.
  In: Zs. d. V. f. hess. Gesch. und Landeskunde 1 (1837), S. 14 – 37.
2 F. X. Schmidt, Das Wunder des Reinhardswaldes. Histor. Erinnerungen
  aus dem Hessischen Sachsengau, Cassel 1919.
3 Kurt Köster, Gottsbüren, das »hessische Wilsnack«. Geschichte und
  Kulturgeschichte einer mittelalterlichen Heilig-Blut-Wallfahrt im
  Spiegel ihrer Pilgerzeichen. Sonderdruck aus: Festgabe für Paul Kirn
  zum 70. Geburtstag dargebracht von Freunden und Schülern, o. O.
  1961 (Erich Schmidt Verlag), S. 198 ff.

Uttershausen siehe Wabern.

Volkhardinghausen siehe Arolsen.

Volkmarsen siehe Wolfhagen.

Wabern
34590, Schwalm-Eder-Kreis. 7369 Einwohner. 🛏 19.
Gemeindeverwaltung: Landgrafenstr. 9.
Tel.: 0 56 83/70 51.

Der Abzug der Wichtelmännchen

An der Schwalm bei Uttershausen liegt der Dosenberg;
dicht am Ufer gehen zwei Löcher hervor, die waren von
alters her Aus- und Eingänge der Wichtelmänner. Zu dem
Großvater des Bauern Tobi in Singlis kam öfter ein Wichtelmännchen freundlich auf den Acker. Eines Tages, als
der Bauer Korn schnitt, fragte es, ob er in der künftigen
Nacht für reichen Goldlohn Fuhren durch die Schwalm
übernehmen wolle. Der Bauer sagte zu; abends brachte
der Wichtel einen Sack voll Weizen als Handgeld in des
Bauern Haus. Nun wurden vier Pferde angeschirrt, und
der Bauer fuhr zum Dosenberg. Der Wichtel lud aus den
Löchern schwere, unsichtbare Lasten auf den Wagen, die

der Bauer durchs Wasser auf das andere Ufer brachte. So fuhr er hin und her von abends zehn bis morgens vier Uhr, dass die Pferde endlich ermüdeten. Da sprach der Wichtel: »Es ist genug; nun sollst du auch sehen, was du gefahren hast.« Er hieß den Bauern über die rechte Schulter blicken. Da sah der Bauer, wie das Feld voll von Wichtelmännchen war. Darauf sagte der Wichtel: »Viel tausend Jahre haben wir im Dosenberge gehaust, jetzt ist unsere Zeit um, wir müssen in ein anderes Land; im Berg aber bleibt so viel Gold zurück, dass die ganze Gegend genug daran hätte.« Dann lud er dem Tobi seinen Wagen voll Gold und schied. Der Bauer brachte mühsam seinen Schatz nach Hause und war ein reicher Mann geworden. Seine Nachkommen sind noch vermögende Leute, die Wichtelmännchen aber für immer aus dem Lande verschwunden. [1]

1 Aus: Emil Schneider, Hessisches Sagenbüchlein, Marburg 1905. Zit. n.: Hessische Sagen, hrsg. von Ulf Diederichs und Christa Hinze, Frankfurt/Berlin 1985, S. 107 f. Zu Wichteln und anderen Berggeistern in Hessen siehe AROLSEN, ESCHWEGE, SCHLÜCHTERN und WOLFHAGEN. Zu deren Verbindung mit dem Frau-Holle-Sagenkreis: »Der Götterhimmel der Germanen«, S. 67

Waldeck
34513, Landkreis Waldeck-Frankenberg.
7925 Einwohner.
Stadtverwaltung: Am Rathaus 1. Tel.: 0 56 34/7 09-0.

 Der Edersee
ist mit fast 70 Kilometern Uferlänge Hessens größtes Gewässer. Ein künstlicher Superlativ, der Anfang des 20. Jahrhunderts durch den Bau der Edertalsperre entstand. Der Stausee war in erster Linie als Rückhaltebecken gedacht. Er sollte in trockenen Jahren über Eder, Fulda und Weser den Mittellandkanal speisen und dort für einen ausreichenden Pegelstand sorgen. Heute nützen die 202 Millionen Kubikmeter Wasserreserve vor allem den

Ausflugsschiffen auf der Oberweser. Das »Zuschusswasser« aus dem Staubecken sorgt dort auch in trockenen Sommern für einen Mindestwasserstand von 1,20 m. Hinzu kommt die Stromgewinnung durch zwei Turbinen an der Staumauer. Ihre Jahreskapazität von 22 Megawatt entspricht dem Energiebedarf von 16 000 durchschnittlichen Haushalten. Mittlerweile ist der Edersee mit dem neu geschaffenen Nationalpark Kellerwald Nordhessens stärkster Touristenmagnet, der vor allem im Sommer viele Gäste aus den Niederlanden anzieht.

Die Sperrmauer unterhalb von Schloss Waldeck wurde zwischen 1907 und 1913 errichtet. Sie ist 400 m lang, an die 50 m hoch und bis zu 36 m dick. An die tausend Arbeiter aus ganz Europa waren auf der Baustelle beschäftigt. Die festliche Mauer-Einweihung wurde dann für den 15. August 1914 anberaumt, fiel aber wegen des Ersten Weltkriegs ins frisch angestaute Wasser, das sich in der Folgezeit auf 12 Quadratkilometer ausdehnte. Es überflutete dabei etliche Einzelhöfe und drei komplette Dörfer, die in Jahren mit niedrigem Wasserstand noch immer zu besichtigen sind: Berich, Bringhausen und Asel.

Die 700 Einwohner hatten dem Stausee weichen müssen. Man siedelte sie in höher gelegene Ortschaften um. Ihre alten Häuser wurden anschließend von kaiserlichen Pionieren gesprengt und die Gräber auf den Friedhöfen mit Beton verschlossen. Wegen der Pietät.

Die Alliierten des Zweiten Weltkriegs hielten den Waldecker Stausee offenbar für einen kriegswichtigen Teil der Infrastruktur und bombten im Mai 1943 ein 70 m breites Loch in die Sperrmauer. Die Wassermassen schossen zu Tal und rissen etliche Bauernhöfe mit. 29 Menschen ertranken. Die Royal Air Force setzte für den Angriff spezielle Rotationsbomben ein, die wie flache Steine über die Wasserfläche sprangen und so ihr Ziel erreichten. Auf den Seen des schottischen Hochlands hatten die Piloten dafür lange geübt.

1 Nach: Eckhart G. Franz (Hrsg.), Die Chronik Hessens, Dortmund 1991, S. 322 und: www.wsa-minden.de/talsperren.htm

Wallenrod siehe Lauterbach.

Walluf
65396, Rheingau-Taunus-Kreis. 5763 Einwohner.
Gemeindeverwaltung: Mühlstraße 40.
Tel.: 0 61 23/7 92-0.

Die Garderobe der heiligen Elisabeth

befindet sich nicht an ihrem hessischen Wirkungsort MARBURG, sondern erstaunlicherweise in dem Rheingaudorf Walluf, genauer gesagt in der Pfarrkirche St. Martin. Am Sonntag nach Elisabeths Namenstag (19.11.) wird deshalb der Ortsteil Oberwalluf zum Ziel einer mehr oder weniger frommen Wallfahrt. In der Regel kommen dann an die hundert auswärtige Besucher. Ihre Verehrung gilt dem »Bußgewand der heiligen Elisabeth«, das nur an diesem einen Tag gezeigt wird.

Noch in den fünfziger Jahren öffnete man den sakralen Kleiderschrank nicht nur zu jenem »Heiligentag« Elisabeths von Thüringen, sondern auch am Pfingstmontag und am Tag nach Mariä Himmelfahrt. Doch davon ist die Pfarrgemeinde abgekommen. Der sommerliche Pilgerstrom floss immer spärlicher. Heute bilden die Kolping-Familien aus Langen und Wiesbaden-Biebrich den harten Kern der Wallfahrer. Sie kombinieren ihre alljährliche Elisabeth-Verehrung pragmatisch mit einer herbstlichen Rheingau-Wanderung und anschließender Kellerprobe.

Folgt man der überlieferten Legende, so schenkte der heilige Franziskus höchstselbst jenes Wallufer Gewand der mildtätigen thüringischen Landgräfin. Nach kirchlicher Lesart hat das Gewand im Reliquienschrein als »echt« zu gelten. Man müsse sich, schreibt der Kirchenhistoriker und Jesuit Josef Bruder, in diesem, wie in vielen ähnlichen Fällen, mit Sicherheit im weiteren Sinne begnügen. Eine gewisse Sicherheit ergebe sich ja bereits aus der Tatsache, dass das aus so schlichtem Material gefertigte Kleidungsstück über einen langen Zeitraum aufbewahrt worden sei. [1]

Das Bußgewand ist nur bei der jähr-lichen Wallfahrt zu sehen. Ansonsten bleibt der Schrein zu.

1976 wurde der »Bußrock« an die Staufer-Ausstellung in Stuttgart ausgeliehen. Mit modernen Untersuchungsmethoden wurde dabei auch das Alter des Gewebes bestimmt: es stammt tatsächlich aus dem 13. Jahrhundert. Laut Ausstellungskatalog handelt es sich bei der Rheingauer Reliquie »um ein für das hohe Mittelalter typisches Schlupfgewand (...) Das Kleidungsstück ist praktisch nur zur Hälfte erhalten, vorne ist vom Halsausschnitt ausgehend bis zur Hüfte der rechte Teil entfernt. Die Rückseite ist ähnlich reduziert, das Rückenteil besteht jedoch aus vier zusammengesetzten Flicken.(...) Die Oberfläche des Wollstoffs ist durch und durch mit Löchern versehen und nachgedunkelt (...) Darunter noch Reste eines alten Leinenfutters.« [2]

Das Elisabeth zugeschriebene »Schlupfgewand« kam erst 1803 in die Pfarrkirche von Oberwalluf. Bis dahin wurde es im nahen Kloster Tiefenthal aufbewahrt und verehrt. Im Zuge der Säkularisierung war das Zisterzienserinnen-Kloster jedoch aufgelöst worden. Der damalige Gemeindepfarrer von Oberwalluf bemühte sich daraufhin erfolgreich um die Überlassung der Reliquie und des klösterlichen Elisabeth-Altars. Anfänglich kamen die Wallfahrer nun auch in die dörfliche Martinskirche. Doch das zuständige Bistum Limburg stand jeglicher Reliquienverehrung skeptisch gegenüber. In zahlreichen Schreiben warnte die Kirchenleitung ihre Ortspfarrer vor Auswüchsen der Heiligenverehrung und religiös verbrämtem Aberglauben. Mitte des 19. Jahrhunderts war die Bußgewand-Verehrung schließlich in Vergessenheit geraten. Erst 1872 bemühte sich der amtierende Pfarrer um eine Wiederbelebung der Wallfahrten, die das Bistum dann nach eingehender Prüfung auch gestattete. So kam es, dass das Bußgewand am Elisabethtag des Jahres 1872 erstmals wieder in Oberwalluf ausgestellt wurde. Schließlich gelang es dem Pfarrer sogar, den mit der früheren Verehrung im Kloster Tiefenthal verbundenen Sünden-Ablass erneut bestätigt zu bekommen. Das noch existierende Schreiben von Papst Pius VII. aus dem Jahre 1803 wurde als authentisch anerkannt und damit allen Wallfahrern ermöglicht, »unter den gewöhnlichen Bedingungen einen vollkommenen Ablass in der Pfarrkirche zu gewinnen«. Heute bleibt diese Möglichkeit den Elisabeth-Pilgern jedoch versagt. Die römisch-katholische Kirche hat das Ablass-Wesen stillschweigend ad acta gelegt.

1 Nach: Kath. Pfarrgemeinde St. Martin, Walluf (Hrsg.), Festschrift zum 100-jährigen Kirchweihfest der Pfarrkirche St. Martin Oberwalluf, Walluf 2001 (Hauptstr. 37, 65396 Walluf, Tel.: 0 61 23/99 00 50).

2 Ebenda.

Wiesbaden
Hessische Landeshauptstadt.
267 467 Einwohner. 🛏 4743.
Verkehrsbüro: Rheinstr. 15. Tel.: 06 11 / 1 72 97 80.

Die Blutlinde von Frauenstein

Frauenstein ist Wiesbadens westlichster Stadtteil und würde von jedem Wandersmann für ein eigenständiges Rheingau-Dorf gehalten, stünde nicht Gegenteiliges auf dem Ortsschild.

Frauensteins Kirchplatz wird seit jeher von einer gewaltigen Linde überragt, die der Sage nach dem blutigen Ende einer jungen Liebe entspross.

Es war ein adeliges Fräulein, das einem Frauensteiner niederer Herkunft verfallen war. Allabendlich wurden arglose Nachtigallen Zeugen jener heftigen Liebe, die jedoch ein jähes Ende fand, als der alte Graf der Tochter auf die Schliche kam. Er stellte die beiden, und ein Wort gab das andere, bis dem wütenden Vater nichts mehr einfiel. Wortlos zog er sein ritterliches Schwert und stieß es dem jungen Frauensteiner in die Brust. Voll Jammer warf sich die Maid über den Leichnam, doch ihre Tränen vermochten ihn nicht wiederzuerwecken. Da brach sie einen jungen Lindenzweig und steckte ihn in den blutgetränkten Boden. Dann ging sie, um ihre Jugend und ihren

Gram hinter Klostermauern zu begraben. Der Zweig jedoch schlug Wurzeln und wuchs zum Baum heran.

Noch sein ganzes Leben lang soll das Edelfräulein um den ermordeten Geliebten geweint haben. Und so lange auch soll immer dann, wenn ein Zweig vom Baum gerissen wurde, rotes Blut herausgeflossen sein. »Blutlinde« nennen die Frauensteiner deshalb den alten Baum.

Fachleute schätzen das Alter der Linde auf dem Frauensteiner Kirchplatz auf über 1000 Jahre. Der weit ausladende Baum ist 15 Meter hoch und hat eine Kronenbreite von 17 Metern.

Die »Erbenheimer Acht«

sind etwa 10 cm große menschliche Tonfigürchen aus der Hallstattzeit. Man fand sie 1988 in der Flur »Kühunter« westlich von Wiesbaden-Erbenheim in etwa zwei Meter Tiefe zusammen mit vielen Keramikteilen. Die »Männchen« und »Weibchen« sind deutlich unterschieden, walzenförmig geknetet und haben nur Stummelärmchen. Vermutet wird eine kultische Bedeutung.

Im »Kühunter« lag eine große hallstattzeitliche Siedlung, auf deren Reste man immer wieder bei Bauarbeiten stößt.

Frankenschatz im Beton. Die Kaimauer von Wiesbaden-Biebrich.

430

Der Frankenschatz von Biebrich

Vor gut 80 Jahren wurde am Rheinufer von Wiesbaden-Biebrich ein schier unermesslicher Schatz gefunden. Und trotzdem wird noch immer nach ihm gesucht.

Angefangen hat die bizarre Geschichte im Frühjahr 1921. Die Farbenfabrik Kalle ließ damals einen neuen Ladekai bauen. Die Darmstädter Baufirma stand unter Zeitdruck, denn bis zum Frühjahrshochwasser sollten zumindest die Fundamente stehen. Bei der ganzen Unternehmung war auch ein Schaufelbagger im Einsatz, denn der Rhein musste an dieser Stelle vertieft werden, damit künftig die Lastkähne an den neuen Kai heran könnten.

Dieser Bagger förderte eines Morgens einen braunen, alten Ledersack zutage. Darin fanden sich ineinander verklumpte Metallscheiben, die der Polier kurzerhand für Schrott erklärte und in den Beton werfen ließ. Alles andere, so erklärte er später, hätte die Arbeit unnötig aufgehalten. Nach Feierabend holte sich der Baggerführer den Rest des »Schrottes«, der liegen geblieben war. Zu Hause wurde ihm klar, dass die Scheiben alte Münzen waren, und in den folgenden Monaten verhökerte er seine Mitbringsel: 46 Münzen, von denen zwei Dutzend auf verschlungenen Wegen ins Wiesbadener Museum kamen. Der einbetonierte Rest wird auf etwa 5000 Münzen geschätzt: Silber-Denare aus dem 8. Jahrhundert. Fränkisches Geld aus dem Reich Karls des Großen. Ein Silberschatz von unermesslichem Wert.

Die Archäologen sind sich einig, dass dieser enorme Geldbetrag bei einem Schiffsuntergang in den Rheinschlamm sank. Als Eigentümer wird ein friesischer Kaufmann vermutet, der nach einer einträglichen Handelsreise durch Italien rheinabwärts auf dem Heimweg war. Die Denare könnten aber auch Karl dem Großen gehört haben: Im Jahre 795 lud der nämlich die Edlen seines Reiches zu einer Dienstbesprechung auf eine nahe Rheininsel. Dabei ging es wohl auch um viel Geld. Und eben jene karolingische Staatskasse könnte im Rheinknie bei Biebrich versunken sein.

Schatzsucher sind bislang gescheitert, denn ihre Sonden orten im Beton der Kaimauer nur riesige Mengen Baustahl. Der Silberschatz verschwindet darin. Und so bleibt er denn weiterhin ungehoben. Der Stahlbeton hütet sein Geheimnis.

WEGWEISER: Die Tonfiguren sollen nach Abschluß ihrer Restaurierung dorthin, wo die fränkischen Münzen bereits sind, nämlich ins MUSEUM WIESBADEN, Friedr.-Ebert-Allee 2, Tel.: 06 11/3 68 21 70. Geöffnet DI 10–21, MI–SO 10–18. MO geschlossen.

Großsittiche und Amazonas-Papageien

gelten in Wiesbaden als quasi einheimische Vögel. Vor Jahrzehnten in kopulationsfähiger Menge irgendeinem Käfig entkommen, haben sie sich mittlerweile zu ansehnlichen Beständen vermehrt. Von den Halsbandsittichen und ihren etwas größeren Verwandten, den Alexandersittichen, wird mittlerweile vermutet, dass jener Käfig nicht in der Region stand: Man kennt ältere Populationen in Amsterdam und Düsseldorf und nimmt daher an, dass sie das Rheintal aufwärts gewandert sind. Inzwischen sieht man sie auch schon in Heidelberg und Mannheim, was diese These stützt. Während die kurzschwänzigen, quietschgrünen Gelbscheitel-Amazonen vor allem in der Innenstadt ansässig sind, bevorzugen die mattgrünen, langschwänzigen Großsittiche den Biebricher Schlosspark und die Rettbergsaue, eine unwegsame Insel im Rhein, die größtenteils unter Naturschutz steht. Alle drei Vogelarten fressen Obst, Beeren, Samen und Knospen. Und davon gibt es offenbar ganzjährig so reichlich, dass die Krummschnäbel überleben. Wärend der Brutzeit sind alle drei Arten paarweise unterwegs und im dichten Laub kaum auszumachen. Gut zu sehen sind die Vögel allerdings im Winter, wenn sie im Geschwader fliegen. Bis zu 100 Sittiche in einem Flug wurden schon gesichtet. Die Amazonen treten nur dutzendstark in Erscheinung. Als sichere Beobachtungsorte gelten der »Warme Damm« am Staatstheater und der Kurpark. Die beiden Großsittich-Arten sind häufige Kostgänger bei den Futterstellen im Biebricher Park. (Abb. S. 94)

Die Nassauer und das Grabmal
der Zarennichte

Hoch über Wiesbaden, dem einstigen Sitz der Herzöge von Nassau, steht eine vieltürmige Kirche mit goldenen Kuppeln: die »griechische Kapelle«, die eigentlich eher eine russische ist. Ihre Krypta birgt den Sarkophag der Herzogin Elisabeth von Nassau, Gemahlin des Herzogs Adolf, des letzten Regenten des Kleinstaates zwischen Taunus und Lahn.

Adolf hatte Elisabetha Michaelowna, die siebzehnjährige Nichte des Zaren, 1844 in St. Petersburg geehelicht. Nur ein Jahr später starb die schöne Russin am Kindbettfieber. Herzog Adolf ließ der geliebten Toten den Kirchenbau als Grabmal errichten. Baumeister Philipp Hoffmann entwarf ihn nach byzantinischen Vorbildern. Er baute über acht Jahre an seiner »griechischen Kapelle«. Erst 1855 glänzten auf dem Neroberg die Kuppeln mit dem orthodoxen Kreuz.

Die Kapelle über Wiesbaden ist aber auch so etwas wie das Grabmal des alten Nassau; denn schon elf Jahre nach ihrer Fertigstellung verschwand das Herzogtum endgültig von der Landkarte. Die große Parforcejagd des Jahres 1866 rund um das Jagdschloss Platte brachte bereits die düstere Vorahnung: Als der Herzog die Strecke abschritt, lag da auch die sorgsam gehegte »weiße Hindin«, die der Volksmund das »Glück von Nassau« nannte. Ein preußischer Major, so berichtet die Chronik, soll die Hirschkuh aus Versehen erschossen haben. Noch im gleichen Jahr marschierten die Preußen ein, denn das Herzogtum hatte sich im »Bruderkrieg« auf die Seite Österreichs geschlagen – und das war dann leider die Verliererseite. Adolf musste abdanken. Nassau verkam zu einer preußischen Provinz. Aber der Herzog a. D. und die Seinen nagten darob nicht am Hungertuch.

Das Wappen des Hauses Nassau auf dem Wiesbadener Schlossplatz.

Preußenkönig Wilhelm, der spätere Kaiser Wilhelm I., entschädigte seinen amtsenthobenen Neffen mit acht Millionen Talern und ließ ihm zum Trost für den Image-Verlust die Schlösser Biebrich, Königstein und Weilburg als private Immobilien.

Am 23. November 1890 gelang dem Nassauer Adolf dann ein glänzendes Comeback: Er avancierte zum Großherzog von Luxemburg. Den späten Karriereschub verdankte Adolf einem weitläufigen Verwandten, dem König der Niederlande und Großherzog von Luxemburg, Wilhelm III. Jener Wilhelm aus dem Hause Nassau-Oranien war schon alt und tattrig, seine Söhne waren allesamt gestorben, und seine Tochter Wilhelmina konnte nach Luxemburger Reglement nicht Großherzogin werden. Ein männlicher Nassauer musste es sein, und so traf es den alten

Adolf, der sich 72-jährig schon auf dem Altenteil wähnte. Noch heute sitzen die Seinen auf dem Luxemburger Thron.

Wilhelmina verschmerzte dessen Verlust allerdings problemlos: Sie wurde Königin der Niederlande, in deren Nationalhymne noch heute ein »Wilhelmus von Nassaue« besungen wird. Jener kämpfte im 16. Jahrhundert für die Freiheit der protestantischen Niederlande und ging, wortkarg wie er war, als »der Schweiger« in die Geschichte des Hauses Nassau-Oranien ein. Sein Denkmal steht – bezeichnenderweise – am Seiteneingang des redseligen Hessischen Landtags, der sich im Wiesbadener Stadtschloss der Nassauer breit gemacht hat. Der Fassaden-Löwe am Parlamentsgebäude ist denn auch mitnichten das gestreifte Wappentier Hessens, sondern der goldene Löwe von Nassau.

Nachtrag über das »Nassauern«

Das »Nassauern«, verstanden als das unbotmäßige Profitieren vom Gut anderer, wird zu Unrecht den Landeskindern des Herzogtums angelastet. Entstanden ist dieser Begriff nämlich in der Universitätsstadt Göttingen, wo dereinst die Nassauer Studenten als einzige mit herzöglichen Stipendien versehen waren. Und die schlossen Kost und Logis ein. Bei Nassauer Studiosi war deshalb immer gut mitzuessen. Das »Nassauern« ist also de facto ein Verhalten, das logischerweise nur Nicht-Nassauer an den Tag legen können.

Willingen
34508, Landkreis Waldeck-Frankenberg.
6203 Einwohner. 🛏 6249.
Kurverwaltung: Korbacher Str. 10. Tel.: 0 56 32/4 01 80.

Die arme Thusnelda auf der Schwalenburg

Im Waldecker Upland erzählen sich die Leute, der mit den Römern verbündete Cheruskerhäuptling Segestes habe einst in der Schwalenburg seine Tochter Thusnelda gefangen gesetzt. Damit, so wird vermutet, wollte er den berühmten Hermann, den Sieger vom Teutoburger Wald, gehörig unter Druck setzen. Jene arme Thusnelda war nämlich mit Hermann vermählt und hat damals gegen die verräterische Politik ihres Vaters öffentlich vom Leder gezogen. Die Untat brachte Segestes aber nur Schimpf und Schande und mehrte den Ruhm des großen Hermann. Der befreite sein Eheweib schließlich aus den Klauen des Alten und führte ihn seiner gerechten Strafe zu.

Germanen auf den Upland-Bergen

bei Willingen-Schwalefeld gehören nach allem, was man weiß, ins Reich der Sage. Die noch gut sichtbaren Wallanlagen der Schwalenburg stammen aus dem frühen Mittelalter. Lediglich der verschliffene Wallrest auf dem weiter nördlich gelegenen Hegeberg ist mutmaßlich älter. Die Archäologen datieren ihn in die vorrömische Eisenzeit, eine Zeitspanne zwischen 800 und etwa 20 v. Chr. aus der es auch im Umland keine germanischen Funde gibt.

Die drei Wallringe auf der Schwalenburg umschließen eine Fläche von sechs Hektar. Der mittlere Ring ist der älteste Teil der Anlage, die »zu den eindrucksvollsten frühgeschichtlichen Befestigungen Mitteleuropas«[1] gehört. Im Wall fanden die Wissenschaftler eine Trockenmauerfront aus Schieferblöcken. Das Baumaterial stammt nicht von der Bergkuppe. Eine große Toranlage im Nordostbereich des Walles ist noch gut zu erkennen. Der innere Wall ist nahezu kreisförmig und weist Reste eines Tores mit sichtbaren Mauerstücken auf. Die »Borgh zu Schwalefeld« wird im Landregister von 1537 als mit Wald bestandener

Berg erwähnt. Urkunden aus dem 17. Jahrhundert berichten von dreifachen Wällen und Gräben. Die Schwalenburg hielt man lange Zeit für den Stammsitz des Hauses Waldeck, da sich die Waldecker Grafen »ursprünglich nach ihrer allerdings im Lipperland gelegenen Burg von Schwalenberg nannten«.[2]

1 Rolf Gensen, Die Schwalenburg bei Schwalefeld im Upland, Wiesbaden 1980 (Archäologische Denkmäler in Hessen, Heft 11).
2 Ebenda.

Zu Unrecht vergessen: Carl Friedrich Hahnenweg

Kaum einer von jenen, die sich hin und wieder die ungesättigten Fettsäuren eines Galloway-Steaks auf der Zunge zergehen lassen, denkt dabei an jenen Oberschlesier, dem dieser ernährungsphysiologisch

Galloways auf der Weide.

437

Schön aber verhängnisvoll: Mary Lou O'Connors-Delaforce. Ein Foto aus besseren Tagen: C. F. Hahnenweg kurz nach seiner Ankunft im Upland.

wertvolle Genuss zu verdanken ist: Carl Friedrich Hahnenweg

Denn der Weg der Galloways begann keineswegs in den Weiten Schottlands. Die Wiege des breitklauigen Rindes stand in Wahrheit im nordhessischen Waldeck.

1908 hatte Hahnenweg die aus Inverness/Schottland stammende Gesangslehrerin Mary Lou O'Connors-Delaforce geheiratet. Kurz darauf verließ er seine oberschlesische Heimat und zog sich mit seiner jungen Frau in die Einsamkeit des Waldeck'schen Uplands zurück. Anfangs ging alles gut, doch über die Jahre wuchs in Mary Lou die Sehnsucht nach den dunklen Himmeln Schottlands. Es war Hahnenwegs übergroße Liebe, die ihn dazu trieb, allen Widrigkeiten zum Trotz ein schottisches Hochlandrind auf seinen Uplandhof zu holen. Nur ein einziges Tier dieser breithornigen Rasse konnte er mühevoll impor-

tieren, denn 1915 lag das Kaiserreich mit England im
Krieg. Es war ein junger Bulle, der das Heimweh der
jungen Schottin lindern sollte: ein Rindvieh aus der
Heimat. Hahnenweg suchte nach passender Gesellschaft für den Highland-Stier und stieß dabei auf das
ebenfalls kleinwüchsige Upland-Rind. Eine alte
Rasse, die heute ausgestorben ist. Diese hornlosen
Tiere kreuzte er mit dem Highlander. Heraus kamen
kompakte, wuschelige Rinder – ohne Hörner, aber
dafür winterfest. Kurz darauf brach die Ehe auseinander. Hahnenwegs Frau brannte mit dem Tierarzt
durch. In Nacht und Nebel flohen die beiden in Mary
Lous schottische Heimat. Zu allem Überfluss taten sie
dies in Hahnenwegs Viehtransporter, auf der Ladeflä-
che zwei trächtige Kühe. Die Spuren des Oberschle-
siers verlieren sich nun. Auch die verbliebene Herde
kam offenbar in die Wurst.

Mary Lou und ihr Veterinär jedoch gründeten
1920 bei Inverness einen Rindermastbetrieb. Durch
ihren schonenden Tritt und den selektiven Biss
waren die mitgebrachten Waldeck-Hybriden den
einheimischen Highlands überlegen. So begann der
Siegeszug jener ausdrucksstarken Rasse. Der Tierarzt
hatte Hahnenweg zwar gehörnt, aber doch dafür
gesorgt, dass er in seinen hornlosen Rindern weiterlebt. Den Namen »Hahnenweg« übersetzte er halb
italienisch, halb englisch mit »Galloway«. Und so
heißen die Viecher heute noch. [1]

1 Bei dieser Geschichte handelt sich um ein hessisches Geheimnis,
  dessen Fakten keiner Überprüfung standhalten. Vgl. taz v.
  13.12.95, v. 15.12.95, v. 18. u. 19.12.95, jeweils S. 20.

439

Wolfhagen

34466, Landkreis Kassel. 12 329 Einwohner. 🛏 239.
Verkehrsamt: Burgstr. 33–35. Tel.: 0 56 92/6 02 26.

Die guten Hollen

Die Wichtelmännchen, diese allerorten verbreiteten Wesen des unsichtbaren Reichs der Geister, finden sich auch zwischen Wolfhagen und Volkmarsen, aber unter anderem Namen, denn sie heißen hier die guten Hollen. Wie weit sich dieser Name erstreckt, ob er sich noch weiter gegen Niedersachsen findet, was wahrscheinlich ist, vermag ich nicht zu bestimmen. Ich gebe hier wieder, was ich von Einwohnern aus Niederelsungen erfahren habe.

Die guten Hollen sind kleine Leute mit dicken Köpfen. Sie wohnen hoch an Berggipfeln in Höhlen, welche durch unterirdische Gänge mit den Tälern verbunden sind. Durch diese Gänge steigen sie in die Dörfer und holen aus den Häusern, was sie brauchen. Was sie nicht brauchen, das geben sie denen, welchen sie wohlwollen. Sie sind im allgemeinen gutmütig, aber rachsüchtig, sobald sie beleidigt werden. Als einst ein Bauer seine Früchte einfuhr und sah, wie einer dieser Kleinen zu helfen bemüht war, aber nur Ähre um Ähre in die Scheune trug und dennoch unter der Last keuchte, verspottete er ihn und wies auf seine Knechte hin, die ihre Schultern mit ganzen Garben beluden; da sagte der Kleine: »Das hättest du denken, aber nicht sagen sollen.« Und er stahl ihm nun Ähre um Ähre aus der Scheune und machte den Mann arm.

Vor der Taufe suchen sie die Kinder der Menschen zu stehlen und von den Ihrigen an deren Stelle zu legen. Einst hatte ein solcher Tausch stattgefunden; das Kind hatte einen dicken Kopf, lernte nicht sprechen und spielte am liebsten in der Asche. Nur wenn die Eltern abwesend waren, kamen die guten Hollen und spielten mit dem Kinde, das dann auch sprach. Aber die Eltern, denen das Kind verhaßt war, quälten dasselbe so lange, bis die guten Hollen es holten und das gestohlene wieder brachten. Um solche Wechsel zu verhüten, ist in jener

440

Der Menhir von Wolfhagen-Istha.

Gegend, namentlich in Niederelsungen, der Gebrauch, bis zur Taufe des Kindes stets ein brennendes Licht zu unterhalten.

Die guten Hollen kennen alle Kräuter und ihre Kräfte, namentlich die Springwurzel, vermittelst der man Schlösser zu öffnen vermag.

Der Gebrauch, ein brennendes Licht bis zur Taufe des Kindes zu unterhalten, findet sich hin und wieder auch in Oberhessen und in der Grafschaft Ziegenhain und wird dort als Schutzmittel gegen Wichtelmännchen betrachtet. Man sieht, dass beide Namen nur ein und dasselbe bezeichnen. [1]

Eine der ältesten Kirchen Hessens

stand auf dem Schützeberg etwa 2,5 km nordöstlich von Wolfhagen. Sie war dem heiligen Petrus geweiht und gehörte zum Archidiakonat Fritzlar. Aufgrund der herausgehobenen Berglage wird angenommen, dass der Kirchenbau von einer Wehrmauer umgeben war. Heute sind nur noch Schuttreste zu sehen.

Der Ringwall auf dem Burgberg

bei Niederelsungen wird der Eisenzeit zugerechnet. Genaueres weiß man nicht, da bislang datierbares Fundmaterial fehlt. Drei noch erkennbare Terrassenwälle verlaufen im Abstand von 20 bis 30 Metern und schützen die Südseite des Berges.

Beim Menhir von Istha

handelt es sich um eine Stein-Stele ungeklärten Alters. Die Muster bestehen aus Doppellinien, die einen eingeritzten Kreis durchqueren. Denkbar ist die Deutung als Schultergurt, der über einen Schild geführt wird. Die Archäologen vermuten, dass er aus der frühen Bronzezeit stammt, sehen aber auch Ähnlichkeiten mit Symboldarstellungen aus keltischer Zeit.

Die mysteriöse Stele befindet sich im MUSEUM WOLFHAGEN.

1 Aus: Zeitschrift des Vereins für hessische Geschichte und Landeskunde, Bd. 2, Kassel 1838.

Zierenberg

34289, Landkreis Kassel. 6616 Einwohner. 🛏 250.
Verkehrsamt: Marktplatz 5. Tel.: 0 56 06/8 79 55.

Über das Niedersächsische in Hessen

Links der Fulda läuft die Sprachgrenze mit der politischen, bis wir jenseits des Dörnbergs in das Quellgebiet der Diemel treten. Hier ist die sächsische Sprache in besonders auffallender Weise über die Grenze vorgedrungen. Es gehören ihr hier nicht nur die beiden Städte Zierenberg und Wolfhagen, worauf ich allerdings weniger Gewicht legen will, sondern auch die Dörfer Oberelsungen, Notfelden, Alten-, Wenigen- und Burghasungen, Ehlen, Oehlshausen, Istha, Bründersen und Ippinghausen. (...) Wie das geschehen, ist jetzt nicht mehr zu erklären, und nur von Ippinghausen ist bekannt, dass es nach langem Wüstliegen durch Kolonisten aus dem westfälischen Sauerlande wieder angebaut wurde. (...) Indes ist auch die im hessischen Dialekte hervorgehobene sächsische Färbung keineswegs über den ganzen Gau bemerklich und verschwindet mehr und mehr, je weiter man sich von der sächsischen Grenze entfernt.[1]

Wie die Wichtelkirche entstand

An der Nordwestseite des Dörnbergs erhebt sich der Blumenstein, ein kahler Basaltfelsen, der die Gestalt einer Kirche hat und daher vom Volke »Wichtelkirche« genannt wird. In dieser Gegend lebte vorzeiten ein Wichtelkönig mit zahlreichem Gefolge, und der hatte sich Hals über Kopf in eine Zierenberger Jungfrau verliebt. Die nun war einer Verbindung mit dem vermögenden kleinen König durchaus nicht abgeneigt, schreckte aber vor dessen heidnischem Glauben zurück. Wenn nur das der Grund ihrer Ablehnung sei, sagte der Wichtelkönig, dann solle ein Priester ihnen den Segen in einem Kirchlein geben. Die Hochzeit wurde zur Johannisnacht verabredet, und in der Zwischenzeit baute das Wichtelvolk über der Quelle des Heilerbaches ein prunkvolles Traukirchlein. Der Mittsommervollmond erhellte die Landschaft, als das Paar in das Innere der Kapelle schritt, süße Melodien ertönten aus ihr über Feld und Wald. Trotz aller Pracht beschlich die Braut aber ein ungutes Gefühl, denn alles schien ihr irgendwie kalt und seelenlos. Auch der Priester machte einen befremdlichen Eindruck. Als er sie dann zum feierlichen Jawort aufforderte, stöhnte sie: »Nein!«

Im selben Augenblick erfüllte ein heftiger Donnerschlag das Kirchlein, Blitze zuckten, die Lichter erloschen, und selbst der Vollmond schien irritiert. Und da, wo eben noch die Kapelle in leuchtendem Bergkristall zur Hochzeitsfeier strahlte, erhob sich nun kahler Basalt in Gestalt einer Kirche. Am Morgen danach erwachte die Zierenberger Maid am Ufer des Heilerbachs und stellte erleichtert fest, dass sie noch immer ledig war. [2]

Der geheimnisvolle Hohlestein

liegt südöstlich des Dörnbergs versteckt im hohen Buchenwald. Der einzeln stehende, markante Basaltfelsen weist auf seiner »Gipfelplattform« eine mysteriöse »Wanne« auf, in der selbst in trockenen Sommern Wasser steht. Diese rechteckige Vertiefung stammt eindeutig von Menschenhand. Sie ist 2 Meter lang und ebenso breit und hat eine gleichmäßige Tiefe von 1,20 Meter

443

*Der Hohlestein bei Zierenberg.
Nur im Winter gibt der Buchenwald den Blick frei.*

(Abb. S. 86). In ihrem Umfeld fand man Keramik aus der Hallstattzeit und prähistorischen Hüttenlehm, darunter ein Stück mit Gewebeabdruck. Rund um den Fuß des Hohlesteins stieß man auf Reste eines geschlossenen Steinwalls. Wohnstätten hätten auf dem schroffen Fels wohl kaum Platz gefunden, und so geht die Archäologie davon aus, dass es sich hier um einen alten Kultplatz handelt. Seine Zeitstellung ist ungeklärt, denn die Hallstattfunde schließen eine weit frühere kultische Nutzung nicht aus. Die Geschichte der Menhire zeigt, dass »heilige Plätze« für die ansässige Bevölkerung aller Epochen Orte der Götterverehrung waren. Schon die Schamanen der Steinzeit könnten also auf dem Hohlestein ihre Geisterwelt kontaktiert haben.[3]

Der Hohlestein – ein geomantischer »Kraftplatz«
Ende des letzten Jahrhunderts vermaß der Rutengänger Christoph Ernst das Gipfelplateau des Hohlesteins mit den Methoden der Radiästhesie. Vor laufender Fernsehkamera ortete er mit einer Kunststoff-Wünschelrute geomantische »Kraftlinien« unterschiedlicher Qualität und markierte deren Verlauf mit farbigen Hölzern.

444

Das Resultat verblüffte selbst das hartgesottene Kamerateam des Hessischen Rundfunks: Alle Linien kreuzen sich exakt in der Mitte des künstlichen Beckens. Für Christoph Ernst ein eindeutiger Befund: Der Hohlestein ist ein »Kraftplatz«, ein Ort, an dem sich die Energien der Erde auf bemerkenswerte Art »bündeln«. Die Geomantie, zu Deutsch die »Lehre von den Erdkräften«, ortet solche »Bündelungen« an fast allen traditionell »heiligen Plätzen«. Der Aachener Dom und die Kathedrale von Chartres sind die bekanntesten Beispiele. So wie den Schamanen Eurasiens und den Druiden der keltischen Welt sei auch den Baumeistern christlicher Kirchen dieses alte Wissen geläufig gewesen. An Stätten archaischer Tieropfer habe die Erdenergie bisweilen eine solche Kraft, dass sie die Opfertiere schon vor dem Ritual in Trance versetzt, also buchstäblich »anästhesiert« habe.

Dörnberg und Helfensteine

Der 579 Meter hohe Dörnberg ragt weit über den Zierenberger Grund. Seine fast ebene Hochfläche umschließt ein flacher, kaum sichtbarer Wall. An seiner Ostseite markiert eine Unterbrechung des Wallverlaufs die Reste eines Tores. Nach Norden hin schließen sich zwei kürzere Abschnittswälle an. Gefunden wurden Spuren der jungsteinzeitlichen Michelsberger Kultur, Keramik der Spät-La-Tène-Periode und Scherben aus dem 8., 11. und 12. Jahrhundert. Die tiefer liegenden Wälle werden der Spät-La-Tène-Zeit zugerechnet. Man nimmt an, dass hier im letzten Jahrhundert vor der Zeitenwende der Hauptort des Kasseler Beckens war. Bei dem Wall entlang der Plateaukante geht man von einer mittelalterlichen Entstehung aus. Die weiter nördlich gelegenen Helfensteine umgab ebenfalls ein steinerner Wall. Im Umfeld dieser Felsen fand man Keramik aus dem letzten vorchristlichen Jahrhundert. Ähnlich wie beim Hohlestein wird hier ein kultischer Bezirk vermutet.[3]

1 Aus: Georg Landau, Beschreibung des Hessengaues, Kassel 1857.

2 Nach: Heimatbuch Wolfhagener Land, 1. Teil, 1966, S. 84 f.

3 Nach: Die Vorgeschichte Hessens, S. 503 f.

445

Literaturnachweis/Bücher zum Weiterlesen

Ament, Hermann: Ein alamannisches Gräberfeld an der Wende vom Altertum zum Mittelalter. Wiesbaden 1984 (= Archäologische Denkmäler in Hessen, Heft 41).

Archäologische Denkmäler in Hessen, Hefte 8, 10, 11, 18, 22, 25, 41, 50, 51, 60, 76, 77. Hrsg. vom Landesamt für Denkmalpflege Hessen. [Empfehlenswerte und preiswerte Führer zu einzelnen Monumenten der Vor- und Frühgeschichte. Themenliste erhältlich beim Landesamt für Denkmalpflege Hessen, Schloss Biebrich, 65203 Wiesbaden, Tel.: 06 11/69 06-0]

Bauer, Gerd: Das unsichtbare Land. Hessische Sagen neu erzählt. Frankfurt 2004 (Societäts-Verlag). [Erweiterte Neuausgabe von »Elfen um halb Zwölf«, Marburg 1994].

Bauer, Gerd u. a.: Das Hessenlexikon. Frankfurt 2000 (Eichborn). [Für 2006 ist eine erweiterte Neuausgabe in Vorbereitung.]

Bauer, Gerd u. a.: Die Geschichte Hessens. Frankfurt 2003 (Eichborn).

Becker, Siegfried: Hessische Sagen – Staatsgedanke und Landesbewußtsein im Spiegel der Rezeption der Volkskultur. In: Hessische Heimat, Heft 2/3 1988.

Bertling, Carl: Frankfurter Sagen- und Geschichtenbuch. Frankfurt am Main 1856.

Bindewald, Theodor: Oberhessisches Sagenbuch. Neue vermehrte Ausgabe. Frankfurt am Main 1873.

Blecher, G.: Der Fulder-Konrad. Kulturgeschichtliche Skizze. Friedberg o. J.

Bocle, Ludwig: Beschreibung einer Schülerwanderung im Jahre 1813. In: Wilhelm Diehl: Hessische Volksbücher, Band 9. Darmstadt 1908.

Börne, Ludwig: Sämtliche Schriften. Dreieich 1977.

Botheroyd, Paul u. Sylvia: Deutschland. Auf den Spuren der Kelten. München 1989.

Chronikbuch der Gemeinde Nieste. Nieste o. J.

Cunliffe, Barry: Die Kelten und ihre Geschichte. Bergisch Gladbach 1980.

Curtze, Louis Friedrich: Volksüberlieferungen aus dem Fürstenthum Waldeck. Arolsen 1860.

Dieffenbach, Ferdinand: Das Großherzogtum Hessen in Vergangenheit und Gegenwart. Darmstadt 1877.

Duller, Eduard: Das deutsche Volk in seinen Mundarten, Sitten, Bräuchen und Trachten. (Erstauflage um 1850). Nachdruck München o. J.

Enslin, Karl: Frankfurter Sagenbuch. Frankfurt 1856.

Fiedler Lutz: Ein Projekt der Abteilung Vor- und Frühgeschichte zur Altsteinzeitforschung in Edertal-Buhlen. In: Denkmalpflege in Hessen, Heft 1 1988.

Der Fliegenpilz. Ein kulturhistorisches Museum. Hrsg. v. Wolfgang Bauer u. a. Köln 1991.

Frauen ehren »Hexen«. Dokumentation über die Aufarbeitung unserer Frauengeschichte. Hrsg. v. Ilse Höbel u. a. Gelnhausen 1986.

Fröhlich, Hans Joachim: Wege zu alten Bäumen. Band 1: Hessen. Frankfurt 1990.

Führer zu archäologischen Denkmälern in Deutschland, Band 7 (Stadt und Landkreis Kassel), Stuttgart 1985, Band 8 (Der Schwalm-Eder Kreis), Stuttgart 1986.

Gensen, Rolf: Althessens Frühzeit. Frühgeschichtliche Fundstätten und Funde in Nordhessen (= Führer zur hessischen Vor- und Frühgeschichte 1). Wiesbaden: Landesamt für Denkmalpflege Hessen 1979.

Ders.: Die Schwalenburg bei Schwalefeld im Upland. Wiesbaden 1980 (= Archäologische Denkmäler in Hessen, Heft 11).

Die Geschichte Hessens. Hrsg. v. Uwe Schultz. Stuttgart 1983.

Geschichten, Märchen und Sagen rund um Lautertal. Hrsg. vom Fotoclub Lauterbach Verbindung mit dem Verkehrsverein Lautertal. 1986.

Gießener Sagen. Hrsg. v. H. Schüling. Gießen-Wieseck 1980.

Gorenflo, Roger M.: Der Rüsselsheimer Stadtpark. Rüsselsheim 1981.

Graichen, Gisela: Das Kultplatzbuch. Hamburg 1988.

Haerkötter, Gerd und Marlene: Wüterich und Hexenmilch – Giftpflanzen, Beschreibung, Wirkung, Geschichten. Frankfurt 1991.

Handwörterbuch des deutschen Aberglaubens. Hrsg. v Hanns Bächtold-Stäubli. Berlin 1927/1987.

Haller, J., Dannenbauer, H.: Der Eintritt der Germanen in die Geschichte. Berlin 1970 (= Sammlung Göschen, Band 1117).

Heimatbuch Wolfhagener Land. 1. Teil, 1966.

Hessen-Nassauische Sagen. Gesammelt u. hrsg. v. Paul Zaunert. Jena 1929

Hessische Sagen. 2. Reihe. Zusammengestellt v. Karl Bader. Darmstadt 1912

Hessische Sagen. Hrsg. v. Ulf Diederichs und Christa Hinze. Frankfurt u. Berlin 1986.

Hessische Volksdichtung in Sagen und Märchen, Schwänken und Schnurren. Gesammelt v. Philipp Hoffmeister. Marburg 1869

Hessisches Hausbuch. Hrsg. v. Diethard H. Klein. Freiburg 1982.

Heßler, Carl: Hessischer Sagenkranz. Sagen aus Kurhessen. 4. Aufl. Kassel 1928.

Justi, Karl-Wilhelm: Das Großherzogtum Hessen in malerischen Originalansichten. Darmstadt 1849.

Kappel, Irene: Jungneolithisches Erdwerk. In: Denkmalpflege in Hessen, Heft 2 1989.

Kauschat, Emma: Geschichten und Sagen um den Glauberg. Hrsg. v. Heimatverein Glauburg. Glauburg 1985.

Kehnscherper, Günther: Hünengrab und Bannkreis. 2. Aufl. Leipzig, Jena, Berlin 1990.

Klee, Margot: Der Limes zwischen Rhein und Main. Stuttgart 1989.

König, Heinrich J.: Gesammelte Schriften. Leipzig 1861.

Krönke, Rudolf: Königsteinerisches. Anekdoten, Geschichten und Lokalnotizen. Königstein/Ts. 1973.

Landau, Georg: Beschreibung des Hessengaues. Kassel 1857.

Luczyn, David: Magisch Reisen: Deutschland. Ein Führer zu Orten des Lichts und der Kraft. München 1991.

Lyncker, Karl: Deutsche Sagen und Sitten in hessischen Gauen. Kassel 1854.

Markale, Jean: Die Druiden. Gesellschaft und Götter der Kelten. München 1987.

Mithras in Nida-Heddernheim. Archäologische Reihe 6. Hrsg.: Museum für Vor- und Frühgeschichte Frankfurt am Main, 1986.

Mühlhause, Elard: Die aus der Sagenzeit stammenden Gebräuche der Deutschen, namentlich der Hessen. In: Zeitschrift des Vereins für Hessischen Geschichte und Landeskunde, Neue Folge 1, 1867.

Mythologie der Weltreligionen. Hrsg. v. Richard Cavendish, München 1981.

Pfister, Hermann von: Sagen und Aberglaube aus Hessen und Nassau. Marburg 1885.

Raetzel-Fabian, Dirk: Ein jungsteinzeitliches Erdwerk bei Calden. In: Jahrbuch des Landkreises Kassel 1990.

Reichenbacher Heimatbuch 1936.

Die Rodensteiner – Geschichte und Sagen. Hrsg. v. d. Interessengemeinschaft Heimatmuseum Rodenstein e. V., Fränkisch-Crumbach 1982.

Die Römer in Hessen. Hrsg. v. Dietwulf Baatz und Fritz-Rudolf Herrmann. Stuttgart 1982. 2. überarb. Aufl. 1989

Runkel, H.: Westerwaldsagen. Langensalza 1928.

Schmitt, Gerhard E.: Naturkundliche Wanderungen in Hessen. Marburg 1990.

Die Sage vom Rüsselsheimer Park. In: Die liebe Heimat, 1927, S. 24.

Schneider, Emil: Hessisches Sagenbüchlein. Marburg 1905. Neuausgabe hrsg. v. W. Heun u. H. Obermann, 1958.

Schneider, Peter: Höhlensagen aus Hessen. In: Karst und Höhle 1984/85. Beiträge zur Karst und Höhlenforschung in Hessen. Hrsg. v. Verband der Deutschen Höhlen und Karstforscher e. V. München.

Schreiber, Heinrich: Die Feen in Europa. Freiburg 1842. Nachdruck: Allmendingen 1981.

Söllner, Max: Wanderungen zu ur- und frühgeschichtlichen Stätten Oberhessens. Gießen 1981.

Stolterfoth, Adelheid von: Beschreibung, Geschichte und Sage des Rheingaus und Wisperthales, Mainz 1840. Neudruck: Christa Kleiper (Selbstverlag), Fischbacher Str. 29, 65779 Kelkheim.

Süßmann, Gustav: Die Affen des Herrn von Schlieffen – Legende oder Wirklichkeit? Staufenberg-Landwehrhagen 1983.

Tacitus: Germania (De origine et situ Germanorum liber).

Taunus-Sagenschatz. 190 Sagen erzählt von Helmut Bode. Frankfurt 1986.

Die Vorgeschichte Hessens. Hrsg. v. Fritz-Rudoplf Herrmann u. Albrecht Jockenhövel. Stuttgart 1990.

Wehrhan, Karl: Sagen aus Hessen und Nassau (Eichblatts Deutscher Sagenschatz, Band 5), Leipzig-Gohlis 1922.

Weber-Kellermann, Ingeborg/Stolle, Walter: Volksleben in Hessen 1970. Göttingen 1971.

Wolf, Johann Wilhelm: Hessischen Sagen. Göttingen/Leipzig 1853.

Zeitschrift des Vereins für Hessische Geschichte und Landeskunde, Band 1, Kassel 1837, Band 2, Kassel 1838.

Abbildungsnachweis

S. 16: Nach: K. Günther, Museum Bielefeld. S. 17, 338: Nach: Die Vorgeschichte Hessens, hrsg. v. Fritz-Rudolf Herrmann und Albrecht Jockenhövel, Stuttgart 1990. S. 19: Nach: Broschüre Joanneum Graz, S. 4 (links), Wels-Weyrauch, PBF XI/1 (rechts). S. 21: Quelle: Taunusklub Stammklub e.V., Grafik: Uwe Timper. S. 24: Zeichnung: Sunhild Kohz. S. 34: Zeichnung: Eckhart Munz. In: Die Geschichte Hessens, hrsg. v. Uwe Schultz, Stuttgart: Theiss Verlag, 1983. S. 39, S. 41, S. 90: Foto: Jochen Schmidt S. 40, 263: Zeichnungen: Gerhard Exel. S. 45: Museum für Vor- und Frühgeschichte, Frankfurt. S. 49: Foto: Kath. Pfarramt St. Bonifatius, Fritzlar-Ungedanken. S. 51, S. 62, S. 82, S. 93, S. 205, S. 373: Landesamt für Denkmalpflege Hessen. S. 52, S. 399: Foto: Anne-Katrin Schleuning. S. 61: Zeichnung: Karin Mansel. S. 64, S. 175: Foto: Archäologisches Museum Frankfurt. S. 73: N.G. Elwert Verlag, Marburg. S. 80, 81, 84, 85: Reproduktionen nach »Rome's Enemies. Germanics and Dacians«, »Rome's Enemies (2). Gallic and British Celts« »Men-at-Arms-series« (129 und 158). Farbzeichnungen von Angus Mc Bride, Osprey Publishing, London. S. 83, S. 87, S. 88, S. 89, S. 292, S. 321, S. 337 Foto: Cool Spot. S. 86 Foto: Matthias Moos, Forsthaus Wilhelmsthal. S. 91, S. 64: Foto: Alfred Benner. S. 92: heilige Kümmernis. S. 94: Fotos: Dieter Zingel. S. 95: Foto: Physikalischer Verein Frankfurt. S. 99: Aus: Höchst an der Nidder von Wilhelm Raithel, S. 32. S. 101: Hessisches Landesmuseum Darmstadt. S. 106, 107: Nach: Die Römer in Hessen. Hrsg. v. Dietwulf Baatz und Fritz-Rudolf Herrmann. 2. überarb. Aufl. Stuttgart 1989. S. 113: Aus: Bad Schwalbach, Lord Carnarvon und das Grab des Tut-ench-Amun von Manfred-Guido Schmitz, Titelbild. S. 117: Aus: Die farbigen Naturführer – Bäume, S. 153. S. 121: Foto: Klaus-Dieter Arnold. S. 127, S. 237, S. 289, S. 309, S. 351, S.353, S. 434 Fotos: Landwirtschaftsverlag Hessen GmbH. S. 130: Nach Ch. Schlott, 1984. S. 131: Illustration Biebertal. S. 133:

Aus: Stern 13/2001 S. 140: Zeichnung: Dr. Lutz Münzer, Marburg. S. 142: Foto: Wolfgang Fuhrmannek. S. 145 Foto: Hechelmann. S. 149, 158: Aus: Denkmalpflege in Hessen, Heft 2, 1989, Heft 1, 1988. S. 151: Roßdorf, Darmstadt. S. 154: Foto: Heimatforscher Daum. S. 156: Zeichnung: Klaus Ulrich, Dreieich-Museum. S. 165: Notgeld. S. 169: Aus: Odenwälder Weihnachtsbuch, Ober-Ramstadt 1991. S. 178 Apfelwein. S. 183: Zur Verfügung gestellt von Irene Kappel, Landesmuseum Kassel. S. 187: Foto: Erich Gutberlet. S. 189: Foto: United Food Technologies AG. S. 190 Questenberg S. 193: Ortsarchiv der Gemeinde Questenberg. S. 199, 254, 276, 294, 313, 319, 429: Aus: Daniel Meisner und Eberhard Kieser, Thesaurus Philopoliticus oder Politisches Schatzkästlein, Frankfurt a. M., 1625–1626 und 1627-1631. S. 211: Staatl. Kunstsammlungen Kassel. S. 218: Nach H.-J. Hundt. S. 222 Foto: Dirk und Gabi Weiss. S. 233: Landesamt für Denkmalpflege Hessen, Wiesbaden. S. 239: Zeichnung: Ev. Kirchengemeinde Mümling-Grumbach. S. 247: Foto: Uffelmann. S. 256: Foto: Stadt Museum Kelsterbach. S. 258: Aus: Beschreibung, Geschichte und Sage des Rheingaus und Wisperthales, Mainz 184. S. 262: Zeichnung: Stefan Andreas Theis.

S. 269: Verein für Heimatkunde e.V. Königstein. Foto: Franz Schilling. S. 272: Foto: Joachim Kaiser, Korbach. Mit freundlicher Genehmigung des Magistrats der Stadt Korbach. S. 278: Postkarte Vampire, Globetrotter. S. 283: Aus: Wenn Zwerge Meinung machen ...

S. 295: Aus: neue Ausgrabungen in der Megalithanlage „Heilige Steine" bei Muschheim (Lkr. Gießen) von Manfred Menke Beilage 3. S. 298: Foto: Anneliese Pappe-Fischer. S. 302: Aus: Der historische Freistaat Flaschenhals. S. 304: Foto aus: Pareys Vogelbuch, S. 355. S. 306: Aus: Mainz. Die amputierte Stadt, S. 17. S. 308: Nach: Archäologische Denkmäler in Hessen, Heft 76. S. 324: Kopie Heuneschüssel. S. 331: Otto Weber, Ober-Ramstadt. S. 338 Münzenberg. S. 357: Fotos: Jürgen Bahlo, Römisch-Germanische Kommission, Frankfurt. S. 358: Aus: Das Heidetränk-Oppidum, S. 87. S. 361: Foto: dpa.

S. 363 Natter. S. 368. S. 377: Foto: Heinz-Günter Mebusch. S. 380 S. 383 S. 387: Monopteros S. 391: Aus: Die Seekuh (Sirene) von Schauenburg-Hoof (Broschüre der Gemeinde Schauenburg). S. 405: Pfingstmännchen S. 409, S. 410, S. 411: Foto: Otto Kraus. S. 413: Aus: damals auf dem Kühkopf, Innenseite des Titelblatts. S. 417: Altenstein, Zeitungsfoto. S. 419: Rhönrad S. 421: Trendelburg S. 427: Fotostudio Eugen Duell. S. 430: Foto: Gerd Bauer. S. 437: Erzeugergemeinschaft Naturrind Vogelsberg. S. 438: Foto: Hahnenweg, Mary Lou. S. 441: Foto: A. Weidemeyer. S. 444: Fotos: Axel Götte.

Register

Bereits im Societäts-Verlag erschienen:

Gerd Bauer
Das unsichtbare Land

Gerd Bauer hat die schönsten
Sagen aus Hessen gesammelt
und sie neu erzählt. Nach
Landschaften aufgeteilt findet
man darin bekannte und unbekannte, neue, alte und uralte Sagen. Es ist eine liebe-
volle, manchmal auch freche
Hommage an ein unbekanntes
Hessen und seine zauberhaf-
ten Bewohner.

Gerd Bauer
Das unsichtbare Land
Hessische Sagen - neu erzählt
272 Seiten, gebunden mit Schutzumschlag
€ 19,90
ISBN 3-7973-0893-0

Bereits im Societäts-Verlag erschienen:

Olivia Kroth
Zeitreisen im Taunus

Der Taunus ist durch einen Dreiklang geprägt: Die eigenwillige Natur, der Wechsel der Jahreszeiten und zahlreiche Persönlichkeiten, die hier lebten, gaben und geben der Region ein eigenwilliges und einzigartiges Flair. Olivia Kroths kleine Kulturgeschichte des Taunus führt den Leser durch den ganzen Reichtum dieser Landschaft. Ihr Buch, in dem sie Gedichte und Geschichten, Sagen und Märchen kunstvoll miteinander verknüpft, ist eine kulturelle Zeitreise, die den Taunus in seiner ganzen Vielfalt entdecken lässt.

Olivia Kroth
Zeitreisen im Taunus
Kleine Kulturgeschichte der Region
zwischen Rhein, Main und Lahn
300 Seiten, gebunden mit Schutzumschlag und zahlreichen Abbildungen
€ 17,90
ISBN 3-7973-0809-4

Bereits im Societäts-Verlag erschienen:

Olivia Kroth
Märchenschlösser und Dichterresidenzen

Olivia Kroth entfaltet mit Kommentaren und zahlreichen Originalzitaten die Geschichte der „Taunusliteratur". Entstanden ist ein Reiseführer der besonderen Art: Kurzweilig und tiefsinnig führt er an Märchenschlössern und Hexentürmen, Dichterresidenzen und keltischen Ringwällen vorbei und nimmt seine Leserinnen und Leser mit auf eine literarische Entdeckungsreise.

"Das Lesebuch durch den Taunus macht – und dies ist sein besonderes Verdienst – Lust auf ausgedehnte Erkundungen."
  Frankfurter Allgemeine Zeitung

Olivia Kroth
Märchenschlösser und Dichterresidenzen
Literarische Streifzüge durch den Taunus
200 Seiten, gebunden mit Schutzumschlag und zahlreichen Abbildungen
€ 17,90
ISBN 3-7973-0776-4

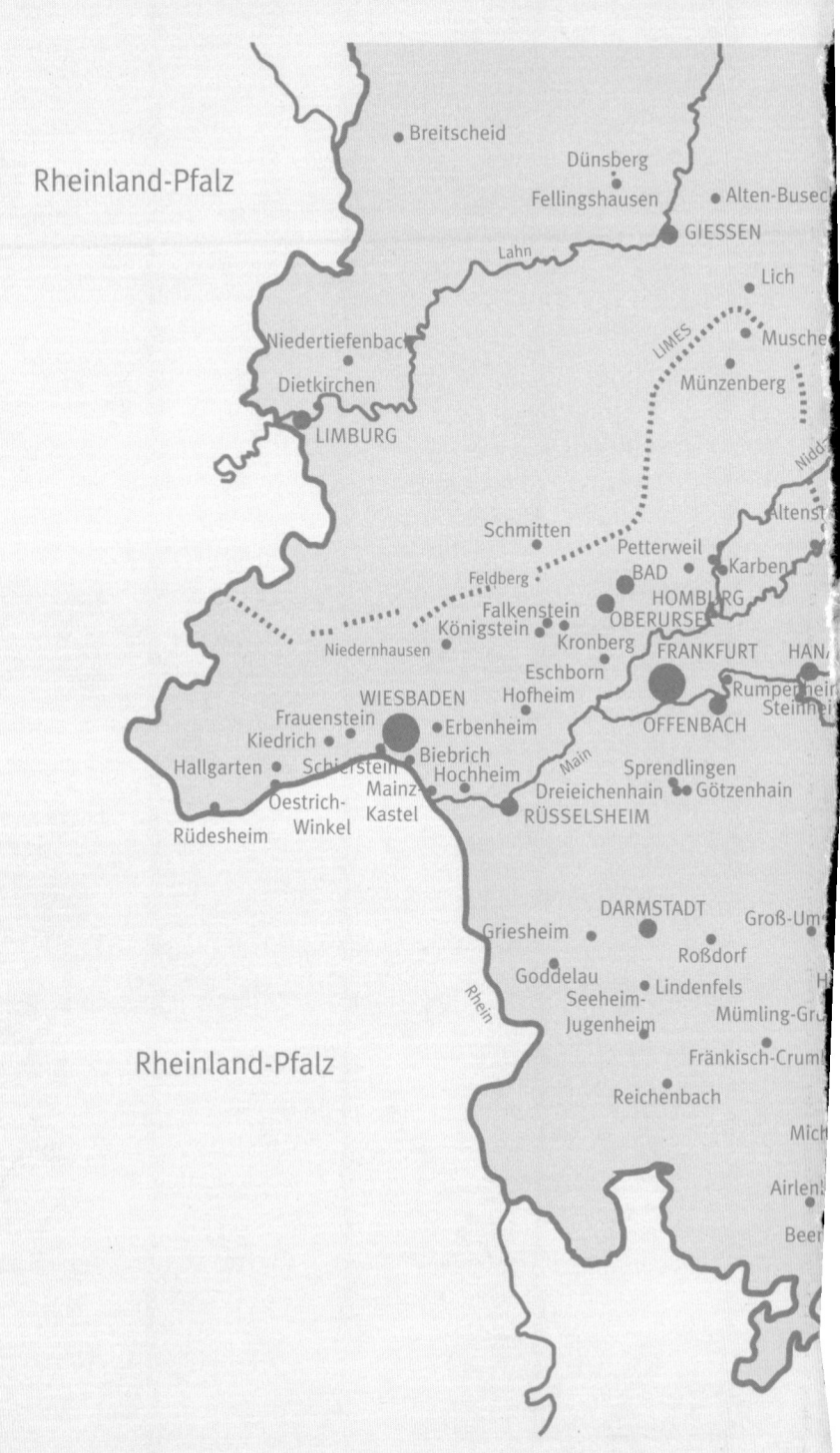